Kunstführer durch den Kanton Zürich

Kunstführer durch den Kanton Zürich

Attilio D'Andrea, Annegret Diethelm, Irene Hochreutener,
Cordula Seger, Tatjana Wegmann

Ergänzt und überarbeitet für diese Ausgabe
von Roland Böhmer, Thomas Müller

Herausgegeben von der Gesellschaft für
Schweizerische Kunstgeschichte

in Zusammenarbeit mit der Baudirektion Kanton Zürich

Scheidegger & Spiess

Autorinnen und Autoren, Mitarbeitende

Attilio D'Andrea und Annegret Diethelm (Zürich Land ohne Winterthur, Stadt Zürich ohne 20. Jahrhundert)
Irene Hochreutener und Tatjana Wegmann (Stadt Winterthur)
Cordula Seger (Stadt Zürich 20. Jahrhundert)

Roland Böhmer, Thomas Müller (Überarbeitung)

Jürg Hanser, Beat Horisberger, Ylva Meyer, Werner Wild, Renata Windler (Aktualisierung)

Die zwölf thematischen Text-Inserts stammen von Attilio D'Andrea, Roland Böhmer, Annegret Diethelm, Martin Fröhlich, Charlotte Kunz Bolt, Daniel Kurz, Cordula Seger, Stephan Steger.

Die vorliegende Publikation ist eine aktualisierte, textlich und bildlich erweiterte Adaption des Kapitels «Kanton Zürich» aus der Neuausgabe des «Kunstführers durch die Schweiz», Band 1 (KFS 1), herausgegeben von der Gesellschaft für Schweizerische Kunstgeschichte, Bern 2005 (Autoren Attilio D'Andrea, Annegret Diethelm, Irene Hochreutener, Cordula Seger, Tatjana Wegmann). Deren Texte basieren wiederum auf dem Kapitel «Kanton Zürich» aus der vorgängigen Ausgabe des Kunstführers durch die Schweiz, Band 1, Bern 1971 (Autoren Hans-Martin Gubler, Hanspeter Rebsamen, Kantonseinleitung Willy Keller).

Dank

Verlag, Herausgeber und Autoren bedanken sich bei folgenden Institutionen, die das Erscheinen dieser Publikation mit einem finanziellen Beitrag massgeblich unterstützt haben:

Kanton Zürich
Lotteriefonds
Stadt Zürich

Baudirektion Kanton Zürich — Stadt Zürich — LOTTERIEFONDS KANTON ZÜRICH

Die Neuausgabe des «Kunstführers durch die Schweiz» in vier Bänden, auf der das vorliegende Werk beruht, wurde durch folgende Geldgeber wesentlich gefördert:

Schweizerische Stiftung Pro Patria
Bundesamt für Kultur, Sektion Heimatschutz und Denkmalpflege
Pro Helvetia, Schweizer Kulturstiftung, Visuelle Künste und Film
Jubiläumsstiftung der Credit Suisse Group

INHALTSVERZEICHNIS

Mitarbeit

Projektleitung: Isabelle Rucki

Textredaktion: Steffan Biffiger, Thomas Bolt (KFS 1) Roland Böhmer, Thomas Müller, Isabelle Rucki

Bildredaktion: Sandra Hüberli, Benno Mutter (KFS 1) Thomas Müller, Isabelle Rucki

Plan- und Kartenredaktion: Eva Röthlisberger, Thomas Bolt (KFS 1)

Beschriftung Ortspläne: Esther Bruni (KFS 1)

Korrektorat: Ulrike Nikel

Gestaltung: Guido Widmer

Druck: DZA Druckerei zu Altenburg GmbH

Abbildungen Umschlag

1 Greifensee. Schloss
2 Zell. Ref. Kirche, Wandmalerei und Tabernakel
3 Zollikon. Ehem. Villa von Schulthess Rechberg
4 Rheinau. Ehem. Benediktinerkloster
5 Zürich. Bahnhof Stadelhofen, Erweiterung
6 Zürich. Semper-Sternwarte

www.gsk.ch
www.scheidegger-spiess.ch

ISBN 978-3-85881-215-5

VORWORT DER GESELLSCHAFT FÜR SCHWEIZERISCHE KUNSTGESCHICHTE

Die Gesellschaft für Schweizerische Kunstgeschichte (GSK) gibt zurzeit den «Kunstführer durch die Schweiz» in vier Bänden neu heraus. Die vollständig überarbeitete Ausgabe dieses Standardwerkes bietet eine aktuelle Übersicht über die Kunsttopografie der Schweiz und ist ein wichtiges Dokumentations- und Orientierungswerk. Es ist selbstverständlich, dass neben diesem Referenzwerk auch Bedarf nach handlicheren regionalen und kantonalen Kunstführern besteht. Diesem Bedürfnis will die GSK insbesondere mit der neuen Reihe nachkommen. Unsere Gesellschaft freut sich ausserordentlich, dass sie mit dem «Kunstführer durch den Kanton Zürich» und dem gleichzeitig erscheinenden «Kunstführer durch Graubünden» die ersten Titel dieser Reihe veröffentlichen kann. Weitere Kantons- und Regionalführer sind in Vorbereitung.

Der vorliegende Kunstführer basiert zwar auf dem Kapitel «Kanton Zürich» aus Band 1 des «Kunstführers durch die Schweiz» (2005), doch bringt er verschiedene Neuerungen: Das Buch hat ein handliches Format, der Umschlag und zusätzliche Farbabbildungen machen es visuell attraktiv. Die kunsttopografischen und kunstgeschichtlichen Angaben wurden alle überprüft und auf den neusten Stand gebracht. Zudem enthält der Kunstführer zwölf kurze eingeschobene Beiträge zu kantonsspezifischen Themen. Diese Einschübe reichen von den mittelalterlichen Wandmalereien in Sakral- und Profanbauten über die staatliche Architektur des alten Zürich, die Schulhausbauten des 19. Jahrhunderts, die Skulptur des 20. Jahrhunderts im öffentlichen Raum bis zur jüngsten Stadtentwicklung in Zürich West und Nord.

Für das Gelingen dieses Werkes möchte die GSK zuerst den Autorinnen und Autoren bestens danken, die den Kanton Zürich für Band 1 des «Kunstführers durch die Schweiz» bearbeitet haben: Dr. Annegret Diethelm, dipl. arch. ETH Attilio D'Andrea, lic. phil. Irene Hochreutener, dipl. arch. ETH Tatjana Wegmann und Dr. Cordula Seger. Für die Aktualisierung und Überarbeitung dieser Texte danken wir lic. phil. Thomas Müller, Dr. Roland Böhmer, Dr. Renata Windler, lic. phil. Werner Wild, lic. phil. Beat Horisberger sowie lic. phil. Ylva Meyer und Jürg Hanser. Ausgangstext und Überarbeitung bezeugen die hohe Sachkenntnis und das Engagement der Beteiligten. Deren Arbeit wurde insbesondere durch Dr. Beat Eberschweiler, kant. Denkmalpfleger, und Dr. Jan Capol, Denkmalpfleger der Stadt Zürich, mit Rat und Tat unterstützt. Ihnen sei bestens gedankt, ebenso Dr. Isabelle Rucki als Projektleiterin der GSK sowie Thomas Kramer vom Verlag Scheidegger & Spiess und dem Buchgestalter Guido Widmer für die vorzügliche Realisierung dieses Buchprojektes.

Die Herausgabe des vorliegenden Kantonsführers konnte dank der umfassenden Unterstützung durch den Kanton Zürich realisiert werden. Er hat dieses Werk zur Hauptsache finanziert und durch die Bereitstellung der dafür notwendigen personellen Ressourcen in der kant. Denkmalpflege überhaupt möglich gemacht. Überdies hat auch die Stadtzürcher Denkmalpflege unterstützend mitgewirkt. Beiden Institutionen sei an dieser Stelle bestens gedankt.

Der «Kunstführer durch den Kanton Zürich» zeigt an verschiedenen Orten und mit übergreifenden Themen den grossen Reichtum des baulichen und künstlerischen Erbes des Kantons. Die wohlgestalteten ländlichen Lebensräume, die klaren Strukturen der frühen Industrialisierung sowie die wirtschaftliche und gesellschaftliche Vielfalt des 20. Jahrhunderts werden durch zahllose bedeutende Architektur- und Kulturdenkmäler dokumentiert. Die Denkmalpflege des Kantons und diejenige der Stadt Zürich sowie unsere Gesellschaft hoffen, mit dem vorliegenden Buch in breiten Kreisen Interesse und Freude an den zürcherischen Kulturgütern vermitteln zu können.

Prof. Dr. Rainer J. Schweizer
Präsident der Gesellschaft für Schweizerische Kunstgeschichte

VORWORT DER ARCHÄOLOGIE UND DENKMALPFLEGE KANTON ZÜRICH

Nicht zufällig erscheint der stark überarbeitete und aktualisierte Kunstführer durch den Kanton Zürich in diesem Jahr, dem Jubiläumsjahr der Abteilung Archäologie und Denkmalpflege: Vor 50 Jahren, am 13. Januar 1958, nahm Dr. Walter Drack seine Tätigkeit als «Denkmalpfleger archäologisch-historischer Richtung» auf. Als diese neue Stelle in der kantonalzürcherischen Verwaltung geschaffen wurde, ahnten wenige voraus, wie schnell und wie grundlegend sich unsere Kulturlandschaft im folgenden halben Jahrhundert verändern würde. Heute spricht man von der «Greater Zurich Area», der schweizweit grössten und wirtschaftlich potentesten Metropolitanregion. Sie umfasst über 200 Gemeinden mit über 1,6 Millionen Einwohnerinnen und Einwohnern und greift damit weit über die eigene Stadt, die Agglomeration und die Kantonsgrenze in die benachbarten Gebiete über. In und um dieses «Millionen-Zürich» herum wird aktuell ein beträchtlicher Teil der gesamtschweizerischen Bauinvestitionen getätigt. Winterthur, das zweite urbane Zentrum des Kantons, ist die sechstgrösste Schweizer Stadt und erreicht in Kürze die Einwohnerzahl 100 000.

In den städtischen Zentren hat das Wirtschaftswachstum beträchtliche Auswirkungen auf den Baubestand. Parallel dazu ist aber auch in den umliegenden Agglomerationsgemeinden, insbesondere mit dem Ausbau des S-Bahn-Netzes, ein Bauboom ohnegleichen ausgelöst worden. Begriffe wie «Stadtflucht» und «Pendlerkultur» stehen für die markanten Veränderungen in den historisch gewachsenen Ortsbildern wie auch um diese herum, denn das stete Siedlungswachstum hat mittlerweile sehr weit auf die grüne Wiese ausgegriffen. Dieser Zersiedelungstendenz soll mittels Förderung einer baulichen Verdichtung nach innen entgegengewirkt werden. Damit wird zweifelsohne der Druck auf dort Vorhandenes, früher Gebautes, nicht abnehmen.

Trotz der ungemein starken, beinahe magnetischen Anziehungskraft der Stadt Zürich behauptet sich das umliegende Kantonsgebiet, das aus einer Vielzahl von Siedlungskammern mit eigener Geschichte, eigenen Entwicklungen und Besonderheiten besteht. Allerorts ist eine ausserordentlich reichhaltige Kunst- und Kulturlandschaft vorhanden, die aus weit mehr Facetten besteht, als es ihr dynamischer Hauptort vermuten liesse. Da gibt es beispielsweise noch immer eher ländlich geprägte Gebiete wie das Weinland im Norden mit seinen zahlreichen Fachwerkdörfern oder auch das geografisch durch die Albiskette vom übrigen Kantonsgebiet getrennte Knonauer Amt. Die Flusstäler des Zürcher Unterlandes stehen für überaus unterschiedliche Entwicklungen, entweder sind sie bereits von der Verstädterung völlig vereinnahmt – so das Limmattal und insbesondere das Glatttal mit seiner «Glatttalstadt» inklusive Flughafen Kloten und Flugplatz Dübendorf –, oder sie haben sich wie das Furttal und das Wehntal dem Sog bislang entzogen. Im südlichen Kantonsteil bestimmen der Zürichsee und seine dicht bebauten Hänge am Zimmerberg und Pfannenstil mit guten Wohnlagen das Bild. Eher im Kontrast dazu steht schliesslich das angrenzende Oberland, charakterisiert durch das frühere Heimhandwerk und die ehemaligen, heute häufig umgenutzten Industriezentren sowie eine dünn besiedelte voralpine Hügellandschaft.

Dynamik und Tradition, Dichte und Leere, Grossmassstäblichkeit und Kleinteiligkeit – alles ist im Kanton Zürich auf kleinstem Raum vorhanden, und es ist dieses Spannungsfeld, das ihn so unverwechselbar und interessant macht, weil eben beides seinen Platz findet und sich (noch) nebeneinander behauptet. Ob dies auch in einem halben Jahrhundert wieder so konstatiert werden darf, das wird die Zukunft weisen.

Dr. Beat Eberschweiler
Kantonaler Denkmalpfleger und Kantonsarchäologe

EINLEITUNG

Der älteste Fund, ein rund 130 000 Jahre alter Faustkeil aus Schlieren, lässt die Zürcher Kulturgeschichte zu Beginn der letzten Zwischeneiszeit, d.h. in der älteren Altsteinzeit beginnen. Erste jungsteinzeitliche sesshafte Kulturen, die Ackerbau und Viehzucht betrieben, sind südlich des Hochrheins ab der zweiten Hälfte des 6. Jahrtausends v. Chr. nachzuweisen. Die jungsteinzeitlichen und bronzezeitlichen Siedlungen an den Seeufern, die so genannten Pfahlbauten (ca. 4300–800 v. Chr.), sind wegen der hervorragenden Erhaltungsbedingungen von besonderer Bedeutung. Daneben sind Bestattungsplätze und Landsiedlungen bekannt. Ab der Bronzezeit (ca. 2200–800 v. Chr.) sind in Spornlagen, so z.B. auf dem Rhinsberg bei Eglisau, auch befestigte Siedlungen bekannt. In der nachfolgenden älteren Eisenzeit (Hallstattzeit, ca. 800–450 v. Chr.) intensivierten sich die Kontakte zum Mittelmeerraum, wie Grabausstattungen und die auf dem Üetliberg gefundenen Importe griechischer Keramik zeigen. Im Laufe der jüngeren Eisenzeit (auch Latènezeit genannt, ca. 450–15 v. Chr.) entstanden die ersten stadtartigen Siedlungen, so genannte Oppida, die in Rheinau-Altenburg und evtl. Zürich belegt sind. Die damals hier ansässigen Bevölkerungsgruppen waren Kelten.

Wohl im Zusammenhang mit dem Räterfeldzug 15 v. Chr., bei dem das ganze nördliche Alpenvorland dem Römischen Reich unter Kaiser Augustus eingegliedert wurde, entstand auf dem Lindenhof in Zürich ein erster römischer Militärstützpunkt. An wichtigen Verkehrsachsen entwickelten sich ab Christi Geburt kleinstädtische Siedlungen (vici), so in Oberwinterthur, Zürich und Lunnern (Obfelden). Die folgende Epoche der Pax Romana liess in der Region ein dichtes Netz römischer Landgüter (villae rusticae) entstehen und führte zu einer Romanisierung der keltischen Bevölkerung. Im 3. Jahrhundert erschütterten innere Unruhen und Germaneneinfälle das Römische Reich; unser Gebiet wurde erneut zum Grenzland. Mit der Reorganisation der Herrschaft unter Kaiser Diokletian folgte am Ende des 3. Jahrhunderts ein erster Bau von Befestigungsanlagen, so auf dem Kirchhügel von Oberwinterthur. Im Laufe des 4. Jahrhunderts wurde die Grenzbefestigung verstärkt, unter anderem durch Kastelle in Zürich und Irgenhausen sowie eine durchgehende Reihe von Wachttürmen am Rhein. Die Bevölkerung konzentrierte sich nun vor allem in Kastellorten, wo bis ins Frühmittelalter hinein Nachkommen der römischen Bevölkerung lebten. Diese Orte waren auch Stützpunkte der neuen Herrschaft, als in den 530er Jahren die Region ins fränkische Merowingerreich eingegliedert wurde. Ab 600 begann die Besiedlung durch alemannische Bevölkerungsgruppen und damit ein Siedlungsausbau, mit dem bis zum Ende des Frühmittelalters die Keimzellen fast aller heutigen Dörfer begründet wurden.

Ab dem 7. Jh. entstanden die ersten Kirchen und um 800 in Rheinau das erste Kloster. Zürich entwickelte sich mit seiner karolingischen Königspfalz und den ebenfalls karolingischen Stiften Grossmünster und Fraumünster bis 1100 zur «vornehmsten Stadt Schwabens» und erlangte 1218 den Status einer freien Reichsstadt. Klimatisch günstige Bedingungen und agrartechnische Neuerungen führten auch auf dem vom Feudaladel beherrschten Land zu einem starken Bevölkerungsanstieg und einem markanten Wachstum von Siedlungen und Kulturland. Das Spätmittelalter war eine Zeit des Umbruchs, begleitet von Pestzügen und wirtschaftlichen Krisen. 1336 übernahmen die Zünfte mit einem Staatsstreich die Herrschaft in der Stadt, schlossen 1351 ein Bündnis mit den Eidgenossen und begannen, sich die Territorialherrschaft über die umliegende Landschaft anzueignen, meist durch Kauf oder Pfandnahme, kaum durch Eroberungen. Der Prozess dauerte, von den Wirren des Alten Zürichkrieges kurz unterbrochen, bis 1550 an, dann umfassten die Untertanengebiete annähernd das heutige Kantonsgebiet.

Die um 1520 vom Zürcher Leutpriester Huldrych Zwingli eingeleitete Reformation änderte das kulturelle Leben von Stadt und Land grundlegend. Insbesondere die Bilderfeindlichkeit der neuen Staatsreligion verhinderte nicht nur die Weiterentwicklung der bildenden Kunst, sondern zerstörte mit dem Bildersturm leider einen Grossteil des Vorhandenen. Masshalten galt auch als Credo für die architektonische Tätigkeit der künftigen Epochen, jedenfalls gegen aussen. Dafür führten die neuen Bürgertugenden von Arbeitsfleiss und Sittsamkeit, verbunden mit den wirtschaftlichen und technischen Impulsen, die hugenottische und italienische Glaubensflüchtlinge nach Zürich brachten, zu Wohlstand, der aber den ländlichen Gebieten bei weitem nicht zu gleichen Teilen zugute kam. Eine neue kulturelle Blüte in der Zeit der Aufklärung mit Johann Jakob Bodmer, Johann Jakob Breitinger, Johann Caspar Lavater, Salomon Gessner und Heinrich Pestalozzi erhob Zürich zu einem international ausstrahlenden Zentrum des Geisteslebens im 18. Jh.

Französische Revolution und Helvetik brachten das aristokratische Herrschaftssystem, das die politische Macht auf wenige so gennante regimentsfähige Familien des städtischen Bürgertums beschränkt hatte, 1798 jäh zum Einsturz. Mit dem mächtigen Schanzengürtel, der die Stadt seit 150 Jahren umfasste, fielen auch die wirtschaftlichen Privilegien. Die neue Gewerbefreiheit, die sich auch auf die ländlichen Gebiete erstreckte, und die liberale Kantonsverfassung von 1831 liessen die in diversen Manufakturen und im Heimarbeitswesen in den Gebieten vor allem des Zürcher Oberlandes bereits keimende Industrialisierung rasch zur industriellen Revolution anwachsen, die in der zweiten Hälfte des 19. Jh. in den Jahren der Gründerzeit ihren Höhepunkt erreichte und von der die Stadt Winterthur besonders profitierte. Die Anbindung an das internationale Eisenbahnnetz, die Etablierung der kantonalen Universität 1833 und des Eidgenössischen Polytechnikums 1855 (seit 1911 Eidgenössische Technische Hochschule ETH) in Zürich sowie des Technikums in Winterthur trugen das ihre dazu bei, Stadt und Kanton Zürich als wirtschaftliche Metropole der Schweiz zu etablieren, eine Rolle, die sich im 20. Jh. verfestigte, auch wenn sich der Industriestandort seit dem Zweiten Weltkrieg mehr und mehr zum Handels- und vor allem zum Finanzzentrum mit internationaler Ausrichtung gewandelt hat. Mit dem wirtschaftlichen Erfolg wuchs die Bevölkerungszahl von 193 000 um 1800 auf 1,2 Millionen 200 Jahre später – mit entsprechenden Folgen für die Siedlungs- und Landschaftsbilder.

ZÜRICH

Geschichte und Identität der Stadt Zürich sind eng verknüpft mit ihrer geografischen Lage am Ausfluss der Limmat aus dem See. Schon im Neolithikum bestanden am Seeufer mehrere Siedlungen, und der Ort war über Jahrhunderte wichtiger Ausgangspunkt der Handelswege über die Alpen. Den ursprünglichen Kern der Stadtanlage bildete die keltische Siedlung am Abhang des Lindenhofs, der in römischer Zeit ein Castrum trug und die erste Limmatbrücke (heute Rathausbrücke) beherrschte.

Einen entscheidenden Impuls erfuhr der kleine Ort um die Mitte des 9. Jh. durch die karolingischen Stiftungen des hochadligen Fraumünsters und des Grossmünsters sowie der gleichzeitigen Errichtung einer Königspfalz in den Resten des römischem Kastells, was die Stadt während des Mittelalters eng ans Reich band. Nach dem Zerfall der karolingischen Macht amteten als Reichsvögte 1098–1172 die Lenzburger, dann die Zähringer, nach deren Aussterben 1218 die Stadt reichsfrei wurde und unter den süddeutschen Städten eine führende Rolle erlangte. Wahrscheinlich gegen 1100 war bei der Wasserkirche eine zweite Brücke über den Fluss geschlagen worden, die gleichsam eine sakrale Achse zwischen den beiden Grossstiften bildete. Ausgehend von den Brückenköpfen, den Klosteranlagen und einzelnen Siedlungsinseln auf den Moränenzügen verdichtete sich die lockere Bebauung zum urbanen Geflecht, geteilt in die *mehrere Stadt* am rechten und die *mindere Stadt* am linken Limmatufer und umsäumt von den Niederlassungen der Bettelorden an ihren Rändern. Das Stadtbild beherrschten Türme – Kirchtürme, Rittertürme der herrschenden Adelsgeschlechter und die Wehrtürme der Ringmauer, die sich im 13. Jh. bergend, aber auch ausgrenzend um die ganze Stadt legte. Zwei ältere Befestigungen aus dem 10./11. Jh. sind inzwischen nachgewiesen.

Die höfisch geprägte kulturelle Blüte endete mit dem Sturz der führenden Feudalschicht durch Bürgermeister Rudolf Brun 1336 und die Machtergreifung durch die Zünfte. Der politische Aufschwung unter Hans Waldmann im späten 15. Jh. leitete nochmals eine gesteigerte Bautätigkeit ein (Wasserkirche, Ausbau Grossmünster), doch dann entzog Zwinglis bilderfeindliche Reformation den Künstlern weitgehend das kirchliche Arbeitsfeld, das durch staatliche und private Aufträge nur ungenügend ersetzt werden konnte. Im 17. Jh. blühten der Handel und die von Glaubensflüchtlingen aus Norditalien (wieder) eingeführte Seidenindustrie auf. Vom absolutistischen Geist des Zeitalters geformt, entwickelte sich eine Art Aristokratie, in welcher die Unternehmer eine führende Stellung einnahmen. 1642 beschloss der Rat, Schanzen und Wälle anzulegen. Erheblich geweitet, umfasste der gesicherte Raum nun bedeutende, teilweise unüberbaute Gebiete, in welchen sich vorwiegend das vornehme Bürgertum ansiedelte (Talacker, Stadelhofen, Hirschengraben). Diese Bauperiode schuf den eigentlichen Typus des Zürcherhauses, wie er sich in einer stolzen Anzahl korporativer und privater Bauten des 17. und 18. Jh. erhalten hat. Er zeichnet sich durch Schlichtheit, ja Nüchternheit des Aussenbaus aus. Umso reicher ist dagegen die Ausstattung, welche vor allem in Täfern, Stuckaturen und Öfen barocke Fülle erreicht. Erst im Rokoko findet barocke Fassadengestaltung in Zürich Eingang (Meise, Rechberg), um bald unter französischem Einfluss (Beckenhof) dem strengen Formsinn des Klassizismus zu weichen (Muraltengut). Dieser erreicht in Zürich in der Neumünsterkirche und dem Belvoirgut Höhepunkte. Im Villenbau ist der Übergang vom Klassizismus zur Vielfalt der Stile im Historismus besonders gut ablesbar (zwischen 1838 und 1899: Villen Schönbühl, Rosau, Wesendonck, Bellaria, Falkenstein, Windegg, Patumbah, Bleuler, Tobler, Egli).

Die Schleifung der Wälle in der Mitte des 19. Jh. setzte einen entscheidenden Schlusspunkt hinter eine Entwicklung, die sich gezwungenermassen in einem engen Rahmen abgespielt hatte. Die geschlossene Anlage von Bahnhofstrasse und Seequai zeugt vom Gestaltungswillen der Gründerzeit (wie der Bau der Eidg. Technischen Hochschule oder des Bahnhofs). Die Eingemeindungen von 1893 und 1934 lassen Zürich zur Grossstadt anwachsen. So stehen zu Be-

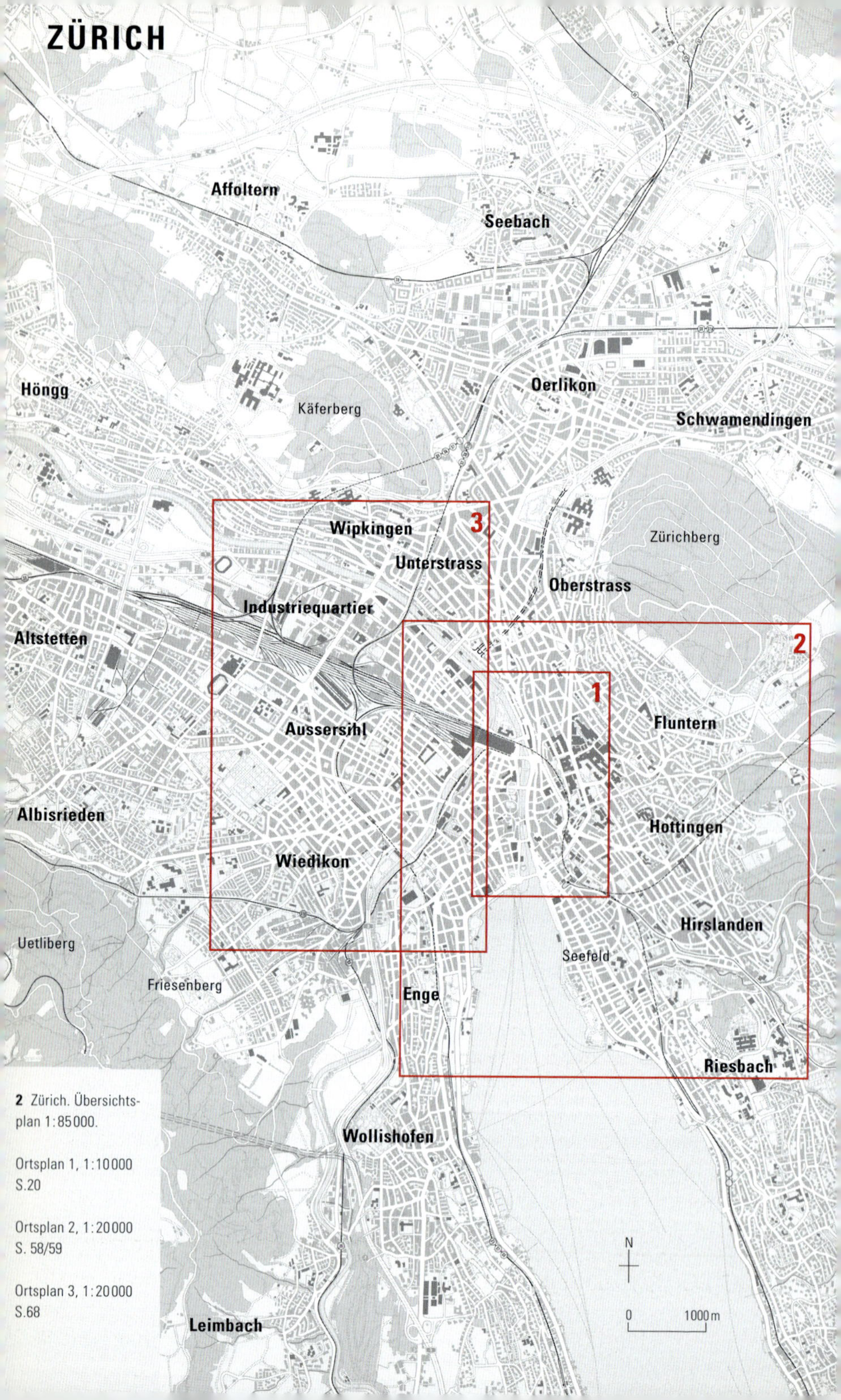

2 Zürich. Übersichtsplan 1:85 000.

Ortsplan 1, 1:10 000 S. 20

Ortsplan 2, 1:20 000 S. 58/59

Ortsplan 3, 1:20 000 S. 68

ginn des 20. Jh. insbesondere städtebauliche Fragen wie die verkehrstechnische Anbindung und architektonische Integration der neuen Stadtteile im Vordergrund. Wohnungen sind knapp, und die Lebenssituation vieler Arbeiterfamilien ist unhaltbar. Die Stadt entschliesst sich zur Förderung gesunder – Licht, Luft und Hygiene sind die Stichworte – und billiger Wohnungen (etwa der kommunalen Wohnkolonien Limmatstrasse und Riedtli). Aber auch im Zentrum soll die angestrebte internationale Bedeutung der neuen Grossstadt Zürich sichtbar werden, wovon der Amtshauskomplex von Gustav Gull zeugt, der zwischen 1903 und 1919 mit imposanten Fronten zur Limmat hin entsteht.

In den 1920er und -30er Jahren werden bemerkenswerte Beispiele des Neuen Bauens realisiert: Die Rotach-Häuser zeichnen sich durch ein rationalisiertes Bauverfahren mit typisierter und genormter Produktion aus, auch der Innenraum ist von Sachlichkeit geprägt. Angeknüpft wird an die Idee der Stuttgarter Werkbundsiedlung am Weissenhof. Zum eigentlichen Manifest des Neuen Bauens in Zürich wird jedoch die Siedlung Neubühl, während die zwei Mehrfamilienhäuser im Doldertal – für den gehobenen Mittelstand gebaut – einer späten Phase zuzurechnen sind und als Versuch, internationale Entwicklungen zu synthetisieren, gewertet werden können. 1947 vergibt die Stadt Zürich erstmals Auszeichnungen für gute Bauten und betont damit, welche Bedeutung sie einer hochwertigen zeitgenössischen Planung und Architektur für das Stadtbild beimisst. Die Preise ehren Architekten wie Bauherrschaft. Die Stadt fördert den gemeinnützigen Wohnungsbau in den 1940er Jahren als Ersatz für mangelnde private Investitionen nochmals massiv. Als Ideal gelten kleinteilige Siedlungen mit dörflichem Charakter (z. B. Arbeitersiedlung Sunnige Hof). Die 1950er und -60er Jahre sind von Wirtschaftswachstum und Bauboom geprägt. Die Generalverkehrspläne zu Beginn der 1950er Jahre, die das Ziel der autogerechten Stadt verfolgen, und verschiedene Hochhausbauten (Wohnüberbauung Heiligfeld, Bürohochhaus zur Bastei, Stadtspital Triemli) sind Ausdruck dieser Aufbruchstimmung. In den Aussenquartieren steht besonders die Realisierung von Infrastrukturbauten wie Schulhäusern, Bädern, Spitälern und Freizeitanlagen an. Im Verlauf der 1970er Jahre kommt es zu einer Neubewertung der Bauten aus der Gründerzeit, städtische und kantonale Denkmalpflege festigen ihre Position und setzen, etwa 1976 mit der Unterschutzstellung des Bahnhofgebäudes, neue Massstäbe. Während der 1980er Jahre setzt der Ausbau des S-Bahnnetzes einen klaren Akzent zugunsten des öffentlichen Verkehrs, neben technischen Belangen rücken auch Themen wie Wohnlichkeit wieder ins Blickfeld. Gerade im Stadtkern werden Integration und Sanierung bestehender Bauten zu wichtigen Aufgaben. Im letzten Jahrzehnt des 20. Jh. konzentrieren sich die planerischen Aktivitäten auf die Umnutzung der Industriebrachen (wie etwa des Areals der Sulzer-Escher Wyss und des ehem. ABB Areals), damit verbunden findet eine Aufwertung der Gebiete Zürich West und Zürich Nord statt.

GROSSE KIRCHEN DER ALTSTADT

▮ **Grossmünster*** (Plan S. 20 ▸ **1**). *Bedeutende romanische Doppelturmanlage mit Einflüssen lombardischer, normannischer und deutscher Stilformen. Wahrzeichen der Stadt in beherrschender Lage über dem rechten Ufer der Limmat.* Geschichte: Erster Bau dürfte um M. 8. Jh. ein Memorialbau über den Gräbern der Stadtheiligen Felix und Regula im Bereich eines röm. Gräberfeldes gewesen sein. 870 Umwandlung des bestehenden Konvents zum Chorherrenstift durch Karl d. Dicken. Der roman. Bau, über Fundamenten einer älteren, evtl. karol. Basilika wurde um 1100 begonnen und in Etappen erst gegen 1230 abgeschlossen: 1100–17 Krypta und Chor; 1120–50 Anlage der Aussenwände um die bestehende Kirche herum, Zwölfbotenkapelle und Doppelturmfront (S-Turm nur bis zum 3. Geschoss ausgeführt); 2. H. 12. Jh. Abbruch der Reste der Vorgängerkirche und Errichtung der Mittelschiffpfeiler und Emporen; vor 1230 Erhöhung der Obergadenwände, Einwölbung des Mittelschiffs und Höhersetzung des Chorgewölbes. Spätere Veränderungen: E. 13. Jh. Verlängerung der Zwölfbotenkapelle um ein Joch; 1320

Verlängerung der W-Empore um ein Joch mit Kreuzrippengewölbe; 1488–91 Erhöhung des unvollendeten S-Turms und Aufsatz von got. Nadelhelmen auf beiden Türmen; 1501–02 Neubau des Dachreiters über dem Chor in heutiger Form und Erhöhung des Chordachs auf die Firstlinie des Schiffs; 1524–25 Ausräumung der Altäre und der Ausstattung durch die Reformation; 1646 neuer Dachstuhl von Hans Holzhalb; 1768 Barockisierung des Innern unter Johann Jakob Breitinger nach Vorschlägen von Johann Ulrich Grubenmann; nach Brand des N-Turms 1763 Bau der charakteristischen, das Stadtbild prägenden Turmhelme 1781–86 durch Johann Caspar Vögeli und Johannes Haggenmiller, dabei Angleichung des Glockengeschosses des N-Turms an den spätgot. Aufsatz des S-Turms; allmähliche Reromanisierung ab 1845, v. a. durch tiefgreifende historisierende Innenrenov. 1897 unter Johann Rudolf Rahn und 1913–15 durch Gustav Gull; umfassende Aussenrest. 1931–41, der Türme 1989–90. *Äusseres.* Die dreischiffige Basilika ist ein kraftvoller roman. Quaderbau, dem nordöstl., anstelle des ehem. Chorherrenstiftes, das neuroman. Schulgebäude angegliedert ist. Die zweijochige, gerade geschlossene Chorpartie und das Mittelschiff liegen unter durchgezogenem Satteldach, die zweigeschossigen Seitenschiffe unter Pultdächern. Das W-Joch des Schiffs zeigt eine majestätische Doppelturmfassade: die drei unteren Geschosse roman., das vierte Geschoss des S-Turms spätgot. von Stefan Rützenstorfer, das fünfte und die beiden Glockengeschosse des N-Turms mit den beiden Hauben in

3

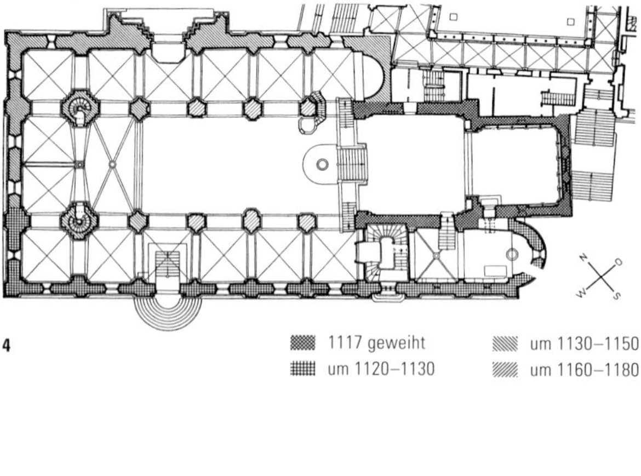

4

1117 geweiht
um 1120–1130
um 1130–1150
um 1160–1180

neugot.-barocker Mischform. An der nördl. Seite des N-Turms Reiterfigur um 1180 (früheste Reiterfigur in der Schweiz) mit stilistischen Anklängen an das Frühwerk Benedetto Antelamis; am Sockel Figur des Reformators Heinrich Bullinger 1940 von Otto Charles Bänninger; seitl. des W-Fassadenfensters Hornbläser und Pferd E. 12. Jh. (Kopie). An der südl. Seite des S-Turms Nische mit monumentaler Sitzfigur des angebl. Stifters, Kaiser Karl d. Grossen, um 1450–70 (Kopie); darüber spätgot. Masswerkbrüstung. Südl. des Chors Zwölfbotenkapelle mit halbrunder Apside. Die karge, straffe Gliederung des Baukörpers erfolgt durch Lisenen mit Eckdiensten, Gurten und Rundbogenfriese. Die Portale befinden sich an den Längsseiten, so die Prozessionsachse zum Fraumünster betonend. Das S-Portal um 1130 ist ein einfaches Stufenportal; Bronzetür mit Reformationsszenen 1939 von Otto Münch. An der N-Seite Hauptportal um 1180: blockartiger Portalvorbau mit gestufter Leibung und eingestellten Säulchen, reicher ornamentaler und figürlicher Schmuck auf durchlaufendem Fries in Kapitellhöhe, figürliche Reliefs im Gewände (Kopien), Bronzetür mit Bibelszenen 1950 von Otto Münch. *Inneres.* Dreischiffige Emporenbasilika mit stark erhöhtem, einschiffigem Altarhaus über Hallenkrypta. Die Wandgliederung der drei Doppeljoche mit Stützenwechsel erfolgt durch flache Vorlagen mit eingestellten Runddiensten, die Kreuzrippengewölbe durch Gurten geschieden, alles in schweren massigen Formen. Die Emporen auffallend niedrig, mit skulptierten Schlusssteinen; die doppeljochige W-Empore von 1479, die Orgel 1960. Die Kapitellplastik lässt sich in zwei Gruppen unterteilen: eine ältere unter lombardischem Einfluss um 1140–50 und eine jüngere um 1160–70 mit katalanischen Stilelementen. Die erste Gruppe mit Tiersymbolen und vegetabiler Ornamentik ist charakteristisch vertreten durch das Kämpferrelief am südl. Chorpfeiler, das Kapitell des zweiten N-Pfeilers und das Kämpfergesims am nördl. Turmpfeiler. Der zweiten Gruppe gehören zwei figurierte Kämpferreliefs am dritten Pfeilerpaar an: Berittener vor zwei Heiligen und ungedeutete Kampfszene. Am zweiten N-Pfeiler Wandmalerei mit Muttergottesdarstellung E. 13. Jh. Die neugot. Kanzel 1853 von Ferdinand Stadler. Vor dem Chor Taufstein 1598. Über dem inneren S-Portal Emmausgruppe, Steinplastik 1935 von Otto Münch. In den beiden W-Fenstern Apostel, Glasgemälde 1853 von Johann Jakob Röttinger. Über der Krypta stark erhöhter Chor: Chortreppe 1853, Brüstung mit Evangelistensymbolen 1914 von Otto Kappeler. Chorgestühl im Presbyterium 1914 von Hermann Fietz. Der östl. Teil des Altarhauses durch zierliche Blendarkaden aufgelockert, darin mehrere Schichten stark zerstörter Wandmalerei. Im Bogenfeld der Arkade 1 (von links) Schweisstuch der Veronika 16. Jh., Arkade 8 Abendmahl um 1300, Arkaden 10 und 12 Felix und Exuperantius, beide um 1430. Darüber drei gestaffelte monumentale Rundbogenfenster mit Glasgemälden 1932–33 von Augusto Giacometti. Im Bogenfeld der Tür zur südl. Zwölfbotenkapelle Schmerzensmann E. 15. Jh. Zwölfbotenkapelle. Zweigeschossig durch Gewölbeeinzug im 13. Jh., durch Treppeneinbau 1848 vom südl. Seitenschiff abgetrennt, heute Sakristei und Lapidarium. Die Kapitellplastik gehört der ersten Gruppe an. Wandgemälde: In der Apsis Weltenrichter 14. Jh., an der N-Wand Abendmahl und Fusswaschung E. 13. Jh., an der S-Wand Christus und Apostel um 1300. Unter dem Chor dreischiffige Hallenkrypta von bedeutenden Ausmassen aus der ersten Bauetappe um 1100. Durch Zungenmauern

5

3 Zürich. Grossmünster.
4 Zürich. Grossmünster, Grundriss.
5 Zürich. Grossmünster, Kreuzgang.

und Niveauunterschied zweigeteilt. Eckdienste, Halbsäulen und Freisäulen mit attischen Basen und Würfelkapitellen stützen ein gegurtetes Kreuzgratgewölbe; beachtenswert das sehr frühe Auftauchen der Eckzehen. An der W-Wand Karl der Grosse (Kopie um 1460 einer Figur von ca. 1230), im östl. Teil in den Blendarkaden ausgedehnte Wandmalereien mit Darstellung der Legende von Felix und Regula, E. 15. Jh. aus dem Umkreis des Hans Leu d. Ä.; an der N-Wand Ankunft der Thebäischen Legion, Verweigerung des Opfers; in der S-Wand Martyrium der Heiligen, in den Zwischenfeldern Heiligenfiguren. Im Karlsturm Wandmalerei Jüngstes Gericht 2. H.
5 13. Jh. ▮ **Kreuzgang**. Der spätroman. Kreuzgang um 1200 war urspr. im Chorherrenstift eingeb. Beim Neubau des Schulhauses 1850–53 unter Verwendung alter Teile erneuert; Rest. 1962–63. Der Aufbau ist gegenüber den schweren Formen der Kirche überraschend leicht und anmutig. Gratgewölbte Flügel von fünf Jochen öffnen sich zum Innenhof in rundbogigen Arkaden, die durch Blendbogen jeweils zu Dreiergruppen zusammengefasst werden. Reicher dekorativer Schmuck auf Kapitellen, Sattelsteinen, Kämpfern und Zwickeln. Neben Linien- und Bandornamentik häufig vegetabile und zoomorphe Motive, dazu Fratzen, Fabelwesen und menschliche Figuren. Interessant der Dornauszieher nach antikem Vorbild, die Tänzerin u. a. Figuren auf Sattelsteinen. Stilistisch ist die Plastik lombardisch beeinflusst. Die Originalskulpturen befinden sich vorwiegend im W- und S-Flügel, in den andern Flügeln sind sie durch Abgüsse, Kopien und Neuschöpfungen ersetzt.

6

▮ **Fraumünster*** (Plan S. 20 ▶ **2**). *Bemerkenswerter* 6
romanisch-gotischer Bau gegenüber dem Grossmünster, mit repräsentativer Choranlage. Geschichte: Ehem. adeliges Damenstift, entstanden aus der Schenkung eines wohl schon bestehenden Klosters 853 von König Ludwig d. Deutschen an seine Tochter Hildegard. Vor 877 Weihung einer karoling. Basilika in heutiger Ausdehnung mit Querhaus und drei Apsiden; kurz danach Anfügung einer Aussenkrypta zur Aufnahme von Felix- und Regula-Reliquien; im frühen 11. Jh. Ersatz der Apsis durch Rechteckchor mit Winkelgangkrypta und Apsis; 1. H. 12. Jh. Einfügung des heute gekappten S-Turms in den Winkel zwischen Querhaus und Chor. Im 13. Jh. Planung eines vollständigen Neubaus unter Beibehaltung des Südturms. Bau des Nordturms ab 1220; des Rechteckchors und des Querhauses ab 1230; gegen 1270 Einwölbung des Chors; um 1270–A. 14. Jh. Einwölbung des Querhauses; um 1280 östl. zwei Doppelarkaden des Langhauses im gebundenen System und Stützenwechsel; W-Teil bis A. 14. Jh. mit Stützengleichheit und kargeren Formen; um 1470 spätgot. Lettner. 1524 Aufhebung des Konvents und Ausräumung der Kirche im Zuge der Reformation. 1713–14 Erhöhung des Mittelschiffs, Holzgewölbe und Vergrösserung der Fenster; 1728–32 Erhöhung des N-Turms und Teilabbruch des S-Turms; 1898 Abbruch der Konventsgebäude wegen des Neubaus des Stadthauses (Stuben der Stiftsdame Cäcilia von Helfenstein 1489 und der Äbtissin Katharina von Zimmern 1507, im Schweiz. Landesmuseum). Umbau 1900–01 und 1911–12 von Gustav Gull, v. a. Auf-

6 Zürich. Fraumünster.
7 Zürich. Fraumünster, Südquerhaus, Gewölbeschlussstein.

wertung des Langhauses in spätgot. Manier, u. a. Hebung des Dachfirstes auf Höhe des Querhauses, neue W-Fassade. Gesamtrenov. 2004–06. *Äusseres.* Dreischiffige Basilika mit got. Langhaus, mächtigem frühgot. Querhaus und spätroman. gerade schliessendem Chor. Dieser seitl. von zwei Türmen begleitet und wirkungsvoll gegliedert: drei schlanke, gestaffelte Rundbogenfenster, flache Lisenen als Einfassung, dazwischen Rundbogenfries auf Eckdiensten. Bemerkenswert die Vielzahl der Steinmetzzeichen. Vor dem schlanken N-Turm Vorhalle (anstelle des ehem. Beinhauses) 1900 von Gustav Gull in neugot. Formen. Glockengeschoss und Spitzhelm sind gotisierende Aufbauten von 1728–32, interessante Zeugnisse einer latenten got. Strömung. Die charaktervollen Wasserspeier von Kupferschmied Jakob Wirz. Der ältere S-Turm nur in drei Geschossen erhalten, reiche Gliederung des untern Geschosses durch Blendarkaden mit Würfelkapitellen, das oberste Geschoss mit Rundbogenfries. Querhaus mit hohem Spitzbogenfenster gegen N, das zugehörige Masswerk, wie in allen Fenstern der Kirche, von 1911. Das kleine got., aus der Achse verschobene Portal entstand um 1300 und zeigt in Anlehnung an die Gründungslegende einen Kerzen tragenden Hirsch auf der Kreuzblume. Die benachbarte stichbogige Nische mit Wandbild der Dreifaltigkeit ist eine Stiftung des Bürgermeisters und Pflegers des Fraumünsters, Hans Waldmann, 1478, der Steinbaldachin neugot. 1911. Die Langhausfront ist mit Strebepfeilern besetzt; deren Bogen fehlen, weil die Gewölbe nie in Stein ausgeführt wurden. Die neugot. W-Fassade mit Portal, Fenstermasswerk und Blendarkaden 1911–12 von Gustav Gull. Apostelfiguren nach Vischers Sebaldusgrab in Nürnberg von Julius Schwyzer, Tympanonrelief von Richard Kissling, Dekorationsplastik von Johann Jakob Graf. *Inneres.* Die drei Schiffe werden durch spitzbogige Arkadenreihen von sechs Jochen geschieden. Die Bogen von ungleicher Höhe und Weite. Kämpferlose achteckige Stützen auf einfachen Basen. Die gotisierenden hölzernen Kreuzrippengewölbe von 1713 ruhen auf den Konsolen des späten 14. Jh. Orgelempore und Kanzel 1912. Querhaus in frühgot. Formen. Kämpfergesims und Kapitelle der westl. Vierungspfeiler mit vegetabilem und figürlichem Schmuck, das Gewölbe mit vorzüglichen Schlusssteinen: Krönung Mariä in der Vierung sowie seitl. Blattmasken von Sol und Luna (?) um 1300. Im südl. **7**
Querhaus dreiteilige Nische für Stiftergräber, im nördl. Querhaus Glasgemälde 1944–45 von Augusto Giacometti; Grabplatten u. a. für Hans Waldmann 1489 und seine Gattin Anna Landolt 1495. Am Pfeiler Fresko des hl. Onophrius 1. H. 15. Jh. Der spätgot. Lettner um 1470 von Meister Heinrich von Erfurt wurde 1911 an den Eingang des Chors versetzt: drei spitzbogige Arkaden mit Kreuzrippengewölben und Blattkapitellen, Baldachine und Figuren 1913. In der Mittelachse Taufstein 1644. Der querrechteckige Chor wirkt streng und nüchtern. Das mächtige Gewölbe ruht auf Halbsäulen mit attischen Basen und Eckknollen, der figurale Schmuck der Kämpfer und Kapitelle um 1260. Bemerkenswerte **Chorfenster** von Marc Chagall 1970. Das mittlere Fenster der östl. Chorwand gilt der Christusbotschaft des Neuen Testaments. Links davon das Jakobsfenster, rechts Zionsfenster. Die beiden Seitenfenster greifen Themen vor allem des Alten Testamentes auf: das nördl. Prophetenfenster steht dem Gesetzesfenster gegenüber. Malereien. In den Gewölbekappen Evangelistensymbole und Sternendekor, an der O-Wand zwei Konsekrationskreuze 3. Drittel 13. Jh.; Engel-

7

gruppe A. 16. Jh. in roter Pinselzeichnung; in der oberen Reihe Martyrium der 10 000 Ritter, Felix und Regula um 1480–90; an der N-Wand Spuren von Szenen aus Heiligenviten A. 14. Jh. In der südl. Turmsakristei (ehem. Marienkapelle) Malereien in versch. Schichten: an der N-Wand Heilige und reiche Scheinarchitektur in frühester Renaissance, an der O-Wand Schutzmantelmadonna und Krönung Mariä um 1515; im Gewölbe Muttergottes sowie Engel 14. Jh. Unter dem Chor Reste der umfangreichen Kryptenanlage. Apsiden des 9. und 10. Jh. mit Hausteinverkleidung, Altarfundament 13. Jh. Aufstellung von Architekturfragmenten aller Bauepochen. ▪ Kreuzgang. Im Durchgang zwischen Stadthaus und Kirche befinden sich Reste des roman. und spätgot. Kreuzganges. Älteste Teile im O: je drei gekuppelte Rundbogen auf grossen Sattelsteinen, Reliefs mit Felix und Regula vor Landpfleger Decius und Martyrium der Heiligen um 1170–80 (Kopien). Im westl. Teil des Hofes Reste des spätgot. Kreuzganges A. 16. Jh., frei ergänzt 1911 von Gustav Gull. Figuren und Hirschrelief von Johann Jakob Graf, Brunnen von Hermann Würth, beides 1912. An den Rückwänden umfangreicher Freskenzyklus von Paul Bodmer 1924–41: Gründungsgeschichte des Stiftes (Hirschlegende), Martyrium der Stadtpatrone Felix, Regula und Exuperantius, Legende um Karl d. Grossen als Stifter des Grossmünsters.

ALTSTADT RECHTS DER LIMMAT

Vom Bellevue zum Central

Hauptachse entlang des Flusses ist der Limmatquai, ein lang gestreckter Strassenzug, entstanden im 19. Jh. durch Aufschüttung ehem. Hafenanlagen. Charakteristisch sind die zwei zum Quai sich öffnenden, urbanen Plätze beim ehem. Hafen (Hechtplatz, Schifflände) und die altzürcherischen Zunft- und Bürgerhäuser.

HECHTPLATZ. Einstiger Hafenplatz, davor ca. 1450–1836 im See stehendes Wasser- oder Grendeltor. ▪ Nr. 7, Kleinbau, 1835–36 von Leonhard Zeugheer. Urspr. zwei gleichartige, frei stehende Baukörper in Form dorischer Miniaturtempel mit Läden und Werkstätten (Vorläufer der Kauf- und Warenhäuser) unter ausladendem, säulengestütztem Dach. 1958–59 östl. Halle von Ernst Gisel zum Theater am Hechtplatz umgeb.; 1987 Aussenrenov. ▪ Brunnen. Säule und Kapitell 16. Jh., Becken 1760; Plastik 1910 von Philipp Widmer.

SCHIFFLÄNDE ▪ Nr. 12, Zum Pilgerschiff. Ehem. mittelalterl. Pilgergasthof; 1813–14 Umbau zu klassiz. Geschäftshaus; Treppengiebel um 1874–75. ▪ Nr. 22, ehem. Zunfthaus zur Schneidern. Zunftsaal mit Ausstattung von 1744; Stuckdecke von David Morf und mythologische Deckenmalerei von Johann Balthasar Bullinger.

8

LIMMATQUAI ▮ Nr. 2, Denzlerhäuser und Usterhof mit **ehem. Literatencafé Odeon** in strengem, geometrischem Jugendstil (Plan S. 20 ▶ **3**). 1909–11 von Robert Bischoff und Hermann Weideli. ▮ Nr. 16, ehem. Hotel Du Lac, heute Café Select. 1839–40 von Daniel Pfister mit klassiz. Monumentalordnung. ▮ Nrn. 28–30, Münsterhäuser. Geschäfts- und Mietshäuser 1858–63 von Wilhelm Waser anstelle des Hottingerturms, des Kauf- und des Salzhauses. Klassiz. Bau im Material dem Grossmünster angepasst. An den Gebäudeecken Reliefs mit Karlslegende. ▮ Nr. 32, Verkaufsbuden mit neuroman. Ladenfront unter der Grossmünsterterrasse. 1839–40 von Alois Negrelli mit Brüstungsmasswerk als frühes Beispiel historisierender Stilmischung, Treppe
8 umgeb. 1942. ▮ **Wasserkirche*** (Plan S. 20 ▶ **4**). *Die Wasserkirche steht in enger Verbindung mit der Felix- und Regula-Legende, die hier die Enthauptung der beiden Heiligen ansiedelt.* Die Baugruppe von Helmhaus und Wasserkirche stand urspr. auf einer Limmatinsel, auf der ein vorchristliches Heiligtum vermutet wird. Nachgewiesen ist ein dreischiffiger roman. Bau aus dem 10. Jh., dessen Krypta den angebl. Hinrichtungsstein der Stadtheiligen umschloss und um 1300 zur bekannten Pilgerstätte avancierte. 1288 Weihung eines got. Neubaus. Die heutige spätgot. Kirche 1479–84 von Hans Felder d. Ä. Nach der Profanierung 1524 Nutzung als Vorratslager, von 1634–1917 als Bibliothek, Kunst- und Raritätenkabinett. 1839 Aufschüttung des Wasserarms zwischen der Inselkirche und dem rechten Flussufer. Purifizierende Rest. 1940–42, renov. 1987–88. Die schlanke, einschiffige Predigtkirche mit Polygonalchor und Dachreiter wird von abgetreppten Strebepfeilern gefasst, zwischen denen sich hohe Spitzbogenfenster mit wiederhergestelltem Masswerk öffnen. Der Raum wird von einem reichen sechseinhalbjochigen Netzgewölbe überspannt, das auf Spitzkonsolen ansetzt; Innenportal 1639. Freskenreste des späten 15. Jh., Glasgemälde in den Chorfenstern 1940–43 von Augusto Giacometti. In der Ausstellung unter der Kirche sind die Vorgänger-
8 bauten sichtbar. ▮ Nr. 31, **Helmhaus** (Plan S. 20 ▶ **5**). *Städtebauliches Gegenstück zum Rathaus.* Im 15. Jh. kleiner hölzerner Vorbau über der Brücke, 1564 Neubau als Markthalle, 1791–94 Nachfolgebau von Hans Conrad Bluntschli Vater und Sohn. Erstes als Bibliothek erbautes Gebäude in der Schweiz, daneben auch Kaufhaus. 1940–42 Umbau zu Ausstellungsgebäude, renov. 1987–88. Bedeutender, frühklassiz. Querbau mit offener pilastergegliederter Arkadenhalle, Beletage und Mezzanin. ▮ Vor dem Chor der Wasserkirche Bronzestatue des Reformators Huldrych Zwingli 1885 von Heinrich Natter.
▮ **Münsterbrücke** (Plan S. 20 ▶ **6**). Steinerne Stich- 8
bogenkonstruktion in der Tradition des französischen Brückenbaus, 1836–38 von Alois Negrelli. Vorgänger: Wahrscheinl. gegen 1100 Bau der sog. niederen Brücke als zweitem Flussübergang in Form eines Holzsteges, spätestens seit dem 15. Jh. mit Schöpfrad für die städt. Wasserversorgung. ▮ Nrn. 36/38, Wettingerhäuser. Kern um 1220–30. Nach 1332 Zusammenfassung von drei Einzelgebäuden zum Amtshaus des Klosters Wettingen, Umbau 1571–72, 1840 Übergang in Privatbesitz und Umbau durch Joh. Ulrich Staub; Durchgang mit zwei roman. Zwillingsarkaden und wuchtigen Kreuzrippengewölben um
1220/30. ▮ Nr. 40, **Zunfthaus zur Zimmerleuten** 9
(Plan S. 20 ▶ **7**), Haus zum Roten Adler. 1428 Kauf durch die Zunft. Im EG des Hinterhauses Balkendecke von 1156d. Neubau des Vorderhauses 1708, Umsetzung der Formen des hölzernen Vorgänger-

9

8 Zürich. Wasserkirche, Helmhaus und Münsterbrücke.
9 Zürich. Zunfthaus zur Zimmerleuten.

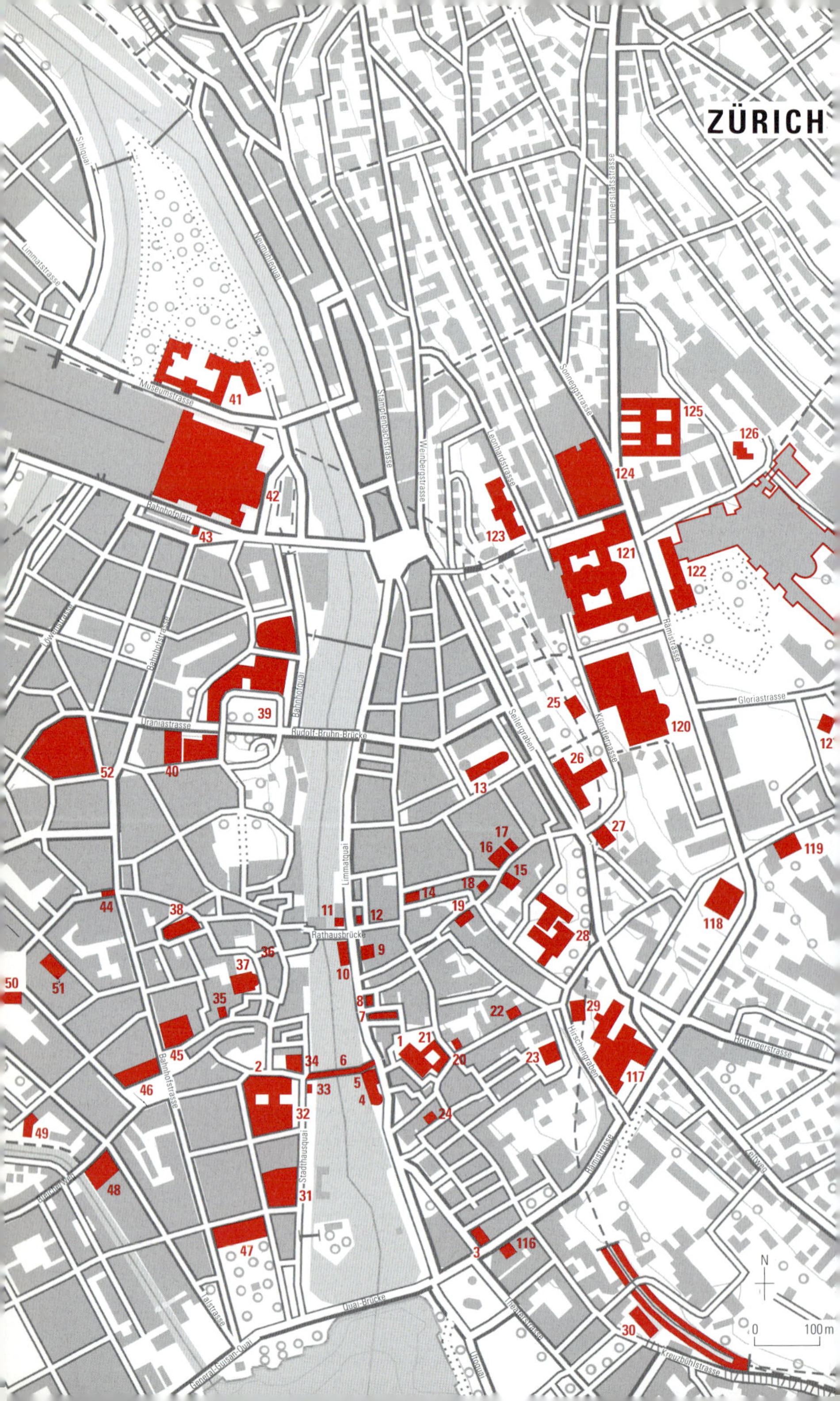

ZÜRICH
Sihlquai
Limmatstrasse
Neumühlequai
Museumstrasse
Bahnhofplatz
Stampfenbachstrasse
Weinbergstrasse
Leonhardstrasse
Sonneggstrasse
Universitätstrasse
Rämistrasse
Gloriastrasse
Künstlergasse
Seilergraben
Löwenstrasse
Bahnhofstrasse
Bahnhofquai
Uraniastrasse
Rudolf-Brun-Brücke
Limmatquai
Rathausbrücke
Hirschengraben
Hottingerstrasse
Zeltweg
Stadthausquai
Talstrasse
General-Guisan-Quai
Quai-Brücke
Utoquai
Theaterstrasse
Kreuzbühlstrasse
41
42
43
123
124
125
126
121
122
39
40
52
25
120
26
13
27
119
17
16
15
18
14
44
11
12
19
118
38
9
10
28
36
37
50
51
35
8
7
22
29
1
21
20
23
117
45
2
34
6
5
4
33
32
46
24
49
48
31
47
3
116
30
N
0
100 m

10 Zürich. Ortsplan 1, 1:10 000.

1 Grossmünster
2 Fraumünster
3 Ehem. Literatencafé Odeon
4 Wasserkirche
5 Helmhaus
6 Münsterbrücke
7 Zunfthaus zur Zimmerleuten
8 Haus zum Rüden
9 Zunfthaus zur Saffran
10 Rathaus
11 Hauptwache
12 Museumsgesellschaft
13 Predigerkirche
14 Zunfthaus zur Schmiden
15 Zum Unteren Rech
16 Bilgeriturm und Zunfthaus zur Schuhmachern bzw. Theater am Neumarkt
17 Zur Stelze
18 Grimmenturm
19 Haus zum Napf
20 Grossmünsterkapelle
21 Ehem. Mädchenschule Grossmünster
22 Zur Engelburg
23 Villa Tobler
24 Zur Glocke
25 Stockargut
26 Schulhaus Hirschengraben
27 Haus zum Rechberg
28 Obergericht
29 Zum Kiel
30 Bahnhof Stadelhofen
31 Geschäftshaus Metropol
32 Stadthaus
33 Reiterstandbild
34 Zunfthaus zur Meisen
35 Restaurant und Bierhalle Kropf
36 Römische Thermen
37 Kirche St. Peter
38 Augustinerkirche
39 Amtshäuser der Stadt Zürich
40 Geschäftshaus und Volkssternwarte Urania
41 Schweizerisches Landesmuseum
42 Hauptbahnhof
43 Escher-Brunnen und -Denkmal
44 Pavillon-Skulptur
45 Geschäftshauskomplex Peterhof und Leuenhof
46 Schweizerische Kreditanstalt
47 Schweizerische Nationalbank
48 Alte Börse
49 Geschäftshaus zur Bastei
50 Zum Grossen Pelikan
51 Kino Studio 4
52 Warenhaus Jelmoli
53–115 s. Ortspläne, S. 58/59 und S. 68
116 Kronenhalle-Bar
117 Kunsthaus
118 Alte Kantonsschule
119 Zum Sonnenbühl
120 Universität des Kantons Zürich, Hauptgebäude
121 Eidg. Technische Hochschule (ETH), Hauptgebäude
122 Kantonsspital
123 Städt. Pfrundhaus
124 Fernheizkraftwerk und Maschinenlaboratorium der ETH
125 Ehem. Chemiegebäude der ETH
126 Sternwarte der ETH
127 Schwesternhochhaus des Kantonsspitals

baus in Stein. 1783–85 Erweiterungsbau gegen N von Hans Conrad Bluntschli. Brand 2007. Im 1. OG (Restaurant) Sandsteinpfeiler mit vorzüglichem plastischem Schmuck 1708. Im 2. OG Zunftsaal mit Fenstersäulen, Prunktüre und konzentrisch angelegter Felderdecke. Sechzehn geschnitzte und bemalte Wappenschilde von Zunftpfleger Hans Georg Bachofen und seinen Söhnen, Bildnisse der Bürgermeister Hans Jakob Escher (1656–1734) und seines Sohnes Hans Caspar Escher (1678–1762). ▪ Nr. 42, **Haus zum Rüden** (Plan S. 20 ▶ **8**). Gesellschaftshaus der Constaffel (Edelleute) erbaut 1349; Umbau 1659–64 von Beat Rudolf Göldli; 1732 Renov. des Saals im 2. OG durch David Morf. 1836 Verlust der dominanten Lage am Fluss durch Aufschüttung des Limmatquais. Das EG seit 1937 in fünf Arkaden gegen die Limmat geöffnet. 1997 Rest. des Constaffel-Saals im 2. OG. Im 1. OG got. Fensterzeilen und Staffelfenster. Türe mit zierlichen Beschlägen von 1661 zum got. Saal (Restaurant) mit gewölbter Bohlenbalkendecke von 1349. Im 2. OG grosser Saal mit geometrisch profilierter Stuckdecke 1662 von Rudolf Bleuler; Stuckmasken in den Achsen und Ecken 1732. An der N-Wand Wappenfries mit Rankenornamenten (reiches Beispiel des Knorpelstils) 1673 von Hans Blattmann. In der SW-Ecke Rüdenzimmer mit Stuckdecke und einfachem Täfer 1773 sowie Turmofen 1755 (aus dem Haus Rennweg Nr. 35).

RÜDENPLATZ ▪ Nr. 2, Zur Kerze. Hochmittelalterl. Steinhaus mit dreigeschossigem polygonalem Erker von 1548: plastische Reliefs im Übergangsstil zur Renaissance, Buchdruckerzeichen von Andreas Gessner in Tabernakelrahmung mit korinth. Säulen, gekehlte spätgot. Fenster.

LIMMATQUAI (Forts.) ▪ Fischmarktbrunnen, 1965 hierher versetzt. Erwähnt 1431 vor dem Rathaus, Neuanlage 1643–44; Säule von Daniel Schüpfer, Eisenarbeiten von Peter Albrecht, Bekrönung Samson mit Löwe (Kopie) von Hans Lynz. ▪ Nr. 52, Zur Haue. Zunfthaus zum Kämbel. Got. Bau 15. Jh. mit Treppengiebel und kreuzrippengewölbtem Durchgang mit zwei Spitzbogen gegen die Limmat. Polygonaler Erker mit Wasserspeiern. Portal im Durchgang mit Akanthuskartusche E. 17. Jh., Portal an der NW-Seite 1620, im Lichthof Wappenstein Hirzel-Keller-Meyer v. Knonau 1630. Hirsch auf dem Giebel (Kopie) als Wappentier der Hirzel. ▪ Nr. 54, **Zunfthaus zur Saffran** (Plan S. 20 ▶ **9**). 1331 erste Erwähnung, 1385 Trinkstube der Krämer, 1417 Neubau durch die Krämerzunft, 1669–1670 Angliederung der Hinterhäuser, 1719–23 Neubau des strassenseitigen Traktes, 1928–29 Umbau, 1993–95 Umbau der Hinterhäuser und Rest. des Vorderhauses. Spätbarocker, mit Sandstein verkleideter Kubus über dreiteiligem gefugtem Arkadendurchgang. Strenge Horizontalgliederung mit Gesimsen und liegenden Blendfeldern, die hohen Fenster mit vorhangartigen Bekrönungsprofilen. Im 1. OG Zunftsaal mit Prunktüre, geometrisch gegliederter Felderdecke und korinthischer Fenstersäule. Im 2. OG vier Räume mit teilweise reichen Stuckdecken, aufwändigen Türen und Getäfer; 1922 rekonstr. Turmofen aus Restbeständen dreier Öfen der Werkstatt von Hans Heinrich III. Pfau. Kacheln von David Sulzer nach Rissen von Johann Melchior Füssli mit mythologischen Darstellungen
11 und biblischen Szenen. ▪ **Rathaus*** (Plan S. 20 ▶ **10**). *Charaktervoller Barockbau noch in den «Gewändern der Renaissance» (H. M. Gubler) in beherrschender Lage in der Limmat.* Über den Tonnengewölben wohl des zweiten Vorgängerbaus errichtet 1694–1700 unter Leitung des Ratsherrn Johann Heinrich Holzhalb; nach dessen Tod ab 1697 von Johann Schaufelberger, beteiligt am Entwurf Giovanni Maria Ceruto. Seit 1798 Sitz der Kantonsregierung, ab 1803 des kantonalen Parlaments, 1833 Umbau des Ratssaales und Einbau einer Tribüne von Hans Caspar Stadler. Ab 1893 Sitz des Stadtparlaments. Aussenrest. 1912–14, Gesamtrenov. 1937–38 mit teilw. Wiederherstellung des urspr. Baubestandes. Aussenrest. 1974–77. Strenger, längsrechteckiger Bau im Charakter der Spätrenaissance mit straffer frühbarocker Gliederung: Vertikal durch gefugte Pilaster in der kanonischen Ordnung toskan.-ion.-korinth., horizontal durch verkröpfte Gesimse. In den hochrechteckigen Feldern Fenster mit abwechselnd gesprengten Segment- und Dreieckverdachungen, in den Giebelfeldern Büsten antiker und schweiz. Helden sowie Blumen-, Frucht- und Fischgehänge von Johann Jakob Keller. In der Mittelachse raumgreifendes Säulenportal mit bekrönenden, kupfervergoldeten Löwen als Schildhalter 1701 von Johann Jakob Läublin und Franz Ott. Das *Innere* präsentiert eine Reihe herrschaftlicher Räume mit Zeugnissen hochstehender Arbeit der meist auswärtigen Handwerker. Während an den Fassaden barocke Üppigkeit und Spielerei vom strengen Raster der architektonischen Gliederung gehalten wird, kann sie sich im Innern weitgehend ungehindert entfalten. Sprechendstes Beispiel sind die annähernd vollplastischen Figuren der reichen

11

Stuckdecken von Hans Jakob Schärer, die sich aus der Fläche fast vollständig gelöst haben. Im Vestibül Bronzebüste Gottfried Kellers nach Gipsmodell von Richard Kissling von 1884–85. Drei Türgerichte mit Akanthusbekrönung. Festsaal in der NW-Ecke. Einer der schönsten Barockräume der Stadt: Stuckdecke mit Trophäen und allegorischen Figuren, Deckengemälde und Stuckatur von Hans Jakob Schärer, Turmofen 1763 von Leonhard Locher und Jakob Rusterholtz, Standestafeln 1567 von Hans Asper. Im SW-Eckzimmer Täfer und Deckenstuck von Samuel Höscheller (1697). Gitterportal und Treppengeländer sind Meisterwerke der Schmiedekunst des ausgehenden 17. Jh. Im Vorsaal des 1. OG Stuckdecke von Hans Jakob Schärer, Prunktüren von Caspar Weber und Johann Jakob Keller, interessante «Fischtafeln» 1709 von Melchior Füssli. Im Regierungsratssaal Felderdecke und reiches Getäfer mit Intarsien, buntbemalter Turmofen 1697 von Hans Heinrich und David II. Pfau. Im seit 1833 zweigeschossigen Kantonsratssaal Kassettendecke, Wandteppich 1940–45 von Lissy Funk nach Entwurf von Willi Dünner; Standesscheiben 1951. Im Aufstieg zum 3. OG Bild «Schwur der drei Eidgenossen» 1781 von Johann
12 Heinrich Füssli. ▮ Nr. 61, **Hauptwache** (Plan S. 20 ▶ **11**). Urspr. zusammengeb. mit dem gleichzeitigen Schlachthaus, dann mit der 1864–66 neu erb., 1962 abgebr. Fleischhalle. Streng gegliederter, klassiz. Querbau 1824–25 von Hans Caspar Escher. Monumentale Tempelfront nach griech. antikem Vorbild. In Zürich einziger erhaltener Zeuge des Hochklassizismus. ▮ Nr. 63, Neubau anstelle der Fleischhalle, an Hauptwache angeb. 1988–90 von Tilla Theus. ▮ Nr. 62, **Museumsgesellschaft** (Plan S. 20 ▶ **12**). 1866–67 von Ferdinand Stadler. 1965–66 Renov. und Umbau, 1997 Fassadenrest. Die im Zusammenhang mit der Eröffnung der Universität 1833 gegr. Museumsgesellschaft war im 19. Jh. mit ihrem reichen Bücherfundus eine bedeutende Stätte des wissenschaftlichen, politischen und literarischen Diskurses. Neurenaissance-Fassade mit Bezug auf das Rathaus. An der abgeschrägten SW-Ecke zwei Atlanten 1867 von Victor v. Meyenburg. ▮ Nr. 64, Gesellschaftshaus der Schildner zum Schneggen. 1864–66 von Leonhard Zeugheer und Georg Lasius. ▮ Nr. 72, ehem. Hotel Schweizerhof. Neugot. Treppengiebelbau 1859 von Wilhelm Waser. ▮ Nr. 76/ Rosengasse Nrn. 2/4, Glentnerturm. Adliger Wohnturm um 1200, Umbau und Erweiterung um den flussseitigen Anbau auf Stützen unter Gerber und Bürgermeister Jakob Glentner A. 15. Jh. ▮ Nr. 94, Rudolf-Mosse-Haus. 1911–13 von Robert Bischoff und Hermann Weideli. Jugendstilhaus auf massigen (bei der Renov. 1967 geöffneten) Arkaden mit Dekorationsplastik von Hans Markwalder.

ROSENHOF ▮ Platzanlage 1966–67 von Benedikt Huber, Brunnen für «Niemand» 1967 von Peter Meister mit Inschrift von Max Frisch.

Vom Central durch die östlichen Gassen der Altstadt zum Bellevue

Die unter dem Aspekt der Wohnhygiene in den 1930er Jahren vorgenommenen Abbrüche haben einige Lücken im dichten Netz der historischen Bauten hinterlassen, während sich spätere Eingriffe eher auf Auskernung verlegten. Daneben haben fachgerechte Sanierungen in jüngerer Zeit vieles an verdeckter Substanz wieder ans Tageslicht gebracht.

CENTRAL. Seit der durchgehenden Öffnung des Limmatquais 1859 und dem Bau der Bahnhofbrücke 1864 Verkehrsknotenpunkt am Eingang zur Altstadt.

NIEDERDORFSTRASSE. Längster Strassenzug der

12

11 Zürich. Rathaus.
12 Zürich. Hauptwache.

ZÜRCHER ZÜNFTE UND IHRE BAULICHE REPRÄSENTATION

Zünfte waren ursprünglich ständische Körperschaften von Handwerkern, die im Mittelalter in den meisten grösseren Orten zur Wahrung gemeinsamer Interessen entstanden. Jeder städtische Handwerker musste zur Ausübung seines Berufs Mitglied einer Zunft sein. Neben ihrer wirtschaftlichen Funktion nahmen die Zünfte religiöse, soziale, kulturelle und militärische Aufgaben wahr. Die Zunft war eine soziale Einheit, eine umfassende Lebensgemeinschaft.

Vor 1336 waren die Zünfte in der Stadt Zürich rein gewerbliche Zusammenschlüsse, politische Tätigkeit war ihnen untersagt. 1336 erhoben sich die – auch andernorts in Europa – aufstrebenden Handwerker und der städtische Adel gemeinsam unter der Führung des ritterbürtigen Rudolf Brun gegen die Mehrheit der im Rat vertretenen Kaufleute und vornehmen Handwerkergeschlechter. Die von Brun entworfene Zunftverfassung, die bis zur helvetischen Revolution 1798 Gültigkeit hatte, schuf dreizehn neue Zünfte für Handwerker und Gewerbetreibende sowie die Constaffel, in der die Stadtadligen und die Brun treu gebliebenen Grosskaufleute vereint wurden. Aus den Vertretern der Zünfte und der Constaffel wurden der kleine und grosse Rat gebildet. Zürich wurde Modellstadt einer Zunftstadt handwerklicher Prägung.

In der Zeit des Ancien Régime waren es immer seltener Handwerker, die von den einzelnen Zünften in den Rat gewählt wurden, sondern Grosskaufleute und so genannte Rentner, die von den Einkünften ihres Vermögens lebten, wobei oft auch Familienmitglieder nachgezogen wurden. Jeder aus diesem Umfeld konnte nun unabhängig von sei-

Zürich. Haus zum Rüden, spätgotische Bohlenbalkendecke von 1349 (s. Seite 21).

Zürich. Zunfthaus zur Saffran, 1719–23 Neubau des strassenseitigen Traktes (s. Seite 22).

nem Beruf in eine Zunft eintreten; man wählte jene Zunft aus, welche die besten Wahlchancen versprach. Die Zünfte wurden so zu politischen Wahlgremien.

Zürich. Zunfthaus zur Meise, 1752–57 von David Morf, Balkon an der Südfassade (s. Seite 36).

Im Zentrum des gesellschaftlichen Lebens der Zunft stand das gemeinschaftliche Mahl in der Trink- oder Zunftstube, wo die sozialen Regeln festgesetzt und eingeübt sowie Beziehungsnetze geflochten wurden. Die Zunfthäuser wurden entlang der grossen Verkehrsachsen in der Nähe des Rathauses, dem politischen und wirtschaftlichen Mittelpunkt der Stadt, errichtet. Es ist wohl kein Zufall, dass viele Zünfte in der Zeit um 1400, als das zweite Rathaus von Zürich entstand (1694–1700 durch das heutige Rathaus ersetzt), ein Gebäude als Zunfthaus erwarben oder neu erbauten. In den meisten Fällen lagen im Erdgeschoss Läden, oft mit Lauben, und in den Obergeschossen die Zunfträume; nicht von der Zunft gebrauchte Lokale wurden vermietet. Die repräsentativen Zunfthäuser, die teilweise von bekannten Künstlern, Kunsthandwerkern und Baumeistern erbaut oder umgestaltet und ausgestattet wurden, waren zeichenhafter Ausdruck des Selbstbewusstseins und der Bedeutung der Körperschaften, die in der Zeit des Zunftregiments (1336–1798) die politische, wirtschaftliche, militärische und gesellschaftliche Ordnung der Stadt bestimmten. 1798 lösten die Franzosen nach ihrem Einmarsch die politischen Zünfte auf. Nach fünf Jahren wurden die Zünfte als Wahlgremien wieder eingesetzt, bis sie 1866 ihre letzten politischen Rechte verloren. Heute dienen sie dem Kontakt von Männern mit ähnlichen, traditionellen Interessen. Glanzlichter der Zunftsarchitektur sind die gewölbte spätgotische Bohlenbalkendecke (1349) im *Rüden*, der Zunftsaal (1520) von Hans Küng in der *Schmiden*, die in spätgotischer Tradition stehende Fassade der *Waag* (1636–37), die barocken Neubauten der *Zimmerleuten* (1708, ausgebrannt 2007) und *Saffran* (1719–23) sowie der von David Morf gestaltete Rokokobau der *Meisen* (1752–57).

Annegret Diethelm

Zürich. Haus zum Rüden, erbaut 1349, Umbau 1659–64, Arkadenöffnungen gegen den Limmatquai von 1937 (s. Seite 21).

mittelalterl. Stadt, urspr. mit Tor (1824 abgebr.) in die Landstrasse Richtung Schaffhausen mündend. ▪ Nr. 77, Zum Brotkorb. 1857 von Wilhelm Waser. Spitz zulaufendes Eckhaus mit dreigeschossigem Erker.

ZÄHRINGERPLATZ ▪ Nr. 6, Zentralbibliothek. 1915–17 von Hermann Fietz d. Ä. an der Stelle des 1887 abgebrannten Predigerklosters; Bauplastik von Arnold Hünerwadel, Skulpturen über dem Haupteingang von Hans Gisler. Erweiterung/Neubau der rückwärtigen Haupttrakte 1990–95 von den Gebr. Eggimann. Im Lesesaal Fries des Malers Pierre Haubensak. Hofgestaltung mit geschliffenen und polierten Pflastersteinen von Anna Maria Bauer. ▪ **Predigerkirche** (Plan S. 20 ▶ **13**). *Der Chor ist eine der bedeutendsten Leistungen der Bettelordensarchitektur in der Schweiz.* 1230 Gründung des Predigerklosters als früheste Niederlassung des Bettelordens in der Schweiz. Das Kloster erwähnt 1231, roman. Basilika vollendet vor 1268, ca. 1325–57 Bau des hochgot. Polygonalchores anstelle des roman. Rechteckchores mit Vierung. 1524 Aufhebung des Klosters; der Chor wird profaniert und als Kornspeicher, das Langhaus als Trotte genutzt; das Kloster dem Spital überlassen. 1541 Trennwand zwischen Chor und Schiff, 1544–1607 protestantische Gottesdienste im Schiff. 1609–14 Umwandlung des schlichten Langhauses in festlichen Predigtsaal: Einzug von Gewölben, Vergrösserung der Fenster, Prunkportal mit Vorhalle. 1663 Einbau des Strebensystems der S-Seite wegen Einsturzgefahr. 1887 Brand der ehem. Klostergebäude, an deren Stelle 1915–17 Zentralbibliothek. Gotisierender Turm 1899–1900 von Friedrich Wehrli nach Entwürfen Gustav Gulls. Chor ab 1873 als Kantonsbibliothek genutzt, 1917–82 als Staatsarchiv. Chorrest. 1972–75, 2006; Turmrest. 1994, Kirchenäusseres 2004, Inneres 2007. Dominierend ist die gegen den Predigerplatz gerichtete S-Front. Das Portal in frühbarocken, hochplastischen Formen 1611 von Werkmeister Georg Waser. Die W-Fassade schmucklos mit hohem Spitzbogenfenster, Vorzeichen von 1968. Steil aufragender, vierjochiger **Chor*** mit polygonalem Abschluss und gestuften Strebepfeilern, dazwischen schmale hohe Spitzbogenfenster mit hochgot. Radialmasswerk. Die Rippen der Kreuzgewölbe setzen auf spitzen Konsolen an und nehmen polychromierte Schlusssteine mit vegetabilen und figürlichen Reliefs auf. Dekorative Bemalung 1. H.
14. Jh. Im Schiff ist weitgehend der roman. Bestand **13**
erhalten. Sieben Joche, kreuzgewölbte Seitenschiffe und flache Holztonne von 1610 im Mittelschiff. Die massigen Vierkantpfeiler enden in energisch profilierten Stuckkämpfern und tragen schwere Rundbogen. Der Stuckdekor in der Art der Gebr. Castelli, signiert von Ulrich Oeri 1610, weitere Signaturen von Friedrich und Hans-Ulrich Oeri, Hans-Heinrich Zehnder und Conrad Bauer. Gliederung durch ein klares System tektonischer und flächenfüllender Teile in reicher Stufung des Reliefs. Als Vertikalgliederung Hermenpilaster mit Fruchtgehängen, im Gewölbe als Gurten fortgesetzt. Die Spitzbogenfenster mit Ohrenrahmung, über den Arkaden Stuckpanneaux. Im Gewölbe wechselständig runde und rechteckige Felder. Die Detailformen antikisierend mit schwarzer und roter Fassung. Die Triumphbogenwand mit grosser Stuckädikula. Taufstein 1613. Im nördl. Seitenschiff Freskenfragment 15. Jh.

PREDIGERPLATZ ▪ Brunnen. Urspr. vor dem Barfüsserkloster. Säule 1558 von Balthasar Bingiser, Trog 1748 von Anton Däniker (Kopien); Brunnenfigur (Signet des Buchdruckers Froschauer) 1958 von Otto Münch.

13

13 Zürich. Predigerkirche.

BRUNNGASSE. Im späten Mittelalter neben der Froschaugasse Wohnort der meisten Zürcher Jüdinnen und Juden («Judengasse»). Ende der Blütezeit der jüd. Gemeinde durch Pogrom 1349 (mündend in Niederlassungsverbot 1436–1862). ▪ Nrn. 8/10, Zum Brunnenhof. Im Kern Wohnturm 13. Jh., Anbau gegen Gasse 1. V. 14. Jh., im 17. und 19. Jh. Aufstockung, neubarocke Prunkfassade zwischen 1863 und 1880; renov. 1993–96. Im 1. OG Festsaal der jüdischen Familie Ben Menachen mit got. höfischen Wandmalereien um 1330. ▪ Nr. 4, Zum Weissen Turm. Kern 12. Jh., 1618–1795 im Besitz der Familie Pestalozzi. Rokoko-Erker 1735. Reiche Innenausstattung des 18. Jh.: 1. OG bemaltes Täferzimmer 1735 mit Landschaftsgrisaillen über marmoriertem Sockel. Im 3. OG spätgot. Bohlenbalkendecke um 1500, Stuckdecken 1735, Salon mit Régencestuck und Gemälden in der Art Johann Balthasar Bullingers. Im DG Ölbilder mit Gerätestilleben um 1750 von Johann Caspar Füssli.

STÜSSIHOFSTATT. Durch Abbruch mehrerer Häuser im Spätmittelalter geschaffener kleiner Altstadtplatz, darunter röm. Strasse. ▪ Bannerträgerbrunnen 1575, Säule 1667, Becken 1766 (Kopie 1919). Die polychrom gefasste Kriegerfigur angeblich der 1443 bei St. Jakob a. d. S. gefallene Bürgermeister Rudolf Stüssi. ▪ Nr. 9, Zum Schwarzen Garten. Im Kern roman. Wohnhaus M. 13. Jh., ab 1534 Gesellschaftshaus der Scherer und Wundärzte, Zürichs erste Unterrichtsstätte für Medizin. Im 1. OG Gesellschaftszimmer mit Täfermalerei osteologischer Motive E. 18. Jh. und tordierte Fenstersäule mit Gesellschaftswappen 1538. ▪ Nr. 10, Zum Mühlerad. Gesellschaftshaus der Müller, 1599. Im 2. OG Hauszeichen mit Wappen zwischen ion. Pilastern.

MARKTGASSE ▪ Nr. 20, **Zunfthaus zur Schmiden** (Plan S. 20 ▶ **14**). 1412 Ankauf des Hauses zum Goldenen Horn durch die Zunft; 1520 Umbau und Einrichtung des Zunftsaals durch Hans Küng; durchgreifende Umbauten 1881–1901; 1962 Neugestaltung des Äussern, Ausbruch einer Arkade, Fassadenmalerei von Eugen Häfelfinger. Spätgot. Eckhaus mit stichbogigen Kreuzstockfenstern im 2. OG. Im 1. OG Restaurant mit Turmofen von 1754 aus dem Haus Neumarkt Nr. 11. Im 2. OG der durch Chiodera und Tschudy 1881 erhöhte **Zunftsaal** mit bedeutender spätgot. Felderdecke in Rautenfiguration 1520 von Hans Küng d. Ä. und d. J.: An den Schnittstellen der Rippen insgesamt 28 polygonale Medaillons mit anthropomorphen Reliefs: ungestalte Figuren nach Holzschnitten in Schedels Nürnberger Weltchronik von 1493. Bemerkenswerte spätgot. Supraporten mit Wappenschildern von 17 zürcherischen Ämtern 2. V. 16. Jh. von Michael Baumgartner.

RINDERMARKT ▪ Nr. 7, Zur Kante. Hofseitiger Kernbau M. 14. Jh., später gegen die Gasse erweitert. 1827 mit benachbartem Pilgrimstab zu einem Gebäude vereint. Renov. 1993–94. ▪ Nr. 11, Zum Seckel. Vor 1567 im Besitz des Malers Hans Asper. Im 1. OG Renaissancebalkendecke mit Rollwerkschnitzerei und Bemalung E. 16. Jh. ▪ Nr. 12, Öpfelchammer, urspr. Zum Judenhut. Gottfried-Keller-Stube mit vielen Erinnerungsstücken an den Dichter. ▪ Nr. 13, Zum Schwarzen Amboss. Im Kern turmartiges Steinhaus 13. Jh., um 1300 erweitert, 1650 Aufstockung. ▪ Nr. 17, Zum Grossen Steinbock. 1671–82. Korbbogenportal mit skulptiertem Schlussstein, darüber schmiedeeisernes Balkongitter um 1730. ▪ Nr. 18, Zum Goldenen Apfel. Im Kern Wohnturm von 1318d, 1550 aufgestockt. Barockerker 1630. Im Innern Wandmalereien aus div. Epochen, u. a. Fehbesatz M. 14. Jh. ▪ Nr. 26, Zum Langen Keller. Palasartiger Anbau am Grimmenturm, 1345–1525 Beginenhaus. Einzigartiger got. Gemäldezyklus A. 14. Jh., seit 1933 im Landesmuseum.

FROSCHAUGASSE ▪ Nr. 4, Zum Burghof. Im 14.–A. 15. Jh. Synagoge, durchgreifender Umbau 1705 durch Hans Heinrich Holzhalb (u. a. geschnitzter Erker). ▪ Nr. 7, Zum Kerzenstock. Kern 13. Jh., im 14. Jh. gegen die Steinbockgasse verdoppelt. 1600 und 1860 Überbauung des rückwärtigen Hofes, 1957–97 Buchhandlung Pinkus. Renov. 1997–98. Im 2. OG Zimmer mit Fladerpapiertapeten aus dem 16. Jh. mit Renaissanceornamentik. ▪ Nrn. 14–18 (gerade Nrn.), Zur Froschau. Ehem. Konvent St. Verena, erwähnt 1260, aufgehoben 1524. Kauf des Ge-

14

14 Zürich. Zum Unteren Rech, Innenhof.

bäudes 1551 durch Christoph Froschauer und Einrichtung einer Druckerei; Umbauten im 16. und 17. Jh., heutige Gestalt 1882. Von der Strasse zurückversetzte Hofanlage mit got. Reihen- und Staffelfenstern.

NEUMARKT. Der auffallend breite Strassenzug 1145 erstmals genannt. Er diente urspr. als Viehmarkt und gehört zu den am besten erhaltenen und geschlossensten Gassenräumen des alten Stadtkerns. ▪ Nr. 1, Zur Neuburg. Kern A. 13. Jh., 1302–40 Wohnhaus des Minnesängers Johannes Hadlaub. ▪ Nr. 2, Zur Weissen Taube, Vorbau des Grimmenturms. Erwähnt 1324, spätklassiz. Umbau 1899, Renov. 1966–67. ▪ Nr. 3, Zur Deutschen Schule. Kern 1. H. 13. Jh., 1336–60 Wohnhaus des Bürgermeisters Rudolf Brun, 1556–1840 deutschsprachige
14 Schule. ▪ Nr. 4, **Zum Unteren Rech** (Plan S. 20 ▶**15**). Kernbau um 1200, in der Gotik, Renaissance und im Manierismus zu baugeschichtl. faszinierendem Komplex unter zusammenfassendem Walmdach ausgeb. Wohnort politisch bedeutender Zürcher Bürger, u. a. der Bürgermeister Heinrich, Diethelm und Markus Röist (15./16. Jh.). Renov. und Umbau zum Stadtarchiv und Baugeschichtlichem Archiv 1969–75, dabei Rekonstr. des Äussern nach dem Murerplan 1576. Reiche Innenausstattung aus allen Bauepochen, Höhepunkt im 1. OG: Architekturmalerei in bunten Farben, pflanzliche Elemente, ungewöhnliche Perspektiven, Sichtbalkendecke durch Beschlägmuster und Marmorierung verfremdet. Im 2. OG Balkendecke mit Wappen von Markus Röist und seinen Gattinnen Barbara Schaad und Dorothea Göldin, Fenstersäule 1495, im anschliessenden Zimmer Fensterpfeiler von 1534. Daneben zwei Biedermeierzimmer. Innenhof mit in italienischer Art des 16. Jh. dekorierter Fassade, bemalten Treppenuntersichten aus dem frühen 17. Jh., geschmiedetem Rokokogeländer. ▪ Jupiterbrunnen. Seit 1992 mit Statue «L'étranger» von Barbara Roth. ▪ Nr. 5, **Bilgeriturm und Zunfthaus zur Schuhmachern** bzw. **Theater am Neumarkt** (Plan S. 20 ▶**16**). Adliger Wohnturm 1.V. 13. Jh.; 1742–43 Umbau des an den Bilgeriturm angebauten mittelalterl. Hauses durch David Morf: Prächtige, ion. instrumentierte Barockfassade mit leichtem Risalit unter flachem Segmentgiebel. Hauptportal mit profiliertem Vorhangbogen, in der Kartusche Schuh als Zunftwappen. Das Innere umgest.: im 1. OG Einbau eines Ausstattungsensembles aus dem Haus zum Neuenegg um 1725–30, mit Täfer, Kassettendecke und Turmofen. Der ehem. Zunftsaal im 2. OG ist heute Theaterraum. ▪ Nr. 6, Zum Steinberg, ehem. Zum Rechberg. Fassade 19. Jh. Im Rokokosaal des 2. OG bemalte Täferpanneaux mit idyllischen Landschaften, Stuckdecken des 17. Jh. und um 1770, spätgot. Fenstersäule. ▪ Nr. 7, Zum Adlerberg. Renaissancebau 1608, Umbau 1691. ▪ Nr. 8, Zum Tannenberg. Mittelalterl. Kern, Umbau 1534–40. Hauszeichen über der Türe 2. H. 16. Jh. Im EG Stuckdecke um 1730. Im Saal des 2. OG Stuckdecke A. 18. Jh. ▪ Nr. 11, **Zur Stelze** (Plan S. 20 ▶**17**). Erwähnt 1316, M. 18. Jh. umgeb. für Bürgermeister Heinrich v. Orelli. Im 1. OG vorzügliche Stuckdecke von 1742 aus dem Umkreis des Francesco Pozzi; im 2. OG Prachtsaal mit Rokoko-Stuckdecke und allegorischem Medaillongemälde 1754–55; Rokokoturmöfen M. 18. Jh. aus dem Haus Neuenegg. ▪ Nr. 13, Zum Mohrenkopf. Kern M. 13. Jh. Im 1. OG zierliche Stuckdecke um 1740, im 2. OG spätgot. Bohlenbalkendecke. ▪ Nr. 15, Zur Blauen Lilie. Kernbau nach M. 13. Jh. Einbau

des Architekturforums in den Hinterhof 1984–86 von Fritz Schwarz. Bau aus Stahl, Zementsteinen und Glas. ▮ Nr. 17, Einrichtungsgeschäft. Innenausbau 1964/1978 von Fritz Schwarz. Durchgänge und Durchblicke auf verschiedenen Ebenen machen den Laden zum komplexen Wegsystem. ▮ Nr. 20, Zum Steinernen Kindli. Hauszeichen 1. H. 16. Jh.; Putto mit Sanduhr und Totenschädel als Vanitas-Allegorie. ▮ Nr. 27, Zum Goldenen Winkel. 1426 erwähnt. Geburtshaus des Dichters Gottfried Keller (1819–90).

UNTERE ZÄUNE. Der Name deutet auf eine frühe Befestigungslinie. Geschlossene, leicht konkave Häuserflucht, im Zuge der neueren Altstadtsanierung mit historisierenden Neubauten durchsetzt. Einige einfache, grösstenteils neu bemalte Erker des 17. Jh. (Nrn. 5/7/15 und 25). ▮ Nr. 19, Zum Hohen Steg. Nach 1500 auf den Grundmauern von drei mittelalterl. Häusern errichtet, 1518–30 im Besitz des Bischofs von Chur; 1851 Neugestaltung der Fassade mit Rundbogen durch Gustav Albert Wegmann. Saal im 1. OG mit spätgot. Sterngewölbe, in anthroposophischer Architekturauffassung erweitert 1940 von Ernst Fiechter. Renaissancefensterstütze 1606, Régence- und Rokoko-Stuckdecken.

SPIEGELGASSE. ▮ Nr. 29 **Grimmenturm** (Plan S. 20 ▶ **18**). Erb. 2. H.13. Jh. für Ratsherrn Heinrich Bilgeri, Angehöriger einer bedeutenden bürgerl. Patrizierfamilie, benannt nach Johann Bilgeri «dem Grimmen». Bedeutendster der fünf (von einst über einem Dutzend) noch stehenden wehrhaften Wohntürme des 12.–14. Jh. 1964–66 durchgreifende Rest. mit Rekonstr. des urspr. Turmabschlusses. ▮ Nr. 16, Zum Schäfli. Kern 13. Jh., 1903 Einbau eines Metzgereiladens mit Jugendstilfront und Deckenmalerei. ▮ Davor Brunnen von 1725, aus dem Hof des Hauses zum Grossen Pelikan. ▮ Nr. 11, Zum Waldries. Erwähnt E. 14. Jh., Wohnsitz Johann Caspar Lavaters von 1741–78. Portal 1740, im 2. OG spätroman. Rundbogentürgewände aus St.-Urban-Backstein um 1270–75. ▮ Nr. 1, Zur Weissen Lilie, 1916 Cabaret Voltaire (Dadaismus), Zürcher Dada-Haus. Innenausbau durch Rossetti und Wyss 2002–04.

OBERE ZÄUNE ▮ Nr. 26, Brunnenturm. Wohnturm E. 13. Jh., Anbau um 1300; 1357–1429 Eigentum lombardischer Geldleiher (Lampartenturm), 1429–1810 div. Um- und Ausbauten unter den Escher vom Luchs, 1810–1942 Nutzung als Schulhaus. Barockportal 1680 mit Wappen Escher und Meiss. ▮ Nr. 8, Zum Eyenberg. 1530 für Gerichtsschreiber Alexander Bodmer. Im 3. OG bemalte Balkendecken mit reichem Barockdekor 1698.

NAPFGASSE ▮ Nr. 8/Obere Zäune Nr. 19, Zum Blauen Himmel (Restaurant Turm). Kern um 1200, Erweiterung E. 13. Jh., um 1574 neue Fassade und Piano nobile im 2. OG für Pannerherr Heinrich Lochmann, 1896 Einrichtung der Wirtschaft im EG. Im 1. OG Balkendecke mit «Opus-sectile»-Dekor E. 13. Jh. (zugedeckt); im 2. OG figürliche und ornamentale Renaissance-Malereien 1574. ▮ Nr. 6, **Haus zum Napf** (Plan S. 20 ▶ **19**). Erwähnt im 14. Jh., im Besitz vornehmster Familien bis ins 18. Jh.; Rest. 1993. Fassade mit spätgot. Reihenfenstern, neben dem Portal Allianzwappen Schultheiss vom Schopf-v. Cham 1545. Im 1. OG Spätrenaissancezimmer mit Täfer und reicher Kassettendecke 2. H. 17. Jh. Im Saal des 2. OG leicht gewölbte got. Bohlenbalkendecke 1539/45, Empireofen; Régencepanneaux mit Schäferszenen und allegorischen Darstellungen um 1740. Im 3. OG Festsaal mit Stuckdecke spätes 17. Jh.; Zimmer mit Régencestuckdecke um 1730. ▮ Brunnen 1568, Allegorie des Frühlings 1911 von Arnold Hünerwadel.

MÜNSTERGASSE ▮ Nrn. 21/23, Zum Goldstein und Zum Roten Gatter. 1659 Vereinigung von zwei mittelalterl. Häusern durch den Handelsherrn Johannes Hess, anschliessend Neubau des nördl. Teils. Allianzwappen Hess-Hess und Schriftband 1664, Fassadenmalereien im Rahmen der Aktion «farbiges Zürich» 1927 von Jakob Gubler: Szenen aus dem Leben Pestalozzis (1746–1827), welcher hier seine Studienjahre (1762–65) verbrachte. ▮ Nr. 19, Zur alten Post. Geburtshaus der Malerin Anna Waser (1678–1714). ▮ Nr. 15, Zum Blumengeschirr. Roman. Kellergewölbe um 1200, darüber Neubau 1524, klassiz. Fassadengestaltung 1812, seit 1874 spanische Weinhalle mit maurischem Saal im OG von 1887. ▮ Nrn. 12–18 (gerade Nrn.), Zum Meyershof. Got.

Baugruppe um Innenhof, Umbauten 1599 und 1946. Im 14. Jh. im Besitz der Bürgermeisterfamilie Brun, 1371–1775 der Meyer v. Knonau. Rundbogenportale 1599. Im 2. OG von Nr. 14 Kassettendecke und Täfer um 1660, got. Wandmalereien von Nr. 18 im Landesmuseum. ▮ Nr. 10, Zum Unteren Leopard. Kern 13. Jh., bis um 1600 mit dem 1982 ausgehöhlten Oberen Leopard verbunden. Im Treppenhaus aus dem 18. Jh. gemalte Christophorusfigur M. 14. Jh. ▮ Nr. 9, Zum Schwanen. Im Kern hochmittelalterl. Bau über röm. Mauerresten, heutiger Bestand v. a. 17. und 18. Jh. 1736–88 Wohnhaus des Zeichners und Schriftstellers Salomon Gessner (1730–88), wo ihn Kleist, Wieland, Goethe und Mozart besuchten. Polygonalerker 1619, die Brüstung mit Rollwerkdekoration. Im westl. Anbau Hochrelief Apollo mit Leier um 1780 von Valentin Sonnenschein. Im 5. OG bemalte Decke wohl 17. Jh. aus dem Haus zum Kleinen Löwenstein und zwei prachtvolle Turmöfen, der eine um 1760 von Johann Jakob Däniker mit Szenen der Passion Christi, der andere 1724 von unbekanntem Meister.

RÖMERGASSE ▮ Nr. 9, Zum Oberen Deutschen Haus. Kern wohl 12. Jh., gehörte zusammen mit Nr. 7 dem Deutschordenshaus Hitzkirch. Spätrenaissance-Portal mit Faunsmaske 1632. ▮ Nr. 11, Zum Römer. Kern A. 13. Jh. Im EG Korridor mit spätgot. Sternrippengewölbe. Im 2. OG Wandmalereien (Monatsbilder, Minnegarten) E. 14. Jh. ▮ Nr. 13, Zum Loch. Kern 12. Jh., bis 1350 im Besitz zähringischer Dienstleute, seit 1394 Chorherrenhaus. Roman. Portal mit gestufter Leibung. Schlangenrelief (Karlslegende), Karlsstatue 1882. Ehem. heraldische Deckenmalerei von 1306 im Landesmuseum.

ZWINGLIPLATZ ▮ Nr. 4, ref. Pfarrhaus Grossmünster. 1468, umgeb. 1829 und 1937. Vor der Reformation Amtswohnung des Custos der Probstei, 1536–1833 des Antistes der Zürcher Kirche (u. a. Reformator Heinrich Bullinger 1536–75). ▮ Nr. 5,
15 **Grossmünsterkapelle** (Plan S. 20 ▶ **20**). 1858–60 von Johann Jakob Breitinger anstelle des westl. Teils der Leutpriesterei. Polygonaler Kopfbau in Tudorgotik mit eleganten Netzgewölben. Beachtliches
16 Werk der Neugotik. ▮ Nr. 6, **ehem. Mädchenschule Grossmünster** (Plan S. 20 ▶ **21**), heute Theologisches Seminar. Neuroman. Anlage 1850–53 von Gustav Albert Wegmann anstelle des Chorherrenstifts. Baublock mit acht auf acht Achsen um den bestehenden *Grossmünsterkreuzgang*. Rundbogige Zwillingsfenster durch Lisenengliederung und Sohlgesimse getrennt. ▮ **Grossmünster*** (s. S. 13ff. Plan S. 20 ▶ **1**).

KIRCHGASSE. Erwähnt 1271. An der oberen Kirchgasse meist Chorherrenhöfe, an der mittleren ehem. Kaplaneihäuser. ▮ Nrn. 12/14/Oberdorfstrasse Nr. 36, Zum Silberschild, Zum Goldenen Sternen, Zentrum Karl der Grosse. Kern um 1200, 1605 Umbau und Erker, 1878 teilw. Auskernung und Erhöhung, 1898 Einrichtung als Wirtshaus, 1909 Verbindung der beiden Häuser. Renov. 1983–85 von Ueli Marbach und Arthur Rüegg. Im Treppenhaus gemalte Fensterumrahmung, graues Beschlägemuster 17. Jh. Im 1. OG **Wandmalerei** in manessischer Tradition, Eichenlaub und Rosenranken über zinnenbekrönter Abfolge von Frauen und Männern in Dreipassarchitektur, frühes 14. Jh. Im Barocksaal grossformatige Leinwandmalereien mit dem Thema der «Fêtes galantes» verbunden mit den Vier Jahreszeiten, um 1760–70 evtl. von Johann Balthasar Bullinger; Turmofen mit blau gemalten Architekturdarstellungen. ▮ Nr. 13, Helferei. Kern 1. H. 13. Jh., ab 1270 Sitz des Leutpriesters (1525–31 Huldrych Zwingli). 1568 und

15

1860 umgeb. Renov. 1972–74. Im 1. OG Zwinglistübli mit spätgot. Bohlenbalkendecke E. 15. Jh., eingepasst in mittelalterliche Häusergruppe durch innere Verbindungen und Ergänzungsbauten zusammengeschlossen. ▮ Nr. 26, Zum Sigristenhaus. 1864 von Wilhelm Waser, mit feingliedriger, spätklassiz. Fassade. ▮ Nr. 32, Zum Konstanzerhaus. 1465 erworben durch das Domkapitel Konstanz, 1714 Umbau für Amtmann Johann Konrad Hess. Im Innern Wandbemalung mit Wildmann E. 15. Jh. ▮ Nr. 38, Zum Paradies. Kernbau 13./14. Jh., heutige Fassade 16. Jh., weitgehend ausgekernt 1983–84. Barockerker auf geschnitzten Konsolen mit korinthischen Säulen 17. Jh., Wandmalerei im EG um 1450 für Ratsherr und Reichsvogt Rudolf Netstaler: Wildleutezyklus, Raub zweier Fürstentöchter, Ess- und Trinkgelage, Monatsbilder und Fischkalender. ▮ Nr. 42, Zum Roten Adler. Klassiz. Bau 1830–31 von Hans Conrad Stadler. ▮ Nr. 27, **Zur Engelburg** (Plan S. 20 ▶ **22**). Kernbau 1265, weitgehend neu erb. 1601–04 für Junker Hans Jakob Schmid. Rest. 1976–78. Steinerker auf Konsolen 1601 mit Beschlagwerk und Wappen des Bauherrn und der Cleopha Escher vom Luchs. Reiche Ausstattung des 17./18. Jh. Im Flur mosaikartig gesetzter Feldsteinboden und Beschlagwerkdecke, im 1. OG reiche **Renaissancemalereien** (Rahmenarchitektur, Fruchtgehänge, Vögel), Stuckdecke um 1760 aus dem Umkreis des Tiroler Meisters Johannes Schuler, Turmofen. ▮ Nr. 33, Zum Steinhaus. Erwähnt 1278 als Haus des Ritters Rüdiger Manesse (gest. 1304, mutmasslich Anreger der Manessischen Liederhandschrift). Mittelalterl. Wohnturm, 1831 teilw. abgebr., Renov. 1928 mit Fresken von Paul Rubli. ▮ Nr. 48, Zum Roten Rad. Kern 13. Jh., Rundbogenportal mit gesprengtem Giebel und geschnitzter Holzerker auf Löwenkonsolen E. 17. Jh., schmiedeeisernes Gartenportal um 1800. Im 1. OG umfangreicher Gemäldezyklus E. 17. und M. 18. Jh.: Symbolische und allegorische Darstellungen; Rokoko-Turmofen E. 18. Jh. von Hans Heinrich I. Michel.

WINKELWIESE ▮ Nrn. 2/4, **Villa Tobler**, mit Theater an der Winkelwiese (Plan S. 20 ▶ **23**). Urspr. Wohn- und Bankgebäude mit Ökonomietrakt, erb. 1855–57 von Gustav Albert Wegmann. 1898–1900 Um- und Ausbau zu historist. Villa mit Eckturm von Konrad von Muralt. Qualitätvolles **Jugendstil-In- 17
terieur** von Hans Eduard v. Berlepsch-Valendas. Rest. 1998–2000.

FRANKENGASSE/TRITTLIGASSE. Malerische, mittelalterl. Gassen mit äusserlich einfachen, im Innern teils reich ausgestatteten Häusern; ausgedehnte rückliegende Hausgärten.

NEUSTADTGASSE. 1355 als «nüwe Statt» erwähnt. Winkliger Strassenzug mit bescheidenen Häusern und kleiner Platzanlage. ▮ Samichlaus-Brunnen. Trog 1754, Säule und Figur 1910 von Arnold Hünerwadel.

16

17

15 Zürich. Grossmünsterkapelle.
16 Zürich. Ehem. Mädchenschule Grossmünster.
17 Zürich. Villa Tobler, Interieur.

▪ Nr. 5, Zum Hinteren Grundstein. Erker auf skulptierter Renaissancekonsole 1609. Im 1. OG Stuckdecke 1723, Deckenbild um 1750. ▪ Nr. 7, Zum Vorderen Grundstein. Mittelalterl. Bau, Umbau 17./18. Jh. Portal mit Vorhangbogen und Kartusche 1741. Im EG stuckierte Balkendecke 17. Jh. und spätgot. Fenstersäule. Im 1. OG spätgot. Saal.

RÖSSLIGASSE ▪ Nr. 5, Zur Glocke (Plan S. 20 ▶ **24**). Kern 1. H. 13. Jh., im 2. OG ehem. Trinkstube mit einzigartigen **Dekorationsmalereien** der Frührenaissance um 1510/30. Ausserdem spätgot. Pflanzenornamentik E. 15. Jh. und Renaissance-Tapete 2. H. 16. Jh.

GEIGERGASSE ▪ Nr. 7, Zum Schwibbogen. 1337. Profiliertes Rundbogenportal mit Wappenkartuschen des Quartierhauptmanns Caspar Reutlinger und seiner Ehefrau Barbara Schulthess M. 18. Jh.

OBERDORFSTRASSE, bis 1813 durch Stadttor auf Höhe der Torgasse abgeschlossen. ▪ Nr. 17, Zum Bracken. Reich geschnitzter Erker mit Wasserspeiern um 1700. Angebaut Geburtshaus des Indianermalers Karl Bodmer (1809–93).

TRITTLIGASSE ▪ Nr. 2, Zum Sitkust. Erwähnt 1361, von 1485–89 im Besitz Hans Waldmanns, um 1840 Umbau von Johann Jakob Breitinger. Im NW-Zimmer des 2. OG Stuckdecke um 1740.

Vom Central über Seiler-/Hirschengraben und die Hohe Promenade nach Stadelhofen

Der Seiler- und der Hirschengraben sowie die untere Rämistrasse entsprechen dem Verlauf des mittelalterlichen Stadtgrabens und dem diesen begleitenden Landstreifen. Der Graben wurde vom 16.–18. Jh. als Tiergarten (Hirschgehege) genutzt und 1780–90 aufgeschüttet: Nutzung als Promenade, Werkareal der Seiler (nördlicher, tiefer liegender Bereich) und Fahrstrasse; die Letztere später mehrmals ausgebaut. Oberhalb des Hirschengrabens eine Anzahl von Patrizierhäusern, entstanden nach der Erweiterung der Stadtbefestigung im 17. Jh.

SEILERGRABEN ▪ Nr. 69, Hotel Du Théâtre mit eigenem Theatersaal (heute Kino Alba). Erb. 1950 von Giovanni Zamboni. Umbau Hotel 2000 von Pia Schmid, neuer vorgebauter Glaskörper mit Flugdach für Réception und Frühstückszimmer. Vor dem Hotel Kalksteinskulptur einer männlich-weiblichen Doppelfigur 1953 von Arnold D'Altri. ▪ Nr. 1, Zum Kronentor. Klassiz. Wohnhaus 1827–28 von Hans Conrad Stadler nach Abbruch des Neumarkttors, Haupteingang 1871 vom Neumarkt an den Seilergraben verlegt.

KÜNSTLERGASSE ▪ Nr. 15, **Stockargut** (Plan S. 20 ▶ **25**), ehem. Haus zum Oberen Berg, heute Rektorat der Universität. 1630 Herrschafts- und Pächterhaus für Ratsherr Rudolf Waser; um 1691 unter Buratfabrikant Joseph Orelli Umbau zu Doppelhaus mit parallelen Satteldächern; 1906 Verkauf an den Kanton; renov. 1977–79, 2005. Im 2. OG Festsaal mit Deckengemälden mythologischen Inhalts in hochbarocker Stuckatur, Akanthusblätter durchsetzt mit menschlichen Halbfiguren und Tieren. In den anderen Räumen Stuckdecken mit geometrischen Figurationen. Gartenpavillon um 1740 rechtwinklig zum Hauptgebäude. Schlanker Mittelbau unter Mansarddach, seitl. von eingeschossigen Flügelbauten begleitet. Im Mittelsaal qualitätvolle Fensterrahmungen um 1720, Stuck der Deckenkehle um 1740. Das Joseph Ignaz Appiani zugeschriebene Deckengemälde zeigt in kühner Untersicht eine allegorische Szene. Die 1692 begonnene Gartenanlage axial auf den Pavillon mit Orangerie um 1740 bezogen, schmiedeeisernes Rokokoportal gegen die Künstlergasse um 1770.

HIRSCHENGRABEN ▪ Nrn. 56 – 60 (gerade Nrn.), Zum Neuberg. Barockes Wohnhaus mit Nebengebäuden um 1733 für Tuchscherer Abraham Rordorf, 1783 Umbau der Trotte zur ersten Seidenbandfabrik des Kantons für Heinrich Meyer-Landolt, ab 1818 Stadtsitz der Kaufmannsfamilie Escher und Umbau der Seidenbandfabrik zum Wohnhaus Kleiner Neuberg (Nr. 56), Geburtshaus des Staatsmanns Alfred Escher (1819– 82). Im Kleinen Neuberg für Zürich **18**
einzigartige Empire-Wandgestaltung von 1818 mit Applikationen der Firma Joseph Beunat in Sarrebourg und Paris. ▪ Nr. 52, Friedenskirche der evang. Freikirche. Neugot. Kapelle mit Dachreiter 1890 von Hans Baur. ▪ Nr. 46, **Schulhaus Hirschengraben** (Plan S. 20 ▶ **26**). 1891–95 von Alexander Koch.

Polychromer Sichtbacksteinbau nach dem Vorbild engl. College-Architektur im Tudorstil des späten 16. Jh. Reiche Ausstattung, v. a. in der Aula, Dekorationsplastik hauptsächl. von August Bösch. ▪ Nr. 42, Haus zum Krönli. 1739–40 Wohnhaus und Trotte für Zunftmeister Hans Konrad Escher-Pestalozzi, Umbau der Trotte 1823. Einer der seltenen barocken Kleinbauten Zürichs. Qualitätvolle Innenausstattung mit Stuckaturen; getäferte Stube im 1. OG von Michael Friedrich Frohnert 1743. ▪ Nr. 40, **Haus zum Rechberg*** (Plan S. 20 ▶ **27**), urspr. zur Krone. *Barockes Stadtpalais mit Rokokoelementen nach französischem Vorbild. Vornehmster Profanbau Zürichs im 18. Jh.* Anstelle des Gasthauses Krone beim mittelalterl. Neumarkttor 1759–70 für Zunftmeister Johann Caspar und Anna Werdmüller-Oeri, die Pläne David Morf zugeschr. (ungesichert), Bauvollendung unter Hans Conrad Bluntschli. Renov. 1982–84. Hôtel privé mit Ehrenhof. Hauptfassade mit übergiebeltem Mittelrisalit, pilastergerahmtes Rundbogenportal mit hervorragend geschnitzter Rokokotür; darüber bemerkenswertes Balkongitter. Im Ehrenhof korbbogig vortretendes Treppenhaus. Die stichbogigen Fensterstürze, die gerundeten Ecken und Überleitungen zwischen den Pilastern zeigen die Hochstufe des Rokokos an. Bemerkenswerte, reiche Interieurs. Bei der Aufgangstreppe zwei Johann Baptist Babel zugeschriebene Sandsteinfiguren (ehem. Garten). Stuckdecken um 1765 von den Tiroler Meistern Johann Schuler und Josef Scharf, Deckenmalereien von Johann Balthasar Bullinger. Im EG Estraden- und Treppengeländer mit Rocaillen, Türen mit reich profilierter Rahmung. Im südl. Eckzimmer Deckenbild, Krönung einer weiblichen Gestalt, begleitet von Venus, Amor und Bacchus, Balthasar Bullinger zugeschrieben. Das 1. und 2. OG bilden zusammen die eigentliche Beletage. Im 1. OG Balkonzimmer mit Getäfer und Seidenstoffbespannung, hervorragende Stuckdecke in reifer Rocaille-Ornamentik, im Zimmer der S-Ecke Deckengemälde: Toilette der Venus, im Zimmer der O-Ecke reiches Getäfer, Leinwandpanneaux mit Grisaillen nach Radierungen von Philipp Peter Roos und Nicolaes van Berchem, Turmofen 1763–64 von Salomon Freudweiler, Jakob Kuhn und Johann Jakob Hofmann. Im 2. OG Repräsentationsräume: Im grossen Saal vorzügliche Stuckdecke, Deckengemälde Jupiter unter Göttern, Turmofen von Salomon Freudweiler und Jakob Kuhn; im Zimmer der W-Ecke Deckenmalerei: Aufnahme des Herkules in den Olymp, Turmofen um 1780; im Zimmer der N-Ecke bedeutende Wanddekoration mit **19**
Leinwandpanneaux (Stillleben, Bergmotive), Turmofen um 1770. Die erste Stufe des ausgedehnten, axial und symmetrisch angelegten *Gartens* wird durch zwei elegant geschwungene Treppenläufe, die den Hofbrunnen einfassen, überwunden. Der Was-

18

19

18 Zürich. Zum Neuberg, Empire-Ausstattung.
19 Zürich. Zum Rechberg, Interieur 2. OG.

ser speiende Delphin und der quirlend bewegte Rokoko-Aufsatz sind Werke von Johann Baptist Babel. Das einfache Gewächshaus, heute hart über der modernen Stützmauer, um 1870/1900. 19. Jh. Gegen die Florhofgasse einstöckige Ökonomietrakte. Zwei vorzüglich geschmiedete Gitter, beide 3. V. 18. Jh., schliessen den Garten ab. Das Hofportal gegen die Künstlergasse zeigt in freier Komposition von C-Formen die Initialen des Bauherrn J. C. W.; das Portal gegen die Florhofgasse, straffer im Aufbau, weist als Mittelpunkt das Wahrzeichen des Hauses, die Krone, auf, beides 3. V. 18. Jh. ▪ Nrn. 13 und 15, Baukomplex **Obergericht** (Plan S. 20 ▸ **28**), entstanden anstelle und unter Verwendung von Bauteilen des 1247 gegründeten, 1526 profanierten Barfüsserklosters. ▪ Nr. 13, Geschworenengericht und Strafkammern, erb. 1806–07 als Kasino von Hans Caspar Escher, 1874–76 umgebaut und aufgestockt zum Obergerichtsgebäude von Staatsbauinspektor Johann Jakob Müller: spätklassiz. Bau mit lisenengeschmücktem, tempelartigem Mittelrisalit. ▪ Nr. 15, Verwaltungsgebäude (Zivilkammern, Handelsgericht), entstanden ab 1812 durch zahlreiche Um- und Ausbauten eines magazinartigen Traktes des im Kloster situierten Obmannamtes. 1824 Neugestaltung der Fassade von Hans Conrad Stadler; 1839–40 Umbau und Aufstockung von Ferdinand Stadler: Hauptbau der kant. Verwaltung (bis 1922; seither Gericht). 1880 Aufbau eines 3. OG von Staatsbauinspektor Otto Weber. Voluminöser Querbau in spätbiedermeierlichem Habitus mit flachem Dreieckgiebel über Mittelrisalit. Südl. hinter dem Hauptgebäude drei Flügel des ehem. Kreuzganges, 2. H. 14. Jh., mit reichem Masswerk (Zugang von Unteren Zäunen). Der NW-Flügel erb. 1837–38 von Ferdinand Stadler, 1967 aufgestockt. ▪ Vor Nr. 7/vor Untere Zäune Nr. 1, Manesse-Brunnen. Steigendes Pferd, 1931 von Arnold Hünerwadel. ▪ Nr. 22, Zum Lindengarten. Barockes Patrizierhaus 1725 für Amtmann Hans Kaspar Hess-Werdmüller. ▪ Nr. 20, **Zum Kiel** (Dépendance Museum Rietberg) (Plan S. 20 ▸ **29**), Herrschaftl. Wohnhaus 1716–26 für Kapitänsleutnant und Seidenfabrikant Hans Caspar Schulthess-Haab. 1775–79 Umbau im klassiz. Stil für Zunftmeister Johannes Bürkli-Schulthess. Symmetrisch geordneter Bau unter Mansarddach. Hervorragend der fürstliche, von Johann Valentin Sonnenschein ausstuckierte Musiksaal. Supraporten von Adolf Friedrich Harper. Salon ebenfalls mit Sonnenschein-Stuckaturen. Im übrigen Ausstattung in ortsüblicher Zurückhaltung.

FLORHOFGASSE ▪ Nr. 11, Hinterer Florhof. Kernbau vor 1623, Erhöhung um Fachwerkgeschoss und beidseitige Verlängerung 1677 für Seidenfabrikant Hans Kaspar Fries: Manufaktur für Zürcher Flor (gekrauste Seide). Im Innern mehrere barocke Stuckbalkendecken. ▪ Nr. 6, Konservatorium. 1899–1901 von Jacques Kehrer und Karl Knell d. Ä. auf Betreiben des Musikdirektors Friedrich Hegar. Imposanter, neubarocker Kuppelbau in der Art franz. Schlösser mit repräsentativem Treppenhaus. ▪ Nr. 4, Hotel Florhof. Barockes Patrizierhaus 1642–46, Umbau 1758, Umgestaltung zu Hotel 1907, Auskernung 1973. ▪ Nr. 2, Zum Unteren Schönenberg. Um 1770 evtl. nach Entwürfen von David Morf für Felix Oeri, 1843 klassiz. Umbau von Leonhard Zeugheer. Im Hof Wandbrunnen um 1770 mit aufwändigem figürlichem Schmuck und quellenden amorphen Gebilden.

PROMENADENGASSE ▪ Nr. 11, Kantonsschule Hohe Promenade. 1912–14 nach Entwürfen Gustav Gulls von Johann Rudolf Streiff und Gottfried Schindler. Figurenreliefs von Hans Gisler, dekorative Friese von Franz Kalb, Brunnenreliefs von Arnold Hünerwadel. Denkmal für den Liederkomponisten Hans Georg Nägeli 1848 von Ferdinand Stadler, 1912 erneuert. Büste von Johann Jakob Oechslin, versetzt 1969. ▪ Nr. 1, ehem. Friedhofskapelle (seit 1895 St. Andrew's Church). Neugot. Bau 1847–48 nach Entwürfen Ferdinand Stadlers, Chor und Sakristei 1895 von Alexander Koch. ▪ Nr. 4, Taborkapelle der Methodistengemeinde. Neugot. Betsaal 1873 von Johannes Baur.

SCHANZENGASSE. Der Name weist auf das barocke, M. 19. Jh. eingeebnete Geissbergerbollwerk. ▪ Malerischer Privatfriedhof, 1848 angelegt. ▪ Nr. 25, Église réformée française. 1900–02 von Benjamin Recordon in neuroman. Formen. ▪ Nrn. 20/22, Villa Falkenstein. 1866–67 von Theodor Geiger für Kaufmann Friedrich Eduar Schoch-Rahn. Pittoresker Backsteinbau in neugot.-engl. Schlossstil. ▪ Nr. 14, ehem. Tabakfabrik. 1850 von Wilhelm Waser im Stil eines Renaissancepalazzos, Um- und Anbauten 1867 von Theodor Geiger. ▪ Nr. 10, Villa Falkenburg. Neurenaissance-Villa 1839–40, Umbau 1862–64 von Theodor Geiger. ▪ Nr. 11, ehem. Töchterschule. Hangbebauung 1963–65 von Paul W. Tittel. Plastik 1967 von Angelika Nauer.

STADELHOFEN. Nach dem Schanzenbau M. 17. Jh. Entwicklung zur vornehmen Vorstadt mit etlichen Patrizierhäusern (die meisten abgebr.).

STADELHOFERPLATZ. Anstelle des vormaligen Bollwerks idyllische Platzanlage um 1860 von Froebel & Cie. mit gusseisernem Schalenbrunnen von 1870. Geschlossene Randbebauung von 1863–64 teilw. erhalten (u. a. Hotel Plaza). ▪ **Bahnhof Stadelhofen** (Plan S. 20 ▶ **30**). 1892–94 von Gustav
20 Wülfke im Stil einer Renaissancevilla. **Erweiterung** (Hallen-, Dach- und Treppenbauten, Umbau Stationsgebäude) 1987–90 von Arnold Amsler, Santiago Calatrava und Werner Rüeger in schwingenden Formen aus Sichtbeton.

STADELHOFERSTRASSE ▪ Nr. 12, Zum Sonnenhof (Theater Stadelhofen). 1654 für Hans Heinrich Hirzel-Schweizer. Der herrschaftl. Barockbau mit urspr. zwei Türmchen erhielt sein strenges klassiz. Gesicht durch einen Umbau um 1840. Im EG Prunktüren um 1700; im W-Eckzimmer bemalte Wandbespannung wohl von Daniel Düringer M. 18. Jh. Im 1. OG stuckierte Balkendecke nach 1691. Um 1870 Einbau zweier Prunksalons in die ehem. Magazinräume. Rokoko-Hofgitter zwischen vasengeschmückten Pfeilern um 1750. 1982–84 Renov. Einbau des Sozialarchivs, des Pressefoyers und des Puppentheaters sowie Wohnungen von René Haubensak und Lorenz Moser. ▪ Nrn. 18/22 Überbauung Stadelhofer Passage. 1980–84 von Ernst Gisel in Klinker, Sichtbeton und weiss gestrichenem Metall, zusammen mit Altbauten aus dem 17. Jh. Konfiguration von Hofräumen, Bauteil West (Nr. 28) von Martin Spühler. ▪ Nr. 26, Grosser Baumwollenhof. 1643 für den Seidenherrn Hans Caspar Gossweiler. Äusseres durch Umgestaltungen E. 19. Jh. geprägt. Stuckdecken um 1760 im 2. OG. Hoftor mit Rokokogitter um 1760. Renov. 1982–84.

20

20 Zürich. Bahnhof Stadelhofen, Erweiterung.

ALTSTADT LINKS DER LIMMAT

Vom See durch die so genannte Mindere Stadt zwischen Limmat und Bahnhofstrasse

STADTHAUSQUAI. 1841 angelegt anstelle des abgebr. mittelalterl. Kratzquartiers. ▪ Bauschänzli. Rest der Wallbefestigung um 1660, seit 1908 Gartenrestaurant. ▪ Nrn. 1–7 (ungerade Nrn.), Wohn- und Geschäftshaus. Neurenaissancebau mit Kolossalpilastern 1887–89 von Adolf Brunner. ▪ Nrn. 11/13/Börsenstrasse Nr. 10/Fraumünsterstrasse Nrn. 12/14, **Geschäftshaus Metropol** (Plan S. 20 ▶ **31**). 1892– 21
94 von Heinrich Ernst. Renov. und Umbau 2005–07. Skelettbau aus Stahl und Glas auf Arkadensockel mit reichem neubarockem Baudekor. Starke Akzente durch turmartige Aufbauten mit mächtigen Zwiebeln. ▪ Bei Nrn. 11/13, Frauenbadeanstalt. (Erstes Frauenbad 1837 auf S-Seite des Bauschänzlis) 1888–92 von Arnold Geiser, schwimmende Vierflügelanlage mit Eckpavillons und Mittelpavillon im Schweizer Holzstil mit maurischen Elementen. ▪ Nr. 17, **Stadthaus** (Plan S. 20 ▶ **32**). 1. Etappe 1883–84 von Arnold Geiser. Gedrungener Eckbau in Neurenaissance. 2. Etappe 1898–1900 von Gustav

Gull anstelle der Klostergebäude und des Kreuzgangs des Fraumünsters in neugot. Formen. Im Traumzimmer Glasfenster 1924 von Augusto Giacometti. Im 3. OG Sitzungssaal mit Stuckdecke und Deckengemälde 1716–17 von Johannes Brandenberg (aus dem ehem. Musiksaal der Fraumünsterabtei). Neugot. Passage zum Fraumünster 1901 von Gustav Gull unter teilw. Wiederverwendung von Elementen des abgebr. roman. Kreuzgangs. ▪ **Reiterstandbild** (Plan S. 20 ▶ **33**) für Bürgermeister Hans Waldmann (hingerichtet 1489), Bronze 1937 von Hermann Haller. ▪ **Fraumünster*** (s. S. 16ff. Plan S. 20 ▶ **2**).
KAPPELERGASSE ▪ Nr. 1, Fraumünsterpost. 1895–98 von Emil Schmid-Kerez im Stil der florentinischen Renaissance mit rustiziertem Haustein, 1932 vereinfachende Renov., u. a. Verlust des Turmaufbaus mit Skulpturen von Adolf Meyer und Richard Kissling.
MÜNSTERHOF. Platzanlage M. 13.Jh. anstelle des ehem. Abteifriedhofes, urspr. umbaut mit Häusern von klösterl. Ministerialen. Bis E. 18. Jh. städt.
22 Hauptplatz und Viehmarkt. ▪ Nr. 20, **Zunfthaus zur Meisen*** (Plan S. 20 ▶ **34**). *Repräsentativster Rokokobau Zürichs in ausgezeichneter Lage als Brückenkopf am linken Limmatufer.* Vorgängerbauten waren der Alte Einsiedlerhof (1234–1618) und das für Junker Hans Caspar Schmid 1630 erb. Winterpalais. Neubau als Gesellschaftshaus für die Zunft der Weinleute 1752–57 von David Morf, Ausstattung 1764 vollendet, das 2. OG teilw. umgeb. 1899–1900; Renov. 1955–56; heute Keramikmuseum des Schweiz. Landesmuseums. Stadtpalais nach franz. Muster mit sieben auf elf Achsen unter steilem Mansarddach. Ehrenhof gegen den Platz; das vorzügliche Gitter um 1760 von Johann Heinrich Dälliker. Quadersockel mit rundbogigen Öffnungen und eingebauten Läden. Die beiden OG durch Pilaster zusammengefasst, Rhythmisierung der Fronten durch Risalite mit Giebelbekrönung. In der Mittelachse der O- und S-Front reiche Balkongitter von Johann Heinrich Dälliker, die plastischen Fensterbekrönungen der Beletage von Franz Ludwig Wind. Bemerkenswerte Interieurs. Einfacher Korridor mit Kreuzgratgewölben vermittelt zu dreiläufiger Treppe mit reichem Geländer von Dälliker. Im Saal des 1. OG hervorragende Stuckdecke mit naturalistischen, à jour gearbeiteten Ranken und eingestimmten Landschaftsmotiven vom Tiroler Stuckateur Johannes Schuler; Turmofen um 1757 aus der Werkstatt von Leonhard Locher mit Malereien von Daniel Düringer. Im südl. Flügelzimmer Deckengemälde: Götterversammlung von Johann Balthasar Bullinger; Turmofen 1762 von Leonhard Locher, bemalt von Jakob Rusterholzer. Im 2. OG Turmofen 1760 von Johann Jakob Hofmann (aus dem Haus zum Hinteren Pelikan). Im südl. Flügelzimmer Bildnisse bedeutender Zürcher. ▪ Nr. 6, Schäniserhaus,

21

21 Zürich. Geschäftshaus Metropol.
22 Zürich. Zunfthaus zur Meise.
23 Zürich. Münsterhof 6, Wandmalerei, Detail.

Restaurant Münsterhof. Kern 12. Jh., M. 15. Jh.–1811 Amtshaus des Klosters Schänis. Im 1. OG. Aus-
23 serordentliche Wandmalereien («Liebesgarten») um 1360. ▮ Nr. 8, Zunfthaus zur Waag. 1303 erwähnt, 1393 Zunfthaus der Leinenweber, 1636–37 Neubau unter Einbezug des Nachbarhauses Zum geilen Mönch, durchgreifende Veränderungen des Innern im 20. Jh. Renov. 2004. Breiter, giebelständiger Bau mit spätgot. Reihung der Fenster. Barockportal mit gesprengtem Giebel und Zunftwappen. Im 2. OG Zunftstube mit Fenstersäulen 1636, im 3. OG Zunftsaal von 1778 mit Ausstattung von 1928, Wappenscheiben 1921ff. von Richard Nüscheler.

WAAGGASSE ▮ Nr. 3, Restaurant Orsini. 1357 erwähnt als Pfarrhaus des Fraumünsters, 1838 Umbau durch Hotelier Johannes Baur und Einrichtung des nach dem ital. Revolutionär Felice Orsini benannten Cafés, 1877 historistische Umgestaltung von Theophil Tschudy. Renov. 1998.

ZÜGHUSPLATZ ▮ Junobrunnen. 1872, Statue 18. Jh. vom ehem. Brunnen an der Kirchgasse.

IN GASSEN ▮ Nr. 17, Restaurant Zeughauskeller. Erb. 1487–88 als Zeughaus, W-Teil 1869 und 1927 vollständig umgeb. zu Geschäftshaus, O-Teil 1927 Umbau der ehem. Artilleriehalle im EG zu «Münchner Bierschwemme». ▮ Nr. 16, Zum Kropf, **Restaurant und Bierhalle** (Plan S. 20 ▶ **35**). 1888 Umbau des mittelalterl. Kernbaus zu Gasthaus, **Gaststube** mit Malereien von Alexander Jules Soldenhoff nach Vorbild bayrischer Bierstuben. ▮ Nr. 14, Alte Stadtkanzlei. Kern frühes Mittelalter, 1531 Umbau zu Amtsräumen und Wohnung des Stadtschreibers (bis 1798). Im 1. OG reiche Régence-Stuckdecke 1720, im 2. OG spätgot. Wandtäfer 1591.

STORCHENGASSE ▮ Nr. 13, Zum Tor. Mittelalterl. 24
Kern, Umbau 16. Jh.; 1865 neuroman. Ladenfront mit Gusseisenstützen. 1898 gemalte Marmorimitation von Gustav Albert Müller.

ZINNENGASSE ▮ Nr. 1, Zum Neuhaus. 1637 für Ratsherr Matthias Landolt anstelle zweier Badestuben und angebaut an das Sigristenhaus des Fraumünsters. Barockportal mit Baudatum. In den OG Kassettendecken aus der Bauzeit und Stuckdecken 1. H. 18. Jh., hervorragend v. a. die Stuckaturen (Jahreszeiten) im sekundär unterteilten Saal des 3. OG mit zwei prächtigen Turmöfen 1740 und 1760.

WÜHRE. 1637–43 angelegte Verbindung zwischen Rathaus- und Münsterbrücke.

WEINPLATZ. In röm. Zeit als Hafen genutzte Bucht. Im Mittelalter Brückenkopf und Marktplatz, 1620 durch Abbruch des Kornhauses an der Limmat wesentlich vergrössert. Weinmarkt 1630–74. ▮ Weinmarktbrunnen. Neubarocker Entwurf 1908 von Josef Regl. ▮ Nrn. 9–10, Zum Schwert. Im Kern zwei Wohntürme des Rittergeschlechtes Mülner, 1. und

22

23

3. V. 13. Jh., ab 1406 Gasthof, 1762–63 Ausbau zur Nobelherberge, 1851–52 Umbau zur heutigen Gestalt. Renov. 1990–94. Im 1. OG Täferzimmer mit Landschaftsmalerei 1762, im 1. und 2. OG prächtige Rokokostuckaturen. ▪ Rathausbrücke, Betonbau von 1971. Eine erste Brücke, leicht nördl. der heutigen, überspannte den Fluss an seiner engsten Stelle schon zur Römerzeit. Die mittelalterl. Brücke wurde mehrfach umgeb. und platzartig verbreitert (Gemüsemarkt seit 1344).

THERMENGASSE. So benannt 1984 nach Entdeckung der **röm. Thermen** (1.–3. Jh.) unter den Häusern Storchengasse Nr. 23 und Weinplatz Nrn. 3/5. Sichtbar ist ein Teil der Hypokaustanlage (Plan S. 20 ▶ **36**).

STREHLGASSE. Eine der beiden mittelalterl. Hauptverkehrsachsen zur Brücke und Teil der «Via regia» (Prozessionsweg Fraumünster–Lindenhof). Die Bebauung ist v. a. durch Um- und Neubauten des 16. Jh. geprägt. Beachtenswert verschiedene plastische Hauszeichen. ▪ Nr. 14, Zum Grossen Leopard. Hauszeichen 2. H. 17. Jh. an Holzerker auf Knorpelwerkmasken; Wandgemälde «Auszug der Zürcher Frauen» 1924 von Wilhelm Hartung. ▪ Nr. 24/Pfalzgasse Nr. 1, Zum Grossen Kindli. Als Taverne nachgewiesen 1409, ab 1950 bekanntes Folklorelokal. ▪ Nr. 26 Zum Kleinen Kindli. Kern A. 14. Jh., prägende Umbauten im 17. Jh. Im 1. OG reiche Stuckdecke 1692 von Samuel Höscheller, rest. 2003–04.

24

24 Zürich. Storchengasse 13, Ladenfront.
25 Zürich. Kirche St. Peter.

GLOCKENGASSE ▪ Nr. 4, Kleiner Riese. Hoher Steinbau von 1320, im 2. OG Bohlenstube von 1400 mit Zürcher Fladerpapiertapeten mit reichem Renaissancedekor 2. H. 16. Jh.

ST. PETERHOFSTATT. Malerischer Altstadtplatz auf Moränenkuppe vor der St. Peterskirche. ▪ Nr. 2, Helferei, Pfarrhaus. Kern wohl 13. Jh., im 16. Jh. nach O und S erweitert. Im EG sog. Pfaffenstübchen mit spätgot. Wandtäfer, flach geschnitztem Fries und profilierter Balkendecke. ▪ **Kirche St. Peter*** (Plan S. 20 ▶ **37**). *Markante Chorturmkirche in ausgezeichneter Lage über der Altstadt.* Urkundl. nachgewiesen 857, im Mittelalter einzige Pfarrkirche der Stadt. Karol. Kernbau 8./9. Jh., A. 13. Jh. Bau der spätroman. Chorturmkirche, 1450 der spätgot. Hallenkirche, 1705–1706 Neubau als barocker Emporensaal unter der Leitung von Rudolf Wäber und Heinrich Morf (erster ref. Kirchenbau der Stadt). Ausgrabungen und Rest. 1970–74, Turmrenov. 1996. Das barocke Langhaus ist als dreischiffige Emporenhalle dem spätroman. Turmchor angefügt. Eingänge seitl. auf den Platz orientiert und mit Vorzeichen überdacht. Der mächtige Turm aus sauber **25**
gefügtem Quaderwerk in den beiden ersten Geschossen spätroman. (Fenster mit gestufter Wandung und eingestellten, skulptierten Säulchen), das 2. und 3. OG spätgot.; unter dem mächtigen Pyramidenhelm mit kleinen Erkern (Turmwächterstube) urspr. die Uhr Hans Luterers von 1538 mit einem Zifferblattdurchmesser von 8,7 m. *Inneres.* Sechs Paare durch Gebälk verbundene toskanische Stuckmarmorsäulen des Wessobrunners Franz Schmuzer gliedern das Langhaus. Über den flach gedeckten Nebenschiffen Emporen mit weit gespannter Arkadenreihe, flache, gegurtete Tonnen über allen drei Schiffen. Stuckdekor von Salomon Bürkli und italien. Gehilfen: Lineare Rahmung und pflanzliche Füllung, über dem Chorbogen üppige Akanthuskartusche. Der quadratische, um sechs Stufen erhöhte Turmchor mit roman. Schlussstein. Davor Kanzel in der Form eines Lettners 1706 von Kaspar Weber, Taufstein 1598. Stark erneuertes Wandgestühl mit orig. Teilen der Gestühle aus dem Oetenbach-, Augustiner- und Barfüsserkloster E. 15. Jh. An der

25

O-Wand Reste mittelalterl. Malereien A. 14. Jh. sowie 1. H. und E. 15. Jh. Grabmäler: In der NW-Halle für Bürgermeister Andreas Meyer 1771, in der SW-Vorhalle für Hans-Conrad Werdmüller 1674 und Heinrich Werdmüller 1714. An der N-Aussenwand Grabstein Johann Caspar Lavaters 1801 und Gedenkstein für den in der Kirche bestatteten Bürgermeister Rudolf Brun (gest. 1360).

AUGUSTINERGASSE. Bis M. 13. Jh. westl. Ausfallachse, zunächst mit hölzernen Handwerkerhäusern, dann mit höheren Steinhäusern bebaut und im 17./18. Jh. mit den charakteristischen barocken Erkern geschmückt, die sich zu reich bewegtem Gesamtbild zusammenschliessen. Bunte Fassung der Fassaden 1925 anlässlich der «Aktion farbiges Zürich». ▪ Nrn. 3–9 (ungerade Nrn.), Zum Strohhof. Mittelalterl. Kern (Nr. 3), 1560–67 Bau eines neuen Wohnhauses (Nr. 9), 1589 vergrössert und arrondiert durch den Baumwollhändler Leonhard Holzhalb und Einrichtung einer protoindustriellen Buratfabrikation, ab 1604 auch Seidenspinnerei, 1801–74 Bierbrauerei und -garten, 1876–1996 Restaurant im Hinteren Strohhof (Nrn. 3/5), seit 1950 städt. Galerie im Vorderen Strauhof (Nr. 9), heute Literaturmuseum. In Zusammenhang mit dem Textilhandel reiche Barockausstattung (nur z. T. erhalten). Nr. 3: 1. OG Balkendecke mit Rankenwerk A. 17. Jh.; Nr. 9: Korridor frühe Stuckdecke M. 17. Jh., im EG Prunksaal und Vestibül mit italien. Stuck wohl 1727, im 1. OG Eckzimmer mit Täferung 1727. ▪ Nr. 6, Zum Irrgang. Hauszeichen wohl um 1300, evtl. Sinnbild für den Weg der Erlösung durch das Labyrinth in den Garten des Paradieses. ▪ **Augustinerkirche** (Plan S. 20 ▶ **38**). Um 1270–ca.1315 für die Niederlassung der Augustinereremiten am Stadtrand errichtet; 1. H. 15. Jh. Anbau von zwei Chorflankenkapellen; 1524 Aufhebung des Klosters und Profanierung der Gebäude; 1844 wurde das Schiff wieder dem kath. Gottesdienst zugeführt, seit 1873 christkath. Die heutige Anlage ist durch zahlreiche bauliche Eingriffe stark erneuert: 1527 Einbau eines Trottkellers im Langhaus; 1577 Einbau einer Kornschütte; 1596 Einrichtung der städt. Münzstätte in Chor und Seitenkapellen; 1843–44 neugot. Umgestaltung des Schiffes; 1936 Abbruch des Rechteckchores und der Seitenkapellen, statt dessen Neubau als Kirchgemeindehaus; 1958–59 weitgehende Rekonstr. des mittelalterl. Bauzustandes des Schiffs, dabei neuer W-Eingang mit Spitzbogenportal und Rekonstr. der Flachdecke; erhalten blieben die neugot. Masswerkfenster und das 1843–44 eingeb., polygonale Altarhaus. Der nüchterne Kirchenraum präsentiert sich heute als dreischiffige, flach gedeckte Basilika von sechs Jochen mit Spitzbogenarkaden auf achteckigen, kapitelllosen Pfeilern. Im N-Seitenschiff Grabplatte des Freiherrn Vigilius Gradner (gest. 1467); im S-Schiff abgelöstes Wandgemälde des hl. Christophorus A. 15. Jh. aus dem Haus Rindermarkt Nr. 20. Altar, Tabernakeltür, Taufstein und Kreuzigungsgruppe unter dem Chorbogen sowie die Türgriffe am Portal 1959 von Franz Fischer. Glasgemälde 1965 von August Wanner. In den Resten der heute in der Sakristei verbauten ehem. Jakobskapelle Fragmente der spätgot. Wandmalerei: Marientod A. 15. Jh. und Szenen aus der Legende des hl. Jakobus E. 15. Jh., Letztere wohl in Zusammenhang mit der Pilgerfahrt nach Santiago. Die ehem. Klostergebäude erlitten 1710 durch den Abbruch des Kreuzganges den ersten Substanzverlust. Sie beherbergten 1837–64 die Universität. 1980–83 restl. Abbruch und Neuüberbauung. Brunnen im Hof 1767 erneuert. ▪ Augustinerbrunnen auf dem anstelle des Augustinerfriedhofes angelegten Münzplatz. Steinbrunnen von 1583 und Brunnenfigur «Mässigkeit» von 1761 (beides Kopien). ▪ Nr. 15/Münzplatz Nrn. 6–7, Zum Roten Löwen. Komplex aus drei Häusern, Kern 14. Jh., prägende Umbauten 18. Jh. Bemerkenswert der klassiz. Kopfbau (sog. «Anhänki») von 1836 mit übergiebeltem Mittelrisalit und toskan.-ion. Pilasterordnung. ▪ Nr. 17, Zur Harfe. Riegelmalerei und Beschlagwerk-Decke 1644. ▪ Nr. 28, Zur Wassermühle, Kern 13./14. Jh., Fassade 1581, Erker wohl 17. Jh.; im 3. OG Wandmalereien wohl von Conrad Meyer 17. Jh. ▪ Nr. 21, Zum Oberen Kürass. Kern 13. Jh., Neugestaltung 17. Jh. Festlich barocker Erker mit klarem architektonischem Aufbau und ausgeglichenem plastischem Schmuck 1676. ▪ Nr. 25, Zum Unteren Kürass, Restaurant zum Augustiner. Kernbau 14. Jh., im 17./18. Jh. Umbauten unter den Textilindustriellen Orelli. Zweigeschossiger Holzerker mit reichem Masken- und Knorpelwerk 2. H. 17. Jh. In der Gaststube Teile der Barockausstattung.

KUTTELGASSE. Gegen 1300 durch Aufschüttung eines Befestigungsgrabens aus der Zeit um 1100 angelegt. Der Name bezieht sich auf das einstige Quartier der Metzger.

RENNWEG. Urspr. Graben einer frühen Stadtbefestigung (um 900?), nach 1250 Ausfallachse Richtung Baden und bis 1865 durch Tor abgeschlossen. Bis 1878 stand die östl. Häuserzeile auf einer erhöhten Terrasse, nach deren Abtragung die Gebäude ein neues Sockelgeschoss erhielten. Unter Citydruck weitgehende Modernisierung des unteren Teils. ▪ Nrn. 1–7/Widdergasse Nrn. 2–10, 1990–95 Renovation von Tilla Theus: aufwändiger Umbau der bestehenden Altbauten zum Hotel Widder unter Schonung der Substanz. Integriert: Widdergasse Nr. 6, Zum Widder. Kern 1300, Erwähnt 1357 als Haus der Manesse. Erker mit Pilastergliederung 1663. Rennweg Nr. 1, Grosser Widder, Zunfthaus zum Widder. Zwei Kernbauten aus dem 13. Jh., 1553 zusammengefasst, Fassade 1898. Daneben Pfeife und Tatzfuss, je mit Kern aus dem 13. Jh. ▪ Nr. 2, Zur Schelle. Spätbarockes Stadtpalais um 1758 für Gerold Heinrich v. Muralt. Fünfachsige Rokokofassade mit Stichbogenfenstern unter Einbezug eines Portals von 1539 (Kartusche und Oberlichtgitter 1758). Im 1. OG feingliedrige Rocaillestuckaturen. ▪ Amazonenbrunnen. Angelegt 1430, Amazonenstatue um 1770 (Kopie), Achteckbecken 1776.

LINDENHOF. Traditionsreicher, baumbestandener Platz auf Moränenkuppe. Seit dem 1. Jh. röm. Militärstation, unter Valentinian I. (364–75) spätröm. Kastell mit vier Eck- und drei Zwischentürmen. In karoling. und ottonischer Zeit umfangreiche königl. Pfalzanlage; E. 11. oder A. 12. Jh. Umbau zur Burg, um 1200 geschleift. ▪ Nr. 2, Freimaurerloge. 1852–54 von Gustav Albert Wegmann, neugot. Tempel mit doppelläufiger Freitreppe, Spitzbogenportal und Treppengiebel. Gewölbter Kapellenraum mit Masswerkarkaden aus dem Barfüsserkloster. ▪ Brunnen. Standbild Tapfere Zürcherin von 1292, 1912 von Gustav Sieber.

SCHIPFE. 1292 erstmals erwähnter Schiffsanlegeplatz. Das Quartier der Fischer und Schiffer wandelte sich ab dem 16. Jh. mit der Ansiedlung von unternehmerisch tätigen Glaubensflüchtlingen aus Locarno zum Textilzentrum, damit verbunden Aufstockung der einst dreigeschossigen Häuser bis auf doppelte Höhe und teils reiche Ausstattung. ▪ Nr. 2, Zum Steg. Wohn- und Geschäftshaus 1730–31 für Färber Caspar Abegg. 1883 Neurenaissance-Fassade von Robert Weber und Arthur Glenck. Weitgehend orig. erhaltene, wertvolle Régence-Ausstattungen von 1730–31 in den Eckzimmern SO des 1.–3. OG. ▪ Nrn. 25–29, überdecktes «Schipfegängli». Die vor 1500 angelegte Passage erschloss drei öffentliche Badestuben (die älteste 1357 erstmals erwähnt). ▪ Nr. 45, Zum Steinböckli. Neubau 1726. Portal mit spätklassiz. Schnitzereien; im Innern repräsentativer Ausbau, u. a. Stuckdecke mit mythologischen Szenen im 1. OG. ▪ Nr. 49, Zum Grossen Erker. Reich verzierter Erker vor 1628 auf schwungvoll profiliertem Fuss, Beschlagwerk mit Wappen Waser-Haab und Masken. Im 4. OG O-Zimmer mit reichem Nussbaumtäfer und Kassettendecke um 1670. ▪ Nrn. 30/32, Zum Wollenhof. Urspr. Bäckerei und Trotte des Klosters Oetenbach. 1567 Einrichtung einer Seidenmühle (1. Industrieanlage von Zürich) durch den Locarneser Evangelista Zanino, 1594 Umbau zu Wollenhof (Buratfabrikation) durch David Werdmüller, 1660–1702 Seidenfabrik. Beim Bau der Rudolf-Brun-Brücke 1911 nördl. Hälfte abgetragen. 1939 Einrichtung des Schweiz. Heimatwerks und Fassadenmalerei von Wilhelm Hartung.

BAHNHOFQUAI ▮ Nrn. 3/5 / Lindenhofstrasse, Nrn. 19/21, **Amtshäuser der Stadt Zürich** (Plan S. 20 ▶ **39**). Erb. 1903–14 von Gustav Gull anstelle des ehem. Oetenbachklosters und unter Einbezug
26 des barock-klassizist. Waisenhauses. ▮ Nr. 3, Amtshaus I, erb. 1765–71 von Gaetano Matteo Pisoni als städt. Waisenhaus. 1911–14 Umbau von Gustav Gull zu Verwaltungsgebäude, wobei der Hügel abgetragen, das Kellergeschoss ausgebaut und zum Eingang umgest. wurde. Renov. 1994–98. Frühklassiz. Bau mit Rokokoornamentik unter mächtigem Walmdach. Fünfachsiger Mittelrisalit mit ion. Kolossalpilastern unter Dreieckgiebel. Dekorationsplastik von Franz Ludwig Wind. In der Eingangshalle Wand- und Gewölbemalerei 1923–26 von Augusto Giacometti in kräftigen Rot- und Orangetönen. Rest. 1986–87 bzw. 2000. ▮ Nr. 5, Amtshaus II, 1903–04 von Gustav Gull. Dekorationsplastik von Adolf Meyer. ▮ Nr. 21, Amtshaus III und ▮ Nr. 19, Amtshaus IV, 1912–14 von Gustav Gull. Umbau des Amtshauses III 1997–2004 von Martin und Elisabeth Boesch. Renov. und Freilegung des Innenhofs von Amtshaus IV 1999–2002 von Meletta Strebel Zangger Architekten. Gotisierende Baukörper mit Loggienhallen als Treppenhäuser, durch Brücke miteinander verbunden. Umfassendes Dekorationsprogramm 1918–21. Nischenstatuen am Amtshaus III grösstenteils von Hans Markwalder, August Heer, Hans Conrad Frey und Walter Späny (Kopien). Brunnen im Durchgang zwischen Amtshaus I und III mit Relief der Stadtheiligen 1918 von Julius Schwyzer. Figurenplastik am Amtshaus IV von Eduard Zimmermann. In den Treppenaufgängen der Loggien Fresken 1933–34 von Karl Walser, Karl Hügin und Hermann Huber. Unter der Verbindungsbrücke antikisierende Reliefs 1920 von Adolf Meyer.

26

26 Zürich. Amtshaus I.

URANIASTRASSE ▮ Nr. 9, **Geschäftshaus und Volkssternwarte Urania** (Plan S. 20 ▶ **40**), 1905–07 von Gustav Gull. Als privater Bau Teil der urbanistischen Planung für Verwaltungsbauten. Der wuchtige Turm ist Merkmal der Sternwarte.

WAISENHAUSSTRASSE ▮ Nrn. 2/4/Bahnhofquai Nr. 7, Geschäftshaus Du Pont mit Kinoräumlichkeiten. Erb. 1913–14 von Jakob Haller und Karl Schindler. Eine reich gegliederte Kunststein-Fassade ummantelt den Eisenbetonbau.

Von der Platzpromenade durch die Bahnhofstrasse zum See

PLATZSPITZ. Auf die Barockzeit zurückgehende Grünanlage. Vom Mittelalter bis 1847 Schützenplatz, 1780 Anlage eines barocken «Lusthaines» beim Zusammenfluss von Limmat und Sihl, 1869 Gestaltung als engl. Park, Musikpavillon 1883 aus Anlass der Landesausstellung. ▮ Am Eingang Brunnen 1933 mit Bronzefigur einer Flora 1886. ▮ Denkmal für den Maler und Dichter Salomon Gessner (1730–88), 1793 von Michel-Vincent Brandoin und Alexander Trippel; 1930 Neuaufstellung mit Bronzebüste von Josef Anton Maria Christen. Dazugehöriges Relief von Alexander Trippel im Muraltengut. ▮ Denkmal für den Minnesänger Hadlaub, gest. vor 1340, 1884 von Victor von Meyenburg. ▮ Musikpavillon 1886. ▮ Hirsch, Bronze 1913 von Franz Wanger. ▮ Bronzebüste für den Liederkomponisten Wilhelm Baumgartner, 1891 von August Heer. ▪ Brunnen 1955 von Robert Lienhard: Vereinigung der Flüsse Limmat und Sihl.

27 MUSEUMSTRASSE ▪ Nr. 2, **Schweizerisches Landesmuseum*** (Plan S. 20 ▶ **41**). 1892–98 erb. von Gustav Gull. Für die Stadt Zürich wahrzeichenhafter schlossartiger, mehrflügliger Bau in späthistoristischen, vorwiegend got. Formen; dominierender Eingangsturm in Anlehnung an den Stadttorturm von Baden. Gegen den grossen Park sich öffnender Innenhof. Dekorationsplastik von Richard Kissling, Victor v. Meyenburg u. a. Im Hof Mosaiken von Clément Heaton nach Kartons von Hans Sandreuter. In der Waffenhalle, dem Herzstück der Anlage, bedeutendes dreiteiliges Wandgemälde, Rückzug von Marignano, 1899–1900, ein Hauptwerk Ferdinand Hodlers. Auf der Gegenseite Kartons der Schlacht bei Murten.

BAHNHOFPLATZ ▪ Nr. 15/Museumstrasse Nrn.
28 1/5, **Hauptbahnhof*** (Plan S. 20 ▶ **42**). Grossstädtischer Bahnpalast 1865–71 von Jakob Friedrich Wanner für die Nordostbahn. Mächtige, stützenfreie Hallenkonstruktion auf Fachwerkträgern (1929 um zwei Achsen verkürzt) mit charakteristischen Thermenfenstern. Fassaden in Formen der Renaissance mit monumentalen, von Eckrisaliten
1 gefassten Arkadenreihen. Der als Triumphtor ausgebildete Mittelrisalit auf der S-Seite ist als Abschluss der Bahnhofstrasse von entscheidender städtebaulicher Bedeutung. Beim Um- und Erweiterungsbau von 1929–33 wurden die Gleise aus der grossen Halle entfernt und eine Querhalle eingeführt. Rest. aussen 1976–80, innen 1985–99. In der Halle Engel von Niki de Saint Phalle und Installation «Das Philosophische Ei» von Mario Merz: rote Neonspirale, Hirsch und Vögel mit blauen Neonzahlen der Fibonacci-Reihe. S-Bahnhof Museumstrasse und unterirdische Ladenpassagen 1987–92 von Trix und Robert Haussmann, Hansruedi Stierli (Steiger Partner AG). Über quadratische Öffnungen im Fussboden sind die Passagen mit der hist. Bahnhofshalle verbunden. Wandverkleidung in Streifen aus schwarzem und weissem Marmor, differenzierte Ornamentierung des Bodens. Beidseits auskragende Perrondächer 1997 von Marcel Meili, Markus Peter, Axel Fickert, Kaschka Knapkiewicz. Anbindung der Gleisanlage an Bahnhofplatz und Museumstrasse, schräg gestellte Betonpfeiler stützen die Konstruktion mit Holzrost als Untersicht.

BAHNHOFPLATZ ▪ **Brunnen und Denkmal** für den 1
Staatsmann und Eisenbahnkönig Alfred Escher 1889 von Richard Kissling (Plan S. 20 ▶ **43**). ▪ Nr. 7, Hotel Schweizerhof (ehem. National), 1877–81 Heinrich Honegger und Julius Bosshard als historisierendes Luxushotel, 1908 Umbau von Otto Pfleghard und Max Haefeli, 1930 von Otto Honegger.

27

BAHNHOFSTRASSE. Boulevard nach Pariser Vorbild, erb. 1864–65 zwischen Paradeplatz und erstem, 1847 erb. Bahnhofgebäude, 1877–80 verlängert bis zum See. Sie folgte in der Linienführung dem aufgeschütteten mittelalterl. Befestigungsgraben (Fröschengraben). Anlage als baumbestandener Boulevard mit Blockrandbebauung repräsentativer Geschäftshäuser nach einheitl. Reglement ab 1867. ▪ Pestalozzianlage, geplant 1863 von Arnold Bürkli, Denkmal 1899 von Hugo Siegwart. ▪ Warenhaus Globus. 1967 von Karl Egender. ▪ Nr. 88, Warenhaus Feldpausch. 1995 von Theo Hotz. ▪ Nrn. 82/84, Zum Freieneck. 1891 von Johann Josef Weidmann. ▪ Nr. 75, Warenhaus Manor (ehem. Oscar Weber). 1899 von Richard Kuder und Albert Müller, umgeb. 1911 von Otto Pfleghard und Max Haefeli, Erweiterung und vertikal gegliederte Glaswände 1928 von Otto Pfleghard d. J. ▪ Nr. 74, Geschäftshaus Modissa. 1973–75 von Werner Gantenbein. Interessante Eckgestaltung, Fassade in Bronzeblech. ▪ Nrn. 70/72, Haus Werdmühle. Jugendstilbau mit gerundetem Eckrisalit und Veranda 1902–03 von Otto Pfleghard und Max Haefeli. ▪ Nrn. 69/69A, Zur Trülle, Geschäfts- und Bürohaus anstelle der mittelalterl. Trülle (Pranger), 1897 von Otto Pfleghard und Max Haefeli. Renov. 2005, 2007. Charakteristische Stilmischung: Ladengeschosse in Stein, Eisen und Glas in Jugendstildekor, stark durchgebildete Wohngeschosse aus Stein in dt. Neurenaissance mit got. Motiven. ▪ Bei Nr. 70, Herkulesbrunnen 1732 (Kopie). ▪ Nr. 66, Geschäftshaus Bally. 1966–68 von Max E. Haefeli, Werner M. Moser und Rudolf Steiger. Ein stark vorspringendes, scheibenartiges Betonpfeilersystem prägt den Bau. ▪ Nr. 64, Geschäftshaus «Les Ambassadeurs». 1969–71 von Paul Steger. Fassade aus Stahlblech. ▪ Nr. 57, St. Annahof. 1912–14 von Otto und Werner Pfister mit quellender Jugendstildekoration gegen die Füsslistrasse, Umbau 1978–81, dabei Zerstörung der zentralen Halle und der keramikverkleideten Treppenaufgänge. ▪ Nrn. 53/55, ehem. Schweiz. Volksbank. 1922–25 von Otto Honegger und Hans W. Moser, Bronzeplastik von Eduard Zimmermann. ▪ Bei Nr. 53/ Pelikanstrasse, begehbare **Pavillon-Skulptur** aus Granitbalken, 1983 von Max Bill (Plan S. 20 ▶ **44**). ▪ Nr. 48, historistisches Eckhaus 1873 von Johann Jakob Schulthess. ▪ Nr. 45, Münzhof. Neuklassiz. Bankpalast 1917 von Otto Pfleghard und Max Haefeli. ▪ Nr. 44, Vornehmer Neurenaissancebau 1873 der Baufirma Locher, Umbau 1904. ▪ Nr. 40, Zum Nordlicht. 1868 von Ferdinand Stadler als erstes Geschäftshaus an der Strasse. ▪ Nr. 38, Neurenaissancebau 1871 von Heinrich Honegger. ▪ Nr. 36/ St.

27 Zürich. Schweizerisches Landesmuseum.
28 Zürich. Hauptbahnhof.

28

GESCHÄFTSHÄUSER IN ZÜRICH

Wer heute im Menschenstrom entlang der Zürcher Bahnhofstrasse unterwegs ist, denkt kaum noch daran, dass diese im 19. Jahrhundert als gehobenes Wohnquartier konzipiert und gebaut wurde. Erst mit dem Übergang zum Grossstadtwachstum und dem Bau von Strassenbahnen entstanden um 1900 die ersten reinen Büro- und Warenhäuser. Heinrich Ernst erbaute 1892–94 das Bürohaus *Metropol* nach amerikanischem Muster als Stahlskelett-Konstruktion mit tragenden Pfeilern und vorgehängter Fassade. Im Warenhaus *Jelmoli* entwickelten Stadler & Usteri 1898–1900 die Stahlbauweise weiter: Die Fülle der Warenwelt im Inneren strahlte über die grossen Fensterflächen auf die belebte Strassenkreuzung und übte ihren Sog auf kauflustige Passantinnen und Passanten aus.

Die Heimatschutzbewegung des frühen 20. Jahrhunderts wandte sich gegen die internationale Stahl- und Glasarchitektur des Späthistorismus und forderte eine Rückkehr zu massiven Bauweisen und zu regionalen Stilformen. Die neue Architekturrichtung erreichte in Zürich einen Höhepunkt im *Peterhof* und *Leuenhof* der Gebrüder Pfister (1912–14), einem Geschäftshaus aus Eisenbeton mit hohem Giebel und reichem Figurenschmuck (Wilhelm Schwerzmann, Hans Markwalder, Otto Münch), der die romantische Erinnerung an die mittelalterliche Stadt aufleben lässt. In ähnlichem Stil entstanden bis 1914 weitere Grossüberbauungen wie der *St. Annahof* der Gebrüder Pfister (1912–14) oder das Vereinshaus *Kaufleuten* von Bischoff & Weideli (1909–15).

Nach dem Ersten Weltkrieg wurde das Geschäftshaus aus Eisenbeton mit Tiefgarage und frei einteilbaren Geschossen ökonomisch und technisch optimiert. Es entstanden Grossbauten im Umfang ganzer Häuserblocks wie die (alte) Börse mit dem *Schanzen-*

Zürich. Geschäftshaus Peterhof und Leuenhof, 1912–14 von den Gebrüdern Pfister (s. Seite 46).

Zürich. Geschäftshaus Schmidhof, 1928–29 von Karl Knell (s. Seite 48).

Zürich. Geschäftshaus Zur Bastei, 1953–55 von Werner Stücheli (s. Seite 47).

hof von Henauer & Witschi (1928–34). Die Dynamik des Autoverkehrs spiegelte sich in gerundeten Fassaden, wie am *Schmidhof* von Karl Knell (1928–29) oder der *Jelmoli-Erweiterung* des Berliner Architekten Johann Emil Schaudt (1932), die an die Architektur von Erich Mendelssohn erinnert.

Zürich. Erweiterungsbau Jelmoli, 1932 von J.E. Schaudt und Otto Pfleghard d. Ä. und 1936–38 von J. P. Mongeaud und Otto Pfleghard d. J. (s. Seite 48).

Das Geschäftshaus *Bleicherhof* von Otto Rudolf Salvisberg (1939–40) nahm die Architektursprache der Nachkriegszeit vorweg: Salvisberg löste die Fassade in einen raumhaltigen Raster von Stein und Glas auf. Dem Muster des Bleicherhofs folgten nach 1945 die Geschäftshäuser am Talacker zwischen Paradeplatz und Sihlporte. In den Jahren nach 1950 fand auch das Hochhaus zaghaft Eingang in die City. Ziel war dabei nicht Verdichtung, sondern die Schaffung von Freiräumen, zum Beispiel am Schanzengraben mit den Hochhäusern *Zur Bastei* (1953–55) und *Zur Schanze* (1961), beide von Werner Stücheli.

Die Jahre der Hochkonjunktur hinterliessen in der Zürcher Innenstadt ihre Zeugen in Form von Neubauten aus Stahl und Glas, die die Einheitlichkeit des Strassenbildes sprengten. So das *Geschäftshaus Bally* (1966–68) von Haefeli Moser Steiger oder das von Werner Gantenbein entworfene *Modissa-Haus* (1973–75), beide an der Bahnhofstrasse. Seit 1980 wurden sichtbare Veränderungen seltener. Schon aus Kostengründen entstanden grosse Bürogebäude seither meistens in Nebenzentren wie Oerlikon, Altstetten, Zürich West oder Leutschenbach.

Daniel Kurz

29

29 Zürich. Geschäftshaus Peterhof und Leuenhof.
30 Zürich. Geschäftshaus zur Bastei.

Peterstrasse Nr. 12, Bank Julius Bär. 1872–75 von Georg Lasius in Form eines palladianischen Palazzo,
29 erster Bankpalast Zürichs. ▮ Nr. 30, **Geschäftshauskomplex Peterhof und Leuenhof** (Plan S. 20 ▶ **45**), erb. 1912–14 von Otto und Werner Pfister. Früher Eisenbetonbau in historisierendem Gewand, gotisierende Elemente neben Anleihen bei der hanseatischen Renaissance, insbesondere abgetreppte Quergiebel. Fassade gegliedert durch statuenbesetzte Bündelpfeiler. Figural- und Dekorationsplastik von Wilhelm Schwerzmann, Hans Markwalder und Otto Münch, im Flur des Leuenhofs Pfeilerplastik von Hans Gisler. ▮ Nr. 25, erb. als Postgebäude 1872–75 von Heinrich Honegger-Näf. Neurenaissancebau mit Kolossalordnung, der den Stil des ganzen Baublocks vorbestimmte.

PARADEPLATZ. Von 1667–1775 Vieh- und Schweinemarkt, dann Exerzierplatz. Die trapezförmige Anlage durch die bauliche Entwicklung des 19. Jh. geprägt. ▮ Nr. 8, **Schweizerische Kreditanstalt**, heute Credit Suisse (Plan S. 20 ▶ **46**). Monumentaler Bankpalast der Gründerzeit 1873–76 von Jakob Friedrich Wanner für die SKA unter Alfred Escher, der diese erste Grossbank für den Bau der Gotthardbahn gründete. Komposition von Elementen der Renaissance und des Barocks. Einbau einer Ladenpassage im EG 1999–2002 von Atelier 5. ▮ Nr. 6, UBS (ehem. Bankverein). Geschäftshaus von Roland Rohn 1956. ▮ Nrn. 1–5/Bahnhofstrasse Nr. 21, Tiefenhöfe. 1856–59 erb. von Gustav Albert Wegmann und August Konrad Stadler als erste moderne Geschäftshäuser der Stadt mit Ladenfront; seit 1861 Confiserie Sprüngli. ▮ Vor Nr. 21, Plastik in Chromnickelstahl «Der grosse Aufschwung» 1979 von Silvio Mattioli.

POSTSTRASSE. Die Öffnung der Querachse Grossmünster–Paradeplatz in den Jahren 1836–38 war eine der zentralen städtebaulichen Massnahmen des 19. Jh.

(UNTERE) BAHNHOFSTRASSE ▮ Nr. 28, Savoy Hotel Baur en Ville. Erster luxuriöser Hotelbau der Stadt. 1836–38 von Daniel Pfister im Stil des engl. Klassiz., im Geist des Jugendstils modernisiert 1907–08 von Otto Pfleghard und Max Haefeli, rekonstruierender Neubau 1975–77. ▮ Nrn. 20–26 (gerade Nrn.), Postrasse, Fraumünsterstrasse, Kappelergasse, Zentralhof. Als Postgebäude erb. 1836–42 von Hans Conrad Stadler, Erweiterung zum Zentralhof 1873–76 von Adolf Brunner, Fritz Brunner und Heinrich Honegger. 1936–37 und 1966–69 einschneidende Umbauten. Innenhof mit neubarockem Springbrunnen E. 19. Jh. ▮ Nrn. 12–16/Börsenstrasse/Fraumünsterstrasse, Kappelerhof. 1878–80 von Adolf Brunner anstelle des mittelalterl. Kratzturmes. Grosse Hofbebauung in Formen der Neurenaissance mit markantem Mittelrisalit an der Börsenstrasse ▮ Nrn. 11–17 (ungerade Nrn.), Eidg. Bank. Bankpalast der Neurenaissance 1894–1907 von Adolf Brunner; Nr. 11 1965 abgebr.; 1980 Auskernung.

BÖRSENSTRASSE ▮ Nrn. 15/17, **Schweizerische Nationalbank** (Plan S. 20 ▶ **47**). 1919–22 von Otto und Werner Pfister. Geschlossener Kubus mit antikisierender Bauplastik: Reliefs von Otto Kappeler, Otto Münch und Hans Gisler, Köpfe von Arnold Hünerwadel und August Suter, Reliefs der Schmalseiten von August Suter und Eduard Zimmermann, Wandmalereien 1923 von Hermann Huber.

Vom See durch das Gebiet zwischen Bahnhofstrasse und Schanzengraben zur Selnau

Durch die Anlage der vierten Wallbefestigung 1642–53 in die Stadt einbezogenes Vorgelände. Systematische Strassenanlage und lockere Überbauung E. 17. und A. 18. Jh., darunter mehrere vornehme

Wohn- und Geschäftssitze reicher Textilkaufleute. Von der barocken, 1834–35 geschleiften Schanzenanlage sind der Schanzengraben und das Bollwerk Katz erhalten.

TALSTRASSE ▮ Nr. 1, Hotel Baur au Lac. 1842–44 von Johann Jakob Keller für den Hotelier Johannes Baur, Erweiterungsbau 1876 von Theodor Geiger. Vierflüglige Anlage mit reicher spätklassiz. Instrumentierung. ▮ Nr. 11, Geschäftshaus. 1926–27 von Walter Henauer und Ernst Witschi. Fassadenplastik von Eduard Bick. 1932 Ladeneinbau von Marcel Breuer und Robert Winkler für die 1931 gegr. Wohnbedarf AG. ▮ Nr. 25/Bleicherweg Nr. 5, **Alte Börse** (Plan S. 20 ▶ **48**). 1928–30 von Walter Henauer und Ernst Witschi. Geschlossener Eckbau mit abgesetztem rundem Eckturm. Im grossen Saal Weltkartenbild 1931 von Augusto Giacometti. ▮ Nr. 65, Zur Schanze. 1961 von Werner Stücheli und René Herter. ▮ Nr. 71, ehem. Sammlungsgebäude des Botanischen Gartens, heute Völkerkundemuseum. Spätklassiz. Bau 1863–64 von Johann Jakob Breitinger, 1898 und 1935 erweitert. ▮ Festungs- und Grünanlage Katz. Keilförmiges Bollwerk der Wallbefestigung um 1653 mit zwei Kasematten. Darauf der ehem. botanische Garten der Stadt Zürich, angelegt 1836–38 von Theodor Froebel mit grossem Gewächshaus 1837–38 von Gustav Albert Wegmann und Palmenhaus 1851 der Giesserei Rieter.

30

BÄRENGASSE ▮ Nr. 29, **Geschäftshaus zur Bastei** (Plan S. 20 ▶ **49**). 1953–55 von Werner Stücheli, kleines, schlank proportioniertes Hochhaus mit sanftem Knick. **30**

BÄRENGASSE ▮ Nr. 22, Schanzenhof. Um 1660, erw. 1699, Umbauten 18./19. Jh. Im NW-Anbau Empirezimmer mit Turmofen und Deckengemälde um 1810–20, im Weissen Saal Rokoko-Turmofen um 1770. ▮ Nr. 20, Zur Weltkugel, um 1680. Unter gemeinsamem First mit Nr. 22. Im 3. OG vorzügliche Stuckdecke 1. V. 18. Jh. Beide Bauten 1972 von der Bärengasse auf den Basteiplatz verschoben und als Museum eingerichtet. ▮ In der Grünanlage: Zwei Mädchen, Bronzegruppe 1930 von Arthur Abeljanz.

BASTEIPLATZ ▮ Nr. 11, Schulhaus Schanzengraben, 1874–76 von Johann Heinrich und Hermann Reutlinger in Semperscher Neurenaissance.

TALACKER. Die meisten der barocken Kaufmannshäuser mussten den grossstädtischen Ambitionen des 19. und 20. Jh. weichen. ▮ Nr. 41, Geschäftshaus. 1946–48 von Karl Egender. Travertinverkleidet mit strenger Vertikalgliederung. Schafft städtebaulich interessante Platzsituation als Intervall in sonst geschlossener Blockrandbebauung. ▮ Le Fleuve, Bronzeplastik 1943 von Aristide Maillol.

PELIKANPLATZ. Zentraler Platz der barocken Quartierplanung in der Form eines übereck gestellten Quadrates. ▮ Nr. 5, **Zum Grossen Pelikan** (Plan S. 20 ▶ **50**). Urspr. um einen Innenhof gruppiert der grosse, kleine und mittlere Pelikan, 1945 bis auf den grossen Pelikan abgebrochen. Grosser Pelikan 1675 für den Seidenfabrikanten Jakob Christoph Ziegler, 1683 durch seitl. Anbau und Erker erweitert; 1930–31 Anbau zu Bürogebäude umgeb. Rundbogenportal mit Pilastervorlagen, darüber Rokokobalkongitter. Hauszeichen um 1690 von Samuel Höscheller, knorpeliges polychromes Stuckrelief Pelikan und Junge, im Anhängsel Ziegler-Wappen und Inschrift 1675. Schlichtes Äusseres, doch glanzvolle barocke **Innenausstattung**. Im EG bedeutende Stuckdecke 1691 von Samuel Höscheller, das Opfer Abrahams darstellend. Im 1. OG Turmofen um 1760 aus der Werkstatt Heinrich Bleulers sowie Rokoko-Ofen. Im 2. OG Saal mit prunkvoller Stuckdecke (emblematisch-religiöses Programm) 1685 von Samuel Höscheller, qualitätvoller Rokokoturmofen um 1755. Im Erkerzimmer bemerkenswertes Nussbaumgetäfer und einfache Stuckdecke um 1683.

NÜSCHELERSTRASSE ▮ Nr. 7, Konferenzgebäude Grünenhof. Erb. 1989–91 von Theo Hotz mit Heinz Moser. Satt eingepasster gläserner Einbau in eine rundum geschlossene Blockrandbebauung. ▮ Nr. 11, **Kino Studio 4** (Plan S. 20 ▶ **51**), 1949 von Roman Clemens. Transparente Eingangsfront, asymmetri-
31 scher Kinosaal mit expressiver Wandgestaltung. Rest. 1992 und 2004. ▮ Nr. 15/Pelikanstrasse Nr. 18, Zur Kaufleuten. 1909–15 von Robert Bischoff und Hermann Weideli als Schul- und Vereinshaus, 1927–29 erweitert, 1985 Innenumbau. Vorgeblendete Jugendstilfassade.

ST.-ANNA-GASSE ▮ Nrn. 9–11/Sihlstrasse Nrn. 31–33, Glockenhof. 1909–11 von Robert Bischoff und Hermann Weideli. Jugendstilkomplex mit Schule, Kapelle und Hotel. ▮ Gegenüber Jugendstilbrunnen 1913 von Wilhelm Schwerzmann.

32 SIHLSTRASSE ▮ Nrn. 4–6/Seidengasse Nr. 1, **Warenhaus Jelmoli** (Plan S. 20 ▶ **52**). 1898–1900 von Hermann August Stadler und Jakob Emil Usteri. Als Eisenskelettbau mit Glaszwischenwänden eines der ersten Warenhäuser Europas im sog. Chicago-Stil. Erweiterungen: 1908 und 1924 von Otto Pfleghard und Max Haefeli. 1932 von Johann Emil Schaudt aus Berlin und Otto Pfleghard. 1936–38 von J. P. Mongeaud aus Paris und Otto Pfleghard d. J. 1948 und 1961 von Roland Rohn. Eckbau Seidengasse/Uraniastrasse Stahlskelettkonstruktion mit Glasfassade. Umbau 2004 von Tilla Theus.

LÖWENSTRASSE ▮ Nr. 2/Uraniastrasse Nr. 40, Geschäftshaus Schmidhof 1928–29 von Karl Knell d. J. Inselbau mit horizontalen Mauerbändern im Kreuzungsgebiet von acht Strassenzügen. ▮ Bei Nr. 12, **Synagoge** (Plan S. 58/59 ▶ **53**). 1884 von Alfred Chiodera und Theophil Tschudy in maurischem Stil. Im Äussern original erhaltener Sakralbau mit Doppelturmfassade und Mittelkuppel, charakteristisch in rotem und grauem Sandstein geschichtet. Im Innern modernisiert.

GESSNERALLEE ▮ Nrn. 3/5, **ehem. Warenhaus Ober** (Plan S. 58/59 ▶ **54**). 1. Etappe 1927–28 von Gustav von Tobel, Um- und Erweiterungsbau 1931–34 von Otto Dürr. Grossbau des Neuen Bauens mit moderner Firmenschrift.

SIHLSTRASSE ▮ Nr. 71, Hallenbad City. 1939–41 von Hermann Herter, Statik Robert Maillart. Erstes Hallenbad der Stadt.

SELNAUSTRASSE ▮ Nr. 25, Kraftstationsgebäude von 1898 und Umformerstation von 1914 im Heimatstil werden 1929–32 von Hermann Herter durch einen einheitlichen, sachlichen Baukörper direkt am Ufer der Sihl ersetzt, bzw. umgeformt. Umbau des EWZ-

31

32

31 Zürich. Kino Studio 4, Kinosaal.
32 Zürich. Warenhaus Jelmoli.

Zürich. Kreuzgang des Grossmünsters, um 1200, erneuert 1850–53 (s. Seite 16).

Zürich. Rathaus, 1694–1700, Ansicht von der Limmat (s. Seite 22).

Zürich. Stadtpalais zum Rechberg, 1759–70, Zimmer im 2. Obergeschoss (s. Seite 33).

Zürich. Kirche St. Peter, 1705–06 (Chor 13. Jh.), Inneres gegen Osten (s. Seite 38).

Zürich. Villa Tobler, bemalte Kaminhaube im Erdgeschoss aus der Zeit der Neugestaltung 1898–1900 durch Hans Eduard von Berlepsch-Valendas (s. Seite 31).

Zürich. Synagoge Löwenstrasse, 1884 von Chiodera & Tschudy (s. Seite 48).

Zürich Wollishofen. Werkbundsiedlung Neubühl, 1930–32 vom Max E. Haefeli, Carl Hubacher, Rudolf Steiger, Werner M. Moser, Emil Roth, Paul Artaria und Hans Schmidt (s. Seite 65).

Zürich. Opernhaus, 1890–91 von Fellner & Helmer, Blick gegen die Bühne (s. Seite 73f.).

Zürich Enge. Kongresshaus, 1938–39 von Max E. Haefeli, Werner M. Moser und Rudolf Steiger, Galerie mit Wintergarten (s. Seite 57).

Zürich Enge. Museum Rietberg, Alt- und Erweiterungsbau, 1853–57 von Leonhard Zeugheer, 2004–07 von Alfred Grazioli und Adolf Krischanitz (s. Seite 64).

Zürich Enge. Kantonsschulen Freudenberg und Enge, 1957–61 von Jacques Schader (s. Seite 61).

Unterwerks Selnau 2000–01 von Meier und Steinauer zum Museum. Das Haus Konstruktiv zeigt hier seine Sammlung konkreter und konstruktiver Kunst.
SELNAU-/SIHLHÖLZLI-/SIHLAMTSSTRASSE ▪ Wohnüberbauung Selnau. 1993–95 von Martin Spühler. Überbauung nimmt ganzen Baublock ein, südöstlich Bezug zum Stadtquartier durch kammartig gestaffelte Zeilen, zum Fluss hin 200 Meter langer Riegel.

SÜDLICHE STADTTEILE ZWISCHEN SEE UND SIHL

Vom Bürkliplatz dem See entlang zum Hafen Enge

▪ Quaibrücke 1882–84 von Emil Schmid-Kerez, Umbau 1939, Neubau 1985.
BÜRKLIPLATZ. Scheitelpunkt der Quaianlagen beidseits des Seeufers, 1882–84 von Arnold Bürkli. ▪ Arnold-Geiser-Brunnen. Anlage von Johann Albert Freytag; Plastik Stier mit Bändiger 1911 von Jakob Brüllmann. ▪ Am See, Ganymed. Bronzeplastik 1952 von Hermann Hubacher. ▪ Schifflände, Salondampfer «Stadt Zürich» und «Stadt Rapperswil». Typengleiche Raddampfer 1909 und 1914 von Escher Wyss mit Ausstattung der Belle Époque.
GENERAL-GUISAN-QUAI (bis 1962 Alpenquai). Nordöstl. Abschnitt der 1882–87 von Arnold Bürkli durch grossflächige Seeaufschüttungen verwirklichten Quaianlage mit Ufermauern, Promenade und Pärken. ▪ Nr. 8/Glärnischstrasse Nr. 10, Villa Rosau. Klassiz. Villa 1844–45 von Ferdinand Stadler für Johann Rudolf Forcart-Hoffmann, urspr. auf Landzunge, Umbau für Hotel Baur au Lac 1971.
CLARIDENSTRASSE ▪ Nrn. 3/5/7/Gotthardstrasse Nrn. 1/5/ Beethovenstrasse Nrn. 2/4/8, Tonhalle 1893–95 von Ferdinand Fellner und Hermann Helmer in der Art des Pariser Trocadero. 1938 Abbruch mit Ausnahme der in den Neubau integrierten Konzertsäle (im Grossen Saal Dekorationsmalerei von Peregrin Gastgeb und Karl Peyfuss, im Kleinen Saal von Antonio Barzaghi). Neubau als **Kongresshaus*** 33
1938–39 durch Max E. Haefeli, Werner M. Moser und Rudolf Steiger (Plan S. 58/59 ▶ **55**). Der Bau steht in engem Zusammenhang mit der Schweiz. Landesausstellung von 1939, vertritt eine gemässigte Form des Neuen Bauens. Renov. und Erweiterung 1980–84.
GENERAL-GUISAN-QUAI ▪ Nrn. 20/22, Beethovenstrasse 1–7, Stockerstrasse 4–8, **Rotes Schloss** 34
(Plan S. 58/59 ▶ **56**). 1891–93 von Heinrich Ernst. Hufeisenförmige Anlage mit neun Wohnhäusern aus rotem Backstein mit aufwändig instrumentierten Historismusfassaden in der Art aristokratischer Schlossarchitektur (Loire-Schlösser bzw. engl.-elisabethanische Herrensitze) und luxuriöser Innenausstattung für eine gehobene bürgerliche Mieter-

33

34

33 Zürich. Kongresshaus.
34 Zürich. Rotes Schloss, Entrée.

134
131
133
135
Sihlquai
Neumühlequai
Universitätstrasse
132
130
Rämistrasse
Seilergraben
54
53
Limmatquai
102
59
62
94
95
103
60
55
56
104
96
63
61
General-Guisan-Quai
57
58
Utoquai
64
106
Forchst
99
105
Mythenquai
Zollikerstrasse
65
100
Bellerivestrasse
66
107
97
98
N
67
0
200 m
68
69

35 Zürich. Ortsplan 2, 1:20 000.

53 Synagoge
54 Ehem. Warenhaus Ober
55 Kongresshaus
56 Rotes Schloss
57 Weisses Schloss
58 Arboretum und Quaianlage
59 Geschäftshaus Bleicherhof
60 Geschäftshaus Zur Palme
61 Bahnhof Enge
62 Freigut
63 Kantonsschulen Freudenberg und Enge
64 Ref. Kirche Enge
65 Villa Wesendonck
66 Belvoirgut
67 Muraltengut
68 Werkbundsiedlung Neubühl
69 Rote Fabrik
70–93 s. Ortsplan, S. 68
94 Tramwartehalle
95 Ehem. Corso-Theater
96 Opernhaus
97 Villa Egli
98 Ausstellungspavillon Centre Le Corbusier
99 Apartmenthaus Frascati
100 Ferrohaus
101 Mühle Tiefenbrunnen
102 Escherhäuser
103 Haus zum Kreuzbühl
104 Villa Schönbühl
105 Ref. Kirche Neumünster
106 Villa Bleuler
107 Villa Patumbah
108 Kant. Psychiatrische Klinik Burghölzli
109 Hotel The Dolder Grand
110 Ref. Kreuzkirche
111 Haus Steiger
112 Haus Roth
113 «Doldertalhäuser»
114 Kolonie Bergheim
115 Kath. Kirche Mariä Krönung
116–127 s. Ortsplan, S. 20
128 Haus Fleiner
129 Zoologischer Garten
130 Kant. Verwaltungsgebäude Walche und Neumühle
131 Beckenhof
132 Kath. Liebfrauenkirche
133 Haus Salvisberg
134 Städt. Siedlung Riedtli
135 Rotachhäuser

schaft. Zusammen mit dem Weissen Schloss, der teilw. abgebrochenen Tonhalle und dem 1969 abgebrochenen Palais Henneberg Teil der gründerzeitlichen Prachtbebauung des Alpenquais. ▮ Nr. 26, Bürogebäude. 1970–73 von Jacques Schader. ▮ Nrn. 30–36, **Weisses Schloss** (Plan S. 58/59 ▶ **57**). 1890–92 von Heinrich Honegger-Naef, 1983–85 Umbau in Bürogebäude. Repräsentativer, aus sechs Häusern bestehender Wohnhauskomplex in Form eines Palastes im Stil des franz. Manierismus. ▮ **Arboretum und Quaianlage** (Plan S. 58/59 ▶ **58**), 1886 von Otto Froebel und Evariste Mertens als locker bepflanzter Park mit Aussichtshügel und malerischen Gruppen exotischer Bäume gestaltet. Bronzeplastik der Aphrodite 1921 von Einar U. Frank. ▮ Nr. 40, Rentenanstalt. 1937–39 von Otto und Werner Pfister. Mächtiger, mit Steinplatten verkleideter Bau. Vor dem Eingang Bronzegruppe von Hermann Hubacher, in der Vorhalle Wandgemälde von Karl Hügin.

MYTHENQUAI ▮ Nr. 2, Verwaltungsgebäude der Zürich-Versicherungsgesellschaft. Späthistoristischer Bau 1899–1901 von Gottfried Julius Kunkler, Dekorationsplastik von Gustav Sieber und Arnold Hünerwadel; Erweiterungsbau 1924–25 von Otto Honegger. ▮ Hafen Enge. Freiplastiken: Löwe von Urs Eggenschwyler 1895; Gottfried Keller (1819–90), Steinplastik von Otto Charles Bänninger 1966. ▮ Nr. 60, Schweiz. Rückversicherungsgesellschaft. 1911–13 von Emil Faesch und Alexander v. Senger. Renov. Stammhaus 1996–2000 von Tilla Theus. Plastik 1915 von Arnold Hünerwadel. Erweiterungsbau 1965–69 von Werner Stücheli. Eisengrossplastik 1969 von Bernhard Luginbühl. ▮ Nr. 62, Clubhaus, 1957 von Hans Hofmann. ▮ Nrn. 79–85, Bootshausanlage im Heimatstil, 1917–18 von Albert Froelich (Nrn. 79, 81), 1928–29 von Richard v. Muralt und Karl Keller (Nr. 85).

Vom Paradeplatz in die Enge, nach Wollishofen und Leimbach

ENGE Ursprünglich spärlich besiedeltes Riedgebiet mit ausgedehnten, schon 1265 erwähnten Tuchbleichen (Bleicherweg). Im 18. Jh. Errichtung von Landsitzen durch Zürcher Stadtbürger, im 19. Jh. entwickelte sich das Gebiet zur gutbürgerlichen Vorstadt, 1893 eingemeindet.

BLEICHERWEG ▮ Nr. 18, **Geschäftshaus Bleicherhof** (Plan S. 58/59 ▶ **59**). 1939–40 von Otto R. Salvisberg. Leicht gekrümmte, elegante Rasterfassade über rückversetztem, als Arkade ausgebildetem Sockel. ▮ Bleicherwegbrücke. Brückenschlag über den Schanzengraben 1837, Bronzelöwe 1933 von Otto Münch. ▮ Nr. 33, **Geschäftshaus zur Palme** (Plan S. 58/59 ▶ **60**). 1959–64 von Max E. Haefeli, Werner M. Moser, Rudolf Steiger und André M. Studer. Differenzierter Skeletthochbau auf Sockel, als zweigeschossige Randbebauung mit Ladenbauten ausgebildet. ▮ Nrn. 37–47 (ungerade Nrn.), Wohn- und Geschäftshäuser. 1893–1906 von Alfred Chiodera und Theophil Tschudy. Nrn. 37/41, im Stil des Historismus, Elemente der Neurenaissance und Neugotik; Nrn. 45/47, Chachelihuus: Reich durchgebildete Baukörper in Jugendstilformen, Dekorationsmalerei von Antonio de Grada.

BEETHOVENSTRASSE ▮ Nrn. 19/21, Hotel Park Hyatt Zürich, 2002–04 von Marcel Meili und Markus Peter.

DREIKÖNIGSTRASSE ▮ Nr. 26, Mehrfamilienhaus, 1939–40 von Otto R. Salvisberg.

GENFERSTRASSE ▮ Nr. 24. Wohn- und Geschäftshaus Mythental. Jugendstilbau 1904–05 von Julius Kunkler, Fassadenreliefs von Adolf Meyer.

36

TESSINERPLATZ ▪ **Bahnhof Enge** (Plan S. 58/59 ▶ **61**). 1925–27 von Otto und Werner Pfister. Schlanke Hausteinarkaden in konkaver Anordnung, Genien seitl. der Uhr 1927 von Carl Fischer. Renov. 1992–2001.

PARKRING ▪ Nr. 30, Villa dem Schönen. Heute Liceo artistico. 1898–99 von Friedrich Kühn in der Tradition der ital. Renaissance. Erweiterung von Alfred Chiodera und Theophil Tschudy 1902–04 mit erlesener Bauplastik. Renov. 1983–89.

FREIGUTSTRASSE ▪ Delphinbrunnen 1770 (Kopie), aus dem ehem. Brandschenkegut. ▪ Nr. 37, Synagoge. 1923–24 von Walter Henauer und Ernst Witschi, Dekorationsplastik von Otto Münch, Deckenmalerei von Ernst Staub.

BRANDSCHENKESTRASSE ▪ Nr. 48, **Freigut** (Plan S. 58/59 ▶ **62**). *Neben dem Rechberg der am reichsten ausgestattete Herrschaftssitz Zürichs.* 1772–74 von Johannes Meyer für den Seidenkaufmann Johann Heinrich Frey; Treppenhausanbau 1849; Rest. 2002–03, gleichzeitig Erweiterungsbau von Tilla Theus; heute Sitz des Internationalen Eishockey-Verbandes IIHF. Spätbarockes Landhaus mit Mansarddach und Mittelrisalit. Qualitätvolle Ausstattung,
36 u.a. im 1. OG Festsaal mit Tapisserien aus Aubusson und Zimmer mit Landschaftstapeten, im DG Zimmer mit Chinoiserien sowie Saal mit Alkoven und Wandspiegeln. Sechs Kachelöfen, teilw. signiert von Heinrich Bleuler und Jakob Kuhn. Der terrassenförmig angelegte Garten 1970 frei rekonstr. Im Neubau Gartenstatue einer Quellnymphe um 1774.

▪ **Kantonsschulen Freudenberg und Enge*** **37**
(Plan S. 58/59 ▶ **63**). *Eines der Hauptwerke der Schweizer Nachkriegsarchitektur.* 1957–61 von Jacques Schader. Renov. 1993–2000. Skulpturale Komposition horizontal lagernder Baukuben auf baumumstandener Hügelkuppe.

SIHLBERG ▪ Nr. 10, Villa Hürlimann. Schlossartige Fabrikantenvilla 1897–98. Von Albert Müller im Stil der franz. Frührenaissance.

BÜRGLISTRASSE ▪ **Reformierte Kirche Enge*** **38**
(Plan S. 58/59 ▶ **64**). *Eine der bedeutendsten Kirchen im Stil der Neurenaissance in der Schweiz und eines der Hauptwerke von Alfred Friedrich Bluntschli in der für den Historismus typischen, malerischen Denkmalhaftigkeit. Dank der erhöhten Lage das Stadtbild Zürichs prägend.* 1892–94 von Alfred Friedrich Bluntschli mit monumentaler Treppenanlage. Teilrest. 2000–02. Kreuzkuppelbau mit seitl. Turm in dominierender Lage; Kanzel und Orgelprospekt von Joseph Regl, Steinskulpturen am Treppenaufgang 1925 von Arnold Hünerwadel.

SCHULHAUSSTRASSE ▪ Nr. 22, katholische Kirche Drei Könige. 1949–51 von Ferdinand Pfammatter und Walter Rieger, Glasmalereien von Paul Monnier, Tabernakel und Kultgeräte von Willi Buck.

37

38

36 Zürich. Freigut, Interieur.
37 Zürich. Kantonsschulen Freudenberg und Enge.
38 Zürich. Ref. Kirche Enge.

ERHOLUNGSRÄUME AM ZÜRCHER SEEBECKEN

Die Quaianlagen von Stadtingenieur Arnold Bürkli (1882–87) machten das Ufer des Zürichsees auf Stadtgebiet zur Flanierzone. Das Herzstück der neuen Seepromenade bildete das Arboretum. Der Park mit artenreichem exotischem Baumbestand wurde 1886 von den Gartenarchitekten Otto Froebel und Evariste Mertens gestaltet. Anlässlich der Landesausstellung von 1939 und der Gartenbauausstellung G59 wurden zwei weitere qualitätvolle Parkanlagen eingeweiht. Mit der Aufschüttung der SAFFA-Insel 1957 fand am linken Seeufer der letzte markante Eingriff statt.

Im späten 19. Jahrhundert wurden die ersten Seebadeanstalten, meist so genannte Kastenbäder errichtet. Das *Seebad Utoquai* (1890) war zusammen mit der *Frauenbadeanstalt* am Stadthausquai (1887/88 neugestaltet) die erste repräsentative Kastenbadeanlage der Stadt. Mit zunehmender Freizeit begann man auch mehr Zeit in den Freiluftbädern zu verbringen. Exemplarisch verkörpert diesen neuen Geist das *Strandbad Mythenquai*, 1922 als erste Freibadeanlage von Zürich eröffnet. 1952–56 baute Hans Hubacher die Garderoben- und Diensträume neu und verlegte sie an die Peripherie der Anlage, der Gartenarchitekt Ernst Graf schuf die grosszügigen Grünanlagen. Fast gleichzeitig mit der Neugestaltung des Strandbads Mythenquai wurde am gegenüberliegenden Seeufer das *Strandbad Tiefenbrunnen* von Josef Schütz, Otto Dürr und Willy Roost erbaut (1954). Das *Seebad Wollishofen* von Stadtbaumeister Hermann Herter (1939) ist als einziges Zürcher Seebad konsequent dem Neuen Bauen verpflichtet. Eine Rückkehr zum klassischen Kastenbad, allerdings in minimalistischer Formensprache, verkörpert das *Seebad Enge* von Robert Landolt, Michael Meier und Marius Hug (1959).

Schaufelraddampfer «Stadt Zürich», 1909 in Betrieb genommen.

Zürich. Strandbad Tiefenbrunnen, 1954 von Josef Schütz, Otto Dürr und Willy Roost (s. Seite 75).

Zürich. Bootshausanlage Enge, 1917–18 von Albert Froelich, 1928–29 Richard v. Muralt und Karl Keller (s. Seite 60).

Zürich. Strandbad Wollishofen, 1939 von Hermann Herter (s. Seite 65).

Zur gleichen Zeit errichtet und ebenfalls der Sachlichkeit verpflichtet ist das von Giselher Wirth entworfene *Gemeinschaftszentrum Wollishofen*, ein die Horizontale betonender Pavillon in Stahl-/ Glasbauweise. Pate stand hier wohl das Farnsworth-Haus von Ludwig Mies van der Rohe, mit dem der Pavillon nicht nur Konstruktion und Materialien, sondern auch die parkartige Umgebung gemeinsam hat.

Körperliche Ertüchtigung fand seit dem ausgehenden 19. Jahrhundert auch beim Rudersport statt. Zeugen dieser Entwicklung sind die Bootshäuser der Ruderklubs, die vor allem das linke Zürichseeufer säumen. Eindrücklich aufgrund von Konstruktion und Alter ist das *Bootshaus des Polytechniker Ruderclubs* (1902), das als Zeuge des Schweizer Holzstils Beachtung verdient. In unmittelbarer Nachbarschaft befinden sich auch das filigrane *Bootshaus des Seeclubs* von Leopold Boedecker (1952) sowie eine fünfteilige, dem Heimatstil verpflichtete *Bootshausanlage*, die 1917–18 bzw. 1928–29 von vier Ruderklubs gemeinsam realisiert wurde (Albert Froelich, Richard v. Muralt und Karl Keller).

Das sonntägliche Lebensgefühl der Belle Époque wird schliesslich durch die ab 1890 aufkommende Vergnügungsschifffahrt versinnbildlicht. Die *Schaufelraddampfer Stadt Zürich* und *Stadt Rapperswil* wurden 1909 und 1914 in Dienst gestellt. 1990 wurde der Salon der *Stadt Zürich* in den Originalzustand zurückversetzt. Auf den offenen Sonnendecks im Obergeschoss der beiden Dampfer lässt sich auch heute noch der beste Überblick über den Erholungsraum des Zürcher Seebeckens gewinnen.

Stephan Steger

GABLERSTRASSE ▪ Nr. 14, Villa Schönberg. Heute Verwaltung Museum Rietberg. 1882 von Adolf Brunner für Adolf Rieter-Rothpletz. 1886–88 neuer Mittelteil und Südflügel von Alfred F. Bluntschli. Rest. 2000–02 von Arthur Rüegg und Silvio Schmed. Neugot. Landsitz mit Neurenaissance-Ausstattung. 39 ▪ Nr. 15, **Villa Wesendonck*** (Plan S. 58/59 ▶ **65**). *Bedeutendes Denkmal der Mäzenatenkultur des 19. Jh.* 1853–57 von Leonhard Zeugheer für den Seidenkaufmann Otto Wesendonck, später vom Baumwollfabrikanten Adolf Rieter aus Winterthur bewohnt, E. 19. Jh. Treffpunkt der Elite Zürichs (Richard Wagner, C. F. Meyer u. a.). 1951–52 Umgestaltung durch Alfred Gradmann. Seit 1952 Museum Rietberg. 1982–86 unterirdische Erweiterung. 2004– 2007 Renov. und Erweiterungsbau von Alfred Grazioli und Adolf Krischanitz. Italianisierende Villa mit dreibogiger Loggia in grossem Park. Pergolaverbindung zum Ökonomiegebäude.

SEESTRASSE ▪ Nr. 125, **Belvoirgut** (Plan S. 58/59 ▶ **66**). Klassiz. Bau mit Renaissanceelementen 1826–31 von Hans Caspar Escher; 1921–25 Umbau zu Restaurationsbetrieb der Hotelfachschule; Innenrenov. 1981, Aussenrenov. 1987. Vor dem Eingangsrisalit Säulenportikus mit Terrasse, rückwärtig halbrund vorstossendes Treppenhaus, auf der SO-Seite Pfeilerhalle. ▪ Im Belvoirpark Mädchenplastik in Bronze 1923 von Hermann Haller. ▪ Nrn. 201/203, **Muraltengut** (Plan S. 58/59 ▶ **67**). 1777–82 von Johannes Werdmüller, Innenumbau 1924ff., Aussenrenov. 2004, heute Gästehaus der Stadtzürcher Regierung. Frühklassiz. Palais im Typus des franz. Hôtel privé mit Ehrenhof, Stallungen und Remisen in den Flügeln. Gegen den See gerichtete Hauptfassade über einem Terrassensockel mit ausschwingenden Rampen, zwischen den Geschossen schwere Louis-XVI.-Girlanden. Im Innern Sammlungsgegenstände aus städt. Besitz, u.a. das frühklassiz. Relief des Salomon-Gessner-Denkmals 1791 von Alexander Trippel, Wandgemälde 1924 von Karl Walser und 1949 von Alois Carigiet. Im Park Gärtnerhaus um 1780. Plastiken: Liegende 1927 und Mädchen 1946 von Hermann Haller, Pferd 1954 von Otto Charles Bänninger, Harlekin 1954 von Emilio Stanzani. ▪ Landiwiese. Mädchen, Bronzeplastik 1939 von Hermann Haller. Mädchen im Wind, Bronzeplastik 1935–36 von Otto Münch.

39

WOLLISHOFEN Bis E. 19. Jh. ländliche Streusiedlung, nach der Eingemeindung 1893 Entwicklung zu dicht bebautem Wohnquartier.

SCHEIDEGGSTRASSE ▪ Nrn. 93/95, Villa Rudolph. Monumentale Jugenstilvilla 1903 von Robert Curjel und Karl Moser.

BELLARIASTRASSE ▪ Nr. 82, Suisa-Gebäude 1968 von Werner Gantenbein. Gedenkstein für Othmar Schoeck von Peter Meister.

MUTSCHELLENSTRASSE ▪ Nrn. 114/116, Jugendherberge. 1963–66 von Ernst Gisel, 2004 Umbau, im Hof Steinplastik 1968 und Bronzerelief 1963 von Otto Müller, Relief 1965 von Hans Josephson und Wandmalerei 1967 von Max Hellstern.

THUJASTRASSE ▪ Nr. 60, Friedhof Manegg, Abdankungshalle. 1929–30 von Hermann Herter und Carl Lippert. Freiplastik 1932 von Otto Kappeler, Mosaik Christi Himmelfahrt 1931 von Augusto Giacometti. Auf der Terrasse Frauenfigur 1941 von Emilio Stanzani, Posaunenengel auf Gemeinschaftsgrab 1963 von Alfred Huber.

ALBISSTRASSE ▪ Bei Nr. 55, katholische Kirche St. Franziskus. 1927–28 von Josef Steiner, Fresken 1932–34 von Fritz Kunz (seit 1973 übermalt).

KILCHBERGSTRASSE ▪ Alte reformierte Kirche

1702. Predigtsaal mit polygonalem Abschluss. Neun Glasfenster 1948–58 von Max Hunziker.

AUF DER EGG ▮ Reformierte Kirche Wollishofen. 1935–36 von Walter Henauer und Ernst Witschi, Fassadenreliefs 1936 von Otto Charles Bänninger; im Innern Fresken 1937 von Paul Bodmer. In der Anlage: Sitzende, Skulptur 1942 von Otto Charles Bänninger.

40 NIDELBADSTRASSE ▮ **Werkbundsiedlung Neubühl*** (Plan S. 58/59 ▶ **68**). *Schlüsselwerk einer genossenschaftlichen Wohnsiedlung für den Mittelstand, erbaut von Mitgliedern des Schweizerischen Werkbundes im Stil des Neuen Bauens.* 1930–32 von Max E. Haefeli, Carl Hubacher, Rudolf Steiger, Werner M. Moser, Emil Roth, Paul Artaria und Hans Schmidt. Abgestufte, quer zum Hang verlaufende Zeilenbebauung mit 28 nach Süden orientierten, typisierten Hausreihen. Das Programm beinhaltet 90 Geschosswohnungen und 105 Drei- bis Sechszimmer-Wohnungen sowie verschiedene gemeinschaftl. Einrichtungen (Kindergarten, Künstlerateliers, Läden usw.). Renov. 1983–86 von Ueli Marbach und Arthur Rüegg.

ERLIGATTERWEG ▮ Nr. 47, Schulhaus Neubühl. 1959–60 von Walter Custer, Kletterplastik von Arnold d'Altri.

SEESTRASSE ▮ Nr. 331, Bahnhof Wollishofen. 1863–64 vom damaligen Nordostbahn-Architekten Jakob Friedrich Wanner als Bahnhof in Zug erb., 1898 Versetzung des kleinstädt. Neurenaissance-Bahnhofs nach Wollishofen. 2007 Umbau zu Restaurant. ▮ Nr. 395, **Rote Fabrik**, ehem. mechan. Seidenstoffweberei, heute städt. Kultur- und Freizeitzentrum (Plan S. 58/59 ▶ **69**). 1892 und 1895 von Karl Arnold Séquin-Bronner für den Seidenbaron Gustav Henneberg, einen der bedeutendsten Kunstmäzene im damaligen Zürich. Durch sein schlossartiges Gepräge die repräsentativste der zahlreichen Seidenfabriken am linken Zürichseeufer. ▮ Nrn. 457–467 (ungerade Nrn.), Umnutzung Waschanstalt Wollishofen mit Villa von 1908. 1999–2000 von Angélil, Graham, Pfenninger, Scholl. Elemente der alten Fabrik wie der markante Hochkamin in weitgehend neu erstellte Anlage mit Wohnungen, Geschäften und Ateliers integriert. ▮ Nr. 451, Strandbad Wollishofen. 1939 von Hermann Herter.

LEIMBACH Ehem. Hofsiedlung im Sihltal, 1893 Vereinigung von Mittel- und Unterleimbach mit Zürich, Oberleimbach mit Adliswil.

▮ Reformiertes kirchliches Zentrum. 1968–71 von Oskar Bitterli.

LEIMBACHSTRASSE ▮ Nr. 64, katholisches Kirchenzentrum Maria-Hilf, 1971–74 von Walter Moser.

HÜSLIBACHSTRASSE ▮ Siedlung Sonnenhalde mit Turmhaus, an der Ankenweid. 1928–29 von Paul Schumacher.

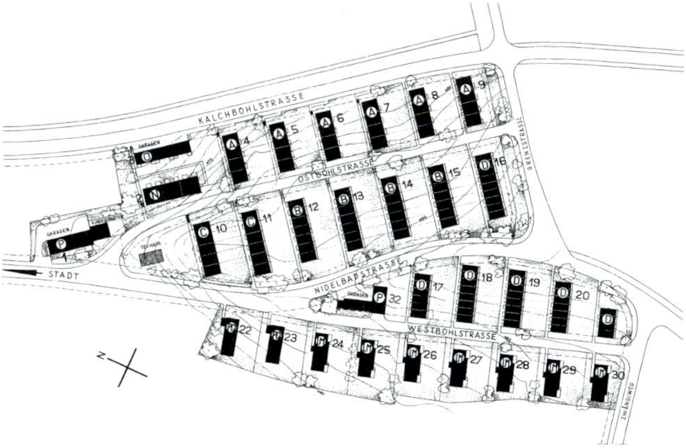

40

39 Zürich. Villa Wesendonck.
40 Zürich. Werkbundsiedlung Neubühl, Situationsplan.

RISIWEG ▪ Nr. 1, Taverne «Im Hüsli». Fachwerkbau von 1612; Umbau zu Ortsmuseum 1969.
KLEEWEIDSTRASSE ▪ Nr. 2. Skulpturengarten. Permanente Ausstellung moderner Skulpturen.
▪ Burgstelle Manegg. Bis 1393 Sitz der Ritter Manesse; abgebrannt 1409. Nach der Sage Entstehungsort der Manessischen Liederhandschrift um 1300. ▪ Gedenkstein 1920 von Robert Rittmeyer für Gottfried Keller, dessen Novellen «Hadlaub» und «Der Narr auf Manegg» teilw. hier spielen.

STADTTEILE LINKS DER SIHL UND DER LIMMAT

WIEDIKON «Wiedinchova» erwähnt 889, 1893 eingemeindet. Vom Dorfzentrum um die Schmiede wuchs die Siedlung im 19. Jh. entlang der Birmensdorferstrasse mit der Stadt zusammen. Ab 2.H. 19. Jh. Entwicklung zum bevölkerungsreichen Wohn- (Genossenschaftssiedlungen) und Industriequartier.
BIRMENSDORFERSTRASSE ▪ Nr. 80, Bahnhof Wiedikon, 1926–27 von Hermann Herter. Renov. 1996–97. Reiterbahnhof in neuklassiz. Sachlichkeit.
MANESSESTRASSE ▪ Nr. 1, **Sportanlage Sihlhölzli** (Plan S. 68 ▶ **70**), Sporthalle als Kernstück der Sportanlage sowie muschelförmiger Musikpavillon, 1930–31 von Hermann Herter und Robert Maillart. ▪ In der Anlage zwei Bronzegruppen 1936 von Max Soldenhoff; Mädchen, Bronzeplastik 1942 von Otto Müller; Läufer, Bronze 1955 von Emilio Stanzani.
WUHRSTRASSE ▪ Nrn. 8/10, Wohn- und Atelierhäuser. 1952–54 von Ernst Gisel.
HOPFENSTRASSE ▪ Nr. 11/Uetlibergstrasse Nrn. 20/22, Überbauung Manessehof, zwei Wohnhäuser, ein Bürohaus. 1981–84 von Ueli Marbach und Arthur Rüegg. Hofrandbebauung neu interpretiert, hist. Stadtgrundriss wieder aufgenommen.
ZWEIERSTRASSE ▪ Nr. 149, Kreisgebäude 3, 1910 –11 von Friedrich Wilhelm Fissler.
SCHLOSSGASSE ▪ Nr. 10, Alte reformierte Kirche. Erb. 1789–91 als Bet- und Schulhaus. ▪ Brunnen um 1770.
41 BÜHLSTRASSE ▪ **Reformierte Kirche** (Plan S. 68 ▶ **71**). 1895–96 von Paul Reber. Neugotischer Zentralbau mit drei polygonalen Kreuzarmen und Flankenturm, vorgeblendete Backsteinfassade. Renov. 1983–84, u. a. Rekonstr. der dekorativen Innenausmalung. ▪ Nr. 6, Schulhaus Bühl. 1899–1901 von Arnold Geiser. Risalitgegliederte Gebäudegruppe in bossiertem Steinwerk.
ÄMTLERSTRASSE ▪ Nr. 23, **ref.-Zwingli-Haus** (Plan S. 68 ▶ **72**). 1923–25 von Adolf und Heinrich Bräm. Kapitelle und Zwinglistatue von Otto Kappeler, Engel an den Hochschiffwänden von Paul Bodmer, Zyklus der biblischen Darstellungen von Hermann Huber, Eckbilder von Carl Roesch, Jüngstes Gericht von Reinhold Kündig, Glasfenster von Otto Meyer-Amden. ▪ Nr. 101, Schulhaus Ämtler. 1907–08 von Gustav Gull. ▪ Nrn. 149/151, **Zentralfriedhof Sihlfeld** (Plan S. 68 ▶ **73**). Anlage mit Torbauten ab 1877 von Arnold Geiser; ▪ Krematorium 1889 (erstes Krematorium der Schweiz) im Stil eines antiken Tempels, 1936 Umwandlung zur Abdankungshalle mit Fresken von Karl Walser. Krematorium II, 1913–15 von Albert Froelich, Plastik von Hans Markwalder, Sgraffito-Darstellungen und Ornamentmalerei in Kuppelraum und Urnenhalle von Werner Büchli. Ein Werk des Symbolismus. ▪ Einzelgräber und Plastik: Grabmal des Dichters Gottfried Keller (1819–90); Grabmal von Henri Dunant mit Plastikgruppe 1930 von Hans Gisler, Grabmal Hauser mit Bronzeplastik von Aristide Maillol. Plastik 1945 von

41

41 Zürich. Ref. Kirche Wiedikon.
42 Zürich. Ehem. Kaserne.

Louis Conne, Steinplastik Sonnenstein 1964 von Hans Aeschbacher, Eisenplastik Ikarus 1964 von Silvio Mattioli, Messingrelief 1964 von Trudi Demut, Stele 1964 von Otto Müller.
GERTRUDSTRASSE ▮ Nr. 59, katholische Herz-Jesu-Kirche. 1920–21 von Josef Steiner, 1968–69 vollständiger Innenumbau und Chorerweiterung.
ZENTRALSTRASSE ▮ Nr. 105, **Kindergarten** (Plan S. 68 ▶ **74**), 1931 von Hans Hofmann.
GUTSTRASSE ▮ Nr. 2, Wohnbau mit Läden. 1950–51 von Werner Stücheli.
BURSTWIESENSTRASSE ▮ Nr. 44, reformierte Thomaskirche. 1959–61 von Oskar Bitterli und Ernst Rohrer nach Entwürfen von Hans Hofmann.
DÖLTSCHIWEG ▮ Nr. 130, Bad-, Sport- und Freizeitanlage Heuried. 1963–65 von Fritz Schwarz und Hans Litz. Steinplastikgruppe 1964 von Josef Wyss. ▮ Nr. 180, Schulhaus Döltschi. 1963 von Hans Müller.
PAUL-CLAIRMONT-STRASSE ▮ Stadtspital Triemli. 1961–70 von der Architektengemeinschaft Ernst Schindler, Roland Rohn, Rolf Hässig, Helmut Rauber und Rudolf Joss. ▮ Skulpturengarten mit Werken von Hans Fischli, Otto Müller, Josef Wyss, Franz Fischer, Hans Aeschbacher, Werner A. Weber, Werner Witschi und Silvio Mattioli; im Innern Sichtbetonwand von Ödön Koch, Wandteppich von Max Truninger und Fresko von Bert Schmidmeister.
HOHENSTEINWEG ▮ Nr. 6, Wohnhochhaus. 1966 von Josef Schütz, Rudolf und Esther Guyer.
BORRWEG ▮ Nrn. 78/80, katholische Theresienkirche. 1931–33 von Fritz Metzger, Renov. 2001–02. Am Turm Plastik von Albert Schilling, im Chor Wandmalerei von Richard Seewald.
SCHWEIGHOFSTRASSE ▮ Nr. 231, reformierte Kirche Friesenberg. 1946–48 von Walter Gachnang unter Verwendung von Entwürfen von Johann Albert Freytag.
FRIESENBERGQUARTIER Das Quartier entstand aus Grossüberbauungen des städtischen, sozialen oder genossenschaftlichen Wohnungsbaus: Siedlungen Kleinalbis 1923–24, Utohof 1927, Überbauungen an der Schweighofstrasse/Arbentalstrasse 1960 und am Borrweg Nr. 52, 1967.
FRIESENBERGSTRASSE ▮ Alter israelitischer Friedhof. Abdankungshalle von Chiodera und Tschudy 1891. ▮ Ruine Friesenberg. Erwähnt 1218 als Frisonburch.
UETLIBERGSTRASSE ▮ Nr. 341, Schützenhaus Albisgüetli. 1897–98 von Richard Kuder und Joseph Müller für das kant. Schützenfest. Romantische Burganlage, Restaurant im Schweizer Holzstil.
EICHSTRASSE ▮ Nrn. 23–29 (ungerade Nrn.), Gewerbehäuser. 1955–56 von Werner Frey.
GIESSHÜBELSTRASSE ▮ Nr. 62, **Lagerhaus** (Plan S. 68 ▶ **75**). Unterzugslose Eisenbetonkonstruktion, **Lagerhalle** mit Pilzstützen 1910 von Ing. Robert Maillart, Architektur von Oskar Sohn und Hermann Weideli. Erw. 1931, 2006–07 Umbau zu Wohnzwecken.
ALLMENDSTRASSE/GIESSHÜBELSTRASSE ▮ Sihlcity. 2004–07 von Theo Hotz Architekten und Planer AG. Umnutzung und Erw. einer Industriebrache auf dem Gelände der ehem. Sihlpapierfabrik.

Vom Hauptbahnhof durch Aussersihl nach Albisrieden und Altstetten

AUSSERSIHL Urspr. Allmendgebiet, ab 1850 rasante Entwicklung zur Industrie- und Arbeiterstadt, 1893 eingemeindet.
LAGERSTRASSE ▮ Nr. 1, Geschäftshaus Clipper. 1951 von Werner Stücheli und Roland Rohn. Elegantes Flugdach über Rasterfassade, seitl. Turmerker. ▮ Nr. 5, Fachhochschule Sihlhof, 2000–03 von

42

ZÜRICH
137
136
138
93
92
87
91
90
89
88
81
82
80
85, 86
73
79
76
78
74
72
77
83, 84
70
71
75
Buchholzstrasse
Wasserwerkstrasse
Sihlquai
Limmatstrasse
Hardstrasse
Hardbrücke
Hohlstrasse
Bullingerstrasse
Hardstrasse
Albisriederstrasse
Sihlfeldstrasse
Badenerstrasse
Langstrasse
Kasernenstrasse
Gessnerallee
Sihlhölzlistrasse
Birmensdorferstrasse
Manessestrasse
N
0
200 m

43 Zürich. Ortsplan 3, 1:20 000.

70 Sportanlage Sihlhölzli
71 Ref. Kirche Wiedikon
72 Ref.-Zwingli-Haus
73 Zentralfriedhof Sihlfeld
74 Kindergarten
75 Lagerhalle
76 Ehem. Militäranlage mit Kaserne, Zeughaus und Stallungen
77 Kath. Kirche St. Peter und Paul
78 Zetthaus
79 Volkshaus
80 Städt. Wohnkolonie Erismannhof
81 Kath. Kirche St. Felix und Regula
82 Städt. Siedlung Heiligfeld
83 Schulhaus Letzi
84 Ref. Kirche Albisrieden
85 Alte ref. Kirche Altstetten
86 Ref. Kirche Altstetten
87 Fernmelde-Betriebszentrum Herdern
88 Museum und Schule für Gestaltung
89 Limmathaus
90 Eisenbahnviadukt
91 Technopark Zürich
92 Hardturm
93 Wohnkolonie «Bernoullihäuser»
94–135 s. Ortspläne, S. 58/59 und S. 20
136 Stadtspital Waid
137 Wohn- und Atelierhaus Max Bill
138 Freibad Allenmoos
139 Hallenstadion

Lorenzo Giuliani und Christian Hönger, in den städtischen Kontext eingepasstes Schulgebäude, zwei Lichthöfe gliedern den Innenraum und schaffen komplexe räumliche Bezüge.

KASERNENSTRASSE ▪ Nrn. 95–99 (ungerade Nrn.), Sihlpost. 1928–30 von Adolf und Heinrich Bräm, Mosaiken von Carl Roesch. Eisenbeton mit Pilzdecken nach System Maillart. ▪ Nr. 49, **ehem. Militäranlage** (Plan S. 68 ▸ **76**). *Einer der grössten Baukomplexe des Historismus in der Schweiz.*
42 ▪ Kaserne 1873–75 von Johann Jakob Müller. Formensprache der Festungsarchitektur mit dominierendem Mittelrisalit in Quadermauerung und Zinnenkranz. Als Abschluss des rückwärtigen Exerzierplatzes zweiflügliges ▪ Zeughaus (Zeughausstrasse Nr. 60) 1864–69 von Johann Caspar Wolff in Anlehnung an die Schlossarchitektur der Renaissance. Gleichzeitig mit dem Zeughaus in der Achse des Hauptportals auf der andern Seite der Sihl marstallartige Anlage mit ▪ Stallungen und Reithalle (Gessnerallee Nrn. 8–13), in den 1990er Jahren zu Kultureinrichtungen umgeb. Darunter: Umnutzung der Reithalle als Theaterhaus. Projekt von Ueli Schweizer und Walter Hunziker 1995–96. ▪ Nr. 29, Polizeikaserne. Wuchtiger Neurenaissancebau 1899–1901 von Hermann Fietz d. Ä. ▪ Stauffacherbrücke. 1899–1900 von Gustav Gull und Robert Maillart. Elegante, natursteinverkleidete Betonbogenkonstruktion, Bronzelöwen von Urs Eggenschwyler.

WERDPLATZ ▪ Prometheus, Bronzeplastik 1955 von Werner F. Kunz.

WERDSTRASSE ▪ Nr. 63, **katholische Kirche St. Peter und Paul** (Plan S. 68 ▸ **77**). Erster kath. Kirchenbau in Zürich nach der Reformation 1873–74 von Rudolf Gottlieb Gull, erweitert und mit neugot. Turmfront versehen 1895–96 von Alfred Chiodera. Kanzel von Gebr. Müller 1874, Seitenaltäre 1875 von Wilhelm Keller, Hochaltar von Theodor Schnell 1885. Renov. 1979–83, 2002–03.

BADENERSTRASSE ▪ Nrn. 16/18, **Zetthaus** (Plan S. 68 ▸ **78**). Geschäftshaus mit Kino. 1930–32 von Carl Hubacher und Rudolf Steiger. Konvexe Skelettfassade mit farbiger Verglasung, Gebäudeflucht passt sich der Strassenführung an.

STAUFFACHERSTRASSE ▪ Nrn. 10/12, reformiertes Kirchgemeindehaus 1970–73 von Jacques Schader. ▪ Nr. 34, reformierte Kirche St. Jakob. 1899–1901 von Johann Vollmer und Heinrich Jassoy als Ersatz des 1221 erstmals erwähnten Siechenhauses St. Jakob a. d. Sihl. Innenrest. 2003–04. Steinquaderbau im Stil der niederländ. Frührenaissance. ▪ Nrn. 58/60, **Volkshaus** (Plan S. 68 ▸ **79**). 1907–10 von Johann Rudolf Streiff und Gottfried Schindler als Zentrum der Arbeiterkultur und -bildung. Erw. 1928. Heimatliche Motive sind zur Grossform entwickelt.

HELVETIAPLATZ ▪ Arbeiterfamilie, Bronzeplastik 1952 nach Modell von Karl Geiser, aufgestellt 1960.

BÄCKERSTRASSE ▪ Nr. 51, Mehrfamilienhaus. Erb.

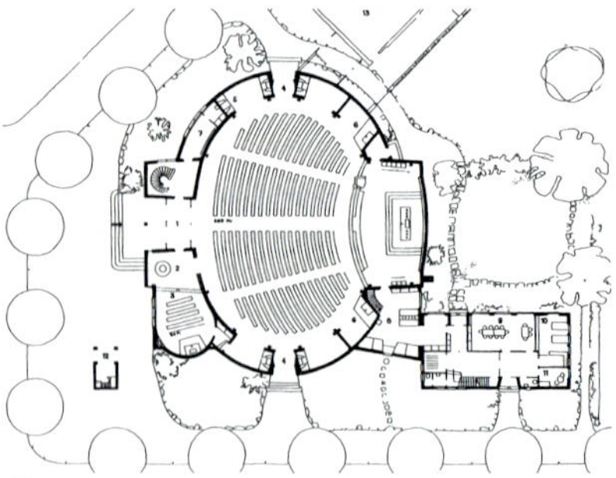

44

44 Zürich. Kath. Kirche St. Felix und Regula, Grundriss.

1997–2000 von Theo Hotz mit Jakob Hotz. Blockrandbebauung mit grosszügigen Wohnungen, Glasfassade.

HOHLSTRASSE/FELDSTRASSE ▮ Katholische Kirche Don Bosco. 1951–52 von Attilio Calegari und Albert Pfister.

ELISABETHENSTRASSE ▮ Nr. 15, Tramdepot. Glashalle, 1939–49 von Hermann Herter.

BADENERSTRASSE ▮ Nr. 90, Bezirksgebäude. 1914–16 von Otto Pfleghard und Max Haefeli. Rest. 1994–99. Markanter Bau um Innenhof, reformistischer Neuklassizismus. Hauptfassade mit Risalit unter schwerem Dreiecksgiebel: Im Giebelfeld St. Georg von Jakob Brüllmann, Dekorationsplastik von Hans Gisler, Walter Mettler, Paul Osswald, Arthur Abeljanz und Hans Markwalder. Im Innern Statuen von Hermann Haller, Malereien 1917 von Eduard Stiefel. ▮ Nr. 236, Lochergut. Treppenartig aufgebautes Wohnhochhaus 1963–66 von Karl Flatz, Plastik 1968 von Emilio Stanzani. Umbau Sockelgeschoss von Pool Architekten 2005–06.

HERMANN-GREULICH-STRASSE ▮ Nr. 56, Hotel Restaurant Greulich, 2001–03 von Franz Romero und Markus Schaefle. Der geschwungene Neubau greift die Zürcher Moderne der 1930er Jahre auf, im Hof sind die Hotelzimmer in ehem. Gewerbebauten eingepasst.

ERISMANNSTRASSE ▮ Nrn. 2–8, 10–16/Seebahnstrasse/Stauffacherstrasse, **Städt. Wohnkolonie Erismannhof** (Plan S. 68 ▶ **80**). 1927–28 von Karl Kündig und Heinrich Oetiker. Fünfgeschossige Blockrandbebauung um grossen Innenhof mit Kindergarten und Grünfläche. Renov. und Einbau von Nasszellen 1989–91.

BULLINGERSTRASSE ▮ Nr. 4, reformiertes Kirchgemeindehaus Bullinger. 1924–25 von Karl Kündig und Heinrich Oetiker. ▮ Nr. 10, reformierte Bullingerkirche. 1953–56 von Hans und Kurt Pfister. ▮ Nrn. 50/52 Werkschulhaus Hardau. 1961–64 von Otto Glaus und Rudolf Lienhard. Blechplastik 1957 von René Monney.

▮ BULLINGERSTRASSE/NORASTRASSE. Wohnüberbauung Hardau II, 1976–78, Architekt: Max P. Kollbrunner (Wettbewerb 1965). Vier schlanke, in der Höhe gestaffelte Wohnhochhäuser prägen die Siedlung. Kunststoffskulpturen von C. Bucher.

HARDSTRASSE ▮ **Katholische Kirche St. Felix und Regula** (Plan S. 68 ▶ **81**). *Schlüsselwerk des katholischen Kirchenbaus der Nachkriegszeit in der Schweiz.* 1949–51 von Fritz Metzger. Mit dem zentrierenden, querovalen Kirchenraum entsprach der Architekt der damals fortschrittlichen Forderung der Liturgischen Bewegung, die Gläubigen näher an den Altar heranzuführen und den Gemeinderaum enger mit dem Altarraum zu verbinden. 44

BRAHMSSTRASSE ▮ Nr. 106, reformierte Andreaskirche. 1965–66 von Jakob Padrutt und Frank Bolliger, Heinz Hönger und Werner Dubach. Fensterloser Würfel mit frei stehendem Glockenträger. ▮ Nrn. 60–92/Letzigraben Nrn. 5/11, **Städt. Siedlung Heiligfeld** (Plan S. 68 ▶ **82**), 1951–55 vom Hochbauamt der Stadt Zürich und Albert Heinrich Steiner. Punkthochhäuser und Laubenganghäuser mit differenzierter Farbgebung. Auf dem Spielplatz Freiplastik 1955 von Emilio Stanzani. ▮ Nrn. 22–44, Überbauung Brahmshof. 1989–91 von Walter Fischer (Kuhn Fischer Partner Architekten). Blockrandbebauung mit Atelierhäusern im Hof. Erschliessung über Treppentürme und Laubengänge. 45

ALBISRIEDEN «Rieda» erwähnt 820; ab E. 19. Jh. allmähliche Verstädterung des Haufendorfes und Eingemeindung 1934.

DENNLERSTRASSE ▮ Nr. 43; Freibad Letzigraben, 1947–49 als grosszügiges Sport- und Volksbad von Max Frisch, Rest., Um- und Rückbau 2006–07 von Weber Brunner Architekten.

FELLENBERGSTRASSE ∎ Nr. 231, katholische Kirche St. Konrad. 1954–55 von Ferdinand Pfammatter. Glasmalerei von Paul Monnier.
GINSTERWEG ∎ Nr. 54, neue reformierte Kirche. 1949–51 von Hans v. Meyenburg.
ESPENHOFWEG ∎ Nr. 60, **Schulhaus Letzi** (Plan S. 68 ▶**83**). 1956 von Ernst Gisel, künstlerischer Schmuck von Otto Müller, Silvio Mattioli, Hans Fischer und Max Truninger.
ALBISRIEDERSTRASSE ∎ **Reformierte Kirche** (Plan S. 68 ▶**84**), 1816–18 von Hans Conrad Stadler. Renov. 1976–77. Klassiz. Querkirche unter Walmdach. Am Emporen- bzw. Eingangsrisalit klassiz. Säulenloggia, Thermenfenster und Tempelgiebel, rückseitig schlanker Turm mit Galerie und Pyramidenhelm.
RAUTISTRASSE ∎ Nr. 2, Reiter. Bronzeplastik von Marino Marini 1955–60.

ALTSTETTEN Mit dem Bahnanschluss 1847 begann die Industrialisierung und ein starkes Wachstum des ehem. Bauerndorfes, das bis 1798 teils der Grafschaft Baden, teils der Stadt Zürich unterstand; Eingemeindung 1934.
PFARRHAUSSTRASSE ∎ **Alte reformierte Kirche** (Plan S. 68▶**85**). Spätgot. Turmchor und Schiff von 1761 über den Fundamenten einer röm. Villa und zweier roman. Kirchen. Im eingezogenen Chor einfaches Netzgewölbe um 1485, Sakramentshäuschen gegen 1500. ∎ **Reformierte Kirche** (Plan S. 68 ▶**86**). 1939–41 von Werner M. Moser. Frühes Beispiel eines modernen ref. Kirchenbaus mit hohem, in durchbrochenem Betongitter ausgeführtem Turm. Asymmetrische Neubaugruppe, die mit Bezug zum Altbau eine neue Platzsituation schafft.
CHRIESIWEG / LOOGARTEN / EUGEN-HUBER-STRASSE ∎ Schulhaus Chriesiweg. Erb. 1955–57 als eingeschossige Pavillonanlage von Fred Cramer, Werner Jaray und Claude Paillard. Brunnen mit Plastik 1962 von Emilio Stanzani.
DACHSLERNSTRASSE ∎ Nr. 20, Studeren Haus. Kernbau 15./16. Jh., 1639 Erhöhung des Daches, 1971–73 Rest. und Einrichtung als Ortsmuseum.
BADENERSTRASSE ∎ Nr. 618, Schulhaus Kappeli. 1935–37 von Alfred E. und Heinrich H. Oeschger. Lineare Ordnung lang gezogener, flacher Baukörper.
HOHLSTRASSE ∎ Nr. 560, Umbau und Aufstockung eines Geschäftshauses von 1970, 2001 von Franz Romero und Markus Schaefle. Ehemals hohe Brüstungen und tiefe Leibungen in grosszügige fassadenbündige Fensterflächen verändert. Teil der Aufwertung des Bahnhofquartiers in Altstetten zum Verwaltungszentrum mit guter Verkehrsanbindung.
VULKANSTRASSE ∎ Nr. 106, Hauptsitz IBM Schweiz, 2002–05. Bürogebäude als plastisch durchgeformte Stadtfigur von Max Dudler mit klar gegliederter und proportionierter Natursteinfassade.

45

46

45 Zürich. Städt. Siedlung Heiligfeld.
46 Zürich. Fernmelde-Betriebszentrum Herdern.

46 AARGAUERSTRASSE ▪ Nr. 10, **Fernmelde-Betriebszentrum Herdern** (Plan S. 68 ▶ **87**). 1972–78 von Theo Hotz. Aluminiumverkleideter, skulpturaler Grossbau an der Autobahn.

HERDERNSTRASSE ▪ Nr. 47, Stadion Letzigrund, 2006–07 von Marie-Claude Bétrix und Eraldo Consolascio, Frei & Ehrensberger, Ing. Walt + Galmarini.

INDUSTRIEQUARTIER Initiative des Stadtrates und von Wirtschaftskreisen zur Anlage eines eigentlichen «Industriequartiers», Planung 1875 von Stadtingenieur Arnold Bürkli. 120 Jahre später Beginn der Umnutzung der Industriebrachen zu kulturellen Einrichtungen und neuen Formen städt. Wohnens.

47 AUSSTELLUNGSSTRASSE ▪ Nr. 60, **Hochschule für Gestaltung und Kunst und Museum für Gestaltung Zürich*** (früher Kunstgewerbeschule bzw. Kunstgewerbemuseum) (Plan S. 68 ▶ **88**). 1930–33 von Karl Egender und Adolf Steger. L-förmige Anlage mit schmucklosem Haupttrakt gegen die Limmat (Schulhaus) und vorgelagertem, kubischem Museumsflügel. Gartengestaltung Gustav Ammann. In der Anlage Sitzende, Bronzeplastik 1935 von Ernst Gubler. ▪ Neubautrakt, 1961 von Eduard Del Fabro und Bruno Gerosa. Eingangshalle Mosaik 1962 von Alois Carigiet, Plastik Signal 1967 von Hans Fischli. ▪ Im Park Brunnen, Jünglingsfiguren 1930 von Otto Kappeler.

47

47 Zürich. Hochschule für Gestaltung und Kunst. Treppenhaus.

KORNHAUSBRÜCKE ▪ Flussbad Oberer Letten. 1950–51 von Elsa und Ernst F. Burckhardt.

LIMMATSTRASSE ▪ Nrn. 80/90, Schulhaus. 1908–10 von Otto und Werner Pfister. Dekorationsplastik in Jugendstilformen von Arnold Hünerwadel und Wilhelm Schwerzmann. ▪ Bei Nr. 114, reformierte Johanneskirche. 1897–98 von Paul Reber im Stil der niederländ. Renaissance. ▪ Nr. 118, **Limmathaus** (Plan S. 68 ▶ **89**). 1930–31 von Karl Egender und Adolf Steger als «Volkshaus» erb. Kernstück bildet der grosse Saal. Skulptur Barmherziger Samariter 1931 von Otto Charles Bänninger. ▪ Nr. 159–165, 175, 179–181/Gasometerstrasse/Motorenstrasse, Siedlung Limmathäuser. Erste gemeinnützige Wohnsiedlung, erb. 1908 in städt. Auftrag durch Stadtbaumeister Friedrich Wilhelm Fissler, Heimatstil mit bewegter Dachlandschaft. Renov. 1977–80. ▪ Nrn. 260–268 (gerade Nrn.), Brauerei Löwenbräu. 1898 von A. Zimmermann. Zahlreiche Umbauten und Erweiterungen im 20. Jh. Sichtbacksteinfassade in der für Brauereien Ende des 19. Jh. gattungstypischen «Schlösschen-Architektur», heute Kunsthalle Zürich und Migros Museum für Gegenwartskunst.

RÖNTGENSTRASSE ▪ Nr. 17, Bürogebäude. 1995–98 von Isa Stürm und Urs Wolf. Blitzförmiger Grundriss, horizontale, elegante Fassadengliederung.

HEINRICHSTRASSE ▪ Katholische Josefskirche. 1912–14 von Karl Moser in neubarockem Stil, Plastik 1914 von Paul Osswald.

JOSEFSTRASSE ▪ Nr. 205, Reparaturwerkstatt Kehrichtverbrennungsanlage. 1959–62 von Walter Custer.

VIADUKTSTRASSE ▪ **Eisenbahnviadukt** (Plan S. 68 ▶ **90**). 1892–94 Ersatz der für das Trassee der Linie Zürich–Winterthur aufgeworfenen Erddämme durch Stahl- und Steinviadukte (längster Viadukt der Schweiz).

TECHNOPARKSTRASSE ▪ Nr. 1, **Technopark Zürich** (Plan S. 68 ▶ **91**). 1988–92 von Itten + Brechbühl, Ruggero Tropeano. Drei parallele, 146 m lange Baukörper mit Eternitverkleidung. Neue Mischnutzung: Forschung und Produktion versch. Kleinunternehmen unter einem Dach. Teil der Umnutzung westl. Teil des Industrieareals Sul-

zer-Escher Wyss. Planung des Technoparks Mitte der 1980er Jahre löst Projektierung über das gesamte Areal aus, 1995 tritt ein privater Gestaltungsplan in Kraft.
SCHIFFBAUSTRASSE ▪ Kultur- und Werkzentrum des Schauspielhauses. 1997–2000 von Laurids Ortner und Manfred Ortner. ▪ Theatersaal, Jazzclub Moods und Restaurant in der hist., denkmalgeschützten Schiffbauhalle von 1892. Neubau des Zwischentrakts und Hofgebäudes mit Probebühnen, Garderoben und Ateliers, in den Obergeschossen sind Wohnungen, im schwarz gestrichenen Kopfbau Ateliers und Büros untergebracht. ▪ Erhaltene hist. Bauten auf dem Areal: Hochkamin von 1892, Giessereihalle von 1893. Herzstück der Überbauung Puls 5, 2004 von Kyncl Gasche Partner Arch.
HARDTURMSTRASSE ▪ Nrn. 120–124, Wohnüberbauung Limmatwest. 1997–2002 von Kuhn Fischer
48 Partner Arch. ▪ Nr. 136, **Hardturm** (Plan S. 68 ▶ **92**). Mittelalterl. Wohnturm 1. H. 13. Jh., wohl als Wachtturm eines Limmatübergangs erstellt. Aufstockung und Dachstuhl 1465, Eckerker und Treppenhausausbau 1693. Rest. 1999. ▪ Nrn. 200–394, **Wohnkolonie (Bernoullihäuser)** (Plan S. 68 ▶ **93**). 1924–30 von Hans Bernoulli. Reihenhäuschen mit Vorgarten, beeinflusst von engl. Gartenstadt-Idee. ▪ Nrn. 261–269/Förrlibuckstrasse Nrn. 224/226, Wohnüberbauung Kraftwerk 1. 1999–2001 von Stücheli Architekten, Christof Glaus, Marc Derron, Gabriela Suter. Intensive Durchmischung von Wohn- und Arbeitsräumen, Einzel- und Gruppenwohnungen sowie gemeinschaftlichen Einrichtungen.

48

48 Zürich. Hardturm.

SÜDLICHE STADTTEILE RECHTS DES SEES UND DER LIMMAT

Vom Bellevue seeaufwärts gegen Tiefenbrunnen

SEEFELD Das flache Ufergelände des Seefeldes wurde 1840 durch die Anlage der Seefeldstrasse als neue Ausfallachse erschlossen und ab 1875 mit gutbürgerlichen, vom Historismus geprägten Wohnblöcken und Gewerbebetrieben überbaut.
BELLEVUE. Weiträumige Platzanlage (Sechseläutenwiese) und Verkehrsknotenpunkt. Seeaufschüttung 1837–40, Hafenauffüllung und Festplatz für Eidg. Sängerfest 1880, 1882–84 Neugestaltung in Zusammenhang mit Quaianlagen und Bau der Quaibrücke. ▪ **Tramwartehalle** (Plan S. 58/59 ▶ **94**), 1938 von Hermann Herter und Fritz Stüssi, Renov. 2005. Zentralbau mit weit auskragendem Dach auf schlanken Pilzstützen im Stil des Neuen Bauens. ▪ Fischbrunnen 1938 von Otto Münch. ▪ Sechseläutenwiese, Schreitende. Bronzeplastik 1943 von Otto Charles Bänninger.
THEATERSTRASSE ▪ Nr. 10, **ehem. Corso-Theater** (Plan S. 58/59 ▶ **95**), seit 1947 Kino, heute stark verändert. 1899–1900 von Hermann Stadler und Jakob Emil Usteri im Stil des Neurokoko. Umbau 1934 von Karl Knell d. J. und Ernst F. Burckhardt. Leuchtschrift «Corso» über dem Giebel von Max Bill. 1934 malt Max Ernst für das Corso-Dancing (heute Mascotte) das Wandbild «Pétales et jardin de la nymphe Ancolie», heute im Kunsthaus Zürich.
SCHILLERSTRASSE ▪ Nr. 1, **Opernhaus** (Plan 49
S. 58/59 ▶ **96**), 1890–91 von den Wiener Theaterspezialisten Ferdinand Fellner und Hermann Helmer in reichen neubarocken Formen mit überkuppeltem Bühnenhaus. Figurenplastik von Franz Vogl und Ludwig Dürnbauer, Deckenmalerei von Peregrin Gastgeb und Karl Peyfuss, Stuckarbeiten von Ludwig Strictius,

ornamentale Malerarbeiten von Josef Kott. Im Eingang Sitzende, Skulptur 1964 von Margrit Gsell-Heer. Umbau und Erweiterung 1980–84 von Claude Paillard, Peter Leemann und Partner. Niederer, flächiger Anbau, der dem Altbau optisch klar den Vortritt lässt. DUFOURSTRASSE ▮ Nr. 3, Hotel Opera, 1898–1902 von Richard Kuder und Albert Müller.

UTOQUAI, rechtsufriger Teil der 1882–87 von Arnold Bürkli durch grossflächige Seeaufschüttungen geschaffenen Quaianlage. David, Bronzeplastik 1921 von Ivar Johnson. ▮ Nrn. 29/31, Utoschloss. Wohnhaus im Stil eines Barockschlosses 1898–1900 von Otto Pfleghard und Max Haefeli, reiche Bauplastik von Paul Abry. ▮ Nr. 45, Hotel Eden au Lac. Überkuppelter, von Kolossalsäulen gegliederter Hotelpalast 1908–09 von Christian Scheel. ▮ Badanstalt Utoquai, 1890 in maurischem Stil von William Henri Martin, heute modernisiert. ▮ Nr. 47, Hotel Bellerive au Lac mit Grossgarage. 1928–29 von Anton Fritz Scotoni und Karl Rudolf Voellmy. Renov. für wieder aufgenommenen Hotelbetrieb 2000 von Tilla Theus.

SEEFELDQUAI. Fortsetzung des Utoquais mit Promenade und Parkanlage.

FELDEGGSTRASSE ▮ Nr. 4, Verwaltungsgebäude der Schweiz. Aluminium AG. Längsrechteckiger, prismatischer Aluminiumständerbau in Wasserbecken, 1956 von Hans Hofmann.

HÖSCHGASSE ▮ Nr. 4, **Villa Egli** (Plan S. 58/59 ▶ **97**). 1897–1900 von Alexander Koch in engl.-got. Landhausstil mit reich instrumentierten Fassaden, Gartenarchitekt Otto Froebel. ▮ Nr. 8, **Ausstellungspavillon Centre Le Corbusier** (Plan S. 58/59 ▶ **98**). **50** 1966–67 nach Entwürfen von Le Corbusier. Farbig behandelter Raumkomplex aus Kuben in Modulor-Format unter einem vom Gebäude unabhängigen Dach. ▮ Nr. 10, Hermann-Haller-Atelier. Erb. 1932 von Max Baumgartner. Seit 1954 Ausstellungsraum mit Plastiken des Künstlers.

BELLERIVESTRASSE ▮ Nr. 2/Seefeldquai Nr. 1, **Apartmenthaus Frascati** (Plan S. 58/59 ▶ **99**). Umbau eines ehem. Autoausstellungs- und Garagengebäudes (1905) 1933–34 von Karl Rudolf Voellmy und Hermann Schneider. Analogie zu einem Dampfer mit abgerundeten Ecken und Balkonen als Brisesoleil. ▮ Nr. 10, Villa Windegg. 1868–70 von Ferdinand Stadler an der Bahnhofstrasse Nr. 30 erb., 1910 Versetzung an den heutigen Standort. ▮ Nr. 34, **Ferrohaus** (Plan S. 58/59 ▶ **100**). Eigenwilliges, pyramidenförmiges Bürohaus in Stahl und Glas von Justus Dahinden 1965–67, 1995–99 zu Spitalklinik umgebaut. ▮ Nr. 160, Fischstube. 1939 von Karl Kündig. Einziges, wenn auch mehrfach verändertes Überbleibsel der Landesausstellung 1939, ehemals Teil des Landidörflis. ▮ Nr. 170, Kasino Zürichhorn. 1964 von Roland Rohn. Saal, Restaurant und Seeterras-

49

se. Im Treppenhaus Frauenkopf 1938 von Hans Aeschbacher. ▮ Nr. 200, Strandbad Tiefenbrunnen. 1954 von Josef Schütz, Otto Dürr und Willy Roost, Steinplastik von Arnold d'Altri.

SEEFELDPARK/ZÜRICHHORN ▮ Sitzende, Bronzeplastik 1934 von Hermann Hubacher; Frauentorso 1930 von Eduard Bick; Stele 1955 von Hans Aeschbacher; Schaf-Plastik 1976 von Henry Moore; Heureka, kinetische Eisenplastik 1964 von Jean Tinguely; Mädchen, Bronze 1958 von Hildi Hess.

HEIMATSTRASSE ▮ Nrn. 3–20/Eigenstrasse Nrn. 5–26, Siedlung Eigen-Heim. Erste genossenschaftlich getragene, gemeinnützige Wohnkolonie Zürichs, 1891–92 von Hermann Fietz d. Ä. Zeilenbebauung aus spätklassiz. Reihen- und Doppelhäusern.

SEEFELDSTRASSE ▮ Nrn. 185–199/Wildbachstrasse Nrn. 70–82, Überbauung Tramdepot Tiefenbrunnen. 1987–92 von Willi Kladler. Blockrandbebauung mit vorstehenden Baukörpern zum Hof hin. ▮ Nr. 219, **Mühle Tiefenbrunnen** (Plan S. 58/59 ▶ **101**). Erb. als Bierbrauerei 1890 nach Plänen von Peter Bender, 1913 Umnutzung als Industriemühle. U-förmige Anlage aus dekorativen Backsteinbauten im romantischen Burgenhistorismus. Umbau 1985–87 von Pierre Zoelly, Umnutzung der Gebäude für Läden, Ateliers, Restaurantbetrieb und Kultureinrichtungen, u. a. Mühlenmuseum «Mühlerama».

Vom Heimplatz über den Kreuzplatz nach Riesbach

In der Barockzeit Anlage von repräsentativen Landgütern reicher Städter, später herrschaftliche Villen in ausgedehnten Pärken, 1893 eingemeindet.

ZELTWEG ▮ Nrn. 7–15, Steinwiesstrasse 1, **Escherhäuser** (Plan S. 58/59 ▶ **102**), 1836–40 von Leonhard Zeugheer für den Kaufmann Heinrich Escher-Zollikofer. Erster grosser Mietshauskomplex der Stadt. Sehr lange Strassenfront mit 31 Achsen, gegliedert durch erhöhten Mittelrisalit und Eckrisalit, Stockgurten, Sohlbänke und Türen mit Freitreppe. Im Innern klassiz. Stuckdecken. ▮ Nr. 10, Zum Zeltgarten. Klassiz. Vorstadtvilla 1838 mit Stuckaturen von Joseph Wötzer, Zinnenanbau 1899 von Chiodera & Tschudy. Renov. 1984–85. **51**

HOHENBÜHLSTRASSE ▮ Nr. 1, **Haus zum Kreuzbühl** (Plan S. 58/59 ▶ **103**). Landhaus im Stil des Rokoko um 1760 von Johannes Meyer. Im EG reicher Turmofen um 1760, im 1. OG Turmofen 18. Jh. aus dem Strohhof. ▮ Nrn. 2–8 (gerade Nrn.), Wohnanlage Hohenbühl. 1952–53 von Max Ernst Haefeli und Werner Max Moser. ▮ Nr. 15, Villa Wegmann. 1887–89 von Alfred Friedrich Bluntschli im Stil eines Renaissance-Palazzo mit krönender Laternenkuppel.

MERKURSTRASSE ▮ Nr. 4, First Church of Christ Scientist. 1937–38 von Hans Hofmann und Adolf Kellermüller erbaut. Kannelierte Pilaster betonen

50

49 Zürich. Opernhaus.
50 Zürich. Pavillon Le Corbusier.
51 Zürich. Escherhäuser.

51

verhalten ornamental die Struktur des Stahlskeletts. KREUZBÜHLSTRASSE ▪ Nr. 36, **Villa Schönbühl** (Plan S. 58/59 ▶ **104**). 1838–39 von Hans Conrad Stadler für Seidenhändler Hans Conrad Pestalozzi-Hirzel. Bedeutende klassiz. Villa mit palladianischem Loggienanbau gegen den Park; an der N-Seite dor. Portikus.

KREUZPLATZ ▪ Tramwartehalle als antikisierender Rundtempel. 1917–18 von Friedrich Wilhelm Fissler. KLOSBACHSTRASSE ▪ Nr. 25, Artergut. Klassiz. Landhaus um 1790, Umbau 1930. ▪ Im Park Jüngling, Bronzeplastik 1929 von Hermann Haller.

NEPTUNSTRASSE ▪ Nr. 68, katholische Kirche St. Antonius. 1906–08 von Karl Moser. Innenrest. 2000–01. Jugendstildekoration am Hauptportal. Wand- und Altarbilder 1918–21 von Fritz Kunz.

KIRCHENWEG ▪ Nrn. 4–8 (gerade Nrn.), Verwaltungsgebäude des Schweiz. Metallarbeiter-Verbandes. 1963–67 von Max E. Haefeli, Werner M. Moser und Rudolf Steiger.

NEUMÜNSTERSTRASSE ▪ **Reformierte Kirche Neumünster*** (Plan S. 58/59 ▶ **105**). *Schlüsselwerk des klassizistischen reformierten Kirchenbaus in beherrschender Lage auf sanftem Moränenhügel.* 1836–39 von Leonhard Zeugheer, 1912 teilw. Umgestaltung des Innern von Alfred Friedrich Bluntschli; neue Kanzel und N-Empore, Ausbau der S-Front. Renov. 1976–78, Turmrenov. 1995–96. Längsrechteckiger Block mit eingebundenem Fronttum und beidseitig flach vorstehenden Quertrakten. Eine grosszügige Treppenanlage führt zur ionischen Vorhalle. Der reich gegliederte Turm mit verjüngtem Glockengeschoss und achteckigem Aufsatz. Rechtecksaal mit auffallend hohem Gebälk und Kassettendecke. Im Chor Verklärung Christi 1840 von Konrad Zeller und Gethsemane 1912 von Rudolf Münger. 1994 Einbau der ehem. Tonhallenorgel.

ZOLLIKERSTRASSE ▪ Nr. 32, **Villa Bleuler**, heute Schweiz. Institut für Kunstwissenschaft (Plan S. 58/59 ▶ **106**), 1885–88 von Alfred Friedrich Bluntschli für Hermann Bleuler-Huber. Backsteinbau mit Loggien und Friesmalerei, Meisterwerk der Neurenaissance im Gefolge Sempers. Rest. und unterirdische Erweiterung mit Bibliothek, Ateliers in terrassierten Garten eingegliedert, 1991–93 von Ueli Marbach und Arthur Rüegg sowie Klaus Dolder. ▪ Bei Nr. 107, Gewächshäuser im neuen Botanischen Garten. 1977 von Hans und Annemarie Hubacher, Peter Issler, Hansulrich Maurer in der Form von Halbkugeln; dünne Aluminiumrohre tragen Acryl-/Plexi-Verglasung. ▪ Nr. 128, **Villa Patumbah** (Plan S. 58/59 **52**
▶ **107**). 1883–85 von Alfred Chiodera und Theophil Tschudy für Karl Fürchtegott Grob-Zundel, ehem. Tabakproduzent in Sumatra. Baukörper im Stil der ital. Renaissance, üppigste plastische und gemalte Fassadendekoration, Innenausstattung mit Einflüssen exotischer Kulturen. Parkanlage von Evariste Mertens mit Pavillon von Gustav Hirzel-Koch 1891. ▪ Nr. 160, katholische Erlöserkirche. 1937 von Karl Strobel, Kreuzwegzyklus 1961 von Toni Schneider-Manzell. ▪ Nr. 172, Neurenaissance-Villa von Adolf und Fritz Brunner 1886, mit Sammlung E. G. Bührle. SÜDSTRASSE ▪ Nrn. 38/40, Villa Brandt. 1880–82 von Adolf Nabholz für den dt.-russ. Grosskaufmann Emanuel Henry Brandt in pittoreskem engl.-got. Cottagestil.

LENGGSTRASSE ▪ Nr. 31, **Kant. Psychiatrische Klinik Burghölzli** (Plan S. 58/59 ▶ **108**). 1864–70 von Johann Caspar Wolff als axialsymmetrische, schlossartige Anlage in Formen des Spätklassizismus und der Neurenaissance. ▪ Nr. 75, reformierte Kirche Balgrist. 1950–52 von Hans und Kurt Pfister.

52

Vom Heimplatz nach Hottingen, Hirslanden und Witikon

HOTTINGEN Erwähnt 946, 1893 eingemeindet. Bis M. 19. Jh. ländliche Streusiedlung, dann Entwicklung zum gutbürgerlichen Vorstadtquartier.

HOTTINGERSTRASSE ▪ Nr. 36, Kirche der Mission catholique française. 1966 von Ferdinand Pfammatter und Walter Rieger, Glasmalerei von Paul Monnier, Tabernakel von Paul Stillhardt.

STEINWIESPLATZ ▪ Brunnen 1910 von Adolf Meyer.

GEMEINDESTRASSE ▪ Nr. 14, Gottfried-Keller-Schulhaus. Heute Kantonsschule Hottingen. 1948–49 von Adolf Carl Müller ▪ Nr. 54, ehem. Schulhaus, seit 1893 Quartierbüro. Streng klassiz. Bau 1820 von Felix Huber, 1840–41 Flügelanbauten, Aufstockung und Vorhalle.

FREIESTRASSE ▪ Nr. 107, apostolische Kirche. 1894–95 von August Thiersch. Neuroman. Säulenbasilika mit gedrungenem Chorturm.

BÖCKLINSTRASSE ▪ Nr. 17, Atelierhaus Arnold Böcklin. 1885 von Georg Lasius nach den Wünschen Arnold Böcklins. 1899–1913 «Kunstschule für Damen» von Hortensia Luise Stadler, 1913–45 Atelier und Kunstschule Otto Münch. Innenrest. 2001. Schieferverkleidete Flachdachkuben mit Deckenfries von Arnold Böcklin und seinem Schüler Albert Welti.

RÖMERHOFPLATZ ▪ Römerhofskulptur aus Granit 1982 von Josef Wyss. ▪ Nr. 5/Klosbachstrasse Nr. 95/Rütistrasse Nr. 2, Römerhof. Monumentale Palastarchitektur, 1898 von Louis Harter als Hotel und Talstation der Dolderbahn, 1981 ausgekernt.

KURHAUSSTRASSE ▪ Nr. 65, **Hotel The Dolder Grand** (Plan S. 58/59 ▶ **109**). 1897–99 von Jacques Gros. 2004–08 Aus- und Umbau von Norman Foster. Späthistorist. Schlossarchitektur mit Elementen des Schweizer Holzstils.

CARMENSTRASSE ▪ **Reformierte Kreuzkirche** (Plan S. 58/59 ▶ **110**). 1901–05 von Otto Pfleghard und Max Haefeli. Aussenrenov. 2005/07. Zentralbau über Kreuzgrundriss mit dominierender Säulentambourkuppel, ion. Portikus über Monumentaltreppe. Im Innern elliptische Gewölbetonnen, Kuppel kassettiert, Reliefs und Dekorationsplastik von August Bösch, Figuren an der Kanzelwand von Paul Abry. Gartenanlage von Evariste Mertens.

CARMEN-/SONNENHALDEN-/SAMARITERSTRASSE ▪ Überbauung Pflegi-Areal. 2000–02 von Annette Gigon und Mike Guyer. Sachliche Volumen mit mächtigen Fensteröffnungen. Westl. gelegene Bauten des Areals 1933–34 von Otto und Werner Pfister.

BERGSTRASSE ▪ Nr. 67, **Haus Steiger** (Plan S. 58/59 ▶ **111**). 1959–60 von Flora Steiger-Crawford und Rudolf Steiger. An steilem Südosthang auf eleganten Betonstützen, zwei Wohngeschosse mit raumhohen Schiebefenstern und auskragenden Geschossdecken. ▪ Nr. 71, **Haus Roth** (Fellowship Home) (Plan S. 58/59 ▶ **112**). 1960–61 von Alfred Roth, Eigenheim des Architekten, im Haus auch Zimmer für Studierende, die über die zickzackförmige Wandgliederung der W-Fassade Sonne einfangen.

DOLDERTAL ▪ Nrn. 17/19, zwei **Mehrfamilienhäuser* («Doldertalhäuser»)** 53 (Plan S. 58/59 ▶ **113**). 1932–36 von Alfred und Emil Roth und Marcel Breuer. Wichtiges Beispiel moderner Wohnbauten, Bauherr war Sigfried Giedion. 1993–94 Rest.

EBELSTRASSE ▪ Nr. 27, Wohnhaus 1923–24 von Max Haefeli. Auf knappste Form vereinfachtes Giebelhaus.

AURORASTRASSE ▪ Nr. 56, Villa. 1966 von Carlo Scarpa, nimmt Kellergeschoss des Vorgängerbaus zum Ausgangspunkt. ▪ Nr. 95, Einfamilienhaus. 1961 von Ernst Gisel.

53

52 Zürich. Villa Patumbah, Innenhof.
53 Zürich. «Doldertalhäuser».

HEGIBACHSTRASSE ▪ Nr. 131, Haus Hagmann. 1929–30 von Werner M. Moser.
ASYLSTRASSE ▪ Nr. 130, Theodosianum. 1897–99 von Hermann August Stadler und Jakob Emil Usteri als Typhusanstalt im Stil eines nordischen Renaissanceschlosses; Anbau 1909 von Otto Pfleghard und Max Haefeli mit Heimatstilfassaden.
STREULISTRASSE ▪ 74a. Atelier Gisel. 1970–73 von Ernst Gisel. Werkstattgebäude mit Metallfassaden und Sheddächern.
HEGIBACHPLATZ ▪ Brunnen 1932 von Otto Münch.
HIRSLANDEN Erwähnt 946, eingemeindet 1893.
FORCHSTRASSE ▪ Nrn. 244–48. Hirslandenmühle. Erwähnt 1396. Malerische Baugruppe. Spätgot. Wohnhaus mit Krüppelwalmdach und Staffelfenstern wohl 1532, 1692 umgeb; im Innern Öfen des 18.–19. Jh. Lehenhaus 2.H. 17. Jh. in Fachwerk, im Innern zwei Öfen E. 18. Jh. Oberschlächtiges Wasserrad 1913.
WITIKONERSTRASSE/BERGHEIMSTRASSE ▪ **Kolonie Bergheim** (Plan S. 58/59 ▶ **114**), 1908–09 von Otto und Werner Pfister, erste Gartenstadt-Siedlung Zürichs, bestehend aus frei stehenden Bauten und abgetreppten Reihenhäusern mit traditionellen Giebel- und Walmdächern.
WITIKON 946 erwähnt, das zum Vorstadtquartier gewandelte Bauerndorf 1934 eingemeindet.
EIERBRECHTSTRASSE ▪ Nr. 16, Terrassenhaus. 1959–60 von Claude Paillard und Peter Leemann. In Steilhang gestaffeltes Wohnhaus aus rotem Sichtbacksteinmauerwerk.
WITIKONERSTRASSE ▪ Reformierte Kirche. 1955–57 von Theodor Laubi.
CARL-SPITTELER-STRASSE ▪ **Katholische Kirche Mariä Krönung** (Plan S. 58/59 ▶ **115**). 1965 von Justus Dahinden. Pyramidenförmiger Turm vor Innenhof. Hauptbau unter Zeltdach mit indirektem Lichteinfall. Got. Sitzmadonna, österreichisch 15. Jh.
LOORENSTRASSE ▪ Alte reformierte Kirche. Erwähnt 1270; 1668 Choranbau, querschiffartiger Annexbau und Vergrösserung der Fenster; 1939 Renov. und teilw. Umbau des N-Annexes. Kleiner Saal mit wenig breiterem Rechteckchor, Glasgemälde im Chorfenster 1947 von Max Billeter.
MÖCKLISTRASSE ▪ Nr. 1, ehem. Bauernhaus. Bohlenständerbau von 1576 unter Krüppelwalmdach mit geschnitzten Zugbandköpfen.
BERGHALDENSTRASSE ▪ Busstation, Brunnen mit Reliefs 1950 von Hildi Hess.

NÖRDLICHE STADTTEILE RECHTS DER LIMMAT

Vom Bellevue durchs Hochschulviertel nach Fluntern

Der untere Teil der Rämistrasse bildete urspr. einen Graben vor der mittelalterl. Stadtmauer und wurde 1884 als Teil der Ringstrasse um die Altstadt ausgebaut. Das Teilstück oberhalb des Heimplatzes wurde 1836 nach Abbruch der Schanzen angelegt und als neue Ausfallachse mit der Landstrasse nach Winterthur (Oberstrasse) verbunden.
(UNTERE) RÄMISTRASSE ▪ Nr. 4, Kronenhalle. 1841–42 erb. als Dépendence des Gasthofs «Zur Goldenen Krone», 1863 Umbau zum «Café, Restaurant und Bierhalle zur Kronenhalle». 1982–84 Aufstockung. Stattliches Biedermeiergebäude. **Kronenhalle-Bar** (Plan S. 20 ▶ **116**). Innenausstattung 1965 von Robert Haussmann. Wände, Decke und Bar in Mahagoniholz, Sitzmöbel in grünem Leder und Wandpaneele aus grünem Tuch. Leuchter, Tische und Türgriff von Diego Giacometti. ▪ Platzanlage von 1885–87, früher Rossmarkt. Brunnen 1935 von Eduard Zimmermann. ▪ Nr. 18, Zum Garten. Barockes Wohnhaus 1720–22 für den reichen Seidenhändler und Ratsherrn Salomon Ott. Im 1. OG Stuckdecke mit Sinnbildern der Jahreszeiten, Turmofen um 1780; im W-Eckzimmer Stuckdecke mit Landschaftsmotiven um 1725; im Saal Stuckdecke mit Putten und Vögeln. Im 2. und 3. OG einfachere Stuckdecken, Turmofen um 1760. Der Garten mit Hofportal vor 1773, zierliches Gartenportal um 1725. Frühklassiz. Brunnen um 1775. ▪ Nrn. 23–39 (Waldmannstrasse/Rämistrasse). Geschlossene Strassenfront in Neurenaissance-Formen in der Art Sempers, 1884–89 von Heinrich Ernst. ▪ Nr. 26, Zum Ehrenberg (heute Lyceumclub). 1837 von Carl Ferdinand v. Ehrenberg. Klassiz.

Kubus mit halbrundem Treppenhaus. ▮ Nrn. 32–36 (gerade Nrn.), Schauspielhaus. 1888–89 von Alfred Chiodera und Theophil Tschudy. Historistischer Pfauen-Komplex mit Theater. 1926 Neubau Bühnenhaus. 1976–77 Renov. und Umbau.

HEIMPLATZ. Platzanlage 1836 im Schnittpunkt der nach Abbruch der Schanzen ausgebauten Verkehrs-
54 achsen. ▮ Nr. 1, **Kunsthaus*** (Plan S. 20 ▶**117**). 1907–10 von Karl Moser. Aussenrenov. 1989–92, Gesamtrest. 2001–05. Neuklassizist. «Tempel der Kunst» (Moser) mit Jugendstilelementen. Eingangsportikus unter Dreieckgiebel. Plastischer Schmuck: Im Portikusgiebel Relief von Otto Kiefer, Metopenreliefs 1910–14 von Carl Burckhardt, Teile eines Zyklus der Amazonenschlacht. Die Nischenstatuen des Seitentrakts gegen die Rämistrasse von Carl Burckhardt, Arnold Hünerwadel, Paul Osswald und Arthur Abeljanz. Erweiterungsbau 1924–26 von Karl Moser als Verbindung zum ehem. Lindental, 1796–1802 von Hans Caspar Escher und Hans Conrad Bluntschli d. J., 1973 zugunsten eines dritten Erweiterungsbaus abgebrochen. Rechtwinklig zum Altbautrakt Neubau, schlichter Kubus auf Stützen, 1955–58 von Hans und Kurt Pfister; Restaurant 1957 von Rudolf Zürcher. Erweiterungsbau mit Geschäften entlang der Rämistrasse 1973–75 von Erwin Müller. Auf dem Platz: Höllentor 1880–1904 von Auguste Rodin; Liegende (Werkmodell der UNESCO-Figur) 1957 von Henry Moore; Le chant des voyelles 1931 von Jacques Lipchitz; Fanfare, Betonfigur 1977 von Robert Müller. Im Durchgang gegen Haus zum Kiel: Miracolo 1959–60 von Marino Marini. ▮ Büstendenkmal für den Komponisten Ignaz Heim, 1883 von Baptist Hoerbst.

KANTONSCHULSTRASSE ▮ Nr. 3, Schulhaus Wolfbach. 1863–67 von Stadtbaumeister Ludwig Hanhart. Burgartiger, der engl. Neugotik verpflichteter Kubus.

(MITTLERE) RÄMISTRASSE ▮ Nr. 46, «Bratwursterschloss». Pittoresk-romantische Wurstfabrik 1887 von Friedrich Hopp. ▮ Nr. 50, Wohnhaus des Architekten Alfred Chiodera, 1897 in der Art eines franz. Renaissanceschlösschens. Malereien von Antonio de Grada. ▮ Nr. 56, Kantonsschule Rämibühl. 1967–70 von Eduard Neuenschwander und Rudolf Brennenstuhl. Geschickte Eingliederung der Anlage in die Topografie. ▮ Nr. 59, **Alte Kantonsschule** 55
(heute Pädagogische Hochschule) (Plan S. 20 ▶**118**). 1839–42 von Gustav Albert Wegmann als «ideales Schulgebäude» im Sinn des liberalen Aufbruchs. Umbau 1909–10, renov. 1986–88. Klassiz. Hofbau unter dem Einfluss von Schinkels Berliner Bauakademie. Eingangshalle mit Pfeilerstellung über monumentalem Treppensockel. Klare Vertikal- und Horizontalgliederung durch Lisenen, Stockgurten und markantes Konsolgesims mit Zinnenkranz.

54

55

54 Zürich. Kunsthaus.
55 Zürich. Alte Kantonsschule.

56

ZÜRICHBERGSTRASSE ▪ Nrn. 8/2, **Zum Sonnenbühl** (Plan S. 20 ▶**119**), 1865–67 von Gottfried Semper für den Baumwollhändler Johann Heinrich Fierz und dessen italienbegeisterte Frau Anna Katarina in florentinischer Neurenaissance. Nach diversen Umbauten im 20. Jh., 1999–2002 teilw. Rekonstruktion und Einbau Romanisches Seminar von Willi Egli. Strenger Palazzo aus Sandstein mit Serliana in Seitenachsen; Fassade gegen den höher liegenden Gartenvorplatz mit mediterraner Loggia und Terrasse zwischen markanten Eckrisaliten.

HOCHSCHULVIERTEL Anstelle der nach 1833 abgetragenen Schanzen thronen die Bauten der beiden Hochschulen über der Stadt, denkmalhaft den Aufbruch in die neue Welt des Liberalismus und Bildungsbürgertums symbolisierend.

SCHÖNBERGGASSE ▪ Nr. 15, Zum Oberen Schönenberg. Barockbau vor 1638, 1739–83 Wohnhaus des Schriftstellers Johann Jakob Bodmer, heute Thomas-Mann-Archiv.

(OBERE) RÄMISTRASSE ▪ Nrn. 74/76, Neue Kantonsschule und Chemisches Laboratorium der Universität. 1906–09 von Hermann Fietz d. Ä. Neubarocke Vierflügelanlage mit Eckrisaliten. Aufstockung und Einbau der juristischen Bibliothek in den ehem. Hof (Nr. 74), Stahlkonstruktion 2000–04 von Santiago Calatrava. ▪ Denkmal Wehrwille, Steinskulptur 1943–47 von Hans Brandenberger. ▪ Nr. 69, ehem. Physik- und Physiologiegebäude der Universität, heute medizinhist. Museum. Neurenaissance-Palazzo 1884–87 von Otto Weber in der Manier von Gottfried Semper, renov. 1987–90. ▪ Nr. 71, **Universität des Kantons Zürich, Hauptgebäude*** 56 (Plan S. 20 ▶**120**). 1911–14 von Karl Moser. Renov. 1991–2006. Asymmetrische Anlage von zwei Baukuben mit Innenhöfen. Massiger, sich rhythmisch verjüngender Turm. Fassade gegen Rämistrasse mit halbrunder Ausschwingung. Organisation der Bauteile von barocker Gesinnung. Mensa-Anbau 1968–69 von Werner Frey. Betonstele von Carlo Vivarelli. Lichthof des Haupttraktes mit mächtiger Treppenanlage. Sparsame Jugendstildekoration. Sockelfiguren am Eingang Rämistrasse und Relief über Hauptportal von Paul Osswald. N-Fassade Liegefiguren von Hermann Haller, Relief von Paul Osswald, vor dem W-Eingang Pferdegruppe von Otto Kappeler. Im Innern Wandgemälde u. a. von Heinrich Altherr (Senatszimmer), Hermann Huber 1913 (1. Stock), Otto Baumberger (Diathek), Paul Bodmer 1933 (Aula), Augusto Giacometti 1914 Mosaik im Wandelgang. Brunnenplastik von Paul Osswald und Otto Kappeler. Sammlung für Völkerkunde im Kollegiengebäude. Einbau eines selbständigen Baukörpers auf mächtigen Stützen im nördlichen Lichthof des Kollegiengebäudes 1984–91 von Ernst Gisel. Der grosse Hörsaal ist mit einer vorgespannten Betonkonstruktion am Büchermagazin aufgehängt. Unterirdischer Hörsaal (Künstlergasse Nr. 12) mit 500 Plätzen, 2002 von Annette Gigon und Mike Guyer, Farbkonzept Adrian Schiess. ▪ Nr. 73, ehem. Augenklinik. Heute Archäologisches und Kunstgeschichtliches Seminar. 1893–94 von Otto Weber. Umbau und Renov. 1980–84. Symmetrisch konzipierter Neurenaissance-Bau mit aufwändigem Mittelrisalit. ▪ Nr. 101, **Eidg. Technische Hochschule ETH, Hauptgebäude*** (Plan S. 20 ▶**121**). *Wegweisender Bau für den Historismus in der Schweiz.* 1859–64 von Johann Caspar Wolff nach Entwürfen von Gottfried Semper, Flügelbauten und Ovalkuppel gegen Rämistrasse 1915–24 von Gustav Gull,

Kassierung und Ausbau der Innenhöfe 1965–78. Monumentaler Bildungstempel des technischen und wissenschaftlichen Zeitalters in denkmalhafter Isolierung über der Altstadt. Programmatischer Bau der reifen Neuhochrenaissance. Rechteckblock von 33 auf 21 Achsen um zwei grosse Innenhöfe. W-Fassade mit schwerem eineinhalbgeschossigem Rustikasockel. Die Obergeschosse mit einfachen, flach verdachten Fenstern in Fugennetz. Der Risalit als Portalbau ausgebildet: Dreigeschossiger Aufbau, dominierendes Obergeschoss mit Vollsäulen und Attika; die vorgesehenen Attikafiguren nie ausgeführt; die Nischenfiguren 1896 von Natale Albiset-
57 ti, heute magaziniert. Die N-Fassade als einzige mit dem vorgesehenen Sgraffitoschmuck 1863 nach Entwürfen Sempers von Wilhelm Adolf Walther und Karl G. Schönherr, Dresden; rest. 1977–78. Gustav Gulls Fassade in schwerer Instrumentierung. Räumlich dominiert die W-O-Achse. Eine Eingangshalle von barocker Grosszügigkeit führt in die Mittelhalle und seitl. Treppenhäuser. Im OG flach gedeckte Aula mit Säulenloggien und Blendbogengliederung als barockisierender Repräsentationsraum mit einer von Grau und Gold dominierten Polychromie. Von den geplanten Wandgemälden kam allein das Deckengemälde zur Ausführung. In Hallen und Gängen Dekorationsplastik; Büsten von Gottfried Semper und Carl Culmann 1883 von Richard Kissling; Brunnengruppe in der O-Halle 1923 von Eduard Zimmermann; zwei Mädchen auf der Brüstung im OG der Mittelhalle, Skulpturen 1929–31 von Eduard Zimmermann. Im 1. OG Reiterstatue 1959 von Remo Rossi, Wandgemälde 1934–35 von Augusto Giacometti. Im SW-Trakt Graphische Sammlung. ▪ Nr. 100, **Kantonsspital** (Plan S. 20 ▶ **122**). 1942–53 von Rudolf Steiger, Hermann Fietz d. J., Max E. Haefeli, Hermann Weideli, Josef Schütz und Werner M. Moser. Vor Haupteingang Genesender, Bronzeplastik 1946–47 von Otto Charles Bänninger, Brunnen 1947 von Paul Speck. Im Garten Harfe, Skulptur 1951 von Hans Aeschbacher. Im Leichenraum der Pathologie und in der Vorhalle des Hörsaaltrakts Glasfenster 1946–47 und 1951–53 von Max Hunziker.

LEONHARDSTRASSE ▪ Bei Nr. 18, Bergstation Polybahn. 1888 von Emil Petermann im Schweizer Holzstil. ▪ Nr. 18, **Städtisches Pfrundhaus** (Plan S. 20 ▶ **123**). 1840–42 von Leonhard Zeugheer. Repräsentativer klassiz. Bau auf dem ehem. St. Leonhards-Bollwerk. Lang gestreckter Bau von 21 Achsen, gegliedert durch Lisenen, Mittel- und Seitenrisalite. Umbau und Renov. 1988–89 von Tilla Theus. ▪ Nr. 16, Bürgerasyl. 1875–77 von Emil Schmid-Kerez im Stil eines italien. Renaissance-Palazzo. ▪ Nr. 27, ehem. Eidg. Material-Prüfungs-Anstalt. Dreiflügliger Neurenaissance-Palazzo von 1891 nach Konzept von Ludwig von Tetmajer.

SONNEGGSTRASSE ▪ Nr. 3, **Fernheizkraftwerk und Maschinenlaboratorium der ETH** (Plan S. 20 ▶ **124**). 1930–35 von Otto R. Salvisberg. Aufstockung 1948 von Alfred Roth. ▪ Erweiterungsbau 1969–72 von Charles-Edouard Geisendorf. ▪ Nr. 5, Naturwissenschaftliches Institut der ETH, 1912–16 von Gustav Gull, Umbauten 1966–71 von Alfred Roth und 2005ff.

UNIVERSITÄTSTRASSE ▪ Nr 2, Land- und Forstwirtschaftliches Institut der ETH, 1872–74 von Johann Jakob Müller, Umbau und Erweiterung 1912–15 bzw. 1922–23 von Gustav Gull, Aufstockung und Umbau 1951–55 von William Dunkel.

57

56 Zürich. Universität, Hauptgebäude.
57 Zürich. Eidg. Technische Hochschule, Nordfassade des Hauptgebäudes.

GOTTFRIED SEMPER

Gottfried Semper gehört als Entwerfer, Lehrer und Theoretiker zu den zentralen Architektenfiguren des 19. Jahrhunderts. Seine Bauten und städtebaulichen Konzeptionen für Dresden, Zürich, Winterthur und Wien haben markante Zeichen ins Gesicht dieser Städte gesetzt. Am neu gegründeten Eidgenössischen Polytechnikum in Zürich bildete er rund 200 Studenten aus; die aus der «Semper-Schule» hervorgegangenen Architekten prägten bis zum Ersten Weltkrieg das Bauwesen in der Schweiz massgeblich.

Gottfried Semper

Semper wurde am 9. November 1803 im damals dänischen Altona bei Hamburg geboren. 1826–30 studierte er in Paris als Privatschüler von Franz Christian Gau Architektur. Nach seinem Eingreifen in den «Polychromiestreit» über die Bemalung antiker Bauwerke in Griechenland und Sizilien wurde er auf Empfehlung Gaus im Herbst 1834 zum Architekturprofessor an die Kunstakademie in Dresden berufen. Hier plante er eine Erweiterung des Zwingers zum «Zwingerforum» im römischen Sinne, baute das erste Hoftheater (1836–42) und die Gemäldegalerie (1847–55). Nach seiner Beteiligung am Mai-Aufstand in Dresden 1849 flüchtete er über Paris nach London; hier studierte er die Rolle des Kunstgewerbes in der Architektur und die Folgen der Weltausstellung von 1851.

1855 gewannen ihn die Gründer der Polytechnischen Schule (heute Eidg. Technische Hochschule ETH) in Zürich als Leiter der Bauschule I (Architekturabteilung); wichtige Zürcher Architekten wie Alfred Friedrich Bluntschli, Heinrich Ernst, Alexander Koch und Emil Schmid-Kerez waren seine Schüler. In Zürich entwarf Gottfried Semper das Hauptgebäude der ETH (1859–64; 1915–24 und 1965–78 stark umgebaut), die Eidg. Sternwarte (1861–64) und das Geschäftshaus Fierz (1865–67). Für die Kirche in Affoltern a. A. schuf er einen neugotischen Turmaufbau mit Treppengiebel (1861). Das Stadthaus in Winterthur (1865–69, 1932–34 durch Erweiterung und Umbau stark beeinträchtigt) gehört mit seiner typologisch vieldeutigen Gestalt zu den aussagekräftigsten Bauwerken aus der zweiten Hälfte des 19. Jahrhunderts in Europa.

Weitere Projekte in der Schweiz, darunter für den Zürcher Hauptbahnhof, die kath. Kirche in Winterthur oder den Kursaal Baden konnte er nicht realisieren. Leider blieb

Zürich. Sternwarte der ETH, 1861–64, Nordfassade (s. Seite 84).

Winterthur. Stadthaus, 1865–69, Halle mit Haupttreppe (s. Seite 181f.).

auch das von Zürich aus verfasste Projekt für ein Richard-Wagner-Festspielhaus in München (1864–69) Papier. Eingeengt von seinen Aufgaben in Zürich gab er 1871 seine Lebensstellung als Professor am Polytechnikum auf, liess sich in Wien nieder und nahm dort zusammen mit Carl Hasenauer den Bau des «Kaiserforums» (Hofburg, Museen und Burgtheater) in die Hand; 1876 zog er sich krankheitshalber aus dem Projekt zurück. Das 1878 eröffnete zweite Hoftheater in Dresden, die heutige Semper-Oper, wurde Sempers «Schwanengesang» und enthält seine kompilierten Erkenntnisse für die Reform der Theaterarchitektur. Nach längerer Krankheit starb Semper am 15. Mai 1879 in Rom und ist dort beerdigt.

Gottfried Semper gilt als einer der grossen Anreger der Architektur des 20. Jahrhunderts. Allerdings wirkten nicht in erster Linie seine Bauten, die im 19. Jahrhundert Vorbildcharakter besassen, sondern seine Schriften, vor allem sein 1860/63 erschienenes Hauptwerk «Der Stil in den technischen und tektonischen Künsten, oder praktische Ästhetik: ein Handbuch für Techniker, Künstler und Kunstfreunde», Frankfurt 1860 und München 1863.

Zürich. Eidgenössische Technische Hochschule, 1859–64 (s. Seite 80f.).

Martin Fröhlich

Renov. 1987–93. ▮ Nr. 6. **ehem. Chemiegebäude der ETH** (Plan S. 20 ▶ **125**). 1884–86 von Georg Lasius und Alfred Friedrich Bluntschli. 1934–37 Um- und Erweiterungsbau von Otto Rudolf Salvisberg. Rest. 2001–06. Schlossartige Neurenaissanceanlage in Sichtbacksteinarchitektur mit monumentalem Hauptportal.

58 SCHMELZBERGSTRASSE ▮ Nr. 25, **Sternwarte der ETH*** (Plan S. 20 ▶ **126**). *Fein instrumentierter Neurenaissancebau.* 1861–64 von Gottfried Semper, teilw. rekonstruierende Rest. 1995–97 von Beate Schnitter. Weitgehende Erhaltung der technisch-instrumentalen Grundsubstanz, Ergänzende Rekonstr. der Farbigkeit am Äussern und im Innern. Durch die besondere Nutzung charakterisierte, abgewinkelte und abgestufte Baukörper mit Beobachtungsterrassen und Kuppelturm.

GLORIASTRASSE ▮ Nr. 19, ehem. Anatomietrakt des Kantonsspitals. 1838–42 als östl. Abschluss der Spitalanlage von Gustav Albert Wegmann und Leonhard Zeugheer. Einzig erhaltener Teil der klassizistischen, 1951 abgebr. Spitalanlage.

PLATTENSTRASSE ▮ Nr. 10, **Schwesternhochhaus des Kantonsspitals** (Plan S. 20 ▶ **127**). 1956–59 von Jakob Zweifel. Punkthochhaus von 54 Metern Höhe mit klarer vertikaler Gliederung. ▮ Nr. 11, Zahnärztliches Institut der Universität Zürich. 1958–61 von Rudolf Steiger, Hermann Fietz d. J., Max E. Haefeli, Hermann Weideli, Josef Schütz und Werner M. Moser. Funktionell gegliederte und proportionierte Baugruppe.

FLUNTERN Erwähnt im 9. Jh., ehem. Dorfkern um Kirche (wenige dörfl. Bauten an der Zürichbergstrasse erhalten), ab M. 19. Entwicklung des Villenquartiers am Zürichberg, 1893 eingemeindet.

GELLERTSTRASSE ▮ Reformierte Kirche Fluntern. 1918–20 von Karl Moser. Neuklassiz. Anlage mit dominierendem Frontturm hinter Säulenportikus. Dreischiffiger Kirchenraum mit durchgehender korinth. Ordnung, Emporen über den Seitenschiffen. Kanzel, Altartisch und Figur über Eingang von August Suter. ▮ Hinter der Kirche Brunnen 1933 von August Suter.

GLORIASTRASSE ▮ Nr. 98, Alte reformierte Kirche Fluntern. 1762 von Heinrich Notz als Bethaus an das Schulhaus von 1761 angeb., Dachreiter 1862, Empore 1891. Renov. 1944; Innenrenov. 1986–87. Einfacher Saal mit karger Deckenstuckierung; Rokoko-Orgel im Kirschgarten-Museum Basel.

BERGSTRASSE ▮ Nr. 26, Stufenhaus. 1965 von Eberhard Eidenbenz.

KRÄHBÜHLSTRASSE ▮ Nr. 50, katholische St.-Martin-Kirche. 1939 von Anton Higi.

FORSTERSTRASSE ▮ Nr. 72, **Haus Fleiner** (Plan S. 58/59 ▶ **128**). 1932–33 von Werner M. Moser, Villa mit den Stilmitteln der klassischen Moderne.

58

59

58 Zürich. Sternwarte der Eidg. Technischen Hochschule.

59 Zürich. Hotel Zürichberg, Erweiterungsbau.

▮ Forsterstrasse/Heubeeristeig. Mehrfamilienhaus 1998–2003 von Christian Kerez.

ORELLISTRASSE ▮ Nr. 21, Hotel Zürichberg. 1900 als karger Ziegelbau von Robert Zollinger für den «Verein für Mässigkeit und Volkswohl», den heutigen «Zürcher Frauenverein für alkoholfreie Wirtschaften» erstellt. 1911 Anbau des Kursaals auf der W-Seite von Streiff und Schindler. Um- und Neubau
59 Hotel Zürichberg 1993–95 von Marianne Burkhalter und Christian Sumi. Neues Gästehaus als spiralförmiger Pavillon mit Holzlamellenverkleidung nimmt die Drehung der unterirdischen Garage auf, unterirdischer Verbindungsgang zum Altbau. ▮ Friedhof Fluntern. In der Kapelle Fresko 1933 von Paul Bodmer.

ZÜRICHBERGSTRASSE ▮ Nr. 219, **Zoologischer Garten** (Plan S. 58/59 ▸ **129**), gegr. 1929. Erneuerung Eingang und Restaurant 2000 von Jean-Pierre Dürig und Philippe Rämi. ▮ Menschenaffenhaus. 1956–57 von Max E. Haefeli, Werner M. Moser, Rudolf Steiger und André Studer. Umbau 1985 von Rudolf Zürcher. ▮ Afrikahaus. 1963–64 von Rudolf Zürcher, Esther und Rudolf Guyer. Sichtbetonbau mit expressiven Dachformen. ▮ Haupthaus mit Tierarten aus tropischen und antarktischen Klimazonen 1986–89 von Willi E. Christen.

FIFA-STRASSE ▮ Nrn. 18/20, FIFA-Hauptsitz, 2003–06 von Tilla Theus. Lichtkunst von James Turrell. Fassade gänzlich von Aluminiumgewebe umhüllt.

Vom Hauptbahnhof nach Unter-/Oberstrass, Wipkingen und Höngg

UNTERSTRASS und **OBERSTRASS** Die ehem. lockeren Strassensiedlungen an den beiden wichtigen Landstrassen nach Schaffhausen (Unterstrass) und Winterthur (Oberstrass) verdichteten sich ab der Mitte des 19. Jh. allmählich zur typischen Vorstadtsiedlung, 1893 eingemeindet.

60 NEUMÜHLEQUAI/WALCHEPLATZ ▮ **Kant. Verwaltungsgebäude Walche und Neumühle** (Plan S. 58/59 ▸ **130**). 1933–35 von Otto und Werner Pfister im Stil der neuen Sachlichkeit. Eingang Neumühle: Schreitender Löwe, Skulptur 1938 von Karl Geiser, Wandmosaik 1935–36 von Paul Bodmer. Stirnrelief am Walchegebäude und freiplastische Frauenfigur

60

60 Zürich. Kant. Verwaltungsgebäude Neumühle.

1936 von Walter Scheuermann. Im Durchgang Stampfenbachstrasse Mosaik 1936 von Karl Hügin, im Treppenhaus Wandmalerei 1939 von Victor Surbek. Vor dem Walcheturm Brunnen 1939 von Ernst Dallmann.

BECKENHOFSTRASSE ▮ Nrn. 31–37 (ungerade Nrn.), **Beckenhof** (Plan S. 58/59 ▸ **131**), heute Pestalozzianum. *Einer der schönsten barocken Landsitze Zürichs.* Um rückwärtigen Hof angelegte herrschaftliche Gebäudegruppe des 17./18. Jh. in teilw. erhaltener Gartenanlage. Pächterhaus. Kern der Anlage wohl um 1650 für Leutnant Franz Schlatter. Bemalte Decken um 1700. Kleines Herrenhaus. Landhaus wohl um 1705 für Oberstleutnant Hans Schlatter, ca. 1730 umgeb. Hofseitige Fassade mit zwei seitl., pilastergerahmten Portalen von hoher Plastizität. Im Saal des EG Stuckdecke mit Trophäen und vegetabilen Elementen um 1730, im Zentrum Deckengemälde. Grosses Herrenhaus. Typische Verkörperung der Campagne-Architektur um 1740 für Junker Hartmann Grebel. Qualitätvolle Interieurs, die einen Hauch franz. Luxus ins biedermeierliche Zürich brachten: im Hauptsaal des EG Stuckdecke mit Grisaillen nach François Boucher. Im kleinen Zimmer der O-Seite bemalte Panneaux von Christoph Kuhn: Ansichten des Parks von Versailles. Im 1. OG Turmofen und Tapetenmalerei mit figürlichen Motiven um 1740. Gartenpavillon 1740. Im Saal Stuckdekoration und Deckengemälde, an der Wand Ofen mit Stuckaufbau. Im Hof Wandbrunnen um 1790. Der urspr. bis an die Limmat reichende Garten im 19. Jh. in einen engl. Park verwandelt. Gartenbrunnen um 1775 mit grottenartigem Aufbau und Blattmaske. Ökonomiegebäude 1740, erhöht 1924. ▮ Nr. 40, Lutheranerkirche. 1959 von Franz Steinbrüchel. Origineller Bau in der Form eines Tetraeders.

WEINBERGSTRASSE, Ausfallstrasse des 19. Jh. mit lockerer Bebauung des Historismus und Jugendstils, u. a. Nrn. 47/71/85/99/105/111/133–39. ▮ Reformierte Kirche Unterstrass. 1883–84 von Paul Reber und Conrad Bär als neugot. Frontturmkirche. Innenumbau 1962–63, Aussenrest. 1996–97. In der Kirchenachse Brunnen von Arnold Hünerwadel. ▮ Nr. 32, **katholische Liebfrauenkirche** (Plan S. 58/59 ▶ **132**). *Später Höhepunkt des historistischen katholischen Kirchenbaus in der Schweiz und hervorragendes Denkmal für die Emanzipation des Katholizismus in der «Zwinglistadt» E. 19. Jh.* 1893–94 von August Hardegger in Zusammenarbeit mit dem Kunsthistoriker P. Albert Kuhn im Stil einer frühchristlichen Basilika. Rest. 1980–81. Fassaden mit Tuffsteinverkleidung und antikisierenden sowie roman. Kunststeinapplikationen. Chorflankenturm im Stil eines röm. Campanile aus dem 12. Jh. Umfangreicher Gemäldezyklus von Fritz Kunz 1906–07
61 (Chor) und 1922–23 (Langhaus). Im Chor Ikonografie des himmlischen Paradieses nach Johannes. Im oberen Drittel Bilderfries mit den zwölf Aposteln, die halbrunde Apsiskalotte mit einem mit Gold akzentuierten Mosaik der Deesis in ravennatischem Stil: Lehrender Christus mit Maria und Johannes, darunter weidende Lämmer. An den seitl. Schildwänden unter schwebenden Engeln die 24 Ältesten der Bibel, das apokalyptische Lamm anbetend. Über dem Hochalter Ziborium nach konstatinischem Typus.

SCHEUCHZERSTRASSE ▮ Nr. 9, Wohnhaus im engl. Landhausstil 1909. ▮ Nrn. 31–35 (ungerade Nrn.), Überbauung Steinhof 1917 von Max Rotter. ▮ Nrn. 34/36, Doppelhaus 1910 von Wilhelm Kirschgrabner, Wohnhaus des Musikers Ferruccio Busoni von 1915–20. ▮ Nr. 40, Mehrfamilienhaus 1927 von Fritz Hirsbrunner mit Engadiner Sgraffito.

OTTIKERSTRASSE ▮ Nrn. 14–24, Baugruppe 1904–06 von Otto Burkart.

61

STAPFERSTRASSE ▮ Nr. 60, reformierte Kirche Oberstrass. 1908–10 von Otto Pfleghard und Max Haefeli. Aussenrenov. 1995–98, Innenrest. 2000–01 nach Brand. Neuklassiz. Emporensaal mit Flankenturm unter Zeltdach. Im Chor Figurenrelief von Georg Burgstaller.

RESTELBERGSTRASSE ▮ Nr. 97, **Haus Salvisberg** 1930–31 von Otto R. Salvisberg (Plan S. 58/59 ▶ **133**). Hervorragendes Beispiel des Neuen Bauens. Späterer Anbau von Roland Rohn.

HADLAUBSTRASSE ▮ Nr. 59, Einfamilienhaus 1943 von Alfred Roth. ▮ Standseilbahn Rigiblick 1901, gesäumt von Villenquartier, sog. Rigiviertel 1891–1900. Obere Bahnstation Ausflugsrestaurant Rigiblick. Geplant und erb. von der Baufirma Albert Grether.

IN DER HUB ▮ Nr. 8, Dreifamilienhaus. 1998 von Meinrad Morger und Heinrich Degelo. Geschickt übereinander verschobene Grundrisse, so dass jede Wohnung Aussicht und Sonne erhält.

WINTERTHURERSTRASSE ▪ Nr. 190, Universität Zürich Irchel: Institutsbauten 1972–78 von Max Ziegler. Gestaffelte Volumen mit Höfen, zentrale Fussgängerachse. ▪ Nr. 170, Staatsarchiv des Kantons Zürich. 1982 von Jakob Schilling. 2005–06 Erweiterungsbau von Weber & Hofer; 2006–07 Innere Umgestaltung des Baus von 1982. Gross angelegtes pluralistisches Kunstkonzept für die ganze Anlage. Beiträge über Wettbewerbe «Kunst am Bau» ausgewählt. ▪ Parkanlagen 1986/89 von Landschaftsarchitekten Atelier Stern und Partner, Gervin Engel, Klaus Holzhausen, Peter Forster, Eduard Neuenschwander.

WINTERTHURER-/GÖTZ-/SCHEUCHZER-/RIEDTLISTRASSE ▪ **Städt. Siedlung Riedtli** (Plan S. 58/59 ▶ **134**). Erb. 1911–19 in Heimatstilformen von Friedrich Wilhelm Fissler und Friedrich Hirsbrunner. Gebäudegruppen und Einzelbauten in grosszügigen Grünanlagen. Renov. 1984–85.

WINTERTHURER-/GREBELACKER-/STÜSSI-/HOFWIESEN-/SCHEUCHZERSTRASSE ▪ Milchbuck-Quartier nach Bebauungsplan von 1925, lang gestreckte Wohnhauszeilen der 1920er und 1930er Jahre um Grünhöfe.

MILCHBUCKSTRASSE ▪ Nr. 57, reformierte Pauluskirche und Kirchgemeindehaus. 1932–34 von August Arter und Martin Risch. Aussenrenov. 1984–86, Innenrenov. 2006–07. Mächtiger hochrechteckiger Frontturm über weitläufiger Treppenanlage. Skulptur auf Treppensockel und Reformatoren am Eingang von Otto Kappeler. Im Chor Glasmalerei 1933 von Augusto Giacometti. ▪ Nr. 75, katholische Bruder Klaus-Kirche. 1932–33 von Anton Higi. Am Turm Skulptur von Alfons Magg, Portalskulptur von Albert Schilling, Glasmalereien von Albin Schweri.

GUGGACHSTRASSE ▪ Nr. 11, Schulhaus Milchbuck. 1928–30 von Albert Froelich, Steinskulpturen von Arnold Hünerwadel, Brunnen von Carl Fischer. Gangfresken von Paul Bodmer, 1930, und Hermann Huber, 1932. Fresken im Singsaal 1930 von Jakob Gubler.

RÖTELSTRASSE ▪ Nr. 53, Jugendheim Erika. 1959 von Werner Frey. In zahlreiche Pavillons mit Innenhöfen aufgelöste Struktur.

WIPKINGEN Erwähnt 881, ehem. Dorfkern unmittelbar über der Limmat im Bereich Rosengartenstrasse, starke bauliche Entwicklung nach Bau der Hardbrücke 1873, eingemeindet 1893.

WASSERWERKSTRASSE ▪ Nrn. 27–31 (ungerade Nrn.), **Rotachhäuser*** (Plan S. 58/59 ▶ **135**). *Vorzeigebeispiel der Schweizer Moderne und Sinnbild des von der internationalen Moderne propagierten «befreiten» Wohnens.* Erb. 1928 von Max E. Haefeli. Die Rotachhäuser wurden als Musterhäuser im Rahmen der Ausstellung «Das Neue Heim II» von Juni bis August 1928 der Öffentlichkeit zugänglich gemacht. Die drei gestaffelten, nach Süden ausgerichteten Hauseinheiten enthalten insges. vier Musterwohnungen. Jede Hauseinheit verfügt nach Süden über grosse Fensteröffnungen, Balkone, Dachterrasse und Garten. Rest. 1989 von Ruggero Tropeano und Christina Pfister, Christian Stamm. ▪ Nrn. 106/108 / Imfeldsteig Nrn. 2/4–6, Lettenhof. Erb. 1926–27 von Lux Guyer mit Kleinwohnungen für alleinstehende Frauen. ▪ Nrn. 119–127 (ungerade Nrn.), Textilfachschule Zürich. Klassiz. Manufakturgebäude (Nr. 119) 1783 als Kattundruckerei Hofmeister, damals einer der grössten vorindustri- 62

62

61 Zürich. Kath. Liebfrauenkirche.
62 Zürich. Rotachhäuser.

ellen Betriebe in Zürichs Umgebung mit Kanal, Wasserradhäusern, Hängetürmen und Villa (Nr. 123). ▪ Bei Nr. 141, Flussbad Unterer Letten. 1909 von Friedrich Wilhelm Fissler, Erw. 1927 und 1930 von Elsa Burckhardt. Bleiplastik und Tuffsteinplastik, beide 1952 von Hans Aeschbacher. Steinplastik 1955 von Ödön Koch.

IMFELDSTRASSE ▪ Nr. 28, Schulhaus Letten. 1913–15 von Adolf und Heinrich Bräm. Brunnen und Dekorationsplastik von Otto Kappeler, Wandgemälde von Paul Bodmer. ▪ Brunnen in Anlage, Kniende Frau, Bronzeplastik 1929 von Hermann Hubacher. ▪ Nr. 51, reformierte Kirche Letten. Erb. 1954 von Max Aeschlimann und Armin Baumgartner. Die Reliefs an der Chorwand 1955 stammen von Hans Brandenberger.

ROSENGARTENSTRASSE ▪ Nrn. 1/1a/ Hönggerstrasse Nr. 60, ref. Kirchgemeindehaus mit Post und Bankfiliale, 1931–32 von Hans Vogelsanger und Albert Maurer.

HÖNGGERSTRASSE ▪ Nr. 61, Kreisgebäude 10. 1965 von Ernst Schindler, davor Eisenplastik 1966 von Kathrin Sallenbach. Im Innern Plastiken und Wanddekoration von Carlotta Stocker, Nelly Gattiker, Maja v. Rotz, Elisabeth Aerni-Längsch, Charlotte Germann-Jahn.

GUTHIRTSTRASSE ▪ Nr. 3, katholische Guthirtkirche. 1922–23 von Anton Higi, Plastik 1930 von Alfons Magg, Reliefs von Otto Münch, Glasmalerei von Albin Schweri. Renov. 1976–77.

WIBICHSTRASSE ▪ Nr. 43, reformierte Kirche. 1908–09 von Jacques Kehrer in neugot. Formen.

TIÈCHESTRASSE ▪ Nr. 99, **Stadtspital Waid** (Plan S. 68 ▶ **136**). 1951–53 von Robert Landolt, Josef Schütz und Ernst Schindler. Brunnen 1953 von Paul Speck, Steinplastik Liegende 1953 von Alfred Huber, Mosaik in der Vorhalle 1955 von Emmanuel Jacob, Keramikwand 1957 von Max Gubler, Granitstütze unter dem Vordach des Erweiterungsbaues 1967 von Ueli Schoop.

HÖNGG Als «Hoinga» erwähnt 820. Ehem. stattliches Weinbauerndorf auf Terrasse über dem Fluss, im 17./18. Jh. versch. Landgüter von reichen Stadtbürgern, seit 1900 Entwicklung zum bevölkerungsreichen Wohnquartier, 1934 eingemeindet. Kleine Reste der hist. Bebauung im ehem. Dorfkern.

HÖNGGERSTRASSE ▪ Nr. 127, Zum Sydefädeli, 1452 erwähntes Rebgut, verschiedene Umbauten zum barock geprägten Landgut mit Erkerturm von 1864. ▪ Nr. 161, Weingarten. Landgut 1740. ▪ Nr. 191, Schlössli. Urspr. gemauerter Speicher von 1360, Bohlenständergeschoss 1500, Ausbau zu Wohnhaus mit got. gewölbter Bohlenbalkendecke gegen 1530.

VOGTSRAIN ▪ Nr. 2, Zum Kranz. Lehenshof des Fraumünsters, Bohlenständerbau 1506, seit 1976 Ortsmuseum.

AM WETTINGERTOBEL ▪ Nr. 40, reformierte Kirche Höngg. Erw. 870. Weithin sichtbar auf Hügelsporn auf den Mauerresten eines karol. und eines roman. Vorgängerbaus. Die heutige schlichte Saalkirche mit gedrungenem Chorturm geprägt von Umbauten der Barockzeit (Verlängerung nach N 1703, Umbau 1769), Turmaufsatz 1863.

REINHOLD-FREI-STRASSE ▪ Nrn. 42–46 (gerade Nrn.), Schulhaus Riedhof. 1961–63 von Alfred Roth.

LIMMATTALSTRASSE ▪ Nr. 35, Krankenhaus Bombach. 1962–66 von Josef Schütz und Hans v. Meyenburg. Komposition in Stein 1963 von Arnold d'Altri. ▪ Nr. 253, **Wohn- und Atelierhaus Max Bill** (Plan S. 68 ▶ **137**). 1932–33 von Max Bill. Erstes Atelier und Eigenheim des Künstlers und Architekten. Aus vorfabrizierten, stockwerkhohen Elementen äusserst ökonomisch konstruiert. Renov. 1996.

WERDINSEL ▪ Ehem. Mühle und Spinnerei. Mühle erwähnt 1331, heutige Gestalt v. a. 1597 und 1626. 1817 Umwandlung in frühindustriellen Fabrikbetrieb durch den Kaufmann Heinrich Strickler und Bau eines klassiz. Spinnereigebäudes (1828 erweitert), 1993 Umbau zu Wassersport- und Kulturzentrum.

HÖNGGERBERG ▪ Hochschulbauten der Eidg. Technischen Hochschule (ETH). 1957 erste Standortabklärung durch Albert Heinrich Steiner für offenen parkartigen Campus. Gesamtplanung, 1961–79 Bauten für Physik, Molekularbiologie, Infrastruktur und Energiezentrale von A. H. Steiner. 2. Etappe: Max Zieglers Monoblock (Einsteinstrasse Nr. 1) von 1976 für Architektur und Bauwissenschaft. 3. Etappe: Chemiegebäude (Wolfgang-Pauli-Strasse) 2001 von

63

63 Zürich. Hallenstadion.

Mario Campi und Franco Pessina. Grosser Kammbau, der das Gebäudekonglomerat zum offenen Feld hin abschliesst. Provisorium für Zeichensäle. Erb. 1987 von Benedikt Huber als demontierbare Holzkonstruktion. Neubau e-science Lab, 2007 von Carlo Baumschlager und Dietmar Eberle.

Vom Bucheggplatz nach Oerlikon, Schwamendingen, Seebach, Affoltern

BUCHEGGPLATZ ▮ Verkehrspavillon, 1956 von Jacques Schader, Raumwürfel unter einem gemeinsamen Dach. ▮ Fussgängerüberführung, 1970 von Werner Stücheli.

OERLIKON Erwähnt 942. Ehem. kleines Dorf an der Schaffhauser Landstrasse. Mit Bahnanschluss 1855 Entwicklung zur stark industrialisierten städt. Agglomeration, Eingemeindung 1934.

BUCHEGGSTRASSE ▮ Nr. 93, Freizeitanlage, Eisenplastik «Ubu-roi» 1965 von Silvio Mattioli.

RINGSTRASSE ▮ Nr. 79, **Freibad Allenmoos** (Plan S. 68 ▶ **138**). 1938–39 von Max E. Haefeli und Werner M. Moser. Sanierung 1997 von Ueli Zbinden. Erstes Parkbad: Pavillonbauten für die Infrastruktur säumen nördlich und westlich das baumbestandene Gelände.

OERLIKONERSTRASSE ▮ Nr. 99, reformierte Kirche Oerlikon. 1906–08 von Adolf Asper. Bau in neuroman. Formensprache mit Quadermauerwerk, im Innern Jugendstilformen.

LIGUSTERSTRASSE ▮ Nr. 20, Schulhaus Liguster. 1924 von Albert Maurer und Hans Vogelsanger. Monumentaler, breit gelagerter Walmdachbau. Bauplastik, Stuckdecken und Bronzeschwäne auf Granitbrunnen im Hof von Bildhauer Otto Münch in Anklängen an den Jugendstil.

VENUSSTRASSE ▮ Spielwiese: Läufer, Bronzeplastik 1934 von Franz Fischer.

GUBELSTRASSE ▮ Nrn. 28–36, Überbauung Zum Bauhof. 1962–67 von Werner Gantenbein. Scheiben- und Punkthochhaus auf Y-förmigen Pylonen.

BAUMACKERSTRASSE ▮ Anlage: Mädchen, Bronzeplastik 1954 von Hans Brandenberger.

ARMIN-BOLLINGER-WEG ▮ Oerliker Park. 1999–2001 von Christoph Haerle, Sabina Hubacher und den Landschaftsarchitekten Zulauf, Seippel, Schweingruber. Ehem. ABB-Areal wird zu grüner Lunge des Baugebiets Zürich Nord, Teil der Umnutzung von Industriebrachen zu Wohnen und Erholung. Akzente durch roten Pavillon und blauen Turm.

BIRCH-/MARGRIT-RAINER-/BROWN-BOVERI-STRASSE ▮ Wohnüberbauung am Park. 1999–2000 von Martin Spühler. Zwei parallele Zeilen sind durch niedrigere Seitenflügel zu Hofrand verbunden.

MARGRIT-RAINER-STRASSE ▮ Nr. 5, Schulanlage Birch, 2004 von Peter Märkli mit Gody Kühnis, streng gerasterte Fassade aus Betonelementen, Erschliessungsräume in Sichtbeton, Glasbausteinen und Travertin. ▮ Nrn. 16–22, Wohnüberbauung Am Föhrenhain. 1997–2000 von A. D. P. Architekten AG, Caspar Angst, Martin Dennler, Jürg Schmid. Kammartige Bebauung mit Gewerbe zur Strasse hin.

WELCHOGASSE ▮ Nr. 6, ehem. Kinogebäude Colosseum. 1911 von Eugen Steidle. Einstöckiger pavillonartiger Bau in Jugendstilformen, im Hof einer Blockrandbebauung. Erster Kino-Zweckbau im Kanton.

OHMSTRASSE ▮ Nr. 11, ehem. Warenhaus Jelmoli. 1953–54 von Karl Rathgeb, Carl Albert Rathgeb. Ein turmartiger Kopfbau gegen den Albert-Näf-Platz markiert den Mittelpunkt des Geschäftszentrums.

TRAMSTRASSE ▮ Nr. 29/Wallisellenstrasse Nr. 10, Tramdepot Oerlikon. 1935 von Hermann Herter. Sachlicher Eisenbetonbau mit umlaufendem Fensterband und Flachdachaufbauten.

WALLISELLENSTRASSE ▮ Nr. 15/Thurgauerstrasse Nr. 7, Stadthof 11. Erb. 1965 von Karl Egender. Baukomplex mit Gesellschafts- und Theatersaal sowie vorgelagerten Vereins- und Restaurationsräumen. Flach gedeckter Sichtbeton- und Sichtbacksteinbau mit dominierendem Bühnenhausturm. Farbige Foyerfenster von Willy Kaufmann, Eingangspfeiler von
63 Franz Fischer. ▮ Nr. 45, **Hallenstadion*** (Plan S. 68 ▶139). *Zu seiner Zeit modernstes und grösstes Hallenbauwerk Europas, geplant in erster Linie für Sportanlässe.* 1938–39 von Karl Egender, Wilhelm Müller und Bruno Giacometti; Ing. Ernst Rathgeb und Robert A. Naef. 1999–2005 erweitert und umgeb. von Pfister, Schiess und Tropeano sowie Meier und Steinauer, Ing. Walt + Galmarini. ▮ Nr. 49, Messe Zürich. 1997 von Atelier Wäschle-Wüst. Mit Profilitgläsern verkleideter Kubus mit hoher Eingangshalle und weit ausladendem Vordach auf schlanken Stützen. ▮ Nr. 100, Hallenbad Oerlikon, 1975–83 von Max P. Kollbrunner.

DÖRFLISTRASSE ▮ Nr. 90, offene Rennbahn. 1912 von Richard Ludwig und Ing. Johann M. Scheifele. Früher Betonbau. ▮ Nr. 17, christkatholische Kirche. 1941–42 von Alfred E. und Heinrich Oeschger. Konventioneller Baukörper in expressivem Bruchsteinmauerwerk.

SCHWAMENDINGENSTRASSE ▮ Nr. 57, katholische Herz-Jesu-Kirche. 1891–92 von August Hardegger, Turm 1907 von Anton F. Scotoni. Umbauten und Erweiterungen 1937–42.

SCHWAMENDINGEN Ehem. Bauerndorf an der Winterthurer Landstrasse, in der Folge der Industrialisierung des nahen Oerlikon Entwicklung zur kleinbürgerlich geprägten, 1934 eingemeindeten Vorstadt.

SAATLENSTRASSE ▮ Nr. 240/Dreispitz Nrn. 13/15, reformierte Kirche Saatlen. 1962–64 von Claude Paillard. Expressive Staffelung der Baumasse.

FRIEDRICHSTRASSE ▮ Nr. 21, Schulhaus Friedrich. 1930 von Robert Ruggli. Früher Zeuge der klassischen Moderne, eingepasst unter lang gestrecktem Walmdach. Anbau 1953–54 von Max Lüthi.

STETTBACHSTRASSE ▮ Alte reformierte Kirche. Got. Rechtecksaal 15. Jh. über roman. Vorgängerkirche und frühmittelalterl. Gräberfeld, Umbau des Schiffs und Neubau des polygonalen Chors 1674, Vorzeichen 1860, neugot. Dachreiter 1890. Kanzel 1658, Tür mit Sandsteinrahmung 1603. Innenrenov. 1976.

DÜBENDORFSTRASSE ▮ Nr. 60, katholische St. Gallus-Kirche. 1955–56 von Ferdinand Pfammatter und Walter Rieger in Form eines Zylindersegments. ▮ Nr. 158, Schulhaus Stettbach. 1967 von Esther Guyer und Rudolf Guyer mit wuchtigen, teilw. auf Stützen ruhenden Sichtbetontrakten. In der Anlage Plastikgruppe 1968 von Willi Wimpfheimer.

PROBSTEISTRASSE ▮ Nrn. 12–18 (gerade Nrn.)/Stettbachstrasse Nr. 88, Schulhaus und Kindergarten Probstei. Erb. 1946–51 von Albert Heinrich Steiner, Oskar Mertens, Hans Nussbaumer. Kleinmassstäblicher Typus des Pavillonschulhauses, eingebettet in naturnah gestaltetes Areal.

SUNNIGE HOF ▮ Nrn. 4–50, 15–41/Probsteistrasse Nrn. 126–150, Wohnsiedlung Sunnige Hof. Erb. 1943 von Karl Kündig. Einzel- und Reihenhausbauten mit dazugehörigen Gärten, die sich zum idealtypischen Dörfchen fügen.

ALTWIESENSTRASSE ▮ Nrn. 170/178, reformierte Stefanskirche. 1953–55 von Max Aeschlimann und Armin Baumgartner.

HIRZENBACHSTRASSE ▮ Nrn. 2–102/Altwiesen-/Grosswiesen-/Luchswiesenstrasse, Überbauung Hirzenbach von 1955–61, Gesamtplanung und Koordination von Adolf Wasserfallen. Städtebaulich vorbildliches Überbauungskonzept des städt. Hochbauamtes: Verschiedene Grundeigentümer konnten für das Projekt einer Gesamtüberbauung von 18 Hektaren mit 1500 Wohnungen gewonnen werden. Scheiben- und Punkthochhäuser mit grosszügigen Grünverbindungen.

HERZOGENMÜHLESTRASSE ▪ Nrn. 41–57/Luegislandstrasse Nr. 160, Schule und Freibad Auhof. 1956–58 von Ernst Gisel. Schule: Ensemble von lang gestreckten und flach gedeckten Volumen in Sichtbackstein. Dekorationsplastik: Relief im Singsaal 1959 von Otto Müller, Brunnen im Pausenhof 1958 von Silvio Mattioli, Kletterplastik 1960 von Arnold d'Altri; Wandmalerei 1959 von Max Hellstern, Carlotta Stocker.

SEEBACH Früher isolierte bäuerliche Siedlung mit zwei getrennten Dorfteilen, infolge Bahnanschluss 1877 rasche Ansiedlung von Industrie und zunehmend Entwicklung zur 1934 eingemeindeten Vorstadt.

HAGENHOLZSTRASSE ▪ Nrn. 20/22, Sunrise Tower, Hochhauskomplex aus einem sechsstöckigen Sockelbau und zwei aufgesetzten Türmen, 2000–03 von Max Dudler und Atelier Wäschle-Wüst.

THURGAUERSTRASSE ▪ Nr. 56/Leutschenbachstrasse Nr. 43, Geschäftshaus Marti. 1983–85 von Theo Hotz mit konkaven, mit zweischichtiger Leichtmetallstruktur überzogenen Fassaden.

GLATTALSTRASSE ▪ Nrn. 41–45/Hertensteinstrasse/Am Katzenbach/Ausserdorfstrasse, Freibad-, Sport- und Freizeitanlage Seebach. 1963–68 von Adolf Wasserfallen, H. Kündig, R. Babini, Rudolf Fietz und Gartenarchitekt Willi Neukomm. Umbau Clubraum 2000 von Nicola Losinger, Ralph Meury. Marmorplastik 1966 von Peter Meister, Relief in Kupferblech 1963–64 von Zoltan Kemény; in der anschliessenden Freizeitanlage Steinplastik Löwe, 1895 von Urs Eggenschwyler.

SEEBACHERSTRASSE ▪ Nr. 3, **katholische Kirche Maria Lourdes**. 1933–35 von Fritz Metzger. Renov. 1982–85. Dreischiffige Halle mit schlanken Stützen und einer Folge von sieben Quertonnen, Wandgemälde 1942 von Richard Seewald, Glasfenster 1959 von Ferdinand Gehr. ▪ Nr. 73, alte reformierte Kirche. Erwähnt 1270; Der barocke Neubau von 1664 steht auf Fundamenten zweier älterer Anlagen (12. und 14. Jh.). Schlichter Predigtsaal mit Dachreiter und Vorhalle. ▪ Nr. 130, Friedhof Schwandenholz. Abdankungshalle und Verwaltungstrakt. 1962–67 von Werner Stücheli, Eisenrelief 1965 von Otto Bloch, Frauenfigur 1964 von Nelly Bär.

BUHNRAIN ▪ Nr. 40, **Schulhaus Buhnrain**. 1931–34 von Roland Rohn. Konsequentes Beispiel des Neuen Bauens: lichtdurchflutete Anlage mit langen Fensterbändern. ▪ Nrn. 29–37 (ungerade Nrn.), Flarzbauten 1452–1787. Zeugen der bäuerlichen Vergangenheit.

HÖHENRING ▪ Nrn. 54–58, reformierte Markuskirche. 1947–48 von Albert Heinrich Steiner, Ing. Ernst Rathgeb. Achteckbau unter Zeltdach mit frei stehendem Glockenträger.

HIMMERISTRASSE ▪ Nrn. 55/57/61/63/65, Schulhaus Staudenbühl. 1967–68 von Rolf Keller.

SCHAFFHAUSERSTRASSE ▪ Nr. 580, Bürogebäude Contraves. 1953 von L. Breitling.

RÜMLANGSTRASSE ▪ Nrn. 43–53, Reihenhäuser Asphof. 1967–68 von Otto Glaus und Ruedi Lienhard. Plastisch betonte Baugruppe.

AFFOLTERN 870 erwähnt, bis Ende 19. Jh. isolierte Landgemeinde mit zwei Dorfteilen, dann Entwicklung zum vorstädt. Wohnquartier, Eingemeindung 1934.

RIEDENHALDENSTRASSE ▪ Nrn. 208/212/218, Schulhaus Riedenhalden. 1957–59 von Roland Gross, Hans Hermann Escher und Robert Alfred Weilenmann. Geometrisch angelegte Bauten in Sichtbackstein um zentralen Pausenplatz. Im oberen Hof Plastik 1960 von Hans Aeschbacher, Wandteppich im Singsaal 1961 von Regina de Vries.

ZEHNTENHAUSSTRASSE ▪ Alte reformierte Kirche von 1683, Anbau des Vorzeichens 1916. Renov. 1982–83. Einfacher, polygonal schliessender Predigtsaal mit hohem Dachreiter. Wappenscheiben 1683 von Hans Wilhelm Wolf.

FRONWALDSTRASSE ▪ Nr. 94/Im Isengrind 35, **Wohnüberbauung Unteraffoltern**. Zwei 14-geschossige Scheibenhochhäuser in Beton 1967–70 von Georges-Pierre Dubois. Anleihen bei Le Corbusiers Konzept der Unité d'habitation.

MAIENSTRASSE ▪ Nr. 7, Schulhaus Kügeliloo, Neubau Klassentrakt 2002–04 von Benno Fosco, Jacqueline Fosco-Oppenheim, Klaus Vogt. ▪ Nrn. 9/11, Schulhaus Kügeliloo II. 1954 von Gottlieb Leuenberger, Jakob Flückiger, Werner Flückiger und Erwin Bürgi. Gerasterte Fassade mit differenzierter Farb- und Detailgestaltung, Gliederung durch verglaste Treppenhalle. Wandbilder 1953–54 von Willi Kaufmann und Hans Falk. ▪ Nr. 15, Schulhaus Kügeliloo I. Erb. 1947 von Fritz Metzger. Zweigeschossiges Kleinschulhaus, das mit den Erweiterungsbauten ein interessantes Ensemble bildet.

REGINA-KÄGI-HOF ▪ Nrn. 1–12, Wohnüberbauung Regina-Kägi-Hof. 1999–2001 von Theo Hotz mit Peter Berger. Wohnsiedlung auf einem Teil des ehem. Bührle-Fabrikareals. Zwei schmale, hohe Gebäudekörper begrenzen zusammen mit dem Rundbau einen grünen Wohnhof. Hofseitig vorgelagerte Balkonzonen.

WEHNTALERSTRASSE ▪ Nr. 220, katholische Allerheiligenkirche. 1963–64 von Karl Higi; in der Seitenkapelle hochgot. Sitzmadonna, deutsch 14. Jh.

KÄFERHOLZSTRASSE ▪ Nr. 99, Krematorium Nordheim. 1963–67 von Albert Heinrich Steiner, Glasmalereien in der grossen Halle von Max Truninger, in der kleinen Halle von Robert Wehrlin, Wandteppich in der kleinen Halle von Carlotta Stocker, im Werkhof von Hilde Röthlisberger.

HOFFELD ▪ Nr. 4, reformierte Matthäuskirche. 1949–50 von Max Gomringer.

Museen:

Kunstmuseen:
- Kunsthaus*, Heimplatz Nr. 1.
- Graphische Sammlung der Eidg. Technischen Hochschule, Rämistrasse Nr. 101.
- Graphische Sammlung der Zentralbibliothek, Zähringerplatz Nr. 6.
- Sammlung E. G. Bührle, Zollikerstrasse Nr. 172.
- Coninx Museum, Heuelstrasse Nr. 32.
- Atelier Hermann Haller, Höschgasse Nr. 6.
- Haus Konstruktiv, Selnaustrasse Nr. 25.
- Helmhaus, Limmatquai Nr. 31.
- Daros Exhibitions, Limmatstrasse Nr. 268.
- Kunsthalle Zürich, Limmatstrasse Nr. 270.
- Migros Museum für Gegenwartskunst, Limmatstrasse Nr. 270.
- Shedhalle, Seestrasse Nr. 395.

Architektur und Gestaltung:
- Museum für Gestaltung, Ausstellungsstrasse Nr. 60.
- Centre Le Corbusier, Höschgasse Nr. 8.
- Museum Bellerive, Höschgasse Nr. 3.
- Institut gta der ETH Zürich, ETH Hönggerberg HIL.
- Architekturforum. Neumarkt Nr. 15.

Kulturhistorische Museen:
- Schweiz. Landesmuseum*, Museumstrasse Nr. 2.
- Zunfthaus zur Meise, Münsterhof Nr. 20.
- Museum Bärengasse, Bärengasse Nr. 20. Puppenmuseum Sasha Morgenthaler.
- Archäologische Sammlung der Universität, Rämistrasse Nr. 73.
- Museum der Anthropologie, Winterthurerstrasse Nr. 190.
- Kulturama-Stiftung, Englischviertelstrasse Nr. 9.
- Medizinhistorisches Museum, Rämistrasse Nr. 69.
- Moulagenmuseum, Haldenbachstrasse Nr. 14.
- Haus zum Rech, Neumarkt Nr. 4.
- Stadthaus, Stadthausquai Nr. 17.
- Museum Schweizer Hotellerie und Tourismus, Trittligasse Nr. 8.
- Johann Jacobs Museum, Seefeldquai Nr. 17.
- Mühlerama, Seefeldstrasse Nr. 231.
- Uhrenmuseum Beyer, Bahnhofstrasse Nr. 31.
- Zinnfigurenmuseum, Obere Zäune Nr. 19.
- Spielzeugmuseum, Trittligasse Nr. 8.
- Zürcher Spielzeugmuseum, Fortunagasse Nr. 15.
- Trammuseum, Forchstrasse Nr. 260.
- Strauhof, Augustinergasse Nr. 9.
- Thomas-Mann-Archiv, Schönbergstrasse Nr. 15.
- Cabaret Voltaire, Spiegelgasse 1. Zürcher Dada-Haus.

Aussereuropäische Kunst und Kultur:
- Museum Rietberg, Gablerstrasse Nr. 15. Bedeutende Sammlung aussereuropäischer Kunst.
- Haus zum Kiel, Hirschengraben Nr. 20. Dépendance des Museums Rietberg.
- Völkerkundemuseum der Universität, Pelikanstrasse Nr. 40.
- Nonam, Seefeldstrasse Nr. 317. Kunst und Kultur der Indianer und Inuit.

Lokalgeschichtliche Sammlungen:
- Albisrieden, Triemlistrasse Nr. 2.
- Altstetten, Dachslernstrasse Nr. 6.
- Höngg, Vogtsrain Nr. 2.
- Leimbach, Leimbachstrasse Nr. 50.
- Schwamendingen, Probsteistrasse Nr. 10.
- Wiedikon, Steinstrasse Nr. 8.
- Wollishofen, Widmerstrasse Nr. 8.

KILCHBERG

▪ **Reformierte Kirche, ehem. St. Peter**. Erwähnt 1248. Erneuerung 1444 nach Beschädigung im Alten Zürichkrieg; weitgehender Neubau 1503–07; 1758 Barockisierung des Innern und Zerstörung der Holzdecke mit Flachschnitzereien von 1512; 1921–22 Aussenrenov. und Vergrösserung der westl. Vorhalle; Renov. 1995–96. Saalkirche mit eingezogenem Polygonalchor und Chorflankenturm unter Zeltdach.
64 In Schiff und Chor Régence-Stuckdecken 1758. Taufstein 1537, Deckel mit farbiger Einlegearbeit wohl 18. Jh.; Kanzel 1737 von Hans Rudolf Eichholzer auf Steinpfeiler von 1602. Im Chor Glasfenster mit Darstellungen von Petrus und Paulus, 1858 von Johann Jakob Röttinger; in der Vorhalle dreiteiliger Fensterzyklus «Nacht in Gethsemane» von Augusto Giacometti 1924. Auf dem Friedhof die Gräber der Dichter Conrad Ferdinand Meyer (1825–98) und Thomas Mann (1875–1955).

SCHÜTZENMATTSTRASSE ▪ Nr. 25, katholische Kirche St. Elisabeth. 1965–67 von André Studer. Hyperbolisch geschwungenes Dach über quadratischem Grundriss.

DORFSTRASSE ▪ Nr. 118, Meierhof. Barockes Wohnhaus 18. Jh. mit mittelalterl. Kern, Fachwerkanbau. Renov. 1984–85. Davor achteckiges Sodbrunnenhäuschen mit Empire-Dekor 1806.

ALTE LANDSTRASSE ▪ Nr. 39, Thomas-Mann-Haus. 1923, vom Dichter bewohnt 1954–55. ▪ Nr. 98, Gasthof Oberer Mönchhof. Stattliches Fachwerkhaus, erb. 1660 als Lehenshaus des Klosters Kappel, 1707–1855 Kanzlei des Landschreibers. Renov. 1955 und 1984. ▪ Nr. 110, Gemeindehaus. 1931–32 von Max Kopp und Hans W. Moser. In der Vorhalle Knabenfigur 1931 von Ernst Heller. Im Innern Kilchberger Gesellenscheibe 1602 von Hans Heinrich Engelhard; drei Wappenscheiben 1646 und 1647, verm. von Hans Jakob Nüscheler Vater oder Sohn. ▪ Nr. 160, Schellergut. Historisierende Villa, 1890 von Albert Müller für den Theologen Johann Kaspar Scheller. Renov. 1980–82. ▪ Nr. 170, Conrad-Ferdinand-Meyer-Haus. Erb. 1785, vom Dichter bewohnt 1877–98 (erhalten sein Arbeitszimmer), vollständige Erneuerung 1934–35 von Albert Heinrich Steiner. ▪ Nr. 192, Landgut Brölberg. Erb. 1824, 1846–89 vom polnischen Grafen Ladislav Plater (Stifter des Polenmuseums Rapperswil) bewohnt. Klassiz. Walmdachbau, Parkanlage mit Pavillon, spätbarockes Gartenportal um 1780 vom 1927 abgebrochenen Felsenhof, Pelikanstr. 6, in Zürich. ▪ Überbauung Brölberg, 1994–96 und 1999–2001 von Annette Gigon und Mike Guyer. Flachdachkuben in kräftigen Farben und mit grafisch gesetzten Öffnungen.

WEIHERSTEIG ▪ Nrn. 8/10, Bauernwohnhaus Schwelle. Origineller Komplex erbaut 1549d, erweitert um 1550–60 und 1570. Renov. 1984–88.

BÖNDLERSTRASSE ▪ Nr. 49, Jugendstilvilla, 1905–06 von Erwin Heman. ▪ Nr. 65, Wohnhaus Maiensäss, 1906–07 von Otto Pfleghard und Max Haefeli für Carl Jegher-Sprüngli. ▪ Nr. 67, neuklassiz. Villa, 1917–18 von Walter Henauer und Ernst Witschi, Fassadenplastiken von Otto Münch.

64

64 Kilchberg. Ref. Kirche.

PILGERWEG ▪ Nr. 36, herrschaftl. Wohnhaus um 1680 mit kleinem got. Masswerkfenster, Mauerwerk mit Einschlüssen aus rotem Ackerstein.

SEESTRASSE ▪ Nr. 57, Wohnhaus Wach. Pultdachbau mit Halbrundturm und Bootshaus 1930–31 von Karl Wach und Heinrich Rosskotten. ▪ Nr. 70, Alte Landschreiberei. Seit ca. 1500 Lehenshof des Klosters Kappel, Neubau um 1610. Kanzlei des Landschreibers von Kilchberg-Thalwil 1626–1707. Vier plastisch geschmückte Portale mit Oberlichtgittern 1775 und 1776. Tafel mit vier Wappen 1640. ▪ Nr. 204,
65 **Produktionsgebäude Lindt & Sprüngli**. Stahlskelettbau mit Backsteinausfachung 1927–28 von Otto Pfleghard und Max Haefeli.

IM SCHOREN ▪ Nr. 231, im 17. Jh. Lehenshaus des Klosters Frauental bei Cham.

LÄRCHENWEG ▪ Nrn. 1–6, Überbauung Lettenholz, 1932–34 von William Dunkel. ▪ Nr. 7, **Wohnhaus William Dunkel**. 1932–33, Kubus, der durch die Drehung des verglasten Wohnraums zum Garten aufgebrochen wird. Reifer Bau der klassischen Moderne.

NIDELBADSTRASSE ▪ Nr. 49, Landhaus Spinner. Neuklassiz. Bau 1914 von Johann Rudolf Streiff und Gottfried Schindler.

Museum:
– Ortsmuseum im Conrad-Ferdinand-Meyer-Haus, Alte Landstrasse Nr. 170.

RÜSCHLIKON

▪ Reformierte Kirche. 1713–15 unter Verwendung des Turms der 1314 erwähnten Niklauskapelle; umfassende Umbauten 1828–29 und 1926; Erweiterung zu weitem Querschiffraum mit drei ansteigenden Estraden 1970–71, dadurch entstand eine Verunklärung des urspr. Raumeindrucks. Kanzel 1714, Taufstein 1721. Glasgemälde 1927–28 von Carl Roesch.

SCHLOSSSTRASSE ▪ Nr. 28, katholisches Kirchenzentrum St. Niklaus von Myra 1981–82 von Benito Davi. Plastiken von Susana Polac, in der Werktagskapelle Farbfenster von Roman Candio.

MÜHLESTRASSE ▪ Nr. 15, neuklassiz. Villa. 1916–19 von Hans Vogelsanger und Albert Maurer; Stuckdecken von Otto Münch, Wandmalerei von Otto Vollenweider.

SEESTRASSE ▪ Nr. 58, Wohnhaus. Renov. 1987–88. Skulptiertes Türgewände mit zwei Löwenköpfen, dat. 1600.

BODENGASSE ▪ Nr. 1, Oetikergut. 1899–1900 von Wilhelm Pfister für Schokoladenfabrikant Rudolf Sprüngli-Schifferli; seit 1969 Amtsräume der Gemeinde. Innenrenov. 1997–99. Historisierende Sichtbacksteinvilla mit Natursteinsockel. Originale Innenausstattung.

ALTE LANDSTRASSE ▪ Nr. 110, Wohnhaus erb. 1786.

65

66

66 NIDELBADSTRASSE ▪ Nr. 88, Villa Usteri, 1896 von Hermann August Stadler und Jakob Emil Usteri, Renov. 1984–86. Villa in Anlehnung an venezian. Gotik.

AUF DEM ZIMMERBERG ▪ Nidelbad, seit 1908 Chronischkrankenheim. Schwefelbad 1553 erwähnt. Neu erb. 1721 als Unteres oder Hinteres Nidelbad. Lang gestreckter Bau unter Walmdach, 1931–32 verlängert. Am Hauptportal Rokoko-Oberlichtgitter.

SÄUMERSTRASSE ▪ Nrn. 43/45/47, ehem. Badehaus Turbenberg. Als Oberes oder Vorderes Nidelbad erstellt 1713–16, Badebetrieb bis 1758, dann Wohnhaus; 1874 Logie für Johannes Brahms (seither sog. Brahmshaus); ab 1899 Sitz der Malschule und Künstlerkolonie um Hermann Gattiker; eingreifende Renov. und Umbau 1982–84. Lang gestreckter Fachwerkbau unter Krüppelwalmdach. Barocke Malerei an der Decke des ehem. Speisesaales.

LANGHALDENSTRASSE ▪ Nr. 1, ehem. Atelier des Kunstmalers Hermann Gattiker. Erb. 1900 nach Plänen des Künstlers, umgeb. um 1930. Stark gegliederter kubischer Flachdachbau, an der Fassade farbiger Mosaikfries. ▪ Friedhof, Abdankungskapelle. Erb. 1943 von Hans Vogelsanger. An der Aussenwand Grabplatte für den Wirtschaftspionier Gottlieb Duttweiler (1888–1962) von Otto Münch. ▪ Park im Grüene, seit 1947 öffentliche Stiftung. Angelegt 1930–32 für Gottlieb Duttweiler nach Plänen von Hermann Gattiker. Strohdachhaus 1933 von Hans Vogelsanger und Albert Maurer, Steinhaus 1940–42 von Josef Beeler.

GHEISTRASSE ▪ Nr. 31, **Centre for Global Dialogue der Swiss Re**. Die Villa erb. 1925–27 von Joh. Rudolf v. Sinner nach Entwurf von Henry Berthold v. Fischer für den Industriellen Leonhard Bodmer-Vogel. Grosse neubarocke Anlage im Stil der bernischen Landschlösser des 18. Jh. Seminargebäude 1995–98 von Meili & Peter, Innenausstattung 67
mit Hermann Czech und Adolf Krischanitz. Parkanlage 1926 von Adolf Vivell, umgest. 2000 von Kienast, Vogt und Partner; minimalistische Betonskulptur von Sol Le Witt, Natursteinskulptur von Ulrich Rückriem. ▪ Nr. 33, Baptist Church, oktogonale Kapelle 1959 von Hans v. Meyenburg.

SÄUMERSTRASSE ▪ Nr. 4, IBM-Forschungsinstitut, 1959–62 von Max E. Haefeli, Werner M. Moser, Rudolf und Peter Steiger.

Museen:

– Ortsmuseum, Nidelbadstr. Nr. 58.

THALWIL

Die dörfliche Siedlung entwickelte sich mit dem Bau der Seestrasse (1837–43) und der Funktion als Eisenbahnknotenpunkt (seit 1890) zu einem bedeutenden und bevölkerungsreichen Industriestandort, von dessen einst dominanten Textilfabriken («Lyon am Zürichsee») heute nur noch wenige Relikte bestehen.
▪ **Reformierte Kirche***. *Bedeutender klassizisti-* 68
scher Bau, letzter des sog. protestantischen Zürcher Kirchentyps, der mit dem Bau der ersten Querkirche in Wädenswil begann. 1846–47 von Hans Ulrich Schmid und Ferdinand Stadler. Nach Brand 1943 ziemlich getreuer Wiederaufbau 1944–46 unter der Leitung von Heinrich Müller, modern wirkender Turmaufsatz (Ersatz für den neugot., dem Grossmünster nachgebildeten). 1989–92 Innenrenov., Rest. und Wiedereinbau der Orgel von Friedrich Haas von 1864–65 (1914–88 in der kath. Kirche Bülach). Querkirche über dem Grundriss eines griech. Kreuzes. Taufstein aus der Bauzeit. Glasgemälde 1945–46 von Max Hunziker.

67

65 Kilchberg. Produktionsgebäude Lindt & Sprüngli.
66 Rüschlikon. Villa Usteri.
67 Rüschlikon. Centre for Global Dialogue der Swiss Re.

SEEHALDENSTRASSE ▮ Nr. 7, katholische Kirche St. Felix und Regula. 1898–99 von Johann Meyer. Turm 1924 von Anton Higi. Innenrenov. 1952 und 1982–83. Neubarocke Saalkirche mit eingezogenem Chor. ▮ Daneben gleichzeitig erb. Pfarrhaus.

DORFKERN. Platte, schöner Platz bei der Kirche.

DORFSTRASSE ▮ Nr. 10, Gemeindeverwaltung, 1824 erb. als Schul- und Gemeindehaus. Stattlicher klassiz. Massivbau mit Satteldach und Quergiebel über Mittelrisalit mit Säulenportikus. ▮ Nr. 12, Feuerwehrgebäude im Schweizer Holzstil 1871–73; Renov. und Umbau zu Kindergarten 1989–91. ▮ Nr. 65, Schützenhalle. 1866–76 als Trinkhalle mit Kegelbahn erb. Renov. 1978–79.

ZEHNTENSTRASSE ▮ Nr. 18, Schulhaus Oeggisbüel. 1910–11 von Heinrich Müller.

ALTE LANDSTRASSE ▮ Nr. 57, Wohnhaus. Klassiz. Bau 1830. ▮ Nr. 87, ehem. Gasthof Adler, kurz vor 1740. Prächtiges Wirtshausschild in Rokokoformen um 1770. ▮ Nr. 89, Tanzsaal des Adlers. 1871, mit maurisch anmutenden Hufeisenfenstern. Renov. 1976–82. ▮ Nr. 93a, ref. Kirchgemeinde- und Pfarrhaus. 1966–67 von William Dunkel und Walter Schindler, Brunnen von Otto Müller. Im Innern Bild «Not und Hilfe» von Hermann Huber. ▮ Nr. 95, Doktorhaus. Klassiz. Kubus unter Walmdach, 1831. ▮ Nrn. 100/102/104, Pfistergut. 1634 erstmals erwähnt. 1752 Anbau des stattlichen Fachwerkgebäudes mit Satteldach und Giebelmauer aus Bruchstein mit Splitter von rotem Ackerstein an den bestehenden Kernbau. Portal und Allianzwappen. 1893–99 Umgest. des alten Wohnteils. Renov. und Umbau 1990–91. Trotte 1638, 1787–90 Erwerbung eines Trottbaums des Spitalamtes Zürich von 1679, Erweiterung und Aufstockung mit Trottmeisterstube. Pfisterscheune 1997–99, qualitätvoller Ersatzbau von Ueli Marbach unter Verwendung von Teilen der alten Scheune von 1752 bzw. 1874. ▮ Nr. 108, Villa Sonnegg, 1899 wohl von Rudolf Ludwig und Ulrich Ritter; 1990–92 Renov. und Umbau.

69

69 Thalwil. «Jenny-Schloss», Dekorationsmalerei im Treppenhaus.

68

68 Thalwil. Ref. Kirche.

ISISBÜHLWEG ▮ Nrn. 3/5/7, dreiteiliges Fachwerkhaus, Nr. 3 dat. 1675; am Portal hölzerne Groteskmaske und Engelskopf.

MÜHLEBACHSTRASSE ▮ Nr. 48, Gemeindehaus. 1897–98 von Rudolf Ludwig und Ulrich Ritter, gestiftet vom Färbereiindustriellen und Gemeindepräsidenten Julius Schwarzenbach; 1992–95 Renovation mit Teilabbruch und Erweiterungsbau. Repräsentativer Gemeindepalast mit Prunksaal. ▮ Nr. 51, sog. **«Jenny-Schloss»**. 1877–78 erb. als Wohnhaus und Seidenstoff-Fabrikationsgebäude für Fritz Schwarzenbach-Suter, angeblich von Jakob Staub und/oder Johann Rudolf Hofmann-Schmid. 1893–94 Erneuerung und Ausstattung durch Kehrer und Knell für Kaufmann Conrad Jenny-Jenny; Dekorationsma- **69**
lereien von Eugen Ott. Wohnsitz von Hans Jenny (1894–1942), Autor des 1934 erschienenen «Kunstführers der Schweiz». Renov. und Umbau (Gemeindeverwaltung) 1986–93. Integral erhaltener herr-

Thalwil. «Jenny-Schloss», 1877–78. Wohnsitz von Hans Jenny, Autor des 1934 erschienenen «Kunstführers durch die Schweiz» (s. Seite 96).

Horgen. Garten- und Seepavillon Herner, 1899–1901 von Albert Müller (s. Seite 108).

Wädenswil. Neugut, 1816–17 für die Gebr. Hans Caspar und Heinrich Blattmann (s. Seite 116).

Küsnacht. Ref. Kirche, Detail der Wandmalerei im Chor, 1482 (s. Seite 122f.).

Meilen. Landhaus Seehof, 1768–69 (s. Seite 128).

Meilen. Sog. Breuer Lake House, 1958–59 von Marcel Breuer (s. Seite 129).

Stäfa. SAFFA-Haus, 1928 von Lux Guyer, 2005–06 Wiederaufbau in Stäfa (s. Seite 132f.).

Stäfa. Mies. Wohnhaus und ehem. Manufakturgebäude, 1740, erweitert 1762, Stube im 1. Obergeschoss (s. Seite 133).

Nürensdorf. Breite. Reformierte Oswaldkapelle, 12./13. Jh. (s. Seite 137).

Hombrechtikon. Ref. Kirche, 1758–59 von Jakob Grubenmann, Blick gegen den Chor (s. Seite 136).

Egg. Kath. Pfarr- und Wallfahrtskirche St. Antonius, 1921 von Josef Löhlein, 1933–34 Erweiterung und Turmbau, Inneres mit Hochaltar (s. Seite 144).

Greifensee. Ref. Kirche, Schlussstein mit Lamm Gottes, 1344 (s. Seite 153).

Bubikon. Kapelle des Ritterhauses, E. 12. Jh., Inneres mit Stiftergrab und Wandmalereien, um 1210 (s. Seite 159).

Uster. Ehem. Baumwollspinnerei Uster AG, 1862–64/Anfang 20. Jh.

schaftlicher Bau des Spätklassiz. Nebengebäude im Schweizer Holzstil (heute Kindergarten).

ALBISSTRASSE ▪ Nr. 20, Friedhof, Tannsteinkapelle. 1930–31 von Heinrich Müller und Johann A. Freytag; düster wirkender Sandsteinbau mit gereihten Schlitzfenstern.

GARTENSTRASSE ▪ Nrn. 1/3/5, symmetrischer Jugendstilkomplex. 1897 von Albert Müller und Franz Frisch (Vater von Max Frisch).

NEUTANNSTEIN ▪ Nrn. 6–13, Reihenwohnhäuser von 1920 mit Art-déco-Reliefs.

FREIE STRASSE ▪ Nrn. 1/3, Reihenhäuser. Fünfteiliger Jugendstilbau 1897 von Albert Müller.

BAHNHOFSTRASSE ▪ Nr. 2, Postgebäude. 1905 von Rudolf Ludwig und Ulrich Ritter in sezessionistischen Jugendstilformen, Renov. und Erweiterungsbau 1994–95.

IM PARK ▪ Nr. 4, **Villa Diana**. Erb. 1873–75 für den Seidenfärbereibesitzer Julius Schwarzenbach. 1878 neubarocke Orangerie. 1897 zweites Gewächshaus und Ausbau des Wirtschaftsgebäudes. 1921 Renov. und Umbau durch Müller & Freytag. Renov. 1990–92.

SEESTRASSE ▪ Nr. 1, Wohnhaus Ende 18. Jh., Freitreppe mit klassiz. Geländer. ▪ Nr. 2, Wohnhaus Tischenloo, 1826–27 erb. als ländlich-klassiz. Geschäftshaus. ▪ Nr. 83, Zehntenhof. Historisierendes Landhaus 1895 von Albert Müller für den Seidenfärbereibesitzer August Weidmann. Reiche Fassadengliederung, dekorative Dacheindeckung und farbig-malerische Gesamtwirkung. Aussenrenov. 1988–89. ▪ Nr. 135, Villa Am Gstad. 1821 als Seidenweberei erb., später Wohnhaus, 1876/81 umgeb., Innenausstattung 1888–90 von Albert Müller für Färbereibesitzer August Weidmann entworfen. Um- und Ausbauten 1897 und 1912. Rest. 2005–08. Faunsbrunnen 1912 von Franz Wanger.

Museum:

– Ortsmuseum, Alte Landstrasse Nr. 100.

OBERRIEDEN

Einstiges Rebbauerndorf mit lockerer Bebauung, heute am Uferhang flächendeckend überbaut.

▪ **Reformierte Kirche**. Erb. 1761 von Johann Ulrich Grubenmann; Renov. 1961–62. Saalkirche mit polygonalem Chorabschluss; Eingangsturm mit Spitzhelm und geschweiften Uhrgiebeln. Im Innern flaches Tonnengewölbe mit eleganten Rokokostuckaturen. Achteckiger Taufstein und Kanzel aus der Bauzeit. Chorfenster 1982 von Bruno Bischofberger.

KIRCHSTRASSE ▪ Nr. 4, Schulhaus. Markanter Bau in Neurenaissanceformen von Robert Zollinger 1901–02. Renov. 1977. ▪ Nr. 15, Freihof. 1833 von Jakob und Johann Staub. Klassiz. Kubus unter Walmdach mit Mittelrisalit unter Dreieckgiebel.

ALTE LANDSTRASSE ▪ Nr. 36, ref. Pfarrhaus. Erb. 1702 als Schul- und Gemeindehaus, Umbau 1763 zu Pfarrhaus, renov. 1968–69. ▪ Nr. 46, Zum Kreuzbühl. 1798–1800 für den Mousselinefabrikanten und späteren Amtmann Peter Hotz; Renov. 1987–88. Klassiz. Massivbau, heute Teil des kath. Pfarreizentrums Heilig Chrüz mit 1988 erb. Kirche, einem Rundbau mit rechteckiger Vorhalle und Glockenturm in Form eines offenen Stahlskelettes von Egon Dachtler und Erwin Nigg. ▪ Nr. 79/81, Bindern. Spätmittelalterl. Bohlenständerbau, urspr. mit Krüppelwalmdach, Keller 1203d, Ständerkonstruktion 1495d; Rest. 1987–91.

PÜNTSTRASSE ▪ Nr. 4, ehem. Weinbauernhaus. Bohlenständerbau (teilw. ersetzt durch Fachwerk) mit Giebelmauer aus Sandstein und Splittern von rotem Ackerstein. Am Fenster Jahreszahl 1681. Renov. 1991–92.

WINKELHALDENSTRASSE ▪ Nrn. 6/8, **Winkelhalde**. Erb. 1796 für Forstmeister Heinrich Hotz. Langer Bau unter steilem Walmdach, Rokokobalkon. Scheune mit klassiz. Nischenbrunnen 1807.

BICKELSTRASSE ▪ Nr. 5, Villa Schönfels und ▪ Nr. 7, Villa Sonnenbühl. Erb. 1899–1900 für den Seidenindustriellen Alwin Schäppi-Wetli bzw. für seine Mutter Pauline Schäppi-Naef, verm. von Chiodera und Tschudy. Villa Schönfels renov. 1993–94. Zwei reich gegliederte Sichtbacksteinbauten an repräsentativer Lage, Dekorationsmalereien aussen und innen.

LÄNZWEG ▪ Zweigeschossiger Blockbauspeicher von 1553.

Museum:

– Ortsmuseum, Altweg Nr. 9.

SKULPTUR DES 20. JAHRHUNDERTS IM ÖFFENTLICHEN RAUM

Zu Beginn des 20. Jahrhunderts war im Kanton Zürich die Skulptur im öffentlichen Raum noch mit den Themen und Aufgaben der klassischen Kunst verbunden; dominierend war die Darstellung der menschlichen Gestalt. In der Stadt Zürich war zudem der Löwe, Zürichs Wappentier, ein häufiges Motiv (Urs Eggenschwyler, *Stauffacherbrücke*, 1900; Karl Geiser, *Walche*, 1939). Neben der freistehenden Skulptur nahm die Bauplastik weiterhin einen wichtigen Platz ein; oft wirkten mehrere Künstler am gleichen Gebäude mit (*Schweizerische Nationalbank Zürich*, 1919–22, Otto Kappeler, Otto Münch, Hans Gisler, Arnold Hünerwadel, August Suter, Eduard Zimmermann). Die klassischen Themen und Aufgaben bestanden bis weit ins 20. Jahrhundert, einige Künstler, darunter Otto Münch, lösten sich ihr ganzes Leben lang nicht von ihnen (*Bronzetüren* am Grossmünster Zürich, 1939, 1950). Auch der bekannte Bildhauer Hermann Haller blieb der menschlichen Figur verhaftet (*Hans-Waldmann-Denkmal Zürich*, 1937). Dies gilt ebenso für seine Zeitgenossen Hermann Hubacher, Karl Geiser, Franz Fischer, Otto Charles Bänninger, Hans Gisler und Otto Kappeler. Andere wie Hans Aeschbacher und Hans Fischli wandten sich der Abstraktion zu. Bedeutender Vertreter der konkreten Plastik war Max Bill (*Pavillon-Skulptur* an der Bahnhofstrasse Zürich, 1983). Josef Wyss arbeitete sowohl figürlich als auch abstrakt.

Während Bauplastik und Denkmal immer mehr als Aufgaben verschwanden, blieben andere traditionelle Themen wie Brunnen und die skulpturale Gestaltung des kirchlichen Raums bestehen. Die Umgebung von Universitäten und Spitälern sowie Friedhöfe und Promenaden wurden oft zu eigentlichen Skulpturengärten. Weitere Orte öffentlicher Plastik sind Schulen, Altersheime, Häfen, Gebäude der Verwaltung, Schwimmbäder, Sportanlagen, Bibliotheken und Wohnüberbauungen.

Zürich. Grossmünster, Detail der Bronzetür mit biblischen Szenen am Nordportal, 1950 von Otto Münch (s. Seite 15).

Zürich. Reiterstandbild Hans Waldmann bei der Münsterbrücke, 1937 von Hermann Haller (s. Seite 36).

Kilchberg. Spital Sanitas, Brunnenskulptur, 1975 von Josef Wyss.

Zürich. Pavillon-Skulptur an der Bahnhofstrasse/Pelikanstrasse, 1983 von Max Bill (s. Seite 43).

Skulptur im öffentlichen Raum ist vor allem ein städtisches Thema. Hier bieten sich öffentliche Plätze an, auf denen Zeichen gesetzt werden (*Ganymed* von Hermann Hubacher am Bürkliplatz, 1952; *Säule* von Josef Wyss am Römerhof, 1982; beide in Zürich). Gegen Ende des 20. Jahrhunderts ist eine Entwicklung der Plastik ins Monumentale festzustellen (*Sisyphus* von Bernhard Luginbühl, Flughafen Kloten, 1977; *Gericke* von Silvio Mattioli, Regensdorf, 1993/94). Werke aus jüngster Zeit sprengen oft den Rahmen der Skulptur und greifen in die Landschaft über (*Bruder Sonne* von Roland Hotz, Uni Irchel, 1987; 70 m langer Heckenkörper von Jürg Altheer, *EMPA Dübendorf*, 1994–98; roter Bogen an der Badenerstrasse Zürich von Heinz Niederer, 1990/91). Neben den traditionellen Materialien wie Stein und Bronze erscheinen neue wie Eisen und Kunststoff.

Bildhauerinnen traten erst seit der Mitte des Jahrhunderts zahlreicher in Erscheinung (Hildi Hess, *weibliche Figur* am Zürichhorn, 1957/58; Charlotte Germann-Jahn, *Brunnen St. Peterhofstatt*, 1974; Annemie Fontana, *Polyesterplastik* am Escher-Wyss-Platz, 1969–72; alle in Zürich).

Im Raum Zürich finden sich auch einige Arbeiten von auswärtigen Bildhauern internationalen Rufs (*Höllentor* von Auguste Rodin, 1880-1904, und *Miracolo* von Marino Marini, 1959–60, beide beim Kunsthaus Zürich; *Schafskulptur* von Henry Moore, zwischen 1972 und 1976, am Seefeldquai; *Heureka* von Jean Tinguely, 1963–64, am Zürichhorn; *Engel* von Niki de Saint Phalle, 1997, im Hauptbahnhof Zürich).

Annegret Diethelm

HORGEN

Frühe Besiedlung mit Seeufersiedlungen beim alten Dampfschiffsteg (Pfyner Kultur, ca. 3700–3500 v. Chr.) und beim Scheller (Horgener Kultur, ca. 3100–3000 v. Chr.). In Mittelalter und Neuzeit bedeutender Marktflecken mit wichtigem Seehafen am Handelsweg Zürich–Zug–Gotthard. Seit 1831 Bezirkshauptort und seither städtisch geprägte Entwicklung.

70 ▪ **Reformierte Kirche***. *Gesamtschweizerisch bedeutender, festlich heiterer Rokokobau in der Tradition des querovalen protestantischen Predigtraums.* Erb. 1780–82 von Hans Jakob Haltiner an der Stelle zweier Vorgängerbauten, 1876 neuer Turmhelm nach Brand, Renov. 1930–31, rückführende Rest. 1975–76. Im Grundriss ein fast zum Oval verschliffener Vierpass. In den Mittelachsen je ein reich geschmücktes Portal mit Freitreppe und frei tragender Zwiebelhaube, dazwischen rundbogige Haupt- und zweipassförmige Oberfenster; mächtiges Walmdach. An der östl. Schmalseite der fünfgeschossige Turm mit kielbogigen Wimpergen als Uhrengiebel und Spitzhelm, Turmportal mit feinem Rokokogitter. Der helle, quergerichtete Predigtraum durch ionische Wandpilaster gegliedert, auf denen ein weit gespanntes Spiegelgewölbe mit Stichkappen ruht. Ausserordentlich qualitätvolle, sich elegant vom Zentrum nach aussen entwickelnde Rokokostuckaturen von Andreas Moosbrugger. An drei Seiten ansteigende Emporen, deren kühne, frei tragende Konstruktion durch hängende Kapitelle betont wird. Taufstein 1782 von Johannes Staub, geschnitzter Aufsatz 1890 von Joseph Regl. Seitlich der Kanzel erste ref. Wandbilder der Schweiz, 1874 von Antonio Barzaghi Cattaneo. Orgelgehäuse 1883 und Kanzel 1890, beide von Chiodera & Tschudy, das reiche Schnitzwerk von Joseph Regl.

ZUGERSTRASSE ▪ Katholische Kirche St. Joseph. 1933–34 von Anton Higi. Einfacher Kubus mit Apsis, Flachdachturm. Renov. 1978.

UNTERER DORFTEIL SEEGARTENSTRASSE ▪ Nr. 12, **Villa Seerose**. Erb. 1902–04 von Conrad v. Muralt für den Seidenfabrikanten Jacques Huber-Kudlich, heute öffentlicher Besitz. Schlossähnliche

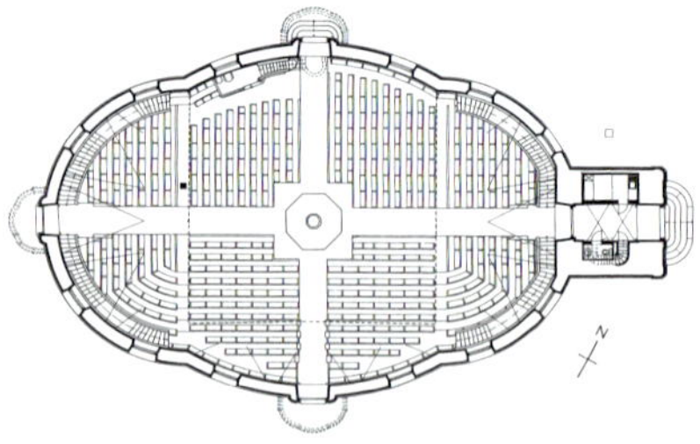

70

70 Horgen. Ref. Kirche, Grundriss.

historisierende Villa mit Türmen. Jugendstil-Innenausstattung von Carl Brägger, farbige Glasfenster und Eingangstüre mit Blumenmotiven (v. a. Seerosen). Jugendstil-Parkgitter mit Pflanzenmotiven nach Entwurf von H. Eduard v. Berlepsch, Aussenrest. 2000, Parkanlage 2004 neu gestaltet. Doppelläufige Treppenanlage zum See, bekrönt von einem weiblichen Akt und Seerose von Richard Kissling. ▪ Nr. 45, Villa Herner. Erb. 1841–43 von Leonhard Zeugheer und Wilhelm Waser für den Seidenfabrikanten Heinrich Hüni-Stettler. Neuklassiz. Umgest. 1926–27 von Nikolaus Hartmann. Rest. 1996–98. Spätklassiz. Kubus mit Walmdach. 1899–1901 Anlage einer Badeinsel mit Pavillon von Albert Müller, üppiger Stuckdekor von Paul Abry. Rest. 2002–04. ▪ Quaianlage beim Bahnhof. In der Anlage Skulptur eines fliegenden Schwans 1955 von Franz Fischer.

BAHNHOFSTRASSE ▪ Nr. 27, **Alte Sust**, 1552. Umbau mit steilem Walmdach um 1780 von Johann Werdmüller, seit 1957 Ortsmuseum, renov. 1965–67. ▪ Nr. 30, Wohnhaus. Spätklassiz. Kubus von 1866 mit differenzierter Fassadengliederung.

SEESTRASSE ▪ Nr. 175, sog. Agentenhaus. Fachwerkbau von 1735, strassenseitige Giebelfassade, Bruchsteinmauer mit Splittern von rotem Ackerstein. ▪ Nr. 207, Talacker. Durch Lisenen gegliederter spätklassiz. Kubus von 1843–44, für den Ziegeleibesitzer Johann Jakob Heini-Landis. Rest. 1989–90. Portalnische mit eingestellten Säulen und Freitreppe. ▪ Nr. 227, Talhof. Erb. 1849–50 von Wilhelm Waser für den Seidenfabrikanten Johannes Stünzi-Höhn und Söhne. Renov. 1985–86. Spätklassiz. Kubus mit gerahmter Portalnische. ▪ Nr. 229, Villa Stünzi.

1885–86 erb. für den Seidenfabrikanten Johannes Stünzi. Rest. innen 1984–85, aussen 1987–89. Kubisch reich gegliederte neuklassiz. Villa.
HIRSACKERSTRASSE ▪ Bootshaus der Villa Stünzi 1903, romantisierender Hausteinbau mit Tonnendach und Turm.
LINDENSTRASSE ▪ Nr. 1, Altersasyl Stapferheim. Erb. um 1785 für Landrichter und Seckelmeister Heinrich Stapfer. Renov. und Erweiterung 1971–74. Dreigeschossiger Bau unter Walmdach mit geschweifter Lukarne und schönem Portal. ▪ Nr. 6, Schulhaus Baumgärtli, 1854 von Johann Caspar Wolff.
KÄPFNACH HIRSACKERSTRASSE ▪ Nr. 73, Ofenhaus der ehem. Zement- und Zementsteinfabrik 1874–75, 1981 Umbau zum Clubhaus des Segler-Clubs Horgen. Renov. 1993.
BERGWERKSTRASSE ▪ Nrn. 3–21 (ungerade Nrn.), Wohnsiedlung am Kohlenrain, 1947–48 von Hans Hermann Escher und Robert Alfred Weilenmann. Locker verteilte Häusergruppen konzipiert für kinderreiche Familien mit niedrigem Einkommen.
MITTLERER DORFTEIL ALTE LANDSTRASSE ▪ Nr. 23, ref. Pfarrhaus. Frühklassiz. Bau mit steilem Walmdach, 1782 wahrscheinlich von Johann Meyer. Am Portal Wappenrelief mit Girlande. Weitere Rokokogitter an Balkon und Gartentoren. ▪ Nr. 25, Jugendstilbau von 1912 mit Mansarddach und breitem, gewölbtem Quergiebel, der sich am Säulenportikus wiederholt. Reliefschmuck an Portikus und Brüstungen. ▪ Nr. 26, altes Sekundarschulhaus. 1877–78 von Adolf Brunner-Staub, repräsentativer Walmdachbau in Renaissanceformen, Renov 1985–86.
ZUGERSTRASSE ▪ Nr. 9, Gasthaus Schwan. Erb. 1679–80 als Gesellenhaus. Rokoko-Wirtshausschild; klassiz. Portal an der Schwanengasse. Schwanenbrunnen 1891 von Joseph Regl.
KELLIWEG ▪ Nr. 21, ref. Kirchgemeindehaus. 1962–65 von Claude Paillard und Robert Bass, Glasfenster von Max Truninger. Am Hang gestaffelte Baumasse.
GLÄRNISCHSTRASSE ▪ Nr. 57, Schulhaus Rotweg. Markanter Jugendstilbau 1906–07 von Ferdinand und Heinrich Kuhn, Renov. 1987, 1996–97. Plastisch bewegtes Mansarddach mit hohen geschweiften Giebeln, skulptiertes und gemaltes Fassadendekor.
OBERDORF OBERDORFSTRASSE ▪ Nr. 51, Restaurant Chalet. Ausgezeichnetes Beispiel des sog. Schweizer Holzstils. Vielgliedriges Chalet 1895 mit Terrasse und Veranda. Renov. 1980.
BERGSTRASSE ▪ Nr. 70, **Montagehallen der Adolf Feller AG**. 1952 von Hans Fischli, Fabrikgebäude, plastisch gestaltet mit Sheddächern und gefalteten Glasbändern an den Fassaden.
BOCKENWEG ▪ Nr. 1, **Landhaus Bocken***. *Schönster barocker Herrensitz am linken Zürichseeufer.* Im Bockenkrieg 1804 Schauplatz eines erbitterten Kampfes zwischen aufständischen Bauern und Truppen der Mediationsregierung. 1681–88 erb. für Andreas Meyer-Werdmüller, Seidenfabrikant, Statthalter und späterer Bürgermeister von Zürich. Ab 1771 Kur- und Badeanstalt; 1805–1911 Gasthaus zum Bären, das klassiz. Wirtshausschild um 1805 jetzt am Nebengebäude. Als Privathaus umgeb. 1911–13 von Joh. Rudolf Streiff und Gottfried Schindler für Alfred und Renée Schwarzenbach-Wille, gleichzeitig Bau des Seitenflügels. 1991–93 Renov., Neubau CS Forum und künstlerische Landschaftsgestaltung von Dani Karavan, Beverly Pepper **71**
und Ulrich Rückriem. Geschlossener Baukörper unter hohem Satteldach, Verfeinerung des typischen Zürichseehauses. An den Giebelseiten je ein Rustikaportal über Freitreppe. Im Innern Steintreppe

71

71 Horgen. Landhaus Bocken, Plastik von Dani Karavan.

72

72 Horgen. Landhaus Bocken, Festsaal.

1911–13 nach Vorbild des Freulerpalastes in Näfels.
72 Im 1. OG Festsaal mit verzierten Türen und Fensternischen, die reiche Stuckdecke um 1688 von Samuel Höscheller in 25 Feldern mit Emblemen und im Mittelfeld mit dem Meyer-Wappen geschmückt. In den südöstl. Eckzimmern Fenstersäulen, Felderdecken, geschmückte Türen, Täfer und Buffets aus der Bauzeit; Turmöfen 18. Jh.

BOCKENWEG ▪ Nr. 12, 14, 16, 18, Alte Bocken. Mehrteiliges Reihenhaus (Fachwerk), der östl. Hausteil dat. 1644, Renov. 1983–84.

OBERE HINTERRÜTI ▪ Fachwerkbau mit Klebdächern, um 1735.

KLAUSEN. Weiler auf der Anhöhe über dem Horgener Bergweiher. Mehrere Fachwerkbauernhäuser und Flarzbauten 18. Jh. Ehem. Schützenhaus 1789.

SIHLWALD

▪ **Forsthaus**. Erb. 1733 für die sog. Sihlherren (städt. Aufseher über Holzwirtschaft und Flösserei im Sihlwald); Neugestaltung mit halbrundem Treppenturmanbau 1903–04 von Gustav Gull, renov. 1957. Gedenktafel für den Sihlherrn Salomon Gessner (1781–87). Reliefdarstellung der Fraumünster-Gründungssage. An Giebel und Seitenfassade Sprüche von Gottfried Keller.

Museen:

- Ortsmuseum in der Alten Sust, Bahnhofstrasse Nr. 27.
- Wohn- und Porzellanmuseum E. S. Kern im Agentenhaus, Seestrasse Nr. 175.
- Bergbaumuseum, Bergwerkstrasse Nr. 27.

WÄDENSWIL

AU

IM GWAD ▪ Nrn. 15–65, **Siedlung Gwad**. 1943 73
von Hans Fischli und Oskar Stock. Am Hang gestaffelt 28 flach gedeckte, versetzt aneinandergebaute Holzhäuser. Bedeutender Beitrag zum öffentlich geförderten Bau preiswerter Eigenheime.

SCHELLERSTRASSE ▪ Nr. 6, erb. 1746. Unverputzter Massivbau mit Fachwerkgiebel. Sandsteinerne Eckquader mit skulptierten Köpfen. Wappenrelief am Portal.

HALBINSEL AU. Die 1316 erstmals erwähnte Halbinsel, deren Wald das Holz für die Kriegsflotte des alten Zürich lieferte, war bis 1835 Zürcher Staatsdomäne; 1832 Funde von bronzezeitlichen Waffen. Bekannt durch Klopstocks Besuch 1750 («Ode an den Zürichsee») und als Schauplatz von C. F. Meyers Novelle «Der Schuss von der Kanzel», die von General Johann Rudolf Werdmüller, Bauherr eines 1651 hier erb. Landhauses, handelt.

▪ Schloss Au. An der Stelle von Werdmüllers Landhaus neu erb. 1928–29 von Johann Albert Freytag. Neubarocke Villa mit versch. Nebengebäuden.

▪ Hafen Rietlihus, Motorschiff Gambrinus. 1893 als Schleppdampfer für die ehem. Bierbrauerei Wädenswil, 1992 Rest. und Umrüstung für Gesellschaftsfahrten.

73

73 Wädenswil. Au. Siedlung Gwad.
74 Wädenswil. Ref. Kirche.

WÄDENSWIL

Der grosse Marktflecken am See mit Pilgerhafen für die Wallfahrt nach Einsiedeln wurde im 19. Jh. früh industrialisiert und städtisch geprägt. Die Streusiedlungen und Einzelhöfe am Berg haben ihren landwirtschaftlichen Charakter bewahrt.

▪ **Reformierte Kirche***. *Gehört neben den Kirchen in Männedorf, Meilen und auf der Insel Ufenau zu den im Zusammenhang mit der Christianisierung des Zürichsees im 7. Jh. entstandenen frühen Kirchenbauten. Die heutige spätbarocke Kirche verbirgt hinter schlichtem Äussern einen festlichen Innenraum, Höhepunkt in der Entwicklung der quergerichteten reformierten Emporenkirche und ältestes Beispiel dieses im Kanton Zürich bis um 1830 beliebten Bautyps.* Erb. 1764–67 von Johann Ulrich Grubenmann, vielleicht nach Plänen Johann Jakob Haltiners. Rekonstruierende Aussenrenov. 1983–84, Innenrest. 1988–89. Querrechteckige Anlage mit Pilastergliederung, an der rückwärtigen Breitfront durch Risalit erweitert. Daran angebauter Turm mit hohem Spitzhelm auf Dreieckgiebeln. Im Turmeingang schmiedeeisernes Torgitter 1765 von Heinrich Dietzinger. An den übrigen Fronten je ein reich gerahmtes Portal mit Haubendach auf Pfeilern. **74** Der Innenraum ist durch Pilaster gegliedert und durch rundbogige Haupt- und zweipassförmige Oberfenster belichtet. An der Decke elegante Rokokostuckaturen von Peter Anton I. Moosbrugger, von ihm auch die Kanzel aus schwarzweissem Stuckmarmor, Bekrönung des Schalldeckels aus durchbrochenem, krausem Stuckwerk. Die dreiseitig steil ansteigenden Emporen scheinen frei im Raum zu schweben. Die Kühnheit dieser Konstruktion wird durch hängende Kapitelle betont. An der vordersten Stuhlreihe der Emporen 52 Familienwappen von der urspr. Bestuhlung 1767. In zentraler Lage der erhöhte Taufstein aus schwarzem Marmor. Glasmalereien der O-Wand von Johann Jakob Röttinger 1861–67.

ETZELSTRASSE ▪ Nr. 1, katholische Kirche St. Marien. 1896–97 von August Hardegger in neuroman. Formen. Innenrenov. 1972–73. Betonrelief im Bogenfeld des Hauptportals und Taufstein 1959–60 von Bruder Xaver Ruckstuhl.

DORFKERN FRIEDBERGSTRASSE ▪ Nr. 7, Zum Friedberg. Erb. 1811 für den Gerber Johannes Hauser-Steffan. Renov. 1975. Klassiz. Kubus über streng symmetrischem Grundriss; Mansarddach. Vor der Freitreppe zwei toskanische Balkonsäulen.

GERBESTRASSE ▪ Nr. 6, Zur Gerbe. Erb. 1813–15 für Johannes Hauser-Steffan. Renov. 1976–77. Mächtiger klassiz. Mansarddachbau mit grossem Quergiebel in der Mittelachse.

GESSNERWEG ▪ Nr. 5, **ref. Kirchgemeindehaus**. Als Villa Rosenmatt erb. 1898–99 von Albert Müller für Fabrikant Emil Gessner-Heusser. Reich

74

REFORMIERTE QUERKIRCHEN

Die Reformation brachte grundsätzliche Neuerungen im Verständnis des Kirchenbaus: Das Kirchengebäude ist nicht mehr das Haus Gottes wie in der katholischen Kirche und hat keine sakrale Bedeutung mehr. Die traditionelle Hierarchie der Räume (Schiff, Chor mit Altar, Sakristei) entfällt, Priester und Gläubige stehen gleichberechtigter nebeneinander und werden räumlich nicht mehr strikt voneinander getrennt. Es gibt keine Ausrichtung des Raumes auf das liturgische Geschehen am Altar, der Taufstein tritt an die Stelle des Hochaltars. Im reformierten Glauben ist Gott Geist und darf weder im Bild noch im Sinnbild vergegenständlicht werden (vgl. 2. Moses 20). Im Zentrum steht das Wort Gottes, wie es in der Bibel festgehalten und in der Predigt vermittelt wird. Die reformierte Kirche benötigt einfache Predigträume, in denen sich die Gläubigen um die Kanzel, den Ort der Verkündigung des Gotteswortes, versammeln. Sie sind ohne Bilder, bieten die bestmögliche Akustik, sind hell und nicht mystisch dunkel und geben dem Gottesdienst einen würdigen Rahmen. Predigträume sind festliche Säle.

Die Reformation wirkte sich nicht unmittelbar auf den Kirchenbau aus, vielmehr wurden vorerst mittelalterliche Kirchen umgenutzt, die Bilder und Altäre entfernt und den Ansprüchen des reformierten Glaubens angepasst. Die ersten im 16. Jahrhundert neu gebauten reformierten Kirchen im Gebiet des heutigen Kantons Zürich (Rafz, Rorbas) folgten noch dem mittelalterlichen Schema von Schiff und Chor. Erst im 17. Jahrhundert entstanden protestantische Predigträume, bei denen Schiff und Chor zum Einheitsraum verschmolzen. Im 18. Jahrhundert erschienen neu die Emporenhallen nach Vorbild des Hugenottentempels von Chareton bei Paris.

Horgen. Ref. Kirche, 1780–82 von Johann Jakob Haltiner (s. Seite 108).

Die Querkirche, der quergerichtete Predigtraum, war im Kanton Zürich zwischen 1760 und 1830 der vorherrschende Typus im reformierten Kirchenbau; in der Schweiz war er bereits seit dem 17. Jahrhundert bekannt. Bestuhlung und Emporen orientieren sich auf die Kanzel in der Mitte einer Längswand und entsprechen damit den Forderungen der Reformation in idealer Weise. Die Querkirche gilt als Neuformulierung reformierter Architektur und wird zeichenhaft zum Bekenntnis

Horgen. Ref. Kirche, 1780–82 von Johann Jakob Haltiner, Blick gegen die Orgel (s. Seite 108).

reformierten Glaubens. Die erste Querkirche der Schweiz war die ovale Kirche von *Chêne-Pâquier* VD (1667), die sich vom hugenottischen *Temple du Paradis* in Lyon (1564) ableitete, einem runden Zentralbau mit Kanzel in der Mitte und rundum angeordneter Bestuhlung und Emporen.

Gut ein Dutzend Querkirchen stehen im Kanton Zürich. Es sind alles architektonisch hochstehende Vertreter des reformierten Kirchenbaus. Die spätbarocke Kirche in *Wädenswil* (1764–67) gilt als ein Höhepunkt in der Entwicklung reformierter Querkirchen, ebenso die Kirche in *Horgen* (1780–82), ein festlich heiterer Rokokobau von gesamtschweizerischer Bedeutung. Dem Spätrokoko verpflichtet ist die Kirche *Kloten* (1785–86), klassizistisch sind die Kirchen von *Embrach* (1779–80), *Uster* (1823–24), *Schwerzenbach* (1812–13), *Albisrieden* (1816–17), *Gossau* (1820–21), *Bäretswil* (1825–27) und *Thalwil* (1846–47). Die letzte Querkirche des Kantons ist die neugotische, heute zur Längskirche umgebaute Kirche in *Wangen* (1874).

Annegret Diethelm

Uster. Ref. Kirche, 1823–24 von Johannes Volkart (s. Seite 154).

Bauma. Ref. Kirche, 1769–70 von Johann Jakob Haltiner (s. Seite 165f.).

gegliederte historisierende Anlage mit Jugendstilelementen; Material- und Formenspiel: Tuffsteinmauerwerk auf rustizierendem Nagelfluhsockel, Holz- und Fachwerkelemente, Loggien, Terrassen, Freitreppen. Renov. 1988/1992–93. Parkanlage mit altem Baumbestand, Nebengebäuden, Brunnen mit Statuen von Conrad und Andreas Gessner, Denkmal für Bundesrat Robert Haab (1865–1939) aus Wädenswil.

FLORHOFSTRASSE ▪ Nr. 2, Zur Treu. Stattlicher Bau von 1769; barocke Portalanlage mit Balkon, Quergiebel. ▪ Nr. 3, Neuhof. Klassiz. Villa 1840–42, Säulenportikus mit Balkon, Zeltdach mit flach gedecktem Belvedere, im Innern reiche Dekorationsmalerei, Rest. 1993. ▪ Nr. 6, Stadthaus zum Freihof. Erb. 1811 als Spinnereigebäude. Rest. 2005–06. Langer Dreiflügelbau unter Mansarddach, Mittelteil mit Volutengiebel von 1924; drei klassiz. Portale mit Oberlichtgittern.

FLORHOFSTRASSE Nr. 13/STEGSTRASSE Nr. 10 ▪ Ehem. Seidenweberei Gessner mit ungewohntem Flachdachbau von 1881 nach engl. Vorbild, 1889 zweigeschossig erweitert, seit 1979 Einkaufszentrum.

SCHÖNENBERGSTRASSE ▪ Nr. 4, ehem. Gasthaus zur Sonne. Erb. 1821–22 als Gesellen- und Gemeindehaus. Renov. 1987–88. Klassiz. Bau unter Walmdach, Wirtshausschild. ▪ Gemeindebrunnen bei der Kirche. Klassiz. Anlage 1814. ▪ Nr. 7, ref. Pfarrhaus. 1759, Massivbau unter Satteldach mit sandsteinernen Eckquadern, beidseits des Portals klassiz. Grabplatten von 1815. ▪ Nr. 21, Feuerwehrhaus. 1907, Fachwerk über Massivgeschoss in Jugendstilformen. ▪ Nr. 22, Hohle Eich. Fachwerkhaus dat. 1685; Umbau zum (inzwischen aufgehobenen) Ortsmuseum 1967–70. ▪ Nr. 25, Restaurant Volkshaus. 1900, städtisch anmutender Jugendstilbau. ▪ Friedhof. Grabmal des Lyrikers Karl Stamm (1890–1919) von Ernst Keller. Engel, Bronzeplastik von Emilio Stanzani 1960.

EIDMATTSTRASSE ▪ Nr. 15, altes Eidmattschulhaus. 1834–35, Walmdachbau mit repräsentativem Quergiebel und regelmässiger Fassadenordnung, Vorwegnahme der regierungsrätlichen Musterpläne von 1836. ▪ Nr. 25, Rosenhof. Erb. 1819–20 als Schulhaus, ab 1836 gewerblich genutzt, 1850–55 Erweiterung zum Wohn- und Gewerbehaus. Walmdachbau mit Zinne und Kreuzgiebel, seitliche Terrassenanbauten. Nebengebäude im schweiz. Holzstil, 1855.

TÜRGASS, Gruppe von Fachwerkhäusern: ▪ Nr. 10, 1688–89, figürliche Grisaillemalereien im Giebelfeld, Allianzwappen am Kellerportal. ▪ Nr. 14, 1711, Portal mit Allianzwappen und Rokokotüre. ▪ Nr. 16, Gasthaus zum Löwen, 1781.

GLÄRNISCHSTRASSE ▪ Nrn. 5/7, Glärnisch-Schulhaus mit Turn- und Konzerthalle (Glärnischhalle). Grosser Jugendstilbau 1907–09 von Bischoff und Weideli. Halle renov. 1987–88.

ZUGERSTRASSE ▪ Nr. 64, Metallwarenfabrik Blattmann. 1934 von Hans Fischli. Shedhalle in Stahlbauweise.

ÄUSSERES DORFGEBIET SEESTRASSE ▪ Nr. 27, ehem. Giessenmühle, dat. 1577 und 1775. Barocke Pilastergliederung. ▪ Nr. 105, ehem. Post. 1896 im Stil der Gründerzeit. ▪ Nr. 148, Zur Schwanau. 1896–97 von Karl Schweizer, Aussenrenov. 1986. Mehrfamilienhaus in historisierender Formensprache mit Eckturm.

MEIERHOFSTRASSE ▪ Nrn. 24/26, Unterer Meierhof. 1722, mächtiger Fachwerkbau.

SCHLOSSGASSE ▪ Nr. 2, **Schloss**, seit 1890 Versuchsanstalt für Obst-, Wein- und Gartenbau. Urspr.

75

75 Wädenswil. Neues Schloss.

Anlage 1552–55, bis 1798 Landvogteisitz. Aus der Landvogteizeit stammende, später teilw. veränderte Bauteile: Zehntenscheune mit Treppengiebeln 1553, nach Brand 1743 wieder aufgeb.; Ringmauer 1554 mit zwei Portalen, Torbau (1755 erneuert) und Postenhäuschen; Gartenpavillon 1776–77 mit tosk.
75 Säulenloggien als Portikus und Belvedere. Neues Schloss, anstelle des im Bockenkrieg 1804 abgebrannten Hauptgebäudes erb. 1816–18 von Hans Conrad Stadler als Sitz des Oberamtmannes und des Amtsgerichts (bis 1831). Klassiz. Baukörper unter Walmdach, an der Seeseite flacher Mittelrisalit unter Dreieckgiebel mit Lünettenfenster, an der Bergseite ein von Säulen gestützter Balkon.

SCHLOSSBERGSTRASSE ▪ Nr. 34, neues Krankenhaus. Erb. 1934–35 von Adolf und Heinrich Bräm als fortschrittliche Erweiterung des Krankenasyls von 1886.

FUHRSTRASSE ▪ Nr. 2, **Zur Langen Stege**. Barockes Weinbauernhaus in Fachwerk 1724–28. Symmetrische Hauptfassade mit Eckpilastern, Freitreppe und Lukarne, an den Reihenfenstern bemalte Fallläden. Ofen mit Rocaillemalereien 1777 von Matthias Nehracher. ▪ Nr. 11, **Unterer Leihof**. Fachwerkhaus von 1684, erweitert 1837, renov. 1993/94. Reich ausgestattete Täferstuben. ▪ Nr. 12, Wohnhaus von 1678, Trottgebäude mit erhaltener Baumtrotte 1753. ▪ Nr. 30, **Zur Vorderen Fuhr**. Weinbauernhaus. 1784–85, eines der besten Zeugnisse ländl. Architektur am Zürichsee aus der Spätzeit des Ancien Régime, renov. 1987–88. Über der Freitreppe Balkon auf Pfeilern; Rokokoportal.

ROTWEG ▪ Nr. 12, **Haus auf Bühl**. 1717 (unterer Hausteil), 1725 (oberer Hausteil), Umbau 1979–80. Prächtiges dreiteiliges Fachwerkhaus mit zwei grossen Lukarnen und Freitreppen, Allianzwappenrelief; Eckpilaster, Fallläden, Läden und Dachuntersichten bemalt.

GIESSEN ▪ Nr. 7, Tuchfabrik Pfenninger. Sichtbacksteinbau, im Innern modernes Eisenbeton-Tragwerk, Frühwerk von Robert Maillart 1905–06. ▪ Nr. 8, seeseitige Erweiterung der Tuchfabrik Pfenninger. Verputzter Eisenbetonbau mit neuklassiz. Fassade und Flachdach von Albert Kölla 1921.

WAISENHAUSSTRASSE ▪ Nr. 16, Waisenhaus. Spätklassiz. Bau 1846–48 mit Seitenrisaliten und Walmdach von Ferdinand W. Holzhalb. In der Hauptachse Freitreppe vor dreiteiliger Portalarkade, der abschliessende Giebel später aufgesetzt.

SPEERSTRASSE ▪ **Hof Rötiboden**. Stammsitz der Familie Hauser; Sitz des letzten Untervogtes der Herrschaft Wädenswil. 1679, am Barockportal Allianzwappenkartusche; ehem. Trottenanbau unter Mansarddach um 1793, Umbau zu Wohnhaus 1877. Renov. 1974–75. Daneben klassiz. Wohnhaus 1819, Aussenrenov. 1998; Scheune und weitere Nebengebäude 18./19. Jh.

UNTERMOSENSTRASSE ▪ Nrn. 42, 44, 46, Hof Untermosen. Erb. um 1680–89, Umbauten um 1740. Traufständiges Doppelwohnhaus in Fachwerkbauweise.

BÜELENSTRASSE ▪ Nr. 9, **Altes Büelenhaus**. Blockbau von 1518, 1549 durch Steinbau erweitert, aufgemalte Eckquader 1926, renov. 1984–85.

BÜELENWEG ▪ Nr. 17, Hof Büelen, Massivbau 1765, Trottanbau 1811, davor klassiz. Brunnen.

NEUDORFSTRASSE ▪ Nr. 30, Hof Letten. Fachwerkbau 1748.

GULMENMATT ▪ Wohnüberbauung. 1960–62 von Hans Fischli, standardisierte Grundrisse zur Kostensenkung.

WÄDENSWILER BERG. Die typische Streusiedlung des voralpinen Gebietes ist auf die mittelalterlichen Rodungshöfe u. a. des Klosters Wettingen und der Zürcher Fraumünsterabtei zurückzuführen.

WEIENSCHÜRWEG ▪ St. Anna-Kapelle. 1955 von Ferdinand Pfammatter; Chorfenster von Pater Karl Stadler. ▪ **Furthof**. Blockbau 1532, zwei ehem. Trotten 18.Jh., Scheune 1875. Renov. 1986–94. ▪ Hof Untere Oedischwend. Breiter, verschindelter Bohlenständerbau mit Klebdächern und Laube. An der massiv gemauerten Rückfront gemalte Eckpilaster und Kielbogenfenster von 1722. Speicher in Fachwerk. ▪ **Hof Obere Oedischwend**. Prächtiger Bohlenständerbau 1654ff. Das traufseitig tiefgezogene Satteldach mit grosser Lukarne in Fachwerk (1726) von geschnitzten Balken gestützt; am hölzernen Türsturz Kielbogen. ▪ **Hof Hintere Widen**. Als Widum-Hof bezeugt im 14. Jh, heutiger Ständerbau wohl 17. Jh. ▮ Hof Bachgaden. Bohlenständerbau 1658d, renov. 1990. Rokokoportal von 1787 zum ehem. Webkeller, mehrere Nebengebäude aus dem 19. Jh. ▮ **Hof Burstel**. Prachtvolle Baugruppe auf der untersten Geländeterrasse des Wädenswiler Berges. Im Zentrum Hauptgebäude von 1690 mit talseitigem Fachwerkgiebel, massive Hauptgeschosse, um 1800 klassiz. umgeb.; rückseits angeb. zwei Trotten um 1800 und 1821, bergseitige Trotte zum Wohnhaus umgeb., eine Vielzahl von kleinen und grossen Nebengebäuden, v. a. aus dem 19. Jh. ▮ **Strasshus**. 1709 erb. für Rudolf Hauser und seine Frau Maria Hottinger. Herrschaftliches barockes Wohnhaus mit reicher Innenausstattung, renov. 1986–87.

STOCKEN ▮ Blockbau 1584, erweitert in Bohlenständerbauweise 1707. ▮ **Hof Vorder Rüti**. 1654, Renov. 1991–95. Mächtiger Bohlenständer- und Fachwerkbau mit geschnitzten Dachbügen, Reihenfenster mit bemalten Fallläden, Stubentäfer mit Grisaillemalereien um 1770. ▮ **Neugut**. Biedermeierliches Doppelwohnhaus 1816–17 für Hans Caspar und Heinrich Blattmann; Rest. 1991–93. Klassiz. Massivbau mit Mansarddach und strenger Fassadenordnung, spannungsvoller Treppenanlage und reicher Innenausstattung. Nebengebäude 1829/1835. Hofscheune 1831–32; Renov. 1999.

Museum:
– Weinbaumuseum Au, Halbinsel Au.

HIRZEL

Locker bebaute Siedlung und Einzelhöfe in einzigartiger Drumlinlandschaft.

▮ Reformierte Kirche, 1616–18, Innenrenov. 1971–72. Saalkirche mit polygonalem Abschluss und Flankenturm. An der Aussenwand neun Grabplatten der Gemeindepfarrer zwischen 1735 und 1916. Holzkanzel mit Intarsien aus der Bauzeit, Taufstein (Dreieinigkeit symbolisierend) 1972 von Charlotte Germann-Jahn. Drei Chorfenster 1972 von Frère Eric, Taizé. ▮ Ref. Pfarrhaus 1620. Renov. 2002.

Feldstrasse ▮ Nr. 2, katholische Kirche St. Antonius und Niklaus, 1990–91 von Egon Dachtler.

DORFSTRASSE ▮ Nr. 46, **Bürgler-Haus**. Erb. 1664

76

76 Hirzel. Dürenmoos. Giebelfassade.
77 Richterswil. Ref. Kirche.

als Bohlenständerbau, Umbau zum Fachwerkgebäude im 18. Jh. ▮ Nr. 48, Altes Schulhaus. Fachwerkbau 1659–60, Renov. 1980–81.

VORDERI HÖCHI ▮ Nr. 2, Meta-Heusser-Heim. Erb. 1822 für den Arzt Johann Heusser. Geburtshaus von Johanna Spyri-Heusser (1827–1901), Verfasserin des berühmten Jugendbuchs «Heidi». Anbau 1928.

BRÄMENHALDEN ▮ Nr. 5, Bauernhaus. Bohlenständer-/Fachwerkbau 1639, Renov. 1984, 1989/90.

ZUGERSTRASSE ▮ Nr. 46, Gasthof Morgenthal. 1846–48 von Wilhelm Waser. Spätklassiz. Bau unter Walmdach, der zurückgesetzte Mittelteil durch Freitreppe und grossen Dreiecksgiebel ausgezeichnet.

SPRÜMÜLI ▮ Gasthaus Spreuermühle. Mühle erwähnt 1408, heutiger Hauptbau 18. Jh. Stattlicher Fachwerkbau mit Klebdächern. Gegenüber Fachwerkbau um 1750 und ehem. Gasthof von 1833 mit Balkon auf toskanischen Säulen.

CHALBISAU ▮ Ehem. Gasthof Löwen, teilw. in Fachwerk erb. 1758. Gemalte Eckpilaster und schreitender Löwe.

DÜRENMOOS ▮ Erwähnt M. 13. Jh., seit M. 14. Jh. Lehenshöfe des Klosters Kappel. **Hofgruppen** mit Bohlenständer- und Fachwerkbauten 17./18. Jh.

TOBELMÜLI ▮ **Häusergruppe** an der alten Säumerstrasse Horgen–Zug, Mühle erb. 1675 für Beat Baumann (Mühlenpatent als Belohnung für seine Verdienste im 1. Villmergerkrieg). Scheune um 1820. 76

HARHALDEN ▮ Barockes Doppelwohnhaus in Fachwerk (teilw. Bohlenwände), erb. 1701 für Säckelmeister Rudolf Baumann, Renov. 1984–85.

CHIELEREN ▪ **Bauernwohnhaus**. Bohlenständerbau um 1700, Rest. 1987–89/1994.

SIHLBRUGG

▪ Gasthof Krone. Massivbau von 1809 mit klassiz. Treppengeländer, Portal und Wirtshausschild.
SIHLMATT ▪ Gedeckte Holzbrücke.1849–50 von Johann Jakob Dietzinger, 1960 von Sihlbrugg hierher versetzt.

Museen:
– Johanna-Spyri-Museum, Dorfstrasse Nr. 48.

SCHÖNENBERG

Vereinzelte Hofgruppen auf dem Zimmerberg.
▪ Reformierte Kirche mit Pfarrhaus 1702–03 von Hans Caspar Werdmüller. Eingebunden in die Umfassungsmauer des befestigten Kirchhofs als Teil des Zürcher Verteidigungsgürtels gegen Schwyz (s. Richterswil). Saalkirche mit polygonalem Abschluss, Barockkanzel, W-Turm 1897 von Hermann Fietz d. Ä.
FERNEGGWEG ▪ Katholische Kirche Hl. Familie 1984–85 von Adelbert Stähli und Hans Hemmi.
MÜLISTALDEN ▪ Sog. Hausermühle. Erwähnt im 14. Jh.; malerische Häusergruppe, u. a. Fachwerkhaus 1779.
HINTEREGG ▪ Althaus, feingliedriges Fachwerkgebäude verm. von 1746, Kachelöfen 1746 und 1760.
▪ Wolfbühlschanze. Errichtet 1712 im 2. Villmergerkrieg; Erdwallsystem auf steilem Moränenhügel.
RECHBERG ▪ Herrschaftliches Doppelbauernhaus Vorder Rechberg von 1764–65, Renov. 1995–96. Daneben stattliches Fachwerkhaus, erb. um 1750.
BUECHEN ▪ Klassiz. Bauernhaus von 1858–61, Renov. 1995–96, 1999–2000. Reiche Dekorationsmalerei um 1900 im Innern.

HÜTTEN

Streusiedlung. Im 19. Jh. ein bekannter Molken- und Badekurort.
▪ Reformierte Kirche. 1855–56 von Johann Caspar Wolff, Rest. 1994–95 mit Rekonstr. der Dekorationsmalereien von 1894 im Innern. Saalbau mit vorspringendem Frontturm. Mischung von neugot. und klassiz. Stilelementen. Taufstein 1752. ▪ Katholische Kirche St. Jakob, 1968–69 von Kurt Federer. Anlehnung an die Kirche in Ronchamp von Le Corbusier, 1980 durch Fassadenverkleidung verunstaltet.
DÖRFLI ▪ Gasthof Krone. Bedeutender Gasthof der Molkenkurzeit, klassiz. Wirtshausschild 1833. ▪ Seeblick, ehem. Gasthof zum Bären. 1833–34 für Hans Jacob Bär in ländlich-klassiz. Stil. Dépendance der Krone. Renov. 1988–89. Im 1. OG Landschafts- und Ornamentmalerei von Julius Theodor Gischard um 1880. ▪ Hüttener Schanze. Wehranlage auf steilem Hügel südl. des Ortes. Im 1. Villmergerkrieg erweitert 1655 von Hans Georg Werdmüller; im 2. Villmergerkrieg erneuert 1712 von Hans Caspar Werdmüller.
UNTER LAUBEGG ▪ Bohlenständerbau M. 16. Jh. Daneben gemauertes Doppelwohnhaus 1777–78 mit gemalten Eckpilastern. Renov. 1983–84.

RICHTERSWIL

Lange Zeit wichtigste Hafenstation am See für die Pilgerfahrt nach Einsiedeln, in der Epoche um 1800 auch renommierter Kurort.
▪ **Reformierte Kirche**. Neugot. Bau 1902–05 von **77**
Jacques Kehrer als Ersatz für die 1265 erstmals erwähnte, etwas tiefer gelegene Martinskirche. Renov. 1979–80. Kreuzgrundriss, umlaufende Em-

77

pore, Kreuzgratgewölbe, intakte Innenausstattung inkl. Malereien (Pflanzenranken). Turm mit vier Wimpergen.

ERLENSTRASSE ▪ Katholische Pfarrkirche Hl. Familie. 1913–14 von Adolf Gaudy in Formen des Neubarocks und des Jugendstils. Renov. 1977–78.

BURGHALDENSTRASSE ▪ Nr. 15, Schulhaus Breiten. 1915 von Heinrich Müller und Johann Albert Freytag.

ETZELSTRASSE ▪ Nr. 40, ref. Pfarrhaus erb. 1820–22. Klassiz. Kubus unter Walmdach, Waschhaus mit Sandsteinmauern und Zeltdach.

KIRCHSTRASSE ▪ Nr. 29, Primarschulhaus Töss erb. 1881. Renov. 2002. Palastartiger Bau im Stil der Neurenaissance mit Walmdach.

BERGSTRASSE ▪ Nr. 3, Schulhaus. Klassiz. schlichter, ungewöhnlich hoher Bau von 1840 mit angebauter Turnhalle 1881.

Beim ehem. Hafen zwei einstige Pilgergasthöfe, in der 2. Hälfte des 18. Jh. als Kurhäuser an der Stelle von Vorgängerbauten neu errichtet:

CHÜNGENGASS ▪ Nr. 2, Gasthof Drei Könige. Herberge seit 1716, klassiz. Neubau 1794–95 mit Badehaus, 1980 abgebr. und in seiner äussern Form rekonstr. ▪ Nr. 3, **Wohnhaus**. Um 1660 Gasthof Rappen oder Raben (Einsiedler Meinradslegende), Neubau um 1770/80 für Hauptmann Hans Heinrich Burkart. Renov. 1985–86. Frühklassiz. Bau unter mächtigem Walmdach.

SEESTRASSE ▪ Nr. 19, Gemeindehaus. 1781–82 als Wohnhaus von Arzt Caspar Landis erb., 1853 Treppenhausbau, seit 1944 Gemeindehaus. Urspr. bis zum See reichender Park, 1875 durch die Eisenbahnlinie, 1985 durch die neue Seestrasse stark verkleinert. ▪ Nr. 18, 20, Bahnhof mit Güterschuppen. 1875–76 von Heinrich Gmelin. Renov. des Aufnahmegebäudes 1988–90. Stationsgebäude 2. Klasse mit zwei Sommerwartsälen, Abtrittgebäude und Brunnen.

POSTSTRASSE ▪ Nr. 16, **Doktorhaus**, 1685 und Nr. 20, rückseitiger Anbau um 1760 unter Arzt Johann Hotze, bis 1795 eine weithin berühmte Stätte des geistigen und gesellschaftlichen Lebens. Gäste u. a. Lavater, Herzog Karl August v. Weimar und Goethe, Barbara Schulthess, die spätere Freundin des Dichters, Fichte, Pestalozzi, Ulrich Bräker, Johann Georg Zimmermann, Schillers Vertraute Charlotte v. Lengefeld und Herzog Leopold v. Anhalt-Dessau. Im Nebengebäude «Goethesäli», Nachtquartier des Dichters 1775 und 1779, mit stuckierter Muldendecke um 1760 und Malereien um 1840. Rest. 1984. Um 1840 Dachumbau mit belvedereartigem Fechtsaal. Ofen um 1760 mit Bildnissen des Ovid und Hippokrates.

DORFSTRASSE ▪ Nr. 72, Villa Steinburg. Spätklassiz. Bau von 1862–63 für den Industriellen Heinrich Landis-Hürlimann, an der Strassenseite sandsteinerner Loggienrisalit unter Dreieckgiebel wohl 1873.

78

79

78 Richterswil. Haus zum Bären.
79 Richterswil. Ehem. Heimatwerkschule Mülenen.

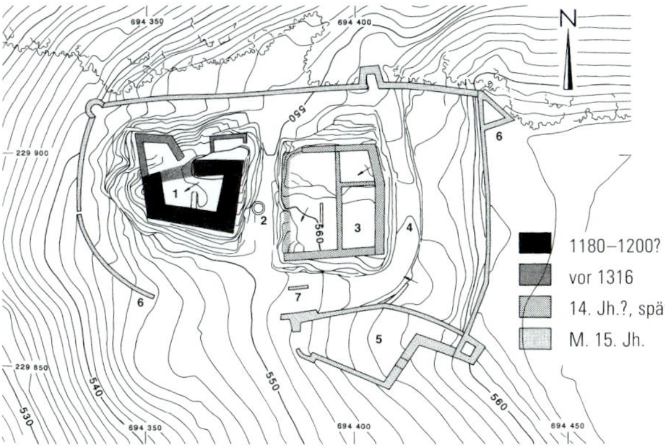

1 Freiherrenturm
2 Zwischengraben mit Brunnen
3 Johanniterhaus
4 Burggraben
5 Zwinger
6 Ringmauer mit Türmen
7 Brückenpfeiler

80

80 Richterswil. Burgruine Alt-Wädenswil, Situationsplan.

Rest. 1986–87. ▪ Nr. 75, ref. Kirchgemeindehaus, ehem. Villa Rosengarten. 1829–31 erb. für Johann Hürlimann-Landis, umgeb. 1963–65. Klassiz. Kubus unter Walmdach mit Freitreppe und Säulenportikus. Nebengebäude von 1874 im Schweizer Holzstil. Rest. 1992–93 bzw. 2002.

78 DORFBACHSTRASSE ▪ Nr. 12, **Wohnhaus zum Bären**. Prachtvoller spätbarocker Fachwerkbau von 1749; am Hauptportal Jahreszahl 1749 und Allianzwappenkartusche, doppelläufige Freitreppe, aufgemalte Ecklisenen, bemalte Fensterläden, Hausflur mit Grisailledeckenmalerei (Pflanzenranken).

CHRUMMBÄCHLIWEG ▪ Nr. 5, ehem. Weinbauernhaus. Fachwerkbau 1747–51.

AUSSERHALB DES DORFKERNS HORNSTRASSE ▪ Nr. 5, Jugendherberge. 1843–44 als klassiz. Wohnhaus mit Kellerei für Weinhändler Johann Jakob Blattmann-Theiler erb.; 1987–92 Renov. und Umbau.

79 SEESTRASSE ▪ **Ehem. Heimatwerkschule Mülenen**. Gruppe von elf Gebäuden der 1287 als Eigengut der Freiherren von Wädenswil, dann des Johanniterhauses bezeugten Mühle. Seit 1686 zwei Mühlen, 1860 Ziegelei und Backsteinfabrik. Ausgangspunkt für die gewerbliche Entwicklung von Richterswil. Rest. und Umbau zur 1995 verlegten Heimatwerkschule 1948–50 und 1958. Aussenrest. 1981. Untere Mühle 1578 mit Treppengiebeln, got. Portalen und Reihenfenstern mit Fenstersäulen; im 2. OG Renaissancekassettendecke und Kachelofen 1686. Obere Mühle 1666, Umbau 1716; Kellerportal mit rustizierter Rahmung, darüber barocke Sandsteintafel 1666 mit Allianzwappen Müller-Egli und figürlichen Darstellungen, kopiert 1958. Im 1. OG Kassettendecke.

MÜHLETOBEL ▪ Viadukt Nationalstrasse 1962–65.
▪ **Burgruine Alt-Wädenswil**. Um 1200 erbauter **80**
Stammsitz der Freiherren v. Wädenswil. 1287 Kauf durch die Johanniter, ab ca. 1330 eigenständige Komturei, 1550 von Zürich erworben und 1557 auf Druck des Standes Schwyz abgebrochen (Ersatz durch das Landvogteischloss in Wädenswil). Reste des aus Findlingen errichteten sog. Freiherrenturms aus der Zeit um 1200, einer Kapelle und des Erweiterungsbaus der Johanniter (M. 14./1. H. 15. Jh.) sowie der Ringmauer mit Turm- und Torbauten (M. 15. Jh.).

▪ **Schanzwerke am Richterswiler Berg**. Teil der Zürcher Befestigungslinie vom Zürichsee bis zur Sihl gegen den Stand Schwyz. Ausbau einer älteren Wehranlage um 1655 (1. Villmergerkrieg) durch Festungsbaumeister Hans Georg Werdmüller und 1712 (2. Villmergerkrieg) durch Feldzeugmeister Hans Caspar Werdmüller. Weitere Gefechte 1799 (Franzosen und Österreicher) und 1847 (Sonderbundskrieg). Am besten erhalten ist die für fünf Geschütze angelegte Sternenschanze (beim Mülibach oberhalb der Autobahn); viereckiger Erdwall von 63 × 54 m; zugehörige Aussengräben, Palisadenwände und Magazinbauten verschwunden. Als Geländespuren stellenweise erkennbar sind das ovale Eichschänzli (1712) östl. und die pfeilförmige Bellenschanze (1655) südöstl. von Samstagern.

Museum:
– Ortsmuseum, Dorfbachstrasse Nr. 12.

ADLISWIL

▮ Reformierte Kirche. Erb. 1896–97 von Paul Reber über dem Sihlufer, 1960 eingreifende Innenrenov. und neue Ausstattung. Aussenrenov. 1992–93. Neugot. Sichtbacksteinbau in Form einer dreischiffigen Emporenbasilika mit Querschiff. Daneben ehem. Abdankungshalle mit Wandbild 1956 von Helen Dahm. ▮ Katholische Dreifaltigkeitskirche. 1903–04 von August Hardegger, Ausstattung bis 1929, 1979–80 Innenrenov. und Anbau einer Muttergotteskapelle. Neugot. Basilika mit polygonalem Chor. Von der orig. Ausstattung Taufstein und Hochaltar der Firma Marmon & Blank erhalten.

GRUNDSTRASSE ▮ Nr. 14, Methodistenkapelle. 1895 von Robert Zollinger, Aussenrenov. 1970 mit Entfernung der Dachtürmchen. Historisierender Sichtbacksteinbau mit Streifenmuster.

LEBERENSTRASSE ▮ Nr. 28, Villa 1963 von Manuel Pauli.

WEBEREISTRASSE ▮ Ehem. mechanische Seidenstoffweberei. Als damals grösste mechanische Seidenweberei Europas mit bis zu 1300 Webstühlen erb. 1862–63. Lang gestreckter Haupttrakt von 53 Achsen. Aussenrenov. 1994 ff.

SIHL-/SIHLAUSTRASSE ▮ Arbeitersiedlung Sihlau. «Malerisches Dorf» in Heimatstilformen von Jost Franz Huwyler 1909–12. ▮ Sihlausteg, erb. 1907 von Alfred Frick. Instandstellung 1999. Elegante Eisenbetonbrücke als Verbindung zwischen der Fabrik und der Arbeitersiedlung.

ZELGSTRASSE 80/FELSENEGG ▮ Luftseilbahn Adliswil–Felsenegg, Tal- und Bergstation. 1958 von Otto Zollinger.

LANGNAU AM ALBIS

▮ Reformierte Kirche. Predigtsaal von 1709–11 mit polygonalem Abschluss und Dachreiter. Renov. 1971. Taufstein aus der Bauzeit, Kanzel um 1810.

KIRCHSTRASSE ▮ Nr. 14, ref. Pfarrhaus 1709–11.

BERGHALDENWEG ▮ Nr. 1, katholische Kirche St. Marien. 1967–69 von Eduard Ladner, Emporenbasilika in konsequenter Umsetzung als kubisch gegliederter Betonbau; Bildhauerarbeiten von Rico Galizia.

FUHRSTRASSE ▮ Nr. 6, Methodistenkapelle. 1908, romantisierender Heimatstilbau.

SPINNEREISTRASSE ▮ Ehem. Spinnerei Langnau. 1827–29, Prototyp einer klassiz. Fabrikanlage. 1985 Betriebseinstellung und Umnutzung.

FUHRSTRASSE ▮ Nr. 15, Heim Tanne, Schweiz. Stiftung für Taubblinde. 1988–91 von Max Baumann und Georges J. Frey. Um einen Innenhof angeordnet zwei kreissegmentförmige und ein kubisches Sichtbacksteingebäude.

ALTE DORFSTRASSE ▮ Nr. 13, Schloss. Mittelalterl. Wohnturm 13. Jh. Abbruch der jüngeren Anbauten 1969 und Renov. 1974–75.

NEUE DORFSTRASSE ▮ Nr. 14, Gemeindehaus. 1962–63 von Rudolf Küenzi; am Eingang zwei Eisenreliefs von Silvio Mattioli, Brunnen von Josef Wyss, Zürcher Wappenscheibe 1964 von Max Hunziker. ▮ Nrn. 42/44, Doppelbauernhaus, sog. Hotzehuus. Voluminöses Fachwerkgebäude 1730 (oberer Hausteil) und 1752 (unterer Hausteil) mit Reihenfenstern und Fallläden.

OBERRENGGSTRASSE ▮ Nr. 4, Wohnhaus mit Atelier, 1985–87 von Marianne Burkhalter und Christian Sumi.

ALBIS-PASSHÖHE ▮ Chalet 1871. Wohnsitz der Dichterin Nanny v. Escher (1855–1932).

ZOLLIKON

▮ **Reformierte Kirche, ehem. St. Peter**. Typische spätgot. Zürcher Landkirche 1496–1500d anstelle einer roman. Kapelle; Spitzhelm des Turms 1795 von Johannes Volkart; Erweiterung des Schiffs nach N 1937; renov. 1966–67. Saalkirche mit eingezogenem polygonalem Chor. Masswerkfenster, mittleres Chorfenster mit Wappenscheiben von Lukas Zeiner, um 1500. Barockes Hauptportal und Vorzeichen 1655. Got. Sakramentsnische im Chor, Taufstein 16. Jh., Stuckdecke im Régencestil 1743 von Johannes Meyer. ▮ Friedhof, Plastik «Werden und Vergehen» aus Cristallina-Marmor 1977 von Charlotte Germann-Jahn.

GUSTAV-MAURER-STRASSE ▮ Nr. 11, katholische Dreifaltigkeitskirche. Rundbau 1996–97 von Marco Caretta und René Kupferschmid.

SCHIFFLÄNDE ▮ Finnisches Fliegerdenkmal; Plastik eines sterbenden Kriegers 1956 von Henry Moore; Stier 1967–68 von Franz Fischer.

SEESTRASSE ▮ Nr. 29, Wohnhaus 1875 von Baumeister C. Borsari. Umbau 1912. Eigenartige Mischung von moderner Bautechnik (erster Betonbau in Zollikon) und historisierenden Elementen. ▮ Bei Nr. 65, Badeanstalt. 1922 in Heimatstil-Formen von Fritz und Ernst Zuppinger. ▮ Nr. 83, **Zum Traubenberg**. Frühes Stadtzürcher Landhaus, bestehend aus bergseitigem, 1446 als Bauerngut «In der Hell» erwähntem späteren Pächterhaus und seeseitigem, 1599 von Jakob Hottinger, Amtmann in Küsnacht, erb. Herrenhaus. Im Besitz der Escher von Glas, Zürich, 1672–1763, Mustergut für Wein-, Obst- und Gartenbau. 1763–1864 und ab 1974 Eigentum der Familie Hirzel. Lang gestreckter, quer zum See stehender Massivbau mit rekonstr. Türmchen, im Innern
81 farbig gefasstes Sichtfachwerk und ornamental bemalte Balkendecken des 17. und 18. Jh.

HÖHENSTRASSE ▮ Nr. 67, Haus Homberger. 1964 von Elsa Burckhardt.

ZOLLIKERSTRASSE ▮ Nr. 3, 1942 von und für Raymond Wander. Bretterverschalter Holzskelettbau auf Kalksandsteinsockel. ▮ Nr. 86, neubarocke Villa 1923 von Gustav von Tobel.

SÄGEGASSE ▮ Nr. 27, Zur Tiefenau. 1547 erwähnt, 1778 Umbau für Johannes Thomann-Bleuler (1720–1805). Renov. 1965–66. Stattlicher Massivbau mit Fachwerkteilen, im Innern bemalte Balkendecken, 18. Jh.

ALTE LANDSTRASSE ▮ Nr. 86, Gasthaus Rössli. Fachwerkbau, als Gesellenhaus erb. 1562; umgeb. im 18. Jh.; Wirtshausschild um 1800.

BUCHHOLZSTRASSE ▮ Nr. 24, Schulhaus Oescher. 1935–37 Jean Kräher und Edwin Bosshardt; Marmormosaik Spielende Kinder 1937 von Jakob Gubler.

BERGSTRASSE ▮ Nr. 20, Gemeindehaus 1939–40 von Hermann Weideli. Im Sitzungssaal Fresken mit Szenen aus der Gemeindegeschichte 1941–45 von Paul Bodmer.

Drei nahe beieinanderliegende Einfamilienhäuser des Neuen Bauens:

SCHLOSSBERGSTRASSE ▮ Nr. 26, 1933 Hans Leuzinger. ▮ Nr. 27, 1937–38 Werner Moser.

BERGSTRASSE ▮ Nr. 41, 1934 Alfred Debrunner.

ZOLLIKERBERG

▮ Ref. kirchliches Zentrum 1959–60 von Hans und Annemarie Hubacher. Wandgestaltung und Bronzerelief

81

81 Zollikon. Zum Traubenberg, Innenraum.

an der Türe 1960–62 von Robert Lienhard; Glasfenster 1966 von Paul Stöckli.

NEUWEG ▮ Nr. 4, katholische Kirche St. Michael. 1964–66 von Karl Higi, Glasfenster von Max Rüedi, Tabernakel von Meinrad Burch, Altar und Ambo von Josef Wyss, Taufstein von Reinhard Stutz. Im Andachtsraum Decke von Verena Loewensberg, Pietà von Jakob Kopp, Seitentisch von Josef Nauer.

TRICHTENHAUSERSTRASSE ▮ Nr. 20, Spital Zollikerberg. 1931–33 von Otto und Werner Pfister.

RIETHOLZSTRASSE/IM AHORN ▮ Wohnüberbauung Rietholz. 1961–62 richtungsweisende Siedlung von Hans und Annemarie Hubacher.

Museum:

– Ortsmuseum, Oberdorfstrasse Nr. 14.

ZUMIKON

▮ Reformierte Kirche. 1730–31, renov. 1987/97. Saalkirche mit polygonalem Abschluss und Dachreiter mit spitzem Polygonalhelm; Taufstein 1608. Kanzel aus der Bauzeit.

UNTERDORFSTRASSE ▮ Nrn. 22/24, ehem. Doppelbauernhaus, stattlicher Bohlenständerbau 1754d. Renov. 1990–91.

REBHUSSTRASSE ▮ Nrn. 23, 25, 27, drei Wohnhäuser, 1954–56 von Oskar Burri. ▮ Nr. 50, Wohnhaus und Atelier Bill. 1967–68 von Max Bill. Stufenartig in den Hang gestaffelte Kuben. ▮ Golfplatz mit Klubhaus. 1929–30 von Walter Henauer und Ernst Witschi. Gebäude von Ernst Gisel: WENGI ▮ Nr. 6, Wohnhaus Gisel 1965–67, KÜSNACHTERSTRASSE ▮ Nrn. 41/43/45, drei Atelierhäuser 1954 sowie LANGWIESSTRASSE ▮ Nr. 13, Wohnhaus mit Atelier 1983.

TOBELMÜLISTRASSE ▮ Siedlung Seldwyla, 1975–80 von Rolf Keller mit Fritz Schwarz, Esther und Rudolf Guyer, Manuel Pauli und Max Lechner.

FORCH (Gemeinden Küsnacht und Maur)

▮ Gasthaus Krone. 1783, umgeb. 2. V. 19. Jh. ▮ **Wehrmännerdenkmal** 1922 von Otto Zollinger. Renov. 1989–90. Steinerne Stufenpyramide mit Opferflamme.

TÄGERNSTRASSE ▮ Nr. 26, Haus Zürcher. Kubisch durchgeformtes Wohn- und Atelierhaus 1959 von Ernst Gisel.

KÜSNACHT

Historischer Dorfkern in Seenähe und eine Reihe von Streusiedlungen auf den zum Pfannenstiel ansteigenden Geländeterrassen. Ein Waldgürtel trennt das Landwirtschaftsgebiet des Küsnachter Bergs vom seenahen Gebiet. Einst ausgedehntes Rebland; im 20. Jh. Entwicklung zu einer Vorortgemeinde der Stadt Zürich.

▮ **Reformierte Kirche, ehem. St. Georg**. *Die* 82
Kirche bildet zusammen mit der ehem. Johanniterkomturei, den Seminarbauten und dem Jürgehus den zentralen historischen Bereich des «Chlosters». Erwähnt 1188, St. Georg geweiht. Kirche der Johanniterkomturei 1358–1531. Ursprünglich einschiffige Anlage, nachträglich (1332?) um zwei Seitenschiffe erweitert. Im Kern romanischer Turm im SW. Ab den 1470er Jahren Neubau des Polygonalchores anstelle eines kürzeren, ebenfalls polygonalen Vorgängers; Westgiebel 1473d, Chordachstuhl 1480d. Langhausdachstuhl und Dachreiter über dem Chor 1520d. 1524 Einbau einer Empore und vermutlich Bau der Vorhalle. Erhöhung des Turms mit Käsbissen und neugot. Fialen 1856–58 durch Johann Caspar Wolff; 1886–87 Neugotisierung durch Jac-

82

82 Küsnacht. Ref. Kirche.

ques Kehrer und Karl Knell d. Ä., fünf Spitzbogen zwischen Mittelschiff und Seitenschiffen statt breiten Rundbogen, Seitenemporen, spitzer Chorbogen. 1939–40 purifizierende, die Neugotisierung teilw. tilgende Renov. durch Karl Knell d. J.; Aussenrenov. 1983–84, Innenrenov. 1991. *Äusseres.* Kontrast zwischen spätgot. Gesamteindruck (Langhaus, eingezogener polygonaler Chor unter höherem First, Dachreiter) und neugot. Glockengeschoss. Zweiteilige Lanzettfenster, N-Seite mit Vierpässen, S-Seite mit Fischblase und Dreipässen, Chorfenster mit Flamboyant-Masswerk. *Inneres.* Ausgewogener Raumeindruck durch breites Mittelschiff, spitzbogige Arkaden und erhöhten Chor. Chormalerei von 1482: Komtur Werner Marti bittet Christus als Schmerzensmann um sein Seelenheil, seitlich halten Engel einen Sockelvorhang. Teile des urspr. umfangreicheren Chorgestühls mit spätgot. Schnitzwerk und Wappen von Komtur Werner Marti (1478–96). Reich skulptierte spätgot. Steinkanzel mit Masswerk und Stabfüssen; Taufstein mit Masswerkrelief und drei Wappen, u. a. des letzten Komturs Konrad Schmid von 1528. Glasgemälde 1970 von Gian Casty.

HEINRICH-WETTSTEIN-STRASSE ▪ Nr. 14, katholische Kirche St. Georg. 1902–03 von Max Meckel. Renov. 1985–86. Burgartige, neuroman. Säulenbasilika mit quadratischem Vorchor, Flankenturm und Apsis. Südlich angebaut das Pfarrhaus.

DORFSTRASSE ▪ Nr. 30, **Kantonsschule**. Ehem. Johanniterkomturei, gegr. 1358 von Graf Hugo v. Werdenberg, erweitert 1411; zürcherisches Amtshaus 1532–1833; Umbau zum Lehrerseminar 1834; renov. 1987–88. Lang gestreckter Bau unter Walmdach; im 1. OG Reste einer spätgot. Wandmalerei mit allegorischen Figuren um 1470. Im Hof Amtsbrunnen von 1781 in Rokokoformen. 1878 Turnhalle in Sichtbackstein, Renov. und Umnutzung 1999–2000. 1894–95 sog. Neues Schulhaus von Emil Studer in der Sprache Sempers, renov. 1988–89.

ERBSTRASSE ▪ Nr. 26, Schulhaus Im Erb 1951. Wandbilder 1952 von Hans Fischer und 1953 von Heinrich Müller.

SEESTRASSE ▪ Nr. 29, Goldbacherhof. 1527 erwähnt; 1667–71 Neubau als Landhaus der Familie Meyer v. Knonau; um 1745 Neuausstattung, u. a. Leinwandtapeten mit Jagd- und Fischereiszenen wohl von Ludwig Meyer; 1889 Prunkzimmer im 1. OG in Neurenaissanceformen mit Farbglasscheiben von Adolf Kreuzer nach Albrecht Dürer. Renov. 1991. ▪ Nr. 120, **Gasthaus Sonne**. Mittelalterl. Turm mit steilem Zeltdach von 1632, daran angebaut stattliches Gebäude mit Satteldach 1665d. Im Turmzimmer drei spätgot. Fenstersäulen mit Wappenschilden. Trakt von 1839 mit grossem Saal in Neurenaissanceformen, zweiter Saalanbau als Mischung von engl. Landhausstil und lokalem Jugendstil 1911–12 von Edwin Wipf; klassiz. Wirtshausschild um 1810. Aussenrenov. 1987, Innenumbau 1996–98; Aufgabe des Saals von 1911–12. ▪ Nr. 123, **Höchhus**. *Einer der ältesten Profanbauten am Zürichsee.* Im Kern ein mittelalterlicher Steinbau auf winkelförmigem Grundriss, möglicherweise erb. 1235 (Dendrodatum eines Fenstersturzes). Umbauten in den 1390er Jahren. Seeseitige Erweiterung, Erhöhung um ein 2. OG in Bohlenständerbauweise und Krüppelwalmdach 1515d. Abbruch von Anbauten und Umbau 1972–74. Am Kernbau Giebelscharten aus der Bauzeit. ▪ Parkanlage im Horn. Bronzeplastik Schwebende um 1945 von Hermann Haller.

HORNWEG ▪ Nrn. 14/16 Grebelhäuser. Seeseitiges Haus 1548–50d für Junker Josua Grebel; bergseitiges Haus für Hans Rudolf Grebel 1676. Beachtenswert die spätgot. Reihenfenster (teils mit Fenstersäulen); Freitreppe mit Rokokogeländer um 1760; im Korridor barock gerahmte Türen. ▪ Nr. 28, **Seehof**. Als Landhaus erb. um 1650 für Oberst Hans Peter Lochmann unter Verwendung von Teilen eines Bauernhauses vor 1500. Bis 1815 im Besitz der in franz. und holländ. Kriegsdiensten stehenden Lochmann; 1832–34 Sitz des neu gegründeten Seminars; Aufenthalt Conrad Ferdinand Meyers 1868–72; renov. 1976–79, seither Sitz des C. G. Jung-Instituts. Stattlicher Massivbau. Sala terrena mit wiederhergestellter bunter Dekorationsmalerei. Prunkzimmer im 2. OG mit Nussbaumtäfer von Ullrich Fiertz und Bernhard Wirtz, 1979 in Zürich wiederaufgefundener Kachelofen von Hans Heinrich IV. Pfau. Beletage mit Stuckdecke wohl von Rudolf Bleuler. Prunktüren mit geschnitztem Fruchtgehänge und ziselierten Türbeschlägen M. 17. Jh.

THEODOR-BRUNNER-WEG ▮ Nr. 3, ref. Pfarrhaus. 1769 von Heinrich Vogel, Gerichtsherr zu Flaach, nach Plan von Melchior Hirzel, alt Amtmann zu Töss; Spätbarocker Massivbau unter Walmdach. ▮ Nr. 4,
83 **ehem. Zehntentrotte** *Seltenes Beispiel kirchlicher Malerei an einem Profangebäude.* 1290 erwähnt als Besitz des Klosters Kappel; 1336d neu erb. und damit älteste erhaltene Trotte des Kantons; 1409–1532 Besitz der Johanniterkomturei; Rest. 1994. Eingeschossiger Massivbau unter Walmdach. An der seeseitigen Fassade got. Wandmalerei im «weichen Stil», nach 1409 bis 2.H. 15.Jh.: Wappen des Grafen Hugo II. von Werdenberg-Sargans und des Komturs Hermann Schultheiss von Gebwiler, Taufe Christi, hl. Martin, Muttergottes mit Stifterfigur Johannes Staler von Waldshut, hll. Johannes Evangelist, Laurentius, Jakobus d. Ä., Christophorus, Wappen des Komturs Rudolf Keller sowie Johanniterkreuz. ▮ Nr. 7, ehem. Amtshaus des Klosters Engelberg (bis 1744). 1695–98 von Hans Jakob Hoffmann anstelle eines Vorgängerbaus. Stattliches Haus mit Satteldach; Terrassen- und Treppengitter um 1760 in Rokokoformen, im 1. OG eine mit Rankenwerk bemalte Balkendecke um 1700.

83

83 Küsnacht. Ehem. Zehntentrotte, Fassadenmalerei, Ausschnitt.
84 Küsnacht. Haus Koellreuter.

84

SEESTRASSE ▮ Nr. 45, Villa Hintermeister. 1895 von Jacques Kehrer und Karl Knell d. Ä. Neurenaissanceschloss in Sichtbackstein. ▮ Nr. 52, Villa Khakshouri 1920. Seefront mit monumentaler Säulenordnung. ▮ Nr. 228, Wohnhaus des Psychologen Carl Gustav Jung (1875–1961); 1908–09 von Ernst Fiechter, 1925–26 Veranda und Musikzimmer von Baumann und Mousson. Mischung von Zürichseehaus mit Jugendstilelementen. ▮ Nr. 246, **Strandbad**. 1927 von Adolf P. Steger und Karl Egender. ▮ Nr. 264, Pflegeheim am See. Als Villa Seeried erb. 1936–37 von Otto Rudolf Salvisberg. Hofartige Anlage in Heimatstil.

OBERE DORFSTRASSE ▮ Nr. 32, Gemeindehaus 1824, Anbau 1957 von Karl Pfister. Im Innern zwei Wandbilder 1961 von Alois Carigiet und Kalksteinrelief Ritter Georg 1964 von Franz Fischer. ▮ Rokokobrunnen 1781.

ALTE LANDSTRASSE ▮ Nr. 39, Villa Kreuzgut. Neugot. Schlossarchitektur 1899–1900 von Otto Pfleghard und Max Haefeli für den Textilkaufmann Adolf Grieder. Renov. 1987–88. ▮ Nrn. 116/118, Doppelwohnhaus. Spannungsvolle Hofanlage aus zwei abgewinkelten Baukörpern 1989–90 von Silvia Gmür. ▮ Nr. 134, ehem. Landgut Wangensbach. 1624 für den Politiker, Grosskaufmann und Seidenfabrikanten Beat Werdmüller; Umbauten um 1802 (Ersatz von Treppengiebel und Turmaufbau durch Walmdach) und 1883–84; seit 1932 Altersheim, Renov. 1991–92. Stuckdecken um 1678.

GOLDBACHERSTRASSE ▮ Nr. 64, **Haus Koellreuter**, 1931–32. ▮ Nr. 72, **Haus Baumann**, 1933–34. 84
Die beiden Wohnhäuser von Max Ernst Haefeli gehören zu den bekanntesten Beispielen des Neuen

Bauens in der Umgebung von Zürich. Gleichzeitig Gartengestaltung von Gustav Ammann.

▪ Burgruine Wulp über dem Küsnachtertobel. Bronzezeitliche Höhensiedlung. Älteste Burg 2. H. 11. Jh.; ein im 13. Jh. durch die Freiherren von Regensberg begonnener Neubau blieb unvollendet. Ausgrabung 1920–23, 1961–62, 1980–82.

Vier **Wohnhäuser** von Lux Guyer, beeinflusst vom Studium der engl. Cottages und den Forderungen von Muthesius nach einem «klaren, luftigen und einfachen Stil»: ZUMIKERSTRASSE ▪ Nr. 20, Rebhaus 1929, AM ITSCHNACHERSTICH ▪ Nr. 1, **Haus Sunnebüel** 1929–30, ▪ Nr. 3, Haus Mendel 1931 sowie IM DÜGGEL ▪ Nr. 3, Villa 1931.

GARTENSTRASSE ▪ Nrn. 6–16/Untere Heslibachstrasse Nrn. 63/65, Wohnkolonie Heslibach. 1933–51 von Ernst F. und Elsa Burckhardt, Kombination versch. Haustypen um eine zentrale Grünzone mit heterogener Bewohnerstruktur.

ZÜRICHSTRASSE ▪ Nr. 21, **Villa Streiff**. 1929 von Otto Zollinger, an einen Ozeandampfer gemahnendes Wohnhaus, urspr. Farbgebung schwarz-weiss-ocker auf einem mit roten Tonplatten verkleideten Sockel.

OBERE HESLIBACHSTRASSE ▪ Nrn. 10–18 (gerade Nrn.) und STERNENFELDSTRASSE ▪ Nrn. 20–28 (gerade Nrn.) Baugenossenschaft Raba, 1932 von Ernst Schindler und Otto Hans, vergleichbar mit der Neubühlsiedlung in Zürich.

Museum:

– Ortsmuseum, Tobelweg Nr. 1.

ERLENBACH

▪ Reformierte Kirche. 1889–90 von Friedrich Wehrli anstelle der 1275 erwähnten Kirche St. Agnes; Rest. 2004. Neugot. Bau mit eingezogenem Polygonalchor, Frontturm unter Spitzhelm. Aus der alten Kirche Taufstein von 1703 und Fragmente der geschnitzten Holzdecke 1497 von Blesi Wercher.

SEESTRASSE ▪ Nr. 81, katholisches Kirchenzentrum St. Agnes 1975–76 von Werner Aebli und Sorin Sokalski.

SCHIFFLÄNDESTRASSE ▪ Schifflände. Pavillonartiges Stationsgebäude unter elegant ausschwingendem Flachdach. Verkehrsbau der klassischen Moderne von Walter H. Fierz 1938. ▪ Nr. 1, Hotel Schönau, ehem. Lochhaus. 1548 Neubau für Jakob Wirz, Untervogt, späterer Ammann des Klosters Einsiedeln. Stark veränderter Massivbau unter Satteldach, ehem. mit Treppengiebel; grosses Korbbogenportal zum ehem. Schiffsunterstand, spätgot. Portal von 1548 im 1. OG. 1928 halbrunder Verandaanbau auf Stützen.

BAHNHOFSTRASSE ▪ Nr. 1, Wohnhaus zur Friedau. 1782. Massivbau unter Satteldach mit skulptiertem Rokokoportal. ▪ Gegenüber Brunnen mit Mädchenfigur von Hans Gisler 1923.

ERLENGUTSTRASSE ▪ Nr. 1A, Landhaus Erlengut. Erb. 1769 für Franziskus Müller, Pfarrhelfer an der französischen Kirche in Zürich. Zwischen 1794 und 1912 Erweiterungen in vier Etappen. Renov. 1992–94. Aus mehreren Kuben bestehendes Landhaus mit charakteristischem Kuppelturm von 1899–1901. Reiche Innenausstattung.

MARIAHALDENSTRASSE ▪ Nr. 16, Behindertenwohnheim **Mariahalden**. 1770 als Landhaus Hintere Schipf für den Zürcher Ratsherrn Johann Heinrich Kilchsperger; 1817–49 bewohnt vom deutschen Politiker, Schriftsteller und Kunstsammler Christian Ernst Graf v. Bentzel-Sternau. Renov. 1978–79, 1982. Lang gestreckter frühklassiz. Massivbau unter Walmdach. Fassaden mit Pilastergliederung; an der Seefront Portal, von toskanischen Pfeilern gestützter Balkon und grosse volutengerahmte Lukarne mit Segmentgiebel. Terrassierter Garten gegen den See; Rokokobrunnen. Im Innern Treppengeländer und Öfen im Stil des Rokokos.

SCHULHAUSSTRASSE ▪ Nr. 59, Schulhaus Unterer Hitzberg. 1912–13 von Heinrich Müller und Johann Albert Freytag. ▪ Nr. 63, Schulhaus Oberer Hitzberg 1950–52 von Alfred und Heinrich Oeschger. Wandbild von Hans Fischer 1953. ▪ Nr. 60, Turmgut. 1924–25 von Hans Vogelsanger und Albert Maurer. Neuklassiz. Landhaus, verbunden mit einem Rebturm von 1650.

RIETSTRASSE ▪ Nrn. 7–13 (ungerade Nrn.), Doppeleinfamilienhäuser. 1988–91 von Ernst Gisel.

LAUBHOLZSTRASSE ▪ Nr. 58, Terrassenhaus. Arabisch inspiriertes Hofkonzept 1996 von Fredi Doetsch, Lorenzo Giuliani, Christian Höngel und Matthias Roth.

KAPPELISTRASSE ▪ Nr. 20, Haus am Tobel. 1931–32 von Ernst F. Burckhardt. Kubisch und durch Materialwechsel gegliederter Flachdachbau.

CHAPFSTRASSE ▪ Nr. 15, Föhrenburg. Burgartig wirkender Flachdachkomplex von Heinrich Klocke 1931–32.

Museum:

– Ortsmuseum, Schulhausstrasse Nr. 40.

HERRLIBERG

▪ Reformierte Kirche. Erb. 1686–88 anstelle einer got. Kapelle; Modernisierung 1962–63, Aussenrenov. 1985. Saalkirche mit polygonalem Chor und Flankenturm unter Spitzhelm. Unter dem Schiff sind die Fundamente des Vorgängerbaus mit Resten spätgot. Malerei 1. H. 15. Jh. zugänglich. Kanzel von H. Isler 1688 und Taufstein 1629.

RENNWEG ▪ Katholische Kirche St. Marien. 1955–56 von Ferdinand Pfammatter. Beton-Saalkirche mit nördl. Flankenturm unter steilem Satteldach mit gitterartig aufgelöster, vollständig aus Glasmalereien Hans Stockers und K. Iseles bestehender Giebelfront. Taufstein 1958, blaues Fenster 1959 von Johann Jakob Zemp, Muttergottesstatue von Albert Wider.

SCHULHAUSSTRASSE ▪ Nrn. 21/23, Schulhaus Im Rebacker. 1964–67 von Hans von Meyenburg. Metallplastik 1967–68 von Silvio Mattioli.

BUSENHARD PFARRGASSE ▪ Nrn. 41/43, Alte Vogtei. Aus drei Häusern bestehender, in mehreren Etappen v. a. vom 16.–18. Jh. entstandener Komplex mit Kern aus dem 13. Jh., zum herrschaftl. Landhaus ausgeb. 1692; Renov. 1980–82.

SEESTRASSE ▪ Nrn. 1/3, **Landhaus Schipf***. *Repräsentativster barocker Herrschaftssitz am Zürichsee mit vorzüglicher Ausstattung.* Gebäudekomplex am See unterhalb eines schönen Rebgeländes, urspr. Standort der 1398 erwähnten Burg der Meyer v. Herrliberg. Das Gut erworben 1582 vom Tuchhändler David Werdmüller im Seidenhof, Mitbegründer der Seidenindustrie in Zürich. Im Besitz der Werdmüller bis 1723, bis 1859 der Escher vom Glas (Besuch Goethes 1797 bei Freihauptmann Johann Escher und Winston Churchills 1946 als Gast der Zürcher Universität). **Haupthaus**. Am Gebäude die Jahreszahlen 1577 und 1617, umgeb. 1648, 1723; Renov. 1964. Stattlicher Massivbau unter Satteldach mit zwei grossen Lukarnen. Dachuntersichten bemalt nach Entwürfen von Georg Lasius um 1880. Ausstattung des Speisezimmers um 1745, u. a. blau-weisser Turmofen von Heinrich Bleuler mit 40 Ansichten hauptsächlich zürcherischer Burgen, Schlösser und Landsitze. Grüner Turmofen mit blau- weissen Fan-

85

85 Herrliberg. Landhaus Schipf, Festsaal.

tasielandschaften 1758 von Leonhard Locher. Vorgelagerter Seegarten von 1648 mit zwei symmetrischen Pavillons. In der NW-Ecke des Gebäudekom-
85 plexes **Lehenhaus mit Festsaalanbau** von 1723–32 über hohem gewölbtem Keller. 1984 renov. Grosser und kleiner Saal sowie offene Loggia mit reichen Stuckaturen und mythologischen Deckenfresken des Lombarden Jacopo Appiani. Mobiliar, Cheminée, Spiegel und dekorative Tafelbilder aus der Bauzeit. Barocke Hausorgel 1694 von Jakob Mesmer, umgeb. 1732 von Johann Conrad Speisegger; zwei blau-weisse Barocköfen mit Veduten um 1740. Zahlreiche, mit dem Haus in Beziehung stehende Gemälde, u. a. drei Damenporträts 1626 und 1629 von Samuel Hofmann und 1870 von Ernst Stückelberg, grosses Tafelbild, Allegorie der Musik, süddt. um 1500. Klassiz. Gestaltung der Ufermauern, des Stallgebäudes, des Nischenbrunnens, der Gartenterrasse und der Pavillons unter dem Architekten und Industriepionier Hans Caspar Escher, dessen Pläne im Hausarchiv aufbewahrt werden. Im Hof frühklassiz. Urnenbrunnen 1793, im Garten Brunnenfigur um 1880 von Viktor v. Meyenburg.

LANGACKERSTRASSE ▪ Nr. 177, Villa Guggenbühl. 1961–62 von Hans Fischli. Einstöckige Atriumvilla mit zentraler Skulptur von H. Fischli.

RENNWEG ▪ Nrn. 45/47/49, Wohnhäuser und Atelier Kasser, 1951 von Bruno Giacometti. Funktioneller Organismus von Wohn- und Arbeitsstätte in parkähnlichem Garten.

GEISSBÜELSTRASSE ▪ Nr. 9, Eigenheim Max Ernst Haefeli 1947–48.

UNTERGRÜT ▪ Nr. 2, Wohnhaus Käch. Eingeschossiger Kubus über Kellergeschoss aus Baukork-Beton von Alfred Altherr 1935. ▪ Nr. 16, Wohnhaus Sand. Verputzter Beton-/Backsteinbau mit Pultdach von Theo Hochstrasser 1933.

WETZWIL

▪ **Reformierte Kirche, ehem. St. Bartholomäus**. Aus einer Kapelle des 8./9. Jh. (?) zur roman. Kapelle erweiterte Anlage; um 1750 Umbau zur barocken Predigtkirche, Verlängerung nach O, polygonaler Chor und Flankenturm mit Käsbissendach; Renov. 1975–76. Klassiz. äusserer Emporenaufgang von Hans Caspar Escher 1840. Roman. S-Portal mit Tympanon. Wandmalerei: an der S-Wand Schutzmantelmadonna und Anbetung der Könige 1. V. 15. Jh. Im Chor Männerstühle mit Besitzerinschriften 17./18. Jh., Taufstein 1630. Klassiz. Kanzel.

KITTENMÜHLE. KAPPELISTRASSE ▪ Gasthaus Kittenmühle. Neu- oder Umbau 1621 durch Untervogt Ulrich Fierz, vergrössert 1688 durch Heinrich Kitt. Renov. 2003.

MEILEN

Mehrere historische Siedlungskerne im Gebiet zwischen der alten Landstrasse und dem See, als älteste Kirchmeilen längs des Dorfbachs und Hofstetten. Seit 1835 verbunden durch die Seestrasse, allmähliches Zusammenwachsen zur weitflächigen Siedlung, die seit jüngerer Zeit auch die Hänge umfasst. ▪ **Reformierte Kirche, ehem. St. Martin,** 86
später St. Maria. *Gehört mit den Kirchen in Männedorf, Wädenswil und auf der Ufenau zur Gruppe der ältesten, im Zusammenhang mit der Christianisierung des Zürichsees im 7. Jh. entstandenen Kirchen.* Bau des 7. Jh. archäologisch nachgewiesen; 965 Schenkung an Kloster Einsiedeln, vier Erweiterungsbauten bis 1493. 1493–95 Neubau im Stil der spätgot. Landkirchen mit eingezogenem, rippengewölbtem Polygonalchor und flach gedecktem Schiff. Chorflankenturm 1518d. 1683–86 Barockisierung: gebrochene Holzdecke im Schiff, ornamentale Malereien an Wänden und Chorgewölbe; 1785–87 stichbogige Decke im Schiff und Ausstuckierung. 1867–68 neugot. Umgest. v. a. des Äussern; 1926–27 purifizierende Aussenrenov.; 1946–47 Verlängerung nach W; 1968 Freilegung der barocken Malerei von 1683/86 im Chor; 1976–78 Renov. des Schiffs, Neugestaltung des Foyers und Anbau einer offenen Vorhalle. Innenrest. 2003–04. Stattliche Saalkirche mit eingezogenem, architektonisch herausragendem Polygonalchor, dessen Gewölbe von Eckstreben mit Dreieckgiebeln widerlagert wird. Turm mit spätgot. Masswerk-Schallöffnungen, Käsbissendach mit fialengekrönten Lisenen. Im Schiff Lisenengliederung und leicht gelblich getönte Stuckaturen in

spätesten Rokokoformen. Buntverglasungen von Johann Jakob Röttinger 1868; neugot. Kanzel 1868 von J. Glaenz. Im Chor Sterngewölbe auf Wanddiensten, nur in den W-Ecken und zwischen den S-Fenstern auf Konsolen; hier Brustbild eines einen Schild haltenden Engels; auf den drei Schlusssteinen Muttergottes, Lamm Gottes und Hand Gottes mit Wundmal Christi; Gewölberippen von ornamentalen Bändern 1683/86 begleitet. Sakramentshäuschen von einer hohen, abgeschlagenen Fiale bekrönt. Fünf zwei- und dreiteilige Spitzbogenfenster mit Fischblasenmasswerk und Glasgemälden 1969 –70 von Max Hunziker: 1. Leiden Christi, 2. Menschwerdung und Tod Christi, 3. Dorfansicht mit hl. Martin, 4. Der Mensch als Wanderer zwischen irdischer und himmlischer Heimstatt, 5. Baum des Lebens. Im EG des Turms Sakristei mit Rippengewölbe auf breiten, tartschenbesetzten Konsolen; Wappenscheiben 1687.

BRUECHSTRASSE ▪ Nr. 82, katholische Kirche St. Martin. Schiff 1950–51 von Otto Glaus; Turm 1969 von Glaus und Hans R. Kuhn. Umgest. des Innern 1994–95.

PFARRHAUSGASSE ▪ Nr. 4, ref. Pfarrhaus. 1792 aus dem Oerischen Landhaus (17. Jh.) der Frau Zunftmeister Werdmüller in Zürich durch das Kloster Einsiedeln zum Pfarrhaus umgeb. Renov. 1987.

SCHIFFLÄNDE ▪ Plastiken: Tänzerin, um 1945 von Hermann Haller; Fuchs und Gans von Hans Jakob Meyer. ▪ Nr. 595, Gasthof Löwen. Erb. 1419d, 1651d Erweiterung um zwei Fensterachsen gegen O, 1676d weitgehende Erneuerung des Gebäudeteils von 1419. 1767/84 Vereinigung mit dem westlich anstossenden Nachbarhaus (erb. 1665d, erweitert 1676). Eingreifender Um- und Erweiterungsbau 2001–02. Spätbarockes Wirtshausschild. Im O-Raum des 1. OG Wand- und Deckentäfer 1651. Im Saal zwei reich bemalte Stuckdecken wahrscheinlich von 1892. ▪ Nr. 642, **Seehof**. *Einer der repräsentativsten Landsitze am Zürichsee mit vorgelagertem barockem Seegarten.* Nach Abbruch versch. Altbauten erb. 1768–69 für den Stadtzürcher Kaufherrn und Textilverleger Felix Oeri-Lavater als Landsitz und Geschäftshaus (u. a. Webstuben); Sitz des Oberamtmannes 1815–31; Wohnsitz des Dichters Conrad Ferdinand Meyer 1872–75. Wiederherstellung des barocken Erscheinungsbildes 1987–92, u. a. Rückführung bzw. Rekonstruktion der 1907 verkauften schmiedeeisernen Balkon- und Torgitter. Dreigeschossiger Massivbau mit gemalten Eckpilastern und gewalmten Lukarnen. Im Innern reiche Ausstattung, u. a. Chinoiserien, Stuckdecken mit mythologischen und allegorischen gemalten Medaillons. Schmiedeeisen- **87**
arbeiten von Sixtus Kambli, Hans Jakob Ochsner und Johann Heinrich Daelliker, die zu den hervorragendsten Beispielen zürcherischen Kunsthand-

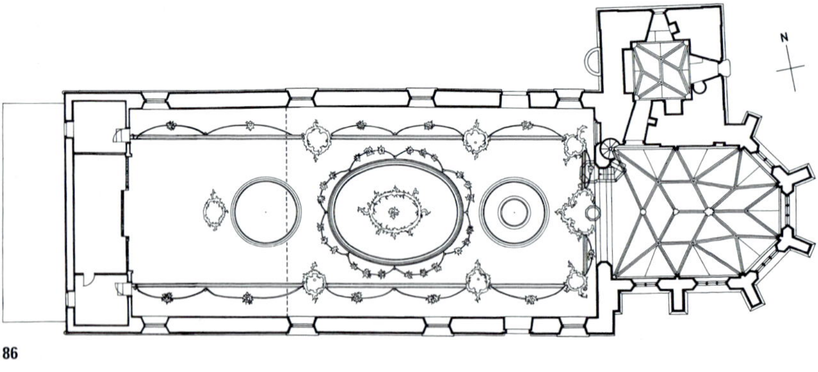

86

86 Meilen. Ref. Kirche, Grundriss.

werks des 18. Jh. gehören. ▮ Strandbad. Bronzeplastik Badende von Otto Charles Bänninger um 1955.
WINKELSTRASSE ▮ Nr. 15, Haus Im Grund. Ehem. Gerberwohnhaus mit Kern von 1555; Umbauten und Erweiterungen um 1800, 1882–83 und 1932. Stattlicher Teilfachwerkbau mit Mansardgiebeldach und skulptierten Eckpilastern, Freitreppe mit einen Balkon tragenden toskanischen Säulen. Im Garten Parktheater nach italienischen Vorbildern des 17. Jh. erb. 1949–60. ▮ Nr. 24, Untere Mühle. Erwähnt im 13. Jh.; heutiger Kernbau verm. 16. Jh.; 1756 verm. Anbau des Walmdachgebäudes; 1927–28 Umbau OG des Kernbaus zu Festsaal durch André Ammann.
KIRCHGASSE ▮ Nr. 9, **sog. Bau**. Erb. 1635 für David Werdmüller; 1957–61 Umbau zum ref. Kirchgemeindehaus. Massivbau unter Satteldach. Werdmüller-Stube mit grauen Rankenwerkmalereien an der Balkendecke. In der Leemannstube Wand- und Deckentäfer 1641. Blau bemalter Ofen 1766 von Caspar Nehracher. Im Haus eingebaut barocke Türen aus dem abgebrochenen Haus «Zum Neuegg» an der Pelikanstrasse 19, Zürich.
DORFSTRASSE ▮ Nr. 70, Rothaus. Fachwerkbau von 1771, am Portal Rokokogitter.
BRUECHSTRASSE ▮ Nr. 7, Feuerwehrstation, 1984–90 von Theo Hotz und Heinz Moser.
PLATTENSTRASSE ▮ Bei Nr. 30, Friedhofgebäude, 1990 von Elmar Kunz-Rüdi. ▮ Nr. 62, 66, Erweiterung

87

87 Meilen. Seehof, Tor.

Alters- und Pflegeheim. 1996 von Jürg P. Hauenstein. Feingliedrige, sensibel gestaltete Anlage. Skulptur von Hans Fischli. ▮ Nr. 86, Einfamilienhaus, 1932–33 von Walter Bodmer. Renov. 1999. Mit horizontaler Bretterverschalung versehener Holzskelettbau auf Kellersockel unter flachem Satteldach, Fensterbänder, lockere Raumaufteilung.
IM HAUSACHER ▮ Nr. 35, **sog. Breuer Lake House**. Mehrheitlich eingeschossiger Betonflachdachbau von Marcel Breuer 1958–59. Renov. 2000–02. Aussen- und Innengärten. Gebäude gekennzeichnet durch vielfältige Durchblicke und grosse Glaswände.
GENERAL-WILLE-STRASSE ▮ Nrn. 165/167/169, **Landgut Mariafeld**. Um einen rechteckigen Hof mit Brunnen von 1760 angeordnete Gebäudegruppe, bestehend aus dem um 1722 neu erb. Haupthaus mit integriertem älterem Baubestand, sog. Hochbau von 1753 zwischen Haupthaus und ehem. Badehaus, das 1839 zur anglikan. Kapelle in neugot. Formen umgebaut wurde. Lehenshaus mit Kern aus dem 16. Jh. sowie versch. landwirtschaftl. Gebäude (v. a. 19. Jh.). Sitz der Stadtzürcher Escher von Luchs 1558–1760, dann im Besitz von David von Wyss, einem der beiden letzten Bürgermeister von Zürich. Knabeninstitut von Johann Emil Ryffel 1839–48 (Schulräume, Schlafkammern, Kapelle), im Besitz der Familie Wille seit 1851. Zur Zeit des Ehepaars François (1811–96) und Eliza Wille kam hier die berühmte «Tafelrunde auf Mariafeld» zusammen, mit den Dichtern Georg Herwegh, Gottfried Keller, Conrad Ferdinand Meyer, den Komponisten Franz Liszt, Richard Wagner, dem Architekten Gottfried Semper, den Historikern Wilhelm Mommsen, Gottfried Kinkel und den Ehepaaren Wesendonck und Plater. Später Wohnhaus von General Ulrich Wille. ▮ Nr. 256, **Landgut Grüner Hof**. Erb. als Stadtzürcher Landsitz für Adrian III. Ziegler. Barocke Anlage mit Wohnhaus 1682–84 und mehreren Nebengebäuden des 17.–19. Jh. Aussenrenov. 2005. Über der Freitreppe Portal mit bewegtem Rokoko-Oberlichtgitter. Im OG des Wohnhauses bemalte Balkendecken, Rippenfelderdecke und Türen aus der Bauzeit.

SEESTRASSE ▪ Nr. 409, **Landgut Horn**. 1695 Bau des Herrschaftshauses für den Zürcher Bürger Johann Caspar Kitt vielleicht unter Verwendung von Teilen des Vorgängerbaus um 1600. Innenrenov. 1984–85, Aussenrenov. 1994–96. Reiche Ausstattung. 1. OG mit Stuckbalkendecke, Nussbaumtüren, Renaissancetäfer von 1695. Im 2. OG Festsaal um 1720 mit Stuckdecke in reicher Régenceornamentik der Wessobrunner Schule und zwei Eckcheminées in farbigem Stuckmarmor. Eckzimmer mit Régence-Stuckdecken. Scheune um 1800 unter Verwendung älterer Teile. Trotte 1836. ▪ Denkmal für den Dichter des Schweizerpsalms, Leonhard Widmer (1808–68), Knabenfigur auf Stele 1958 von Meinrad Marti. ▪ Nr. 467, **Landhaus Seehalde**. Erb. 1690d für Beat Holzhalb-Wolf; 1767–68 Umgestaltung für den Zürcher Kaufmann und Textilverleger Felix Oeri-Lavater. Renov. 1959–60, 2001–02. Schlichter dreigeschossiger Massivbau mit Satteldach und Walmdachlukarnen. Reich gestaltete, schmiedeeiserne Gittertore und Balkongeländer 1768. Im 2. OG bemalte Balkendecke 1690, in den übrigen Räumen Rokokoausstattung von 1768 mit Knietäfern, Stuckdecken, Cheminées aus schwarzem Stuckmarmor sowie vier Kachelöfen von Heinrich Bleuler, drei davon mit Malereien von Jakob Kuhn. ▪ Nr. 444, ehem. Lehenhaus der Seehalde. Erb. wohl 1767–68. Walmdachbau mit gemalten Eckpilastern und vier grossen gewalmten Lukarnen.

OBERMEILEN SEESTRASSE ▪ Nr. 860, 862, 864, sog. ehem. Schifferhaus oder Rathaus. Urtümliches Gebäude mit steilem Krüppelwalmdach. Deckenbalken im Keller 1356d, Dachkonstruktion um 1500. ▪ Nr. 901, sog. Rorgut, erb. 1730 als Arzthaus, erweitert 1796d. Renov. 1997–98.

SEESTRASSE ▪ Nr. 976, Zum alten Schynhuet. Landhaus, 1704 für den Textilkaufmann Hans Jakob Pestalozzi. Reich ausgestatteter, 1989–95 renov. und z. T. neu ausgestalteter barocker Landsitz.

UNTERE BRUECH ▪ Nr. 139–147 (ungerade Nrn.), Bezirksgebäude 1955 von Hermann Fietz d. J., Glasfenster 1958 von Max Hunziker.

SCHUMBELSTRASSE ▪ Nr. 24, **Wohnhaus Schlehstud mit Atelier**, 1933 von Hans Fischli. Holzverkleideter Stahlskelettbau. 88

DOLLIKON Am Seeufer wurden im Winter 1853–54 erstmals in der Schweiz Überreste einer Pfahlbausiedlung entdeckt.

BURG *Intakter, von Wiesen mit Obstbäumen umgebener Weiler oberhalb des Dorfes.* ▪ Dreiteiliges Reihenhaus von 1673 und 1687. ▪ **Wirtshaus zur Burg**. Erb. 1676 für Untervogt Hans Jakob Wunderli. Renov. 1970–71 und 1999. Stattlicher Teilfachwerkbau unter Giebeldach mit Freitreppe, bemalten Fallläden und Reihenfenstern; Fachwerk-Lukarne mit Uhr und Glocke. In der Gaststube Täfer, Buffet und Kachelofen in Frühbarockformen. 89

88

89

88 Meilen. Wohnhaus Schlehstud mit Atelier.
89 Meilen. Wirtshaus zur Burg.

BURGSTRASSE ▮ Doppelwohnhaus Friedberg. Stattlicher Teilfachwerkbau mit Freitreppe und Fachwerk-Lukarne um 1720 für Untervogt Hans Jakob Wunderli. Renov. 1987–88. ▮ Burgruine Friedberg, in Spornlage mit Abschnittsgraben. Älteste Anlage um 1200; 2. H. 14. Jh. verlassen. Ausgrabung und Konservierung 1976–78; bedeutende Funde im Ortsmuseum Meilen.
HOHENEGG ▮ Psychiatrische Klinik Hohenegg. 1911–12 von Robert Rittmeyer und Walter Furrer in Heimatstilformen. Durch die lockere Gruppierung der Gebäude sollte der Anstaltscharakter vermieden werden.

Museum:

- Ortsmuseum in klassiz. Wohnhaus von 1832, Kirchgasse Nr. 14.

UETIKON AM SEE

▮ Reformierte Kirche. Erb. 1681–82 unter Verwendung von Teilen des Vorgängerbaus (Turm, eventuell auch Chor). Turmaufbau 1873, Chorgewölbe 1908, Erweiterung gegen W und Innenumbau 1924–25. Schlichte Saalkirche mit eingezogenem polygonalem Chor; Chorflankenturm mit Käsbissendach. Taufstein 1682. Mittelfenster im Chor 1954 von François de Ribaupierre; am Chorgestühl Flachrelief 1953 von Max Hunziker.
ALTE LANDSTRASSE ▮ Nr. 119, über mittelalterl. Keller von 1383d errichteter Bohlenständerbau von 1441d; vorgesetzte Massivfassade und Dachkonstruktion 1542. Rest. 1999–2001.
SEESTRASSE ▮ Nr. 152, Landhaus zum Langenbaum. 1634 für Heinrich Lochmann d. Ä., Oberst in franz. Kriegsdiensten; Massivbau unter Satteldach, Beispiel eines frühen Landhauses am Zürichsee.
TRAMSTRASSE ▮ Nr. 55, Haus Wäckerling. Grosse, aus Wohn- und Ökomiegebäuden bestehende Anlage zur Pflege alter, hilfsbedürftiger Menschen, Hauptgebäude 1899–1902 von Hermann Fietz d. Ä. in Formen des Jugendstils und der Neugotik. Pensionärenhaus 1921–23.

90

90 Männedorf. Kath. Kirche St. Stephan.

MÄNNEDORF

▮ **Reformierte Kirche**. *Neben den Kirchen von Meilen, Wädenswil und auf der Ufenau einer der frühen im Zusammenhang mit der Christianisierung des Zürichsees im 7. Jh. entstandenen Sakralbauten.* Erwähnt 998. 1657 Neubau von Schiff und Chor und Aufstockung des mittelalterl. Turms. 1862–63 neugot. Umgestaltung durch Caspar Joseph Jeuch. 1961–62 purifizierende Aussenrenov. und vollständige Neugestaltung des Innern von Hans v. Meyenburg; Zerstörung der neugot. Arkadendisposition und Ausstattung. Saalraum ohne Chorabtrennung unter flach geneigter Holzdecke; Seitenempore aus Beton, Taufstein und Kanzel mit Reliefs von Peter Meister, Glasmalereien von Hermann Alfred Sigg.
HASENACKERSTRASSE ▮ **Katholische Kirche** **90**
St. Stephan. 1892–93 von August Hardegger; Turm 1898. Älteste kath. Kirche und Pfarrei am rechten Seeufer. 1966–68 Entfernung der neugot. Innenausstattung mit Ausnahme des Rosettenfensters und neue künstlerische Ausstattung. 1992–93 Renov. mit Neuausmalung und Neugestaltung des

liturgischen Bereichs. Bau einer Unterkirche. Neugot. Bau in Haustein mit frei stehendem polygonalem Turm unter Spitzhelm.

BLATTENGASSE ▪ Nr. 7, ref. Pfarrhaus 1781. Renov. 1980.

SEESTRASSE ▪ Nr. 80, **Villa Alma**. Reich gegliederte, neugot.-engl. Villa aus grob behauenen Sandsteinquadern, 1905–06 von Richard Kuder und Joseph Müller für Fabrikant Emil Staub-Terlinden. Rest. 1984–87, 2005–07. Im Äussern und Innern in seltener Vollständigkeit erhalten. Parkanlage mit bedeutendem Baumbestand. ▪ Nr. 131. Wohnhaus Flora 1859 von und für Arch. Jakob Diener. ▪ Nr. 233, Grosser Zieglerhof, 1727–29 für die Stadtzürcher Seidenfabrikanten und Brüder Leonhard und Jakob Christoph Ziegler. Aussenrenov. 1990–91. Barocker Landsitz mit Rokokogittern und reicher Ausstattung.

DORFGASSE ▪ Nr. 37, Untervogtshaus. Spätgot. Kern mit zwei Portalen mit Eselsrücken und Jahreszahl 1543, Zwillingsfenster. Seeseitiger Anbau um 1790 (u. a. sog. Prunkzimmer mit reicher Stuckdecke und auf Leinwand gemalten idyllischen Landschaften sowie mythologischen Szenen); bergseitiger Anbau 1816d. Renov. 1991–93. ▪ Nr. 76, Kleiner Zieglerhof, 18. Jh., ehem. als Lehenshaus zum Zieglerhof gehörend. Aussenrenov. 1982–83.

BAHNHOFSTRASSE ▪ Nr. 44, Landhaus zur Mittelwies. Baukomplex mit Kern aus dem 17./18. Jh., Türmchen unter Zeltdach. 1981–82 Umbau und Erweiterung zur Krankenpflegeschule.

ALTE LANDSTRASSE ▪ Nr. 220, Villa Liebegg (heute Kulturzentrum). 1833–35 möglicherweise nach Plänen des Malers Jakob Billeter für Fabrikant Eduard Billeter. Knabeninstitut 1845–50. Klassiz. Villa mit zwei symmetrisch vorgelagerten Ökonomiegebäuden von 1836–38. Stützmauer von 1895 mit vier antikisierenden Figuren aus dem 18. Jh. in Nischen. Renov. 1989–93.

HASENACKERSTRASSE ▪ Nr. 17, kath. Pfarrhaus 1897. Renov. und Umbau in Pfarreizentrum 1980.

ASYLSTRASSE ▪ Nrn. 34/36, Doppelwohnhaus 1639.

REBHALDENWEG ▪ Nr. 14, Bohlenständerbau um 1548d unter flach geneigtem Rafendach.

STÄFA

▪ **Reformierte Kirche, ehem. St. Verena**. Erwähnt um 970. Aufstockung des Chors zum Chorturm 1491; vollständiger Umbau und neuer Innenausbau 1788–89; Glockengeschoss und Spitzhelm 1835–37 von Ferdinand Stadler. Renov. 1987–88. Frühklassiz. Saalkirche unter Teilwalmdach mit polygonalem Chor und Eckpilastergliederung. Drei frühklassiz. Portale mit geschweiften Dächern auf Säulen oder Pfeilern. Im Innern stichbogige Gipstonne und ansteigende W-Empore auf zwei Holzsäulenpaaren; die frühklassiz. Wand- und Deckenstuckaturen von Johann Martin Zobel, Taufstein und Kanzel 1788. Im ehem. Turmchor spätgot. Kreuzrippengewölbe.

KIRCHBÜHLSTRASSE ▪ Nr. 40, ref. Pfarrhaus 1563–64. Renov. 1960–61.

KREUZSTRASSE ▪ Nrn. 17/19, katholische Kirche St. Verena mit Pfarrhaus, 1947 von Viktor Schaefer.

OETIKON HAAB. Geschlossene Hafenanlage mit Häuserzeile des 17.–19. Jh.

▪ Denkmal zur Erinnerung an den Stäfnerhandel 1794–95: Bronzefigur Ketten zerreissender Freiheitskämpfer, 1898 von August Bösch.

SEESTRASSE ▪ Nr. 37, Gasthaus Sonne. 1735, Umbau und Innenausstattung 1792. ▪ Nr. 75, 1850–51 als Wohnhaus in Neurenaissanceformen von Ferdinand Stadler für Färbereibesitzer Joh. Jakob Weber. Renov. 2002–03.

IM GEREN ▪ Nr. 5, Gehrenhof. Kern 17. Jh., Umbau und Anbau nach 1820 mit Landschaftsmalereien und Jagdszenen von Joseph Pfeiffer 1823.

OBERHAUSEN GOETHESTRASSE ▪ Nrn. 12/14, Gasthaus zur Alten Krone. 1716, Anbau des Badegasthofes im W 1770. Renov. 1977–78. Ehem. Zentrum des geselligen, kulturellen und politischen Lebens der Gemeinde. Wohnhaus von Goethes Freund Heinrich Meyer (1760–1832), Hofrat und Direktor der weimarischen Zeichenakademie.

KRONENSTRASSE ▪ Nr. 9, Verwaltungsgebäude der Ventilator AG. 1962–64 von Justus Dahinden. Stahlskelettbau mit rückspiegelnder Glashaut.

TÖDISTRASSE ▪ Nr. 1, SAFFA-Haus. Erb. von Lux Guyer für die Schweizerische Ausstellung für Frauenarbeit (SAFFA) in Bern; nach Ausstellungsende nach Aarau versetzt, 2003 abgebrochen und 2005–06 in Stäfa neu aufgebaut. Industriell vorgefertigtes Typenhaus aus Holz.

KEHLHOF MÜLI. Mühlestandort seit dem 14. Jh. Häusergruppe des 18. und 19. Jh.

SEESTRASSE ▮ Nr. 149, Wohnhaus 1732 auf älteren Grundmauern. Mühlegebäude 1754, Anbau 1818, originelle Scheune von 1845. Rebhäuschen wohl 19. Jh., repräsentativer Kleinbau mit polygonalem Grundriss und Haube. ▮ Nr. 156, Villa Sunneschy, erb. 1907–08 von Otto Pfleghard und Max Haefeli für Anna und Rudolf Baumann-Kienast; Rest. und Einrichtung als öffentliches Kulturhaus mit Restaurant 1999–2000. Eigenwilliger, stark vom Bauherrenpaar geprägter Heimatstilbau mit Walmdach.

STERNENHALDEN ▮ Rebhäuschen 18. Jh.

DORF DORFSTRASSE ▮ Nrn. 11/13, Haus zur Farb. Ehem. Färberei. Kern Bohlenständerbau von 1455d, nördl. angeb. Fachwerkbau (Trotte) von 1733d; 1843 Umbau des südl. und 1851 des westl. Schopfes zu Wohnungen. Rest. 1980–83. Gerichtsstube im 2. OG 18. Jh., eingeb. durch Landrichter Johannes Pfenninger oder Sohn, Untervogt Johannes Pfenninger. Im Trotthaus Baumtrotte 18. Jh.

HÄLDELISTRASSE ▮ Nr. 19, ehem. Weinbauernhaus Chergerten 1809. Aussenrenov. 1987–88. Massivbau unter Mansarddach; Freitreppe.

MIES EICHSTRASSE ▮ Nrn. 1/3, sog. Langhaus, Mittelteil 1740, Seitenteile um 1762 für Hans Ulrich Bachmann; Rest. 1997. Lang gezogenes, verputztes Gebäude unter Satteldach, in der Mittelachse ein Quergiebel und seitlich zwei Lukarnen, alle mit geschweiften Giebeln. Reiche Innenausstattung, u.a. in einem Raum des OG graubraune Täfermalereiaus dem späten 18. Jh. mit mytholog. Szenen und angeblich Porträts von Friedrich d. Gr. und Marie Antoinette sowie zwei bemalte Nehracher-Öfen von 1762.

DORFSTRASSE ▮ Nr. 40, Oberhaus, erb. um 1785 für Hans Jakob Baumann; Renov. 1983–84. Massivbau unter Satteldach.

RIETSTRASSE ▮ Nr. 3, ehem. Manufakturgebäude, 1785 als Pendant zum Oberhaus im Rohbau erstellt, jedoch nicht vollendet; Ausbau zu Wohnzwecken 1975–76. Waschhaus um 1785; Renov. 1979/92. Scheune um 1800.

RÜTIHOFSTRASSE ▮ Nrn. 21/23, Wohn- und Atelierhaus, 1940 von Theo Schmid, bretterverschalter Fachwerkbau auf Betonsockel. ▮ Nr. 29, kleine Farm. Sommersitz des Architekten, Corbusier-Förderers und Betreibers des avantgardistischen Cafés und Kinos Select in Zürich, Willy Boesiger. 1944 von Willy Boesiger. Renov. 2005.

MUTZMALEN. Muschelartig in eine auf drei Seiten von ansteigenden Rebbergen umgebene Wiese gebetteter, idyllischer bäuerlicher Weiler. ▮ Seeseits der Bahnlinie klassizist. Weinbauernhaus Sonnental von 1827. Aussenrenov. 1977.

91 Stäfa, Uerikon. Ritterhäuser.

Nürensdorf. Breite. Kapelle St. Oswald, Wandmalereien im Kirchenschiff, um 1350 (s. Seite 137).

MITTELALTERLICHE WANDMALEREIEN IN SAKRAL- UND PROFANBAUTEN

Wie ausgegrabene Fragmente von bemaltem Wandverputz belegen, dürfte das Grossmünster in Zürich bereits in karolingischer und ottonischer Zeit mit Wandgemälden geschmückt gewesen sein. Eine Übersicht über die Entwicklung der Wandmalerei im Gebiet des heutigen Kantons Zürich ist jedoch erst ab 1200 möglich. Am Anfang stehen die Ausmalungen der Johanniterkapelle von Bubikon sowie der Kirchen von Wila und Regensdorf (obere Kirche). Der Stil der teppichartig über die Wände verteilten Bilder ist von einer beachtlichen Qualität und auffallend einheitlich; in Regensdorf und Bubikon war vermutlich dieselbe Werkstatt tätig. Aus der zweiten Hälfte des 13. Jahrhunderts ist ausser einer Abendmahls- und Fusswaschungsszene in der Zwölfbotenkapelle des Grossmünsters nichts Nennenswertes überliefert.

In der ersten Hälfte des 14. Jahrhunderts erlebte Zürich eine kulturelle Blütezeit, deren herausragendes Zeugnis die Manessische Liederhandschrift darstellt. Stilistische und motivische Gemeinsamkeiten lassen auf enge Zusammenhänge zwischen Buch- und Wandmalerei schliessen. Die dreischiffige Kirche von Oberwinterthur ist ein eindrückliches Beispiel für einen vollständig ausgemalten Kirchenraum. Gotische Bilderzyklen zierten oft auch kleinere Kirchen und Kapellen (Oberstammheim, Zell, Wila, Breite bei Nürensdorf). Die Bilder blieben meist nur einige Jahrzehnte sichtbar und wurden darauf mit neuen Sujets überdeckt.

Seit dem 14. Jahrhundert liessen vermögende Stadtzürcher die repräsentativen Räume ihrer Wohnhäuser ebenfalls mit Malereien ausstatten und ahmten damit den höfischen Lebensstil nach. Die Wappenfolge auf der Balkendecke des Hauses zum Loch, die Wandbilder aus dem Haus zum Langen Keller (beide im Schweizerischen Landesmuseum) und der ausgemalte Saal der Juden Mose und Gumprecht im Haus zum Brunnenhof sind die wichtigsten Beispiele der ersten Jahrhunderthälfte. Aus der Mitte des 15. Jahrhunderts ist der Wildleute-Zyklus im Haus zum Paradies zu erwähnen.

Elgg. Ref. Kirche, Malerei im Chorgewölbe mit der Darstellung der Klugen Jungfrauen, 1514 (s. Seite 216).

Einen zweiten Höhepunkt erlebte die Zürcher Wandmalerei in den Jahrzehnten vor der Reformation, als der «Kirchenbauboom» den Malern zahlreiche Aufträge bescherte. Die Bemalung der kleinteiligen Flächen in den Stern- und Netzgewölben stellte für die Künstler eine neue Aufgabe dar (Elgg, Unterstammheim, Turbenthal). Erstmals sind nun auch Namen und rudimentäre biografische Daten von Malern überliefert. Die herausragende Künstlerpersönlichkeit in Winterthur und Umgebung war Hans Haggenberg, dem die Forschung eine Reihe von Werken zugewiesen hat (u. a. Rüti, Veltheim, Wiesendangen). Sein Hauptwerk, die Ausmalung des Kreuzgangs im Kloster Töss, wurde 1851 zerstört; die einzigartigen Sgraffiti in seinem Winterthurer Wohnhaus zum Hinteren Waldhorn blieben teilweise erhalten.

Winterthur. Haus zum Hinteren Waldhorn, Detail aus dem Bilderzyklus in Sgraffitotechnik von Hans Haggenberg, 1490–94 (s. Seite 183).

Mit der Einführung der Reformation endete die jahrhundertealte Tradition der kirchlichen Malerei abrupt. Die Maler hatten sich künftig mit privaten und staatlichen Aufträgen zufrieden zu geben, sofern sie es nicht vorzogen, in katholisch gebliebene Gebiete abzuwandern.

Roland Böhmer

UERIKON

91 ▪ **Sog. Ritterhäuser***. *Herrschaftlicher Baukomplex am See.* Urspr. Sitz der 1229 genannten Herren v. Uerikon, dann der Einsiedler Ammänner aus der Familie Wirz.

SEESTRASSE ▪ Nr. 252, **St.-Johanneskapelle**. Roman. Langhaus, polygonaler Choranbau und Dach von 1481, Gesamtrest. 1945–46, 1954 Rekonstr. des 1542 abgebr. Dachreiters. Chorfenster 1949–50 von Max Hunziker. ▪ Nr. 256, **sog. Burgstall**. Erb. 1492 für Ammann Heinrich Wirz anstelle eines mittelalterl. Vorgängerbaus; renov. 1976–77. Wuchtiges Wohnhaus aus Sandsteinquadern mit Viertelwalmdach. In der Ammännerstube spätgot. Balkendecke mit Wappen des Bauherrn und seiner Gemahlin Agnes v. Cham. ▪ Nr. 254, **sog. Ritterhaus**. Erb. 1531 als Amts- und Wohnhaus für Oswald und Hans Diebold Wirz von Ludwig Nöggi; im Keller Mauern des Vorgängergebäudes erhalten. Rest. 1959–61. Mächtiger Fachwerkbau auf massivem Sockelgeschoss und gemauerte Giebelfronten mit Halbwalm. An den nördl. Vordachbügen Wappen Wirz und Nöggi, Johanniterschild und Narrengestalt. In der Ritterstube Renaissancebalkendecke von Ludwig Nöggi und Nehracher-Ofen von 1780 aus Hadlikon.

Museum:
– Haus zur Farb, Ortsmuseum, Dorfstrasse Nrn. 11/13.

HOMBRECHTIKON

Aus mehreren Siedlungen zwischen See und den Ausläufern des Pfannenstils bestehende Gemeinde. Geprägt durch stattliche und reich ausgestaltete Bauernhäuser.

▪ **Reformierte Kirche, ehem. St. Nikolaus.** 1308 erwähnt; spätgot. Kirche 1. V. 16. Jh. Neubau 1758–59 von Jakob Grubenmann unter Verwendung des spätgot. Turms (Helm statt Käsbissen). Bis heute weitgehend orig. erhaltene barocke Landkirche, das letzte Werk Jakob Grubenmanns, der 1758 in Hombrechtikon starb. Innenrenov. 2001–02. Langhaus und eingezogener Polygonalchor unter gemeinsamem Satteldach, im N zwischen Schiff und Chor der Turm mit geschweiften Uhrgiebeln und Spitzhelm. In beiden Raumteilen Flachdecken mit reichem Rokokostuck. Polygonale Kanzel 1759 von Hans Rudolf Weber; darunter Pfarrstuhl dat. 1703; Kirchenörter 17./18. Jh. mit Besitzerinschriften; Taufstein 1759; W-Empore 1959 mit Prospekt der ehem. Chororgel von 1912.

RÜTISTRASSE ▪ Katholische Kirche St. Nikolaus 1968–69 von Walter Moser.

DÖRFLI OETWILERSTRASSE ▪ Nr. 3, Villa Fortuna. Orig. erhaltenes Textilfabrikantenwohnhaus, 1903–04 von Seline Bianchi-Frei und C. Kubly-Wyss für den Textilfabrikanten Eugen Gagg. Rest. 1990–92 bzw. 1996. ▪ Nr. 35, ref. Pfarrhaus 1759. Innenrenov. 2001–02.

SCHLATT ▪ Nr. 18, Einsiedlerhaus, erb. 1514d. Renov. 1985. Bohlenständerbau mit Krüppelwalmdach.

SCHIRMENSEE Malerische, um einen Platz angeordnete Häusergruppe. Hafen des Pilgerschiffverkehrs nach Einsiedeln über Ufenau. SCHIRMENSEESTRASSE ▪ Nr. 1, ehem. Taverne zum Rössli. Heutige Gestalt 1707. Renov. 1958–59 und 1999–2000. Stattlicher Massivbau mit repräsentativem Quergiebel in grossem Park; Sala terrena mit drei Kreuzgratgewölben. ▪ Nr. 3, gestelztes Fachwerkhaus auf hohem Kellersockel, 1673. Trotz tief greifenden Umbauten seit 1946 blieb der Charme erhalten. In den Gängen und im Treppenhaus Grisaillemalereien, Ranken, zwei Raben (Meinradslegende?), 18. Jh.; Kachelofen 1759 von Hans Caspar Nehracher. ▪ Nr. 4, ehem. Bauernhaus mit skulptiertem Eckstein (Kopf) von 1596.

FELDBACH ▪ Prächtige Häusergruppe, erb. von der seit ca. 1500 hier ansässigen Familie Bühler, genannt «Bauernkönige von Feldbach». HORNSTRASSE ▪ Nr. 2, ehem. Mühle. Verputzter Giebelbau von 1636, Renov. 1995–96. Zwei Kielbogenportale mit Wappen der Bauherrenfamilie Bühler.

SEESTRASSE ▪ Nr. 4, Hof Oberhaus, bestehend aus dem mächtigen Haupthaus mit Freitreppe, 1743 für Quartiermeister Hans Jakob Bühler-Heusser (1710–70), dem Trotthaus 1719 mit Wohnung, dem Waschhaus 18. Jh. und der Scheune 1893. Renov. 1994ff.

HORN ▪ Seegut, Löwenpavillon. 1895 aus Ausstellungsstücken der Gewerbeausstellung 1894 in

Zürich zusammengestellter Kleinbau mit bekrönendem Löwen des «Löwenbildhauers» Urs Eggenschwyler. Rest. 1995–96.

ALTE LANDSTRASSE ▪ Nrn. 1/3, Landgut zum Rosenberg. Klassizist. Villa mit flankierenden Nebengebäuden 1832–33, gemäss Familientradition vom Bauherrn Hans Heinrich Hürlimann-Bleuler in Zusammenarbeit mit Freunden, v. a. Jakob Billeter, entworfen; 1905 Umbau und Ersatz der Scheune von 1833 durch Ökonomiegebäude von Albert Gull und Jakob Geiger. Gartenpavillon 1905. Wanddekorationen (Gouachen) mit Orts- und Landschaftsdarstellungen (Küsnacht, Thun etc.) um 1833 von David Alois Schmid.

GOLDENBERG ▪ Nr. 4, Landhaus Goldenberg, auf einem Hügel oberhalb der Bahnlinie. Bau 1837, Umgest. und Vergrösserung 1875–76, 1902 Musiksaalanbau. Eingreifender Umbau 1987–88.

LÜTZELSEE ▪ Nrn. 1/3, kleiner, gegen SO offener, gegen NW dank hohem Sockelgeschoss burgartig geschlossener Komplex, bestehend aus **Haus Menzi**, A. 18. Jh. für Familie Hürlimann, Stöckli 1833 und verbindendem Ökonomiebau. Renov. 1972–75. Haupthaus mit ornamentalen Malereien an Dachuntersichten und Fallläden. Kachelofen von Matthias Nehracher 1774. ▪ Nr. 4, **Haus Hürlimann**. 1703–09 von Hans von Tobel und Sohn Jung Hans für Bartly, Bernhard und Hans Hürlimann. 1792 umgest. Imposantes Fachwerkgebäude mit bemalten Dachuntersichten und Fensterläden.

LUTIKON ▪ Nrn. 1/3, **Haus Egli**. 1665–66 für Heinimann Zolliker; Rest. 1955–57. Malerischer Fachwerkbau mit Klebdächern; geschnitzte Drachenköpfe und Sterne an den Zugbändern. Die 1776 dekorativ bemalten Dachuntersichten und Fallläden 1955–57 rekonstr., Türen mit gemalten Fruchtgehängen. Im Innern durch geschnitzte Konsolen gestützte Kassettendecke von 1668, zwei Öfen von Matthias Nehracher 1775 und 1776.

INNER LANGENRIET TALSTRASSE ▪ Nr. 2, Hof Dändliker, bestehend aus Haupthaus 1683, Scheune 1690 und Waschhaus 1858. ▪ Nr. 3/Hofstrasse Nrn. 2/4/6, imposanter, kreuzförmig in vier Wohnteile getrennter Massivbau letztes Viertel 18. Jh.

NEUHOF RÜTISTRASSE ▪ Nr. 46, Wohnhaus 1780, 1841 klassiz. Umbau. Renov. 2005. Daneben sog. Brändlischeune 1853, renov. 1994–96.

EICHTAL ▪ Spinnerei Eichtal. Bedeutendster Bau an der Hombrechtiker Industrieachse am Tobelbach zwischen Lützel- und Zürichsee. Erb. 1828; 1847–57 zur winkelförmigen Anlage erweitert. Aussenrenov. 2002.

Museum:

- Ortsmuseum im Stricklerhaus von 1690, Langenrietstrasse Nr. 6.

GLATTAL

NÜRENSDORF

NEUHOFSTRASSE ▪ Nr. 1, Schloss. Erb. 1760 von David Morf für Gerichtsherr Salomon Hess; 1839 Kauf durch Kantonsrat Salomon Bänninger, der im Baumgarten eine Brauerei errichtete, Betrieb bis 1902. Brand des Dachgeschosses und Wiederaufbau 1886. Renov. 1982–83. Spätbarocker Massivbau, ursprünglich mit Mansarddach, seit 1886 mit Satteldach und Quergiebel.

BREITE ▪ **Reformierte Kapelle, ehem. St. Oswald.** Erb. im 12./13. Jh., erstmals erwähnt um 1370. Dachreiter 1347d, Umbau 1670, Umgestaltung des Dachreiters 1843, Freilegung und Rest. der Wandmalereien 1920, zweite Rest. 1969–70, Aussenrest. 1996. Saalkirche mit eingezogenem, querrechteckigem Chor. Dächer mit Hohlziegeleindeckung. Tonplattenboden, Leistendecke und Bestuhlung 1670. Wandmalereien um 1350: im Schiff Kindheit und Passion Christi unter Arkaden, im Chor Christophorus. Neuausmalung nach 1450: am Chorbogen Brustbilder von Heiligen, im Chor Ganzfiguren von Aposteln und Heiligen.

OBERWIL ALTE BÜHLHOFSTRASSE ▪ Nrn. 3/5, repräsentatives Doppelbauernhaus 1761. Renov. 1972–73.

BRÜTTENERSTRASSE ▪ Nr. 6, repräsentatives Bauernhaus 1782. Umbau 1975. Dachbalkenspruch.

▪ Sog. Heidenburgen. An der ehem. Römerstrasse Windisch–Oberwinterthur. Wahrscheinlich unter Kaiser Valentinian (364–375 n. Chr.) als Strassensicherung erbaut. Die untere Befestigung, am Rande der Terrasse über der Römerstrasse, ist eine quadratische Anlage mit einem dreiseitig von Graben und Wall gesicherten Geviert. Die obere, 300 m östl. auf dem Hügel gelegene ist von kreisrunder Form. Ihre Datierung ist unklar (evtl. auch mittelalterlich).

Museen:

- Ortsmuseum, Neuhofstrasse Nr. 1.
- Landwirtschaftliches Museum, Lebernstrasse Nr. 5.

BASSERSDORF

▪ Reformierte Kirche, ehem. St. Johannes. Erwähnt um 1370 als Filiale von Kloten. Roman. Grundbestand über röm. Mauerresten; Abbruch des roman. Chores und Bau des Chorturms mit Käsbissen 1534d; 1663 Erweiterung des Schiffs nach W und N; 1963–64 archäologische Ausgrabung und tiefgreifende Renov. Aussenrenov. und verglaste Vorhalle 2004. Saalkirche mit aus der Mittelachse verschobenem Chorturm, kreuzgratgewölbter Turmchor mit Masswerkfenstern, seit 1964 vom Schiff abgetrennt.

KARL-HÜGIN-PLATZ ▪ Nr. 2, ehem. ref. Pfarrhaus, erb. wohl im 18. Jh., seit 1960 Gemeindehaus. Aussenrenov. 1982.

WINTERTHURERSTRASSE ▪ Nr 25, ehem. Gasthof Adler. Erb. 1788–89 als Gasthof und Poststation, renov. 1991–93. Frühklassiz. Repräsentationsbau mit Ecklisenen unter steilem Walmdach, Portal mit darüberliegendem, jüngeren Balkon, Urnenbrunnen von 1797.

BALTENSWIL NEUE WINTERTHURERSTRASSE ▪ Nr. 40, **ehem. Gasthaus Schwanen**, heute Landheim. Palastartiger spätklassizist. Bau 1843–45 von Wilhelm Waser. Im OG Saal mit reichen Wand- und Deckenmalereien aus der Bauzeit. Rest. 2002.

KLOTEN

Seit dem Flughafenbau 1946–53 stürmische Entwicklung des stattlichen Bauerndorfes entlang der einstigen Römerstrasse zur städtischen Flächensiedlung.

▪ **Reformierte Kirche**. *Bedeutende Spätrokoko-Landkirche im Schema quergerichteter reformierter Predigträume.* 1785–86 von Johann Jakob Haltiner, Turm 1788–90 von Johann Grubenmann d. J. Innenrenov. 1958–59, Aussenrenov. 1998–2000. Rechteckbau mit Walmdach, Mittelrisalit an den Längsseiten von Eckpilastern gerahmt und von Frontispiz mit geschweiften Seiten und flachem Dreiecksgiebel abgeschlossen; fünf auf drei Fensterachsen mit rundbogigen Hauptfenstern und Oberlichtern, in den Mittelachsen gequaderte Portalarchitektur. O-Turm von gequaderten Ecklisenen und Gurtgesimsen gegliedert, Kuppelhaube. Im weiträumigen Kirchensaal Spiegelgewölbe mit Stichkappen auf ion. Wandpilastern; Deckenstuckierung mit Rocaillekartuschen von hoher Qualität; Rokoko-Holzkanzel über dem Portal der S-Wand, an den übrigen drei Seiten steil ansteigende Emporen. ▪ Südwestl. der Kirche Fundamentreste einer **röm. Befestigungsanlage** aus der Zeit um 370 n. Chr. 93

ROSENWEG ▪ **Katholisches Kirchenzentrum** Christ-König. 1969–71 von Willi Egli und Ewald Viquerat. Ausgedehnter Komplex mit fensterlosem,

93

93 Kloten. Ref. Kirche.

94

94 Kloten. Flughafen, Eisenplastik von Bernhard Luginbühl.

von Oberlichtern erhelltem Kirchenraum in Form eines Kreissegmentes.

DORFSTRASSE ▮ Nr. 25, Primarschulhaus Dorf. Erb. 1868 als Sekundarschulhaus. Aussenrenov. 1990–91. Spätklassiz. Massivbau mit Satteldach und Quergiebel. ▮ Nr. 26, ref. Pfarrhaus 1698; Teilneubau 1839–40. Aussenrenov. 2002. Ehem. Sichtfachwerkbau, seit 1840 verputzt. ▮ Nrn. 47/49, **Büchelerhaus**. Bohlenständerbau von 1548 mit angeb. Wohnteil 1621d, Renov. 1981–83. Mehrreihenständerbau von grosser Authentizität.

LUFINGERSTRASSE ▮ Nr. 1, Haus zum Lindengarten. Erb. 1820–21 für den Arzt Johann Jakob Tobler. Klassiz. Massivbau unter Walmdach, an der Hauptfront Mittelrisalit mit Dreiecksgiebel, rückseits vortretendes Treppenhaus. Ausstattung (Täfer, Kachelöfen) aus der Bauzeit. Waschhaus 1820–21, Scheune 1882–83. ▮ **Flughafen**. Werft 1 mit überwölbtem Hangar 1948–49 von Karl Kündig und Ernst Rohrer, Bogenkonstruktion von Fritz Stüssi. Aufnahmegebäude (Terminal A) und Verwaltungstrakt 1950–53 von Alfred und Heinrich Oeschger. Im Konferenzzimmer des Restaurants Mosaik 1952 von Eugen Häfelfinger; auf der Zuschauerterrasse Skulptur von Hans Aeschbacher 1963. Gebäude und Anlagen seither in Etappen mehrmals erweitert, u. a. Fracht Ost 1987 von Theo Hotz. Beim Operation Center Eisen-
94 plastik Sisyphus von Bernhard Luginbühl 1977. Terminal E (Dock Midfield) 2000–03 von Martin Spühler/AGPS Architecture Zürich.

BUTZENBÜHL ▮ Denkmal für den Flugpionier Walter Mittelholzer (1894–1937), 1942 von Rudolf Wening; urspr. in Dübendorf aufgestellt.

Museum:
– Ortsmuseum, Dorfstrasse Nrn. 47/49.

RÜMLANG

▮ **Reformierte Kirche, ehem. St. Peter**. Erwähnt 952. 1348d Errichtung des Chorturms anstelle des roman. Chors, Verlängerung des Schiffs nach W wohl 1508 und 1846–47, Sakristei vermutlich 1523. Tiefgreifende Renov. 1950, Renov. 2002. Lang gestreckte Saalkirche mit leicht eingezogenem Chorturm und nördl. Sakristeianbau mit ehem. Beinhaus im UG. An der S-Seite des Schiffs barockes Epitaph von 1730. Massig gedrungener Turm mit vorgeblendetem Sandsteinquadermauerwerk, über dem gezimmerten Glockengeschoss steiles Zeltdach auf Eichenpfeiler ruhend. Am spitzen Chorbogen Holzkanzel von 1637 (Kopie) auf Steinsäule. Im Kreuzrippengewölbe des Chores spätgot. Darstellung der Evangelistensymbole; spätgot. Sakristeitüre mit Kragsturzbogen und beschlagenem Flügel. Im Chorfenster drei Rundscheiben, 1508 von Lukas Zeiner: Wappen von Zürich, der Vogtei Rümlang und der Fürstäbtissin am Zürcher Fraumünster, Katharina v. Zimmern. Barocker Taufstein.

IM KIRCHBRUNNEN ▮ Trafostation. 1908, eigenwilliger Kleinbau mit zweifarbiger Sichtbacksteinverkleidung. Aussenrest. 1997.

KATZENRÜTI ▮ **Kleinjogg-Haus**. Erste Hofnennung 1306, heutiger Bau 1563 für das Zürcher Kornamt; 1769–85 an den Bauernphilosophen Jakob Gujer verliehen, der es zu einem Mustergut machte (Besuch Goethes 1775); Renov. 1985–86. Mehrreihenständerbau unter mächtigem Krüppelwalmdach, urspr. Bohlenständerbau mit zentraler, zweigeschossiger Rauchküche; skulptierte Fenstersäule 1612.

ALTROHR ▮ Gedeckte **Hängewerkbrücke** über die Glatt. 1767 von Johannes Grubenmann, 1951 von Oberglatt hierher versetzt.

ASP ▮ Sog. Franzosenwälle 1799.

OPFIKON

▪ Reformierte Kirche und Pfarrhaus, 1956–57 von Rudolf Küenzi.

WALLISELLERSTRASSE ▪ Nr. 20, katholische Kirche St. Anna, 1956 von Arthur Kopf.

OBERDORFSTRASSE ▪ Frei stehender Glockenturm. Erb. 1822–23 anstelle des Kapellenturms von 1765; zugehörige Kapelle erwähnt 1370, abgebrannt 1764.

DORFSTRASSE ▪ Nr. 32, ehem. Zehntenscheune. 1640, erweitert gegen O um 1770, 1968–69 Renov. des Kellers und Einrichtung des Ortsmuseums. 1976 Brand im östl. Wohnteil. Renov. und Neubau des Ökonomieteils 1985–86.

▪ Aubrücke bei der Einmündung des Leutschenbachs in die Glatt, gedeckte Brücke mit Sprengwerk und beidseitig abgewalmtem Dach von 1809–10. 1977 von der Herzogenmühle bei Wallisellen hierher versetzt.

Museum: Ortsmuseum, Dorfstrasse Nr. 32.

WALLISELLEN

▪ **Reformierte Kirche**. 1906–08 von Robert Bischoff und Hermann Weideli. Bildhauerarbeiten am Aussenbau von Paul Abry, Dekorationsmalereien im Innern von Otto Haberer-Sinner, Kanzelwand und Taufstein von Emil Schneebeli. Renov. 1975–76. Jugendstilkirche mit Heimatstilelementen. In ihrem Äussern plastisch stark durchgebildete Saalkirche mit Krüppelwalmdach, beidseitigen Quergiebeln und asymmetrischem Flankenturm. Klar umrissener Innenraum mit höhlenartig bergendem Muldengewölbe, Konzentration auf die ineinandergreifende Anordnung von Taufstein, Kanzel und Orgel. Zurückhaltende Dekoration durch Reliefierung der Flachtonne, Ornamente bei den Fenstern und farbige Glasfenster mit abstrakten Mustern. In der Vorhalle barocker Taufstein von 1704 aus der alten, 1931 abgebr. Kirche.

ALPENSTRASSE ▪ Nr. 7, katholische Kirche St. Antonius. 1957–58 von Karl Higi; Glasfenster 1957–58 von Ferdinand Gehr; Kruzifix 17. Jh. ▪ Nr. 11, Primarschulhaus. 1920–22 von Karl Knell d. J. und Alfred Hässig in schweren neuklassiz. Formen.

ALTE WINTERTHURERSTRASSE ▪ Nr. 31, sog. Doktorhaus. Als Gasthof Linde erb. 1733–34 für den Landrichter David Ziegler. Renov. 1975–76.

RIEDEN ▪ Frei stehender Glockenturm in neugot. Stil von 1866. Aussenrenov. 1987–88.

HERZOGENMÜHLE ▪ Nr. 2, Fernheizwerk Aubrugg. 1975–77 von Pierre Zoelly. Plastischer, die Autobahneinfahrt von Zürich beherrschender Sichtbetonbau.

DIETLIKON

▪ Reformierte Kirche. Saalbau von 1698 mit polygonalem, strebenbesetztem O-Abschluss, 1764 westl. Anbau für die Emporentreppen; 1900 tiefgreifende Erneuerung im Sinn des Historismus, u. a. Firstturm; 1954 purifizierende Renov. und neuer Firstturm von Jost Meier. Renov. 1990–92. Wandsprüche, reich geschnitzte Polygonalkanzel und Taufstein aus der Bauzeit, Glasgemälde von Willy Fries 1954.

FADACKERSTRASSE ▪ Nr. 11, katholische Kirche St. Michael 1969–70 von Josef Marti.

SCHULGASSE ▪ Nr. 4, ref. Pfarrhaus. Fachwerkgebäude 1681–82. Aussenrenov. 1984, Innenrenov. 1990. Waschhäuschen 1759.

RIEDENERSTRASSE ▪ Nrn. 1/3, Mehrreihenständerbau mit flach geneigtem Dach von 1512d mit Erweiterung von 1632d. Renov. 2005–06. Verzinkter Blockbauspeicher 1469d, Dachkonstruktion 1606d.

AUFWIESENSTRASSE ▪ Nr. 22, Arbeiterwohnheim Casa Maria. 1982–83 von Livio Vacchini und Mario Piatti. Neuinterpretation des Hofhauses durch Ausscheiden zweier Seitenhöfe.

SONNENBÜHLSTRASSE ▪ Nrn. 31/33/35/37, Wohnsiedlung Wasenacher. 1980–82 von der Metron Architekten AG.

DÜBENDORF

▪ **Reformierte Kirche**. Neu erbaut 1969–71 von Hans v. Meyenburg am Standort eines Vorgängerbaus.

NEUHAUSSTRASSE ▪ Nr. 34, katholische Kirche Maria-Frieden. Schiff 1951–52, Turm 1963 von Ferdinand Pfammatter und Walter Rieger. Glasfenster von Paul Monnier und Max Spielmann.

95

96

95 Dübendorf. Stadthaus.
96 Dübendorf. EMPA.

95 USTERSTRASSE ▮ Nr. 2, Stadthaus. 1997 von Anton Ruegge, Jiri Mazák und Peter Moor. In der viergeschossigen Halle Porträtwand des Ateliers Chiaranza & Hauser.

RECHWEG/WANGENSTRASSE ▮ **Militärflugplatz**. Anlage 1910. Erste Hallenbauten ab 1916. Überwölbte Montagehalle in Eisenbeton 1922–23 von Zehntner und Brenneisen. Empfangsgebäude ehem. Zivilflughafen, Hangar und Werft 1931–32 von Karl Kündig und Heinrich Oetiker. Fliegerkaserne, Wandbild 1941 von Karl Hügin. Direktionsgebäude, Wandbild 1963–64 von Hermann Alfred Sigg.

96 ÜBERLANDSTRASSE ▮ Nr. 129, Eidg. Materialprüfungsanstalt EMPA, 1958–62 von Werner Forrer. Orthogonal angeordnete Sichtbacksteinbauten, pragmatische Schweizer Nachkriegsmoderne. Renov. und erw. 1995–2000 von Marianne Burkhalter und Christian Sumi.

ROTBUCHSTRASSE ▮ Armeeausbildungszentrum. 1996 von Bob Gysin und Theo Kurer.

IM SCHÖRLI ▮ Nr. 4, Möbel Lehni AG. Sichtbetonbau von Ernst Gisel 1976.

GFENN KLOSTERSTRASSE ▮ **Ehem. Lazariterkirche**. Konventskirche eines zwischen 1217 und 97
1250 von Graf Rudolf v. Rapperswil gestifteten Leprosenspitals, das bis M. 14. Jh. von Lazariterbrüdern, später von -schwestern betreut wurde. Nach Aufhebung des Konvents 1525 als Bauernhaus genutzt; Brand 1956; Wiederherstellung als parität. Kirche 1961–63 durch Rolf Keller. Rest. 2001. Roman. Saalkirche mit Rechteckchor; Treppengiebel 16./17. Jh. Im Chor Ausmalung M. 15. Jh.: am Kreuzgratgewölbe Krönung Mariä und vier Evangelisten,

97

98

97 Dübendorf. Gfenn. Ehem. Lazariterkirche.
98 Dübendorf. Gockhausen. Haus Neuenschwander.

in den Leibungen des Ostfensters Maria Magdalena und auferstandener Christus. Neue Innenausstattung von Rolf Keller, Relief am Portal von Max Rüedi, Maueranker und Glockenträger mit Hahn von Silvio Mattioli. ▪ Nrn. 6/8, Bauernhaus auf den Grundmauern des 1828 abgebrannten Konventshauses; Kellerdeckenbalken um 1270d.
SCHULWEG ▪ Nr. 12, Kindergarten. Erb. 1904 als Schulhaus. Pittoresker Sichtbacksteinbau.

Museum:
– Flieger Flab Museum, Überlandstrasse Nr. 255.

GOCKHAUSEN

NUSSBAUMSTRASSE ▪ Nr. 1, Atelierhaus Studer,
98 1959 von André Studer. ▪ Nr. 11, Haus Neuenschwander. Expressiver, mit dem Garten organisch verbundener Bau mit geschwungenen Betonwänden und grossen Glasmembranen im Sinne Alvar Aaltos, 1963 von Eduard Neuenschwander, 1974 erweitert.
DÜBELSTEIN ▪ Burgruine mit Befestigungsgraben. Älteste Anlage 1. H. 13. Jh., mehrfach erweitert; 1348–1611 im Besitz von verschiedenen Vertretern der Stadtzürcher Oberschicht, darunter Hans Waldmann (1487–89); 1611 abgebrannt.

WANGEN-BRÜTTISELLEN

WANGEN ▪ Reformierte Kirche. 1874 als neugot. Querkirche unter Beibehaltung des mittelalterlichen Chorturms erb. von Johann Caspar Wolff; durch vereinfachende Renov. 1927–28 und 1967–68 stark verändert und zur schmucklosen Längskirche umgewandelt.
HEGNAUSTRASSE ▪ Nr. 36, ref. Pfarrhaus mit Ökonomiegebäude. 1819–20 von Johannes Fehr, Johann Conrad Bluntschli d. J. und Hans Jakob Pfenninger. Klassiz. Massivbau mit Walmdach und übergiebelten Risaliten.
BACHTOBEL ▪ Bruderhöhle in Nagelfluhfelsen.

VOLKETSWIL

▪ Reformierte Kirche, ehem. St. Agatha. Um 1370 erstmals erwähnt. Bau des Chors vermutlich 1583; tiefgreifender Umbau 1956–57 durch Max Ziegler und Ernst Vogt, u. a. Entfernung des Chorbogens. Saalkirche mit Polygonalchor. Kanzel E. 17. Jh., Farbglasfenster von Max Hunziker 1962–66.
EICHHOLZSTRASSE ▪ Nr. 1, Landgasthof Wallberg mit Gemeindesaal, 1966–68 von Manuel Pauli.

HEGNAU

USTERSTRASSE ▪ Nr. 6, sog. Kappeli. Ehem. Liebfrauenkapelle. Roman. Kapelle 13. Jh. mit Rechteckchor, im 15. Jh. verbreitert und mit Polygonalchor abgeschlossen; 1755 Aufstockung des Chors zum Chorturm mit spätbarocker Haube; 1810 Umbau des Schiffs zu Schulhaus; 1957 Renov. und Umbau zu Mehrzweckgebäude. Renov. 1983–84.

SCHWERZENBACH

▪ **Reformierte Kirche**. Erb.1812–13 von Hans Con- 99
rad Bluntschli d. J. anstelle eines mittelalterl. Vorgängerbaus an markant erhöhter Lage, Zugangstreppen 1816–17, Dachreiter mit Zwiebelhelm 1937, renov. 1989. Querkirche über rechteckigem Grundriss mit gerundeten Ecken in klassiz. Formen, aber nach barocken Vorbildern.

FÄLLANDEN

Strassendorf am westlichen Ende des Greifensees, mehrere Fundstellen von Seeufersiedlungen aus der Stein- und Bronzezeit.
▪ Reformierte Kirche, ehem. St. Johannes d. T. Erwähnt 1271, Neuweihe 1317. Dachkonstruktion

99

über dem Mittelteil 1350d; Bau des Chors 1428; Umbau 1488–92; Dachkonstruktion über dem Westteil 1528d; radikale Umgestaltung 1920–21 von Otto Zollinger; Turm 1933 von Hans Wiesmann. Rest. 2000–01. Lang gezogene Saalkirche, Innenausstattung 1920–21, u. a. intarsierte Kanzel und Pfarrstuhl mit Reliefdarstellungen von Zwingli und Luther, 1921 von Otto Münch. Taufstein und Chorgestühl spätgotisch. Abgelöstes Wandmalereifragment mit Szenen aus der Passion Christi und dem Martyrium der hll. Felix und Regula, um 1320. Vor dem Eingang Glocke von Peter Füssli 1623.
SUNNETALSTRASSE ▮ Nr. 4, katholische Kirche St. Katharina von Siena 1990–91 von Peter Brader und Urs Nüesch.
DÜBENDORFSTRASSE ▮ Nr. 1, ref. Pfarrhaus. 1692. Renov. 1977–78.
WIGARTENSTRASSE ▮ Nr. 13, ehem. Seidenweberei, dann Seidenzwirnerei. 1907 von Ferdinand Kuhn, Shedhalle als Skelettbau, Kopfbau als zweigeschossiger Massivbau mit Walmdach.
MAURSTRASSE ▮ Nr. 33, **Jugendherberge Im**
100 **Rohrbuck**. Kubischer Holzständerbau 1937 von Emil Roth. Nach Brand 1981 teilw. rekonstr.

MAUR

Malerisch gelegenes Dorf am Greifensee. Seeufersiedlungen der Jungsteinzeit und der Bronzezeit. ▮ **Reformierte Kirche, ehem. St. Martin**. Erb. 1507–11 unter Einbezug der N- und W-Mauer eines roman. Vorgängerbaus, der seinerseits über den Resten einer frühmittelalterl. Kirche aus dem 8. Jh. errichtet worden war. 1580 oder 1585 Vorhalle, 1874 neugot. Glockengeschoss; Renov. 1968–70. Spätgot. Saalkirche mit eingezogenem Polygonalchor und wuchtigem Chorflankenturm. Hauptportal dat. 1510, am Stabwerk zwei skulptierte Eidechsen. Im
Schiff **Holzdecke** mit bemerkenswerten, farbig ge- 101
fassten Flachschnitzereien 1511 von Hans Irniger. Im Rankenwerk der Friese Vögel, Mischwesen, Affen, die eine Geldtruhe plündern, Hasen- und Hirschjagd sowie die Christussymbole Phönix und Pelikan; in der Mittelachse vor dem Chorbogen segnende Gotteshand mit Spruchband. Im Chor Netzgewölbe auf skulptierten Schlusssteinen, am östlichen die Jahreszahl 1509. Sakramentshäuschen mit Blendmasswerk, Sakristeitür mit originalem Türblatt, dat. 1510. Renaissancekanzel 1599 von Rudolf Trüb. Glasgemälde 1900 und 1912.
KIRCHWEG ▮ Nr. 3, ref. Pfarrhaus 1484d; am rundbogigen Kellerportal Jahreszahl 1563; Umbau 1918; Renov. 1970–71. Fachwerkbau mit steilem Satteldach aus der Bauzeit.
BURGSTRASSE ▮ Nr. 8, Burg. Im Mittelalter (erwähnt 1145) Sitz der ritterlichen Meier im Dienst des Fraumünsters in Zürich, dann der privaten Gerichtsherrschaft, die 1749–75 der bedeutende Kupferstecher David Herrliberger innehatte. Wohnturm aus dem 13. Jh., Anbau um 1750 und 1827, um 1850 Umbau in biedermeierliches Wohnhaus. Rest. 1974–75. ▮ Nr. 13, Obermühle. Erweitert 14. Jh. als Zwingmühle des Fraumünsters. Neubau 1701 von Junghans von Tobel, Umbau 1822, Renov. 1988. Unterhalb museal erhaltene Sägerei von 1778.
SCHIFFLÄNDE SGG ▮ Schraubendampfschiff Greif von 1895. Rest. 1984–88.
EBMATINGEN BACHTELSTRASSE ▮ Nr. 13, katholische Kirche St. Franziskus 1990 von Bert Allemann.

100

99 Schwerzenbach. Ref. Kirche.
100 Fällanden. Jugendherberge Im Rohrbuck.

Museum:
– Museum Maur mit Herrliberger-Sammlung, Burgstrasse Nr. 8.

EGG

▪ Reformierte Kirche. Erwähnt 858; 1493–95 Neubau von Chor und Turm, 1742–43 Neubau Langhaus von Rudolf V. Wäber; 1821 Abbruch des Chors sowie des Beinhauses und Verlängerung nach O, Innenrenov. 1986. Lang gezogener Baukörper mit abgewalmtem Chordach und leicht vortretendem Turm auf der Nordseite. Kanzel 1743; Stuckaturen 1821 von Gotthard Geisenhof.

FLURSTRASSE ▪ Nr. 8, katholische Pfarr- und Wallfahrtskirche St. Antonius. 1921 als hölzerne Notkirche von Josef Löhlein erb., 1925 Gründung des Wallfahrtsortes durch Pfr. Anton Bolte, 1930–31 Pilgerheim von Josef Löhlein (heute Restaurant Antonius), 1933–34 Kirchenumbau und Flankenturm anstelle des Dachreiters, 1939 Pilgerhalle und Kreuzgang von Karl Schneider, 1948 Stiftshaus Arcella, 1995–97 Pfarreizentrum von Miroslav Sik und Daniel Studer sowie Renov. der Kirche.

PFANNENSTIELSTRASSE ▪ Nr. 7, Haus Schützenmeister. Klassiz. Massivbau unter Satteldach um 1790, drei Anbauten unter Mansarddach.

ESSLINGEN GÜETERSTALSTRASSE ▪ Nr. 19, klassiz. Bauernhaus von 1795–96, Renov. 1986–87 und 1998–99. Verputzter Teilfachwerkbau mit Teilwalm am nachträglich verlängerten Scheunenteil.

PFANNENSTIL RÜTI ▪ Aussichtsturm. Erb. 1892–93, bis 1985 auf dem Bachtel. Wiederaufbau am heutigen Standort 1992–93. Eisenfachwerkkonstruktion.

HINTEREGG NIDERDORF ▪ Intakte Hofgruppe mit Doppelwohnhaus 1677d und Speicher 1664d (verzinkter Blockbau). Renov. 1995–96 bzw. 1992.

RÄLLIKON RÄLLIKERSTRASSE ▪ Doppelbauernhaus mit Krüppelwalmdach 1530d, Rest. 1989–90.

101

101 Maur. Ref. Kirche. Holzdecke.

OETWIL AM SEE

▪ Reformierte Kirche und Pfarrhaus in hervorragender Lage auf ummauertem Hügel. Kirche, langrechteckiger Saalbau mit Frontturm erb. 1725–30. Innenumbau 1928; renov. 2002. Taufstein 1644 und Pfarrstuhl 1687 aus der abgebr. vorreformatorischen, 1481 erstmals erwähnten St. Niklauskapelle. Kanzel 1730. ▪ Ref. Pfarrhaus von 1732. ▪ Unterhalb der Kirche erstes Schulhaus 1736; renov. 1976–77.

GUSCH, VORDERES CHLOSTER ▪ Zwei originelle Ökonomiegebäude im Schweizer Holzstil 1910 und 1924 von Johann Heinrich Suter. Letzteres rest. 1992.

AM GUSCHBACH ▪ Spinnerei-Ensemble aus der ersten Phase der Industrialisierung A. 19. Jh., Ausgangspunkt des grössten schweizerischen Spinnereiunternehmens von «Spinnerkönig» Hans Heinrich Kunz. Wohn- und Geburtshaus von H. H. Kunz mit Versuchsspinnerei 1811, Spinnereigebäude von 1823, 1829/31 und 1831, seit 1905 reine Wohnbauten.

RIET ▪ Doppelwohnhaus 1712. Teilfachwerkbau mit aufgemalten Sinnsprüchen von 1712.

Museum: Ortsmuseum, Chilenrain Nr. 10.

Bäretswil. Neuthal. Ehem. Fabrikantenhaus der Baumwollspinnerei von Adolf Guyer-Zeller, Gesellschaftszimmer mit Turmofen, 1890 (s. Seite 167).

Wald. Primarschulhaus Binzholz, 1913–14 von Hermann und Franz Messmer (s. Seite 171).

Winterthur. Ofen von David Pfau II. im Hinterhaus des Rathauses, 1690 (s. Seite 176).

Winterthur. Ehem. Fabrikantenvilla Bühler, 1867–69 von Friedrich von Rütti, Blick in den Park (s. Seite 188).

Winterthur. Arbeitersiedlung Jägerstrasse, 1872–74 nach Plänen von Ernst Jung (s. Seite 192).

Winterthur. Sammlung Oskar Reinhart «Am Römerholz», 1915–17 von Revilliod & Turrettini, grosser Ausstellungsraum (s. Seite 189).

Winterthur. Oberwinterthur. Ref. Kirche St. Arbogast, Wandmalereizyklus an der südlichen Langhauswand, um 1320–30 (s. Seite 205f.).

Illnau-Effretikon. Ref. Kirche Effretikon, 1959–61 von Ernst Gisel (s. Seite 211).

Turbenthal. Ref. Kirche, 1510–17, Chorgewölbe (s. Seite 215).

Kyburg. Ortsansicht mit Schloss (s. Seite 211–213).

Turbenthal. Gasthof und Kurhaus Gyrenbad, 17.–20. Jahrhundert (s. Seite 215).

Zell. Kollbrunn. Ehem. Baumwollspinnerei Bühler mit Weiher, 1837–38 (s. Seite 214).

Elgg. Ehem. Gasthaus zur Meise, 1643–45 (s. Seite 217).

GREIFENSEE

Aus Geschichte und Literatur (Gottfried Keller: Der Landvogt von Greifensee) bekanntes Landstädtchen am NO-Ufer des gleichnamigen Sees, mit Schloss und einzigartiger hochgotischer Kirche.
Gründung verm. 1. H. 13. Jh. durch die Herren v. Rapperswil als Vorburg eines Wehrturms auf dem Felssporn am See. Ersterwähnung 1260. 1402 von Zürich als erste Landvogtei erworben. Wiederaufbau nach Zerstörung 1444 im Alten Zürichkrieg. Die dreiecksförmige Reihung der äusseren Häuser und der Kirche bezeichnet den Verlauf der ehem. Stadtmauer, über die hinaus sich der im 19. Jh. zu dörflicher Bedeutung herabgesunkene Ort bis in neuere Zeit nicht entwickelte. Ab 1968 rasantes Wachstum durch Grossüberbauungen der Göhner AG. ▪ **Reformierte Kirche, ehem. St. Gallus***. *Eine der originellsten Kirchen der Schweiz.* Erb. 1344d als Stiftung von Marschall Hermann v. Landenberg-Greifensee dem Jüngeren und Elisabeth v. Schellenberg, St. Gallus geweiht; Dachkonstruktion 1424d; Renov. 1977–78. Kristalliner Baukörper über dem Grundriss eines Viertelkreises unter steilem Zeltdach, das an der SW-Ecke von einem fünfseitigen erkerartigen Spitztürmchen überragt wird; die mehrfach gebrochene Rückwand mit spitzbogigen Fenstern ist Teil der ehem. Stadtmauer. Aussentreppe zur Empore. In der Mitte des Raumes ein schlanker Rundpfeiler, welcher ein unregelmässiges Palmengewölbe mit birnstabförmigen Rippen trägt. Laubwerkkapitelle; Schlusssteine mit Agnus Dei, Christuskopf, hl. Elisabeth v. Thüringen und Engel sowie den Wappen des Stifterehepaares, originale Farbfassung rekonstruiert. Heraldische Malereien von 1696, Wappen Zürich, Landvogt Melchior Hofmeister und Greifensee. Hölzerne Empore mit Bauinschrift 1638; Rokokokanzel 1780.

STÄDTLI ▪ **Schloss**. *Wuchtiger Wohnturm mit herrschaftlichen spätgotischen Treppengiebeln.* Von den Herren v. Rapperswil im 1. Drittel des 13. Jh. erb., um 1300 Verpfändung an Hermann v. Landenberg, 1369 an die Grafen v. Toggenburg verkauft, seit 1402 im Besitz Zürichs, Landvogteisitz bis 1798; im Alten Zürichkrieg 1444 von den Eidgenossen erobert und grösstenteils zerstört («Mord von Greifensee»), Wiederaufbau 1514 bis ca. 1530. Purifizierende Renov. 1948–53. Renov. 1993–95 und Nutzung als «Ort kultureller Begegnung, Weiterbildung und Information», Zusammenspiel von histor. und modernen Elementen. Der teilw. aus Findlingen erb. ehem. Wehrturm mit bis zu 4,5 m starken Grundmauern steht auf einem Sandsteinkopf und ist von einem Graben umgeben. An der SO-Seite got. Fensterchen der ehem. Burgkapelle; Sonnenuhr und grosses gemaltes Standeswappen 1536 verm. von Heinrich Zeiner. Im Korridor Wappen der Landvögte; Ausstattung aus versch. Epochen. ▪ Kirchgemeindehaus, ehem. Schulhaus. 1907 erb. von Hermann Fietz d. Ä., Mischung von Jugendstil und Expressionismus. ▪ Haus Greifenstein (Zur alten Kanzlei). Wohl im 16. Jh. Zusammenfassung zweier turmartiger Bauten aus dem 13. Jh. Bis 1800 Sitz des Landschreibers, Renov. 1977–78. ▪ Haus zur Alten Post (Zum scharfen Eck). Wohl im 16. Jh. beidseits der Stadtmauer entstanden, 1624 stadtseitige Erweiterung. Renov. 1977. ▪ Ref. Pfarrhaus. Gebäudekern aus dem 13. Jh., verm. zum Verwaltungsbezirk der Burg gehörend (interne Verbindung zum Landenberghaus). Seit M. 16. Jh. Pfarrhaus. 1681 stadtseitige Erweiterung, 1813 tiefgreifender Umbau. ▪ Landenberghaus (ehem. Schlossscheune). 13. Jh., möglicherweise Palas des Schlosses. 1968–70 Umbau zum Gemeindezentrum. Seeseite mit roman. Merkmalen (Opus spicatum, gekoppelte Rundbogenfenster, Rundbogenöffnung). ▪ Limi, erb. 1855 als Färberei mit Luft- und Wärmetröckneturm, 1876 U-förmiger Sichtbackstein-Anbau, 1983–85 Umbau zu kath. Pfarreizentrum.

AUSSERHALB DES STÄDTCHENS ▪ Neolithische Seeufersiedlungen vor *Storen-Wildsberg* und *Furen*, spätbronzezeitl. Siedlung vor *Böschen*.

USTER

Im 19. Jh. aus verschiedenen Ortsteilen zum blühenden Zentrum der Baumwollindustrie am Millionenbach genannten Aabach zusammengewachsen. ▪ **Reformierte Kirche*** (Plan S. 154 ▶ 1). 1823–24 anstelle einer roman.-got. Vorgängerkirche durch Johannes Volkart neu erb., Turm 1827–28, Innenrenov. 1984–85, Aussenrenov. 2001. Klassiz., ernste Nüchternheit ausstrahlende Querkirche in beherrschender Lage; über breiter Freitreppe monumentaler Giebelportikus mit vier toskanischen Säulen, Turm an der Rückseite mit Spitzhelm und ge-
102 schweiften Uhrgiebeln. Rechteckiger Emporensaal, durch Eingangsrisalit zum gedrückten T erweitert und durch korinthische Wandpilaster mit schwerem Gebälk gegliedert. Stuckdekor von Gotthard Geisenhof; Stuckmarmorkanzel 1838 von Johann Joseph Moosbrugger und seinem Sohn Joseph nach Entwurf von Heinrich Bräm. Taufstein aus weissem Marmor von Lukas Ahorn.

SCHLOSSWEG ▪ Nr. 1, Schloss. Erb. verm. um 1200; vom 13. Jh. bis 1534 Lehensbesitz der Freiherren v. Bonstetten; Erneuerungen nach Bränden 1492 und 1526, Anbau von zwei Wohntrakten 1752–53 für Hauptmann Wilhelm Schärer; 1852–53 Umbau zum Bezirksgebäude mit Aufsatz eines Zinnenkranzes samt Belvedere und Ummantelung mit Neubauten;

103 Uster. Ortsplanausschnitt mit Industrielehrpfad, 1:10 000.

1 Ref. Kirche
2 Industrielehrpfad
3 Baumwollspinnerei Kunz
4 Brauerei Barthenstein

102

1917–19 freie Rekonstr. des Treppengiebel-Turms und Einrichtung einer Haushaltungsschule durch Johannes Meier.

BRAUEREISTRASSE ▪ Nr. 11, **ehem. Brauerei Bartenstein** (Plan S. 154 ▶ **4**). Schlossartiges Sudhaus 1897 von Emanuel Walcher mit erhaltener techn. Ausrüstung.

104 INSELSTRASSE ▪ Nrn. 2–20 (gerade Nrn.), sog. Eisenbahnzug, Fünf Arbeiterwohnhäuser der Seidenweberei Sigrist & Huber 1906–07. Renov. 1983–85.

AATHALSTRASSE ▪ Nr. 34, Villa Huber. Klassiz. Doppelwohnhaus 1852–53 mit bemerkenswerter Innenausstattung. Renov. 1991–92.

FLORASTRASSE ▪ Nr. 18, Villa Zangger, 1851 im Stil der Neurenaissance, renov. 1999–2001. ▪ Nr. 26, Kinderkrippe. Strenger neuklassiz. Bau 1920 von Johannes Meier; reiche Sgrafitti am Portikus. Renov. 1978. ▪ Nr. 40, Villa Heusser-Staub 1917 von Johan-
105 nes Meier. ▪ Nr. 42, **ehem. Baumwollspinnerei Kunz** (Plan S. 154 ▶ **3**), klassiz. Hauptgebäude mit angeb. Fabrikantenwohnhaus, 1832–34 als Ersatz für das im Maschinensturm zerstörte Vorgängergebäude von 1816/1820.

BAHNHOFSTRASSE ▪ Nr. 17, Stadthaus. 1962 von Bruno Giacometti, Plastik 1962 von Max Bill.

GERICHTSSTRASSE ▪ Nr. 17, Bezirksgebäude. 1913–15 im Stil des pittoresken Späthistorismus von Walter Henauer und Ernst Witschi.

BANKSTRASSE ▪ Nr. 4, Bahnhof der Glattalbahn Wallisellen–Uster 1856.

INDUSTRIESTRASSE ▪ Nr. 1, Lokremise der Vereinigten Schweizer Bahnen 1855–56. Renov. ab 1994.

BRUNNENSTRASSE ▪ Nr. 27, Villa Bianchi, 1884–87 von Antonio Bianchi, Renov. 1986–88.

HASENBÜHLSTRASSE ▪ Nr. 10, Schulhaus Hasenbühl. Jugendstilanlage 1912–14 von Albert Rietmann. Renov. 1970.

ACKERSTRASSE ▪ Nr. 50, Gewerbehaus 1981–83 von Marie-Claude Bétrix, Eraldo Consolascio und Bruno Reichlin.

AATHALSTRASSE ▪ Nr. 87, Spinnerei Corrodi und Pfister 1818; 1825 umgeb. zum Wohnhaus, der Bau überstand den Maschinensturm von 1832.

TÄGERACKERSTRASSE ▪ Nr. 17, Keramische Werkstätte Haussmann, 1933 von Max Ernst Haefeli.

SONNENBERGSTRASSE ▪ Nr. 11, ehem. Mühle, Standort seit Mittelalter, klassiz. Ökonomiegebäude 1841–42.

SEESTRASSE ▪ Nr. 110, Seidenspinnerei Bindschädler, 1906–17 Automobilfabrik Turicum, schlossartiges Hauptgebäude 1852–63.

WERMATSWIL HINTERGASSE ▪ Nr. 5, **sog.** 106
Gujerhaus (nach dem Bauernphilosophen Jakob Gujer, genannt Kleinjogg). Mehrreihenständerbau 1660d, Umbau 1740d, Renov. 1992. Bohlenständer-

104

105

102 Uster. Ref. Kirche.
104 Uster. Sog. Eisenbahnzug.
105 Uster. Ehem. Baumwollspinnerei Kunz.

106

fassade mit dekorativen Malereien und Sprüchen von 1753.

LEDIWEG ▮ Nr. 4, Haus Kolb. Rundhaus auf Stahlstützen, konzipiert nach energetischen Grundsätzen, 1982 von Otto Kolb.

NÄNIKON

DENKMALWEG ▮ Denkmal auf der sog. Blutmatte. 1842 anstelle einer ehem. Gedenkkapelle zur Erinnerung an die im Alten Zürichkrieg 1444 hingerichtete Besatzung von Greifensee.

ZÜRICHSTRASSE/STATIONSSTRASSE ▮ Denkmal für den aus Nänikon stammenden Minister Jean Hotz (1890–1969): Plastik Bronzepferd mit Bändiger, 1958–59 von Emilio Stanzani.

SEEGRÄBEN

▮ Reformierte Kirche. Anstelle eines Vorgängerbaus neu erb. 1885 von Hetzler & Häfeli. Einfache Predigtkirche in schlichtem Historismus.

AATHAL

ZÜRICHSTRASSE ▮ Ehem. Spinnerei Unteraathal. Spätklassiz. Grossspinnerei 1851 für Heinrich Kunz, damals grösster Spinnereibesitzer auf dem Kontinent. Renov. und Umnutzung des Hauptgebäudes 1988–2000. Mehrfach erweitertes Fabrikensemble mit Fabrikantenvilla und Arbeiterwohnhäusern.

Museum:

– Saurier-Museum, Zürichstrasse.

MÖNCHALTORF

▮ **Reformierte Kirche, ehem. St. Gallus und Otmar**. Erwähnt 902. Neubau 1519–22 unter Verwendung des Rechteckchores mit Dachkonstruktion von 1488d und des Turms; 1760–63 Barockisierung; 1851 neugot. Turmaufbau; 1931 und 1958–59 purifizierende Umgestaltung, Renov. 1997. Einfache Saalkirche; hervorragend die figürliche und ornamentale **Flachschnitzerei** an der Langhausdecke von Ulrich Schmid 1522; im Chor spätgot. Sterngewölbe, Glasfenster 1888 von Friedrich Berbig. Taufstein 1609, Kanzel 1888.

LINDHOFSTRASSE ▮ Nr. 1, Hauptmannshof. 1709 für Anna Keller-Rüegg und Felix Keller, Amtshauptmann der Herrschaft Grüningen. Renov. 1986–87. Einer der frühesten privaten Steinbauten der Region.

ISENRIETSTRASSE ▮ Nr. 21, Buchbinderei Burk- 107
hardt. 1983–85 von Theo Hotz. Funktioneller Industriebau mit mehrschichtiger Fassade, 2002 Erweiterungsbau.

GOSSAU

▮ **Reformierte Kirche, ehem. St. Martin.** Ersterwähnung 877. Neubau des Schiffs 1820–21 von Jakob Rüegg und Hans Caspar Stadler. 2001–02 umfassende Renov. und Rest. wegen schwerer Sturmschäden. Klassiz. Saalkirche unter Walmdach mit beidseitigem Risalit. O-Turm mit hohem achtseiti-

107

106 Uster. Wermatswil. Gujerhaus.
107 Mönchaltorf. Buchbinderei Burkhardt.

gem Spitzhelm E. 15. Jh. auf hochmittelalterl. Unterbau. Querrechteckiger Emporensaal mit Wandgliederung durch ionische Pilaster; verspielte Stuckaturen von Gotthard Geisenhof 1821, farbige Fassung 1842 von Franz Bickel, rekonstr. 2001–02. Taufstein von David Doret 1842.

CHAPFSTRASSE ▪ Nr. 25, katholische Kirche Mariä Krönung. 1958–59 von Fritz Metzger. Adaptionsversuch der Sprache von Le Corbusiers Kirche in Ronchamp.

MITTELDORF GRÜTSTRASSE ▪ Nrn. 47/49, Fähnderihaus. 1758 für Hauptmann Hans Rudolf Homberger, Amtsfähnrich der Herrschaft Grüningen. Umbau und Renov. 1989–91. Ländlich barockes Patrizierhaus.

Museum:

- Ortsmuseum im Dürstelerhaus (Bohlenständerbau von 1660), Unterottikon. Grüningerstrasse Nr. 150.

GRÜNINGEN

Auf einem Hügelrücken gelegenes, reizvolles Landstädtchen mit Schloss. Im Zusammenhang mit der Burg A. 13. Jh. wohl von den Freiherren v. Regensberg als Vögten des Klosters St. Gallen gegr.; Stadt und Herrschaft wurden 1274 an Rudolf v. Habsburg verkauft, 1331 an die Herren v. Landenberg-Greifensee, 1374 an Ritter Heinrich Gessler und 1408 an die Stadt Zürich verpfändet; Zürcher Landvogtei 1408–1798, Hauptort des gleichnamigen Oberamtes 1815–30, dann Verlust der Rolle als regionales Zentrum an den neuen Bezirkshauptort Hinwil. Keilförmige Anlage auf einem Nagelfluhfelsen; die Burgstelle an der westl. Spitze bis 1783 vom Städtchen durch tiefen Halsgraben getrennt; Stadtbefestigung in der nördl. Zeilenbebauung erhalten. Stadtgeviert urspr. nur von der Stadtgasse von W nach O durchschnitten, südl. davon (im Chratz) Marktplatz (Marktrecht 1416) mit Sodbrunnen; südl. Durchfahrt (Schlossgasse) erst 1844 durch Dammbau geöffnet. Stadtbrand 1551 und 1685. ▪ **Reformierte Kirche**. Frühklassiz. Saalkirche 1782–83 verm. von Johannes Fehr anstelle der vormaligen Schlosskapelle. Nach Brand 1970 wurde der Aussenbau rekonstr., das Innere mit Kirchgemeindesaal im EG und Kirchenraum im OG 1975–77 vollständig neu gestaltet von Markus Dieterle.

KIRCHGASS ▪ Nr. 5, **Schloss**. Einst eine der grössten Burgen im Gebiet der Ostschweiz, im Wesentlichen vor 1229 erb. evtl. für die Freiherren v. Regensberg. Sitz der Zürcher Landvögte 1442–1798. Teilabbruch 1782 und 1835–37, Brandschaden 1970. Von der urspr. Burganlage sind erhalten der 1564 um zwei Stockwerke erhöhte und seit 1871 als Pfarrhaus dienende Palas und anschliessend neben der Kirchenfront der Bergfried, 1783 auf heutige Höhe abgebaut und unter einheitlichem Walmdach mit dem Palas vereinigt.

STEDTLIGASS ▪ Nr. 12, Gemeindehaus. Klassiz. Bau 1819 unter mächtigem Mansarddach für Heinrich Stadtmann, Hauptmann in franz. Diensten. ▪ Nr. 16, **Gasthof Hirschen**. 1471 Vorgängerbau; 1551 Wiederaufbau nach Stadtbrand als stattlicher spätgot. Treppengiebelbau; 1603–07 durchgreifende Umgest.; Rest. 1987–88. Wirtshausschild in reichen Rokokoformen 1770. Im 1. OG getäferte Wirtsstube mit Felderdecke und Einbaumöbeln 1770; im 2. OG Renaissancefenstersäulen mit Allianzwappen 1604/1607. ▪ Nr. 17, ehem. Gerichtshaus. Im Kern mittelalterl. Ritterturm, 1613 als Teil der Stadtbefestigung erweitert und verstärkt und als Richthaus der Landvogtei genutzt (bis 1831), 1619 Tavernenrecht (Gasthaus Löwen bis 1856), 1685 Renov. nach Brand, Umbauten im 19. Jh., Renov. 1974–75 und 1991. Im 2. OG getäferte Gerichtsstube mit zwei Fenstersäulen mit reichem figürlichem Spätrenaissancedekor von 1613. ▪ Nr. 26, Gasthaus zum Bären. Neu erbaut nach dem Stadtbrand 1686. Barocke Stube im OG mit Kachelofen 1764 von Matthias Nehracher. ▪ Stadtbrunnen. Angelegt im 16. Jh., 1840 runde Becken durch sechseckige ersetzt, dazwischen sandsteinerne Brunnensäule mit dem Grüninger Wappenlöwen auf toskanischem Kapitell.

KIRCHGASS ▪ Nr. 8, Alte Kanzlei. Spätgot. Bau, einst Sitz des Landschreibers, heute Notariat. Im OG Fenstersäule 1553 mit Rippen-Kerbschnitt.

SCHLOSSWEG ▪ Nr. 1, ehem. Zehntenscheune 1552, durch Werkstatteinbau 1974 und Umbau 1981 stark verändert.

STEDTLIGASS ▪ Nr. 31, reicher Fachwerkbau von 1678; Renov. 1960/80. ▪ Nr. 38, Altes ref. Pfarrhaus. Beim ehem. S-Tor erb. 1678, erneuert 1770; Renov. 1983–84. Dekorativer Fachwerkbau auf gemauertem Sockel.

BINZIKON BINZIKERSTRASSE ▪ Nr. 80, Gasthaus zum Adler. Klassiz. Quergiebelbau 1832 mit angeblich grösstem Wirtshausschild der Schweiz. Renov. 1990–92. Im OG Stuckdecke aus der Bauzeit.

Museen:

- Historische Sammlung im Schloss, Kirchgass Nr. 5.
- Zinnfiguren-Museum in der ehem. Mühle von 1566, Obere Mülistrasse.
- Imkerei-Museum in der Mülischeune von 1765, Obere Mülistrasse.

BUBIKON

▪ **Reformierte Kirche**. 1382 erste sichere Erwähnung. Chor und Turm neu erb. 1498 von Meister Heinrich Simon von Rapperswil im Auftrag der Johanniter. 1764 Erweiterung des Langhauses nach W; Umbau 1956–57, Renov. 1994–95. Langhaus und eingezogener Polygonalchor, mittelalterl. Turm mit neugot. Aufbau 1903 von Jacques Kehrer. Im Chor Wandmalereireste aus der Bauzeit: Apostelfiguren mit Spruchbändern des Glaubensbekenntnisses, im Schiff an der rechten Chorbogenwand zwei Heiligenfiguren in einer Landschaft. Im Masswerk der Chorfenster Kunstverglasung 1995 sowie Kopien der im Schweiz. Landesmuseum befindlichen Glasgemälde 1498 von Lukas Zeiner (zwei Johanniter als Stifter und hl. Agatha).

▪ **Sog. Ritterhaus, ehem. Johanniterkomturei***. **108** *Einziges in seiner mittelalterlichen Grundstruktur gut erhaltenes Ordenshaus der Johanniter in der Schweiz.* 1192 Vergabung des Hofs Bubikon an den Ritterorden durch Freiherr Diethelm V. von Toggenburg. Anschliessend erste Bauten (Kirche, Altes Bruderhaus); Ausbau im 13./14. Jh. 1525 während der Bauernunruhen Plünderung der Kommende, 1528 von Zürich beschlagnahmt, 1532 Rückgabe an die Johanniter unter der Bedingung, dass als Statthalter nur Stadtzürcher Bürger eingesetzt werden. 1789 Verkauf an einen Privatmann, im 19. Jh. Verwahrlosung, seit 1938 im Besitz der Ritterhausgesellschaft Bubikon, von ihr etappenweise rest. 1939–1959. *Anlage:* Zugang von der Spitze eines ungefähr dreieckigen, ummauerten Hofs, dessen Basis durch die aneinandergereihten ehem. Komtureibauten gebildet wird. Ökonomiegebäude auf der Südseite.

Sog. Altes Bruderhaus: erb. im späten 12. Jh.; erweitert gegen O und W im 13./14. Jh. Fassaden mit Pietra-Rasa-Mauerwerk und Fugenstrichen, zahlreiche mittelalterliche Fensteröffnungen auf unterschiedlichen Niveaus. Später als Schütte benutzt. Das westlich angebaute *Neuhaus* umgebaut um 1570 und um 1840.

108

108 Bubikon. Ritterhaus.

Kapelle: erb. im späten 12. Jh. Ursprünglich Saalkirche mit tonnengewölbtem, eingezogenem Rechteckchor; im späten 13. Jh. Bau der Vorhalle und nachfolgend des Verbindungstraktes zum Alten Bruderhaus; Rechteckchor vermutlich in der 1. Hälfte des 14. Jh. durch einen grösseren Chorbau ersetzt; wohl gleichzeitig teilw. Vermauerung des Chorbogens; der Chor 1819 abgebrochen. An der Westfassade der Kapelle romanisches Portal mit skulptiertem Kämpferkapitell. Beidseits Wandmalerei: Selige und Verdammte, spätes 13. Jh. Im Innern Wandmalereien aus verschiedenen Epochen, die ältesten um 1210: über dem Chorbogen segnender Christus als Brustbild, rechts übergibt Freiherr Diethelm von Toggenburg, gefolgt von seiner Familie, dem hl. Johannes d. T. ein Burgmodell (Symbol für den Gründungsakt der Kommende), links überreicht ein Freiherr von Rapperswil, gefolgt von seiner Gattin, der Muttergottes ein Bäumchen (Symbol für eine Güterübertragung). Unter der Familie von Toggenburg Inschrift mit Angabe des Gründungsjahrs 1192. An der Nordwand gleichzeitig entstandene Szenen aus dem Leben von Johannes d. T. und Johannes Ev. (von rechts nach links: Zacharias im Tempel, Zacharias und Elisabeth, Ölmarter von Johannes Ev., Taufe Christi, Gastmahl des Herodes mit Enthauptung von Joh. d. T.); an der Südwand Darstellung von Abrahams Schoss und Höllenszenen. Fresken an der Chorbogenwand, 1. H. 14. Jh.: Marienleben, Gnadenstuhl sowie Reste von Passionsszenen. An der Grabnische der Nordwand wiederverwendetes roman. Gesims mit Kugelfries sowie Darstellung der Auferstehung Christi, über der Nische Stifterfiguren, um 1500. An der Südwand westlich der Grabnische Wandmalereireste von auf Konsolen knieenden Komturen, frühes 16. Jh. Östlich der Grabnische romanische Piscina; in der Chorbogenwand Schulterbogentür mit Johanniterkreuz. In der Raummitte Kopie des Tischgrabs für den Gründer der Komturei, Diethelm von Toggenburg († 1205), wohl 2. H. 15. Jh. Terrakotta-Taufstein von 1879 aus der ref. Kirche Bubikon.

Südlich an die Kirche anstossende Gebäudetrakte, bestehend aus vier Teilen: im 13. Jh. Bau von zwei ursprünglich frei stehenden Gebäuden (sog. Komturhaus und Rittersaaltrakt); im 13./14. Jh. durch zwei Zwischentrakte (sog. Schaffnerei und Neues Bruderhaus) untereinander und mit der Kapelle verbunden; Deckenbalken im EG der Schaffnerei 1378d; 1570 Aufstockung von Schaffnerei und Komturhaus um ein Geschoss unter Grosskomtur Adam von Schwalbach. Lang gestreckte Baugruppe mit Treppengiebeln, Fenster meist frühneuzeitlich, dazwischen einzelne gekuppelte romanische Rundbogenfenster und spitzbogige Lichtschlitze. An der Hoffront zwei aufgemalte Ordenswappen und Sonnenuhr. *Inneres, Schaffnerei und Komturhaus:* im EG offene Eingangshalle mit zwei Rundbogenöffnungen sowie ehem. Trottraum. Im 1. OG die ehem. Statthalterwohnung, Laube mit stark ergänzter Rautenmusterbemalung des 14. Jh.; sog. Schwalbachsaal mit dekorativ gemalten Fensterumrahmungen wohl 1570. Im 2. OG sog. Komtursaal, eingerichtet 1570 für den Grosskomtur Adam von Schwalbach; zwei reich skulptierte Fenstersäulen mit Wappen Schwalbach und Vogel (Statthalter Marx Vogel); profilierte Balkendecke; Renaissancetäfer an den Fensterseiten, an den Längswänden aufgemalt, darüber Darstellungen der Johanniterkommende Bubikon und ihrer Besitzungen sowie von Zürcher Schlössern und Klöstern, dat. 1739. *Neues Bruderhaus und Rittersaaltrakt:* im 2. OG sog. Rittersaal, ursprünglich unterteilt. An der Ostwand grosser offener Kamin; Dekorationsmalerei von 1548; Decke nach Brand 1940 rekonstruiert. In einem Raum auf der Westseite grüner Reliefturmofen aus dem Schloss Wartensee, 16. Jh., um 1940 hier eingebaut. Westlich des Rittersaaltraktes sog. *Sennhaus,* 1480d mit steilem Dach aus der Bauzeit. Hofbrunnen neu errichtet 1944, Brunnenstatue eines Johanniterritters von Paul Adam.

HOF BARENBERG ▪ Sog. Altes Haus 17. Jh.; Neues Haus 1707 als Massivbau in der Art des Zürichsee-Weinbauernhauses, Sonnenuhr 1788, klassiz. Freitreppe und Portal um 1830. Rest. 1990–91.

REITBACH ▪ Wohnhaus. Kernbau Bohlenständerbau 1535 – 36, Erweiterung 1671, Renov. 1995–96.

Museum: Johannitermuseum im Ritterhaus.

RÜTI

▮ **Reformierte Kirche, ehem. St. Maria.** Gotteshaus des 1208 von Freiherr Lütold v. Regensberg gestifteten Prämonstratenserklosters (1525 säkularisiert und 1559 aufgehoben); die Konventbauten 1706 grossenteils abgebrannt. Erhalten sind Teile der mittelalterl. Klosterkirche: Chor sowie S-Flankenturm und EG des unvollendet gebliebenen N-Turms, je mit einer kreuzgratgewölbten Kapelle. Das Schiff unter Verwendung der N- und S-Wand der roman. Pfeilerbasilika als Saalkirche im Übergangsstil von Spätbarock zu Frühklassiz. neu erb. 1770–71 von Heinrich Vogel; Renov. 1980–82. Der eingezogene roman. Rechteckchor aussen durch Lisenen und Rundbogenfriese gegliedert. Im E. 15. Jh. gotisierten Chorinnern tragen Ecksäulen mit roman.-attischen Basen und Knospenkapitellen ein Kreuzrippengewölbe; Schlussstein mit segnender Hand Gottes. Am Chorbogen vorzügliche Malereien 1492, rest. 1997, Hans Haggenberg zugeschrieben: Halbfiguren von Propheten, Aposteln, heiligen Frauen sowie der klugen und törichten Jungfrauen in Nischen und Rankenwerk; am Bogenscheitel Schweisstuch der Veronika. An den Chorwänden Stifterwappen der Freiherren v. Regensberg und Grafen v. Toggenburg; dekorative Gewölbemalerei. Spätgot.
109 Wandtabernakel 1490 mit reichem Krabbenwerk und den Wappen des Klosters und des Abtes Markus Wyler. Steinkanzel 1662 auf zwei achteckigen Pfeilern mit Inschrift und Wappen. Neugot. Taufstein 1904 von Joseph Regl. Im Chorboden eingelassen die Grabplatten des letzten Abtes Markus Wyler und zweier Amtmänner. An der Nordwand des Schiffs das um 1390 errichtete Tischgrab des Ritters Johann v. Klingenberg auf Hohentwiel, gefallen als Anführer der Österreicher 1388 in der Schlacht bei Näfels und mit weiteren gefallenen Adeligen in der alten Klosterkirche beigesetzt; sein Grab 1962 in neu entdeckter Wandnische am urspr. Ort aufgestellt. Die übrigen Grabplatten 1982 am ursprünglichen Standort bzw. in dessen Nähe neu platziert: An der N-Wand Grabplatten für Ritter Heinrich v. Randegg (gest. 1388) und für Margareta Villinger, geb. Schulthess (gest. 1450). An der S-Wand die Oberplatten

109

der Tischgräber für Ritter Heinrich v. Wagenberg (gest. 1380) und für Ritter Hermann v. Hinwil (gest. 1355). Im Untergeschoss der modernen Vorhalle die Fussplatten von zwei Tischgräbern aus der ehem. Toggenburger Gruft: die eine für Graf Friedrich V. v. Toggenburg (gest. 1364) und seine Gattin Kunigunde v. Vaz, die andere aus dem späten 13. Jh.

AMTHOFSTRASSE ▮ Nrn. 4, **ehem. Amtshaus**. 1707–10 von Mathias Vogel anstelle des kurz zuvor abgebrannten W-Flügels des ehem. Klosters; Rest. 1980–84 und Einrichtung als Kulturzentrum. Mächtiger Baukubus unter Satteldach mit überkuppeltem Dachreiter; Rundbogenportal und Wappenrelief im gesprengten Giebel. Im Innern z. T. reiche barocke Vertäferungen.

KREMATORIUMSTRASSE ▮ Nr. 1, Krematorium und Abdankungshalle. 1928 von Johannes Meier, Wandbild von Alfred Marxer.

DORFSTRASSE ▮ Nr. 21, Villa Weber, 1890 in reichen Formen der Neurenaissance für den Fabrikdirektor Werner Weber-Honegger, Renov. 1982.

WERNER-WEBER-STRASSE ▮ Nrn. 9/11, ehem.

mechanische Seidenweberei. Eisenskelettbauten 1874–1905 mit einheitlichen Neurenaissance-Fassaden. Renov. und Umnutzung bzw. Teilabbruch 1994–2000. ▪ Nr. 10, klassiz. Wohnhaus, erb. 1819 als Schul- und Gemeindehaus, 1855 Umbau zur Villa für den Fabrikanten Heinrich Honegger-Fierz.

BAHNHOFSTRASSE ▪ Nr. 1, Villa Felsberg, 1900 von Jacques Gros für den Fabrikanten Hermann Hess-Honegger in pittoreskem Historismus, 1957 Umbau zum ref. Kirchgemeindehaus, Renov. 1976–77.

HALTBERGSTRASSE ▪ Nrn. 25/27, Villa Séquin; Prunkbau 1895–96 im Stil der italienischen Spätrenaissance; Renov. 1986–88.

ALPENBLICKSTRASSE ▪ Nr. 27b, Schulhaus Alpenblick, erb. 1953. Wandbild 1954 von Hans Fischer.

Museum:

– Ortsmuseum im Amtshaus, Amthofstrasse Nr. 4.

DÜRNTEN

▪ **Reformierte Kirche, ehem. St. Wendelin**. Erster Bau verm. 7. Jh., erwähnt 2. H. 8. Jh., roman. und hochgot. Nachfolgebauten. Neubau 1517–21, Rest. 1979–81. Spätgot. Saalkirche mit eingezogenem Polygonalchor; Chorflankenturm mit Käsbissendach, Quergiebel von 1843. Chor mit dekorativ bemaltem Sterngewölbe, Schlusssteine mit Wappen von Zürich und Abt Felix Klauser von Rüti. Wandmalerei an der Chorbogenwand: von einem Engel gehaltenes Schweisstuch Christi, seitlich Wappen
10 Klauser und Dürnten. Im Schiff **Holzdecke** 1521 von Ulrich Schmid mit prachtvollen, bemalten Flachschnitzereien: im Mittelfeld Wappenschilde Reich, Zürich und Vogtei Grüningen, im Randfries Meisterinschrift und vier Tartschen mit Meisterzeichen und Wappen Dürnten, Abt Felix Klauser und Zürich. Flachschnitzereien an der Emporenbrüstung ebenfalls von Ulrich Schmid. Achtseitige Kanzel auf mächtiger Konsole und Taufstein von 1628; Pfarrstuhl 17. Jh.

109 Rüti. Ref. Kirche, Wandtabernakel.
110 Dürnten. Ref. Kirche, Holzdecke.

RIEGELHAUSWEG ▪ Nr. 14, repräsentativer Teilfachwerkbau von 1748 nach Muster des Zürichseehauses. Renov. 1976, 1980.

TANN KIRCHENRAINSTRASSE ▪ Nr. 2, katholische Dreifaltigkeitskirche 1967 von J. A. Weber.

HAUPTSTRASSE ▪ Nr. 27, Methodistenkirche. Eigenwilliger Bau mit Mansardgiebeldach und Flankenturm 1914, Umbau und Renov. 1976, 1980.

PILGERSTEG WALDERSTRASSE ▪ Nrn. 201–203/205, ehem. Spinnerei bzw. Metallwarenfabrik. Gründung 1825, 1851–53 Erweiterung, 1875 Umbau zu Nagelfabrik Rudolf Hess; umfangreiche Wasserbauten.

HINWIL

▪ **Reformierte Kirche**. Unter dem heutigen Bau Reste einer röm. Villa (1. Jh. n. Chr.), einer frühmittelalterl. (erwähnt 745) und zweier roman. Kirchen. Neubau 1786–87 von Franz Schmid unter Verwendung des Turms aus dem 15. Jh.; Renov. innen 1968–70, aussen 1984–85. Im Grundriss in frühklassiz. Manier auf einem Doppelquadrat aufbauende Querkirche mit Walmdach. Portiken mit Dreiecksgiebel 1856. Spätgot. Turm mit Wendeltreppe von 1456 und geschweiften Uhrgiebeln von 1836. Der Predigtsaal durch Wandpfeiler gegliedert und in Formen des ausgehenden Rokokos stuckiert. Die Flügelemporen 1969 tiefer gesetzt, dadurch Störung der

110

urspr. Raumproportion. Marmorierte Kanzel an der S-Längswand, zentraler Taufstein.

UNTERE BAHNHOFSTRASSE ▪ Katholische Kirche Liebfrauen 1920 von Josef Steiner; durchgreifend umgebaut 1977–78.

FALLETSCHTOBEL BEIM GIRENBAD ▪ Burgruine Bernegg. Rodungsburg der 1229 genannten Herren v. Bernegg, Dienstleute des Klosters St. Gallen; niedergelegt 1283.

BETZHOLZ. Oberhaus. Mittelalterl. Lehenshof der Johanniterkommende Bubikon. Als Kern ein Bohlenständerbau mit Hochstudkonstruktion von 1486d. Renov. 1995–99.

Museum:

– Ortsmuseum, Oberdorfstrasse Nrn. 11/13.

WETZIKON

▪ **Reformierte Kirche***. *Eines der Hauptwerke des protestantischen Kirchenbaus im 19. Jh. in der Schweiz.* Erstbau wohl im 7. Jh.; Erwähnung einer Rapoltskirche 857; roman. und got. Nachfolgebauten. Neubau 1895–97 von Paul Reber; Innenrenov. 1977–78, Aussenrenov. 1981–82. Zentralbau über griechischem Kreuz mit gestaffelten Baumassen und schlankem Flankenturm; spannungsvolle Mischung von roman. und got. Detailformen. Weiter, heller Innenraum unter baldachinartigem, offenem Dachstuhl nach engl. Vorbildern; axiale Reihung von Taufstein, Kanzel und Orgel gemäss dem 1891 formulierten Wiesbadener Programm für den prot. Kirchenbau.

MESSIKOMMERSTRASSE ▪ Katholische Kirche St. Franziskus. Neuromanische Basilika auf markanter Geländekuppe, 1923–24 von Josef Steiner.

Beim Bahnhof: ▪ Leuthold-Brunnen. 1944 mit Brunnenplastik von Otto Teucher zum Gedenken an den Lyriker Heinrich Leuthold (1827–79).

BAHNHOFSTRASSE ▪ Nr. 2, Villa Gubelmann. Neurenaissancebau 1876–78 für den Baumwollfabrikanten Heinrich Gubelmann. Renov. 1999–2000.

LEUTHOLDSTRASSE ▪ Nr. 5, grosses zugehöriges ehem. Ökonomiegebäude 1898. Umbau 2000–02.

BAHNHOFSTRASSE ▪ Nr. 134, Schloss. Bis 1320 Sitz der Freiherren v. Wetzikon; später u. a. im Besitz der Familie v. Breitenlandenberg (1384–1526) und der Zürcher Junker v. Meiss (1606–1755). Im Mittelalter Burganlage mit zwei Türmen und verbindender Brücke; 1614–17 Ausbau des W-Turms zu herrschaftl. Wohnsitz; O-Turm abgebr. 1823. Aussenrenov. 1990–91. Teile des alten Burggrabens sind erhalten. Über dem spätgot. profilierten Portal Wappenpaar des Bauherren Hans Rudolf v. Meiss und seiner Frau Anna Maria v. Ulm (1616); gleiche Allianzwappen im EG (1617) und an zwei prächtigen spätgot. Fenstersäulen im 1. OG. Täferstube 1617 im 1. OG. ▪ Nr. 167, Stadthaus. 1982–83 von Willi Egli.

MORGENSTRASSE ▪ Nrn. 30/32, barockes Doppelwohnhaus, 1759 für die Textilunternehmer-Familie Weber. Renov. 1996–97.

GRUBENSTRASSE ▪ Nr. 34, Zum Schlössli. Historisierende Backsteinvilla mit Treppengiebel, 1869 für den Kohlenbergwerk-Unternehmer Ferdinand Bertschinger.

KREUZACKERSTRASSE ▪ Nr. 15, **Schulhaus Im Feld**. Zwischen 1956–68 in drei Etappen erb. von Eduard del Fabro und Bruno Gerosa. Anlage aus drei ineinandergeschobenen Würfeln.

SCHÖNAUSTRASSE ▪ Nrn. 11–19 (ungerade Nrn.), Spinnerei Schönau. Oberste einer langen Reihe von Fabriken am Aabach, klassiz. Fabrikbau erb. 1821–23 für Friedrich Nagel mit Abbruchmaterial des Schlosses Wetzikon; Ausbau mit versch. Nebengebäuden bis 1916; 1991 stillgelegt. Im Maschinenhaus mit Hochkamin von 1882 einer der ältesten Dampfkessel der Schweiz.

KEMPTEN MÜHLESTRASSE ▪ Nr. 27, Mühle. Mächtiger Baukubus unter barockem Walmdach 1807, Renov. 1987ff. nach Brand, Mühleneinrichtung museal erhalten.

TÖSSTALSTRASSE ▪ Nr. 18, Junkernhaus. Ehem. Sitz der Gerichtsherrschaft Kempten. Erb. 1554d als Bohlenständerbau, Dachkonstruktion 1584d, heutige Form wohl 1748, Renov. 1990–92.

LANGFURRENSTRASSE ▪ Nr. 10, katholische Heiliggeistkirche 1975 von Richard P. Krieg.

Museen:

– Ortsmuseum, Farbstrasse Nr. 1.
– FBW Nutzfahrzeuge-Museum, Zürcherstrasse Nr. 95.

111

111 Pfäffikon. Ref. Kirche, Wandgemälde an der rechten Seite des Chorbogens.

PFÄFFIKON

Siedlungskontinuität auf dem Gemeindegebiet seit der Mittelsteinzeit; die Dorfanlage geht auf das Frühmittelalter zurück, im Mittelalter Marktrecht und Standort einer Burg, seit 1832 Bezirkshauptort. ▮ **Reformierte Kirche**. Evtl. fränkisch-burgundische Gründung im 7./8. Jh.; 811 als St. Benignuskirche erwähnt, später St. Martin geweiht. E. 12. Jh. Neubau als Chorturmkirche. 1484–88 spätgot. Neubau; neugot. Turm 1890 von Paul Reber auf roman. Unterbau; Umbau 1943–48, renov. 1990–91. Spätgot. Saalkirche mit Strebepfeilern zwischen den Masswerkfenstern des eingezogenen Polygonalchores.
111 Am Chorbogen ausgezeichnete **spätgot. Wandmalereien** von 1488, Hans Haggenberg zugeschrieben: links Drachenkampf des hl. Georg mit der ältesten Darstellung der Kyburg im Hintergrund; darunter die drei enthaupteten Zürcher Stadtheiligen vor Christus; rechts Jüngstes Gericht; in den Bogenzwickeln zwei Prophetenköpfe und darüber Bauinschrift. Im Chor Netzgewölbe mit skulptierten Gewölbekonsolen. Taufstein 1909 von Arnold Hünerwadel nach Entwurf von Robert Rittmeyer. Im ehem. Turmchor Sakramentshäuschen um 1460/70.

RUSSIKERSTRASSE ▮ katholische Kirche St. Benignus 1961–1963 von Richard P. Krieg.

USTERSTRASSE ▮ Nr. 8, Gasthaus Hecht. Erwähnt 15. Jh., Neubau mit Mansarddach E. 18. Jh. Aussenrenov. 1984–85. Prächtiges klassiz. Wirtshausschild.

HOCHSTRASSE ▮ Nr. 1, Gemeindehaus. Erb. 1851 wahrscheinlich von Wilhelm Waser als Wohnhaus, 1919 Umbau zu Gemeindehaus, Renov. 1977–78. ▮ Dorfbrunnen 1846. ▮ Nr. 4, ehem. Bezirksgebäude. 1855 von Johann Caspar Wolff im Formenkanon des Spätklassizismus.

IM KEHR. Gasse im alten Dorfteil gegen den See. Flarzbauten 18. und 19. Jh. (Fischerhäuser mit Webkellern).

RUETSCHBERG HOHLGASSE ▮ Nrn. 1–9 (ungerade Nrn.), sechsteiliges Flarzhaus mit 1785 112
schmuckvoll ausgebildeten Falläden, Kern 1533d, Erweiterungen um 1740, 1751 und 1801.

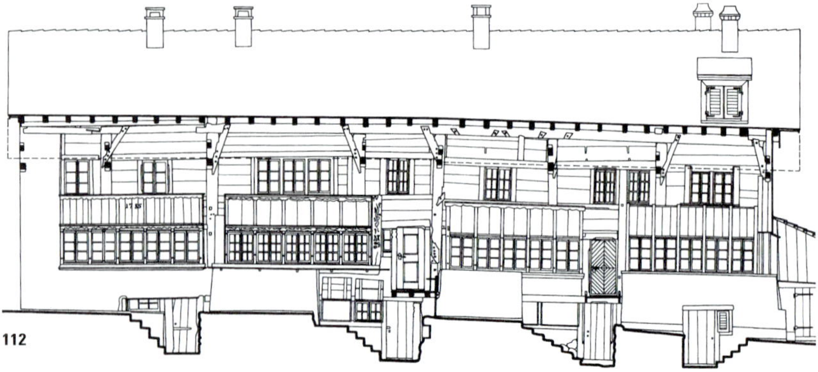

112

113 **IRGENHAUSEN** ▪ **Römerkastell***. *Eine der grössten und besterhaltenen Wehrbauten der Römer in der Schweiz.* Nach dem Fall des Limes errichtet in der 2. H. 3. Jh. an der Römerstrasse von Kempraten zum Vicus Oberwinterthur an der Stelle eines röm. Gutshofes; ausgegraben 1898–1908. Quadratische Anlage von 61 m Seitenlänge, auf einem Moränenhügel über dem See gelegen. Quadratische Eck- und drei kleinere Mitteltürme, mutmassl. Torturm Mitte der O-Front. Frei gelegte Fundamente einer kleinen doppelräumigen Apsidenanlage mit Zwischenraum wohl von einem Kaltwasserbad.

Museum:

– Ortsmuseum Im Kehr. Urgeschichtliche Funde aus Irgenhausen, Robenhausen u. a., Stogetenweg Nr. 2.

FEHRALTORF

▪ **Reformierte Kirche**. Roman. Saalkirche mit Chorturm um 1300 über karol. und frühroman. Vorgängerbauten; 1491–1501 Gotisierung und Ausmalung von Schiff und Chor. Umgeb. von Rittmeyer und Furrer im Sinn des Jugendstils und mit westwerkartiger Querhalle (1906) und neuem, ausserordentlich massigem Turm (1911), spätgot. Malereien dabei weitgehend zerstört. Innenumbau 1970, Renov. 1992–93. Kanzel 1629; Taufstein 1704; Chorfenster mit Lebensbaummotiv 1970 und drei Langhausfenster mit Farbverglasung 1993 von Franz Karl Opitz.
KEMPTTALSTRASSE ▪ Nr. 54, Gemeindehaus. Erb. 1583, bis 1889 Pfarrhaus. Umbauten 1836, 1922–23, 1971–72.

113

112 Pfäffikon. Ruetschberg. Flarzhäuser, Aufriss.
113 Pfäffikon. Irgenhausen. Römerkastell.

RUSSIKON

▪ Reformierte Kirche. Erb. um 1519–23 anstelle eines roman. Vorgängerbaus unter Weiterverwendung des Turms; 1782 teilw. Barockisierung und Anbau des Emporenaufgangs durch Heinrich Keller; 1790 Neubau des Turms durch Johannes Volkart d. Ä.; Renov. 1977. Saalkirche mit eingezogenem Polygonalchor und von Haube abgeschlossenem Chorflankenturm. Im Chor Sterngewölbe mit Rankenmalereien, im Ostfenster Verglasung 1883 von Friedrich Berbig, darin wiederverwendet zwei Fragmente der ursprünglichen Chorverglasung aus der Werkstatt von Lukas Zeiner (Karl der Grosse sowie die hll. Felix, Regula und Exuperantius). Kanzel 1782.

WILDBERG

▪ Reformierte Kirche. Gestiftet 1329 von Johannes v. Wildberg. Schiff 1496, Turm und wohl auch Chor 1510d–12; 1805–06 neue Dachkonstruktion über Schiff und Chor; 1823–24 Verlängerung und neue Westfassade; Umbau 1939–40, Renov. 2001. Saalkirche mit eingezogenem Polygonalchor und massigem Chorflankenturm mit Käsbissendach. Im gedrungenen Chor Rippengewölbe auf skulptierten Konsolen. Im EG des Turms kielbogige Sakramentsnische.

WILA

▪ **Reformierte Kirche**. 1275 erwähnt als Marienkirche. Erster Bau 7./8. Jh. als hölzerne Saalkirche mit rechteckigem Altarhaus. 2. H. 8. Jh. steinerner Neubau, davon die Nordwand bis heute erhalten. Im frühen 13. Jh. Erneuerung nach Brand und roman. Ausmalung (Reste heute von Orgel verdeckt). Um 1300 Chorturm, gegen M. 14. Jh. Beinhaus und Erweiterung des Schiffs nach S. 1472d Erhöhung des Schiffs (Dachkonstruktion erhalten) und danach Neuausmalung. 1612 Bau des Südchors anstelle des Beinhauses. 1903 Vorhallenanbau. 1978–79 archäologische Untersuchungen und Restaurierung. Saalkirche mit Doppelchor und Chorturm in exponierter Lage auf einem Nagelfluhsporn. Turmchor mit Kreuzrippengewölbe über kleinen Ecksäulchen; Ausmalung um 1320 (Evangelistensymbole in den Gewölbekappen, Marientod und Himmelfahrt an der Nordwand, Christophorus an der Ostwand); Sakramentsnische mit Kielbogen und Taufstein spätgotisch. Im Schiff an der Südwand Reste der 1903 weitgehend zerstörten spätgotischen Ausmalung, u. a. hl. Verena in ehem. Fensterlaibung. Von der Westwand abgelöste Darstellung eines Jüngsten Gerichts gegen M. 14. Jh. Reich verzierte Holzkanzel um 1670.

TÖSSTALSTRASSE ▪ Nr. 14, ref. Pfarrhaus und Wohnhaus zur Blumenau. Erb. 1768–70 von Johannes und Hans Ulrich Grubenmann als Pfarrhaus mit Pfrundscheune; 1852 und um 1895 Umbau des Scheunenteils zum Wohnhaus. Renov. 1964. Stattlicher Massivbau unter Walmdach. ▪ Nrn. 43/45, Haus zur Alten Post. 1736 von Hans Rüdi Ott für Untervogt Heinrich Lüssi; Trauferhöhung und Veränderungen der dekorativen Fachwerkfront 1901. ▪ Burgruine Hohenlandenberg. E. 13. Jh., wohl Sitz der Herren v. Hohenlandenberg, Zweiglinie des zweiten Hauses Landenberg (s. Bauma).

SITZBERG

(Gde. Turbenthal) ▪ **Reformierte Kirche**. Einfache Saalkirche mit Firstturm, 1837–38 von Johann Heinrich Heider. Renov. 1999–2001. Hervorragende **Ba-** 114
rockorgel 1741–43 vom berühmten Orgelbauer Georg Friedrich Schmahl d. Ä. für die St. Albanskirche von Laichingen (Württemberg); 1897 von der Stadtkirche Stein a. Rh. nach Sitzberg transferiert.

BAUMA

Umfasst gegen 80 Siedlungsgruppen in topografisch stark zerklüftetem Hügelgebiet. ▪ **Reformierte Kirche**. Querkirche mit zentralem Taufstein und Emporen. Erb. 1769–70 von Johann Jakob Haltiner, Innenrenov. 1996. Von der Vorgängerkirche von 1651 übernommen Käsbissenturm, Kanzel (Schalldeckel

114

114 Sitzberg (Gde Turbenthal). Ref. Kirche, Orgel.

1770) und Taufstein (heute Kopie). Klassiz., farbig gefasste Deckenstuckaturen 1816 von Georg Eingärtner. ▪ Friedhof, Grabanlage für den Fabrikanten Adolf Guyer-Zeller (s. Bäretswil Neuthal). Neuklassiz. Anlage aus griechischem Penteli-Marmor mit Hochrelief von Baptist Hoerbst 1899–1900, rest. 1998.
HEINRICH-GUYER-STRASSE ▪ Nr. 30, katholische Kirche St. Antonius. 1903 von Hermann Siegrist d. Ä. in neugot. Stil, 1956 Erweiterung und Turmbau, Modernisierung 1976.
DORFSTRASSE ▪ Nr. 1, Gemeindehaus, erb. 1869–71 als Schulhaus von Johann Rudolf Roth.
HÖRNLISTRASSE ▪ Nr. 1, Hörnliblick. Erb. 1828–29 als bürgerliches Wohnhaus, 1838–73 im OG erste Sekundarschule der Gemeinde, Renov. 1990–94.
JUCKERN ▪ Ehem. Weberei Grünthal. Fabrikgebäude 1859, dreigeschossiger Grossbau mit 18 Achsen und Querbau, klassiz. Eckpilaster; dazu Nebengebäude, Kosthäuser und Villa.
UNDALEN ▪ Mehrere Flarzbauten, u. a. sechsteiliger Reihenflarz mit Kern 16. Jh.
WELLENAU ▪ Weiler mit Flarzbauten, 16. Jh. ff. ▪ **Burgruine Alt-Landenberg**, exponiert am westl. Ausläufer des Ragenhorns. 12. Jh., um 1200 von den Meier von Turbenthal als Dienstleuten des Klosters St. Gallen übernommen, die damit das später weit verzweigte Geschlecht der Landenberger begründeten; nach 1315 im Besitz versch. Lehensträger; im 16. Jh. aufgegeben und dann zerfallen; Ausgrabung und Konservierung 1958–63. Fundamente des aus mächtigen Tuffquadern erstellten Palas mit Doppeltoranlage im S und langrechteckig ummauertem Hof mit 14 m tiefem Sodbrunnen im W. Daran anschliessend von einer Polygonalmauer umgebener Vorhof mit Ökonomiegebäuden und einer zweiten Toranlage im NW.

Museum:
– Haus Freddi, Undalen.

STERNENBERG

▪ Reformierte Kirche. Einfaches Saalkirchlein 1705–06 mit Dachreiter. Tiefgreifender Umbau 1961, Renov. 2005. ▪ Gasthaus Sternen. Verschindelter Holzbau mit geschweiftem Quergiebel, E. 18. Jh.

HITTNAU

▪ Reformierte Kirche. Einfacher Rechtecksaal mit Dachreiter 1708 von Rudolf Wäber anstelle einer mittelalterl. Blasiuskapelle, 1815 Treppenvorhalle. Umbau 1948–49, 1952–53, Innenrenov. 2006. Taufstein 1708.

BÄRETSWIL

▪ **Reformierte Kirche, ehem. St. Michael**. Bedeutende klassiz. Querkirche, erb. 1825–27 von Gotthard Geisenhof nach dem Muster von Gossau anstelle des spätgot. Vorgängerbaus von 1502–04, von dem der Chorflankenturm übernommen wurde; Innenrenov. 1968–69. Schlichter Rechteckbau mit nördl. Giebelrisalit und südl. Quergiebel; an allen

115

115 Bäretswil. Ehem. Baumwollspinnerei Neuthal.

Fronten Säulenportikus mit Dreiecksgiebel, vor dem südl. Haupteingang aus der Bauzeit, sonst von 1927. Spätgot. Käsbissenturm, Schlussstein des EG-Gewölbes mit archaisch wirkendem Lamm Gottes. Antikisierender Emporensaal unter Spiegelgewölbe mit architektonisch straffer Stuckgliederung; die Mitte betonende Wandteilung durch korinth. Pilasterpaare mit Gebälkstücken; formvollendete Stuckmarmorkanzel von Gotthard Geisenhof, zentral gestellter Taufstein. Im EG des Turms Taufstein 1502–04 mit Fischblasenfiguration.

WETZIKERSTRASSE ▮ Nrn. 10, 14–20 (gerade Nrn.), fünfteiliger Längsflarz, bis zum 19. Jh. aus einem 1660 erwähnten Doppelbauernhaus angewachsen.

▮ Burgruine Greifenberg. Gleichnamige Herren 1223 erwähnt. 1444 von Schwyz verwüstet, nach Wiederaufbau bewohnt bis 1552, später verfallen. Dreiteilige, von Gräben getrennte und umgebene Anlage.

TISENWALDSBERG ▮ Oberländer Flarzhäuser des 18.–19. Jh., früher meist mit Webkellern.

115 **NEUTHAL** ▮ **Ehem. Baumwollspinnerei Neuthal***. Zwischen 1827 und 1901 aus einer Mühle hervorgegangenes, massgeblich von Adolf Guyer-Zeller geprägtes Fabrikensemble, das zu den besterhaltenen Industriedenkmälern der Schweiz gehört. Komplex von Arbeitstätten, Lager- und Ökonomiegebäuden, Wasserkraft- und Verkehrsanlagen, Kosthäusern und Fabrikantenwohnhaus mit Parkanlage. Die älteren Gebäude, u. a. die grosse Fabrik von 1827 und das Fabrikantenwohnhaus von 1834, sind einem kargen Klassizismus verpflichtet, die späteren wie das neugot. Werkstattgebäude von 1872 dem Historismus. Renov. 1975–99.

Museum:

– Museumsspinnerei und Guyer-Zeller-Ausstellung Neuthal.

FISCHENTHAL

▮ Reformierte Kirche, ehem. St. Gallus. A. 10. Jh. (?) Bau einer Kapelle; 14. Jh. (?) Errichtung des aus Tuffsteinen gefügten Kirchturms; nach 1470 Neubau von Schiff und dreiseitigem Chorabschluss unter Einbezug des älteren Chorturms. 1711 Neubau eines grösseren Schiffs; Renov. 1936 von Hermann Fietz d. J.; Renov. 1994–95. An das barocke Langhaus mit Rundbogenfenstern und Satteldach schliesst der

Wald. Ehem. Spinnerei Lindenhof mit Wasserturm und die ehem. Weberei Bleichiwies mit Hochkamin (s. Seite 171).

WALD, DAS «MANCHESTER» IM ZÜRCHER OBERLAND

Der Ort Wald im Jonatal entwickelte sich seit dem Ende des 18. Jahrhunderts von einer bäuerlichen Gemeinde mit alemannisch geprägten Hofsiedlungen zu einem bedeutenden Industriedorf mit gegen 20 Textilfabriken samt Kosthäusern und Fabrikantenvillen. Zwischen 1850 und 1870 erlebte Wald mit Hilfe der Wasser- und Dampfkraft einen geradezu revolutionären Aufschwung.

Wegen der auffallenden Konzentration von Baumwolle verarbeitenden Fabriken wurde Wald im Volksmund auch das «Manchester» im Zürcher Oberland genannt: Um 1900 waren hier bereits 3500 Webmaschinen installiert, die höchste Zahl im Vergleich zur übrigen Schweiz. Noch Mitte der 1980er Jahre dominierten acht Unternehmen mit 1200 Arbeitsplätzen und 600 betriebseigenen Wohnungen die Gegend wirtschaftlich – heute hat hier keine Textilfabrik mehr die internationale Konkurrenz überlebt.

Die über hundertjährige Ausrichtung von Wald auf die Baumwollindustrie ist auf die Gründertätigkeit der zweiten Hälfte des 19. Jahrhunderts zurückzuführen; unter anderem entwickelten sich zehn grössere Unternehmen entlang der Jona und des Schmittenbaches. So entstand ein eindrückliches Industrie-Ensemble, das sich vor dem Panorama der Voralpenlandschaft präsentierte.

Die höchstgelegene Textilfabrik des Kantons Zürich ist die 1857 von Caspar und Johann Honegger gegründete und bis 1982 betriebene *Weberei Hub*. Der zur Anlage gehörende

Bachtelweiher befindet sich auf 900 Metern über Meer. Drei weitere, heute stillgelegte Textilfabriken befinden sich oberhalb von Wald an der Jona: 1854 entstand die Baumwollspinnerei *Jonatal*, ab 1884 als Weberei betrieben. Eine mehrfache Umnutzung des ursprünglichen Spinnereigebäudes erfolgte bei der 1864 erbauten, an der Hauptstrasse von Wald nach Gibswil gelegenen Fabrik *Fischer*. Im Neutal bei Wald befindet sich isoliert die im Talgrund situierte Fabrikanlage *Neutal* von 1859, ebenfalls eine Gründung von Caspar Honegger, welche später an Otto Keller aus Gibswil überging; 1988 wurde die Weberei mit 200 Mitarbeitern eingestellt.

Die Fabrik am Tobelausgang an der Ortsgrenze von Wald hatte den wohlklingenden Namen *Elba*. 1826 übernahmen die drei Söhne des Müllers von Fischenthal, Kaspar, Jakob und Heinrich Spörri, diesen Ende der 1810er Jahre gegründeten Spinnereibetrieb. Mit Textilfabriken in den benachbarten Orten Laupen und Diezikon und später mit den Spinnereien in Niederurnen (GL) und Flums-Schilfbach (SG) wurde das Unternehmen Spörri eines der grössten der schweizerischen Textilbranche. 1889 ging der Betrieb *Elba* ebenfalls an die Firmengruppe Caspar Honegger über.

Im südwestlichen Bereich der Talmulde von Wald befindet sich eines der imposantesten Industrie-Ensembles im Kanton Zürich: Die Spinnerei *Lindenhof* mit ihrem markanten Wasserturm und die Weberei *Bleichewies* mit dem Hochkamin als Wahrzeichen. Sie sind Teile der einstigen Textilindustrieanlage der Honegger AG. Es handelt sich hier um den frühesten industriellen Betrieb in Wald (Tobelmühle 17. Jh., Bleiche 1710, Spinnerei 1813/1824), der sich später zur grössten Baumwollweberei der Schweiz entwickelte.

Charlotte Kunz Bolt

Wald. Arbeiterhäuser an der Bachtelstrasse (s. Seite 171).

Wald. Ehem. Fabrikantenvilla Flora (s. Seite 171).

quadratische, niedrige, spätmittelalterl. Chorturm unter Spitzhelm an, dem östl. ein polygonaler Anbau angefügt ist. Stuckierte Gipsdecke im Schiff 1875; hinter dem halbrunden Chorbogen flach gedeckter Turmchor mit Masswerkfenstern. Taufstein 1875; Orgel mit Relief von Otto Münch und Glasgemälde von Heinrich Röttinger 1933/36.

116 **STEG** TÖSSTALSTRASSE ▪ **Wohnfabrik Steg**. Aus Fabrik, Wohnsiedlung und Nebenbauten bestehendes, hervorragendes Industrie-Ensemble der 1992 stillgelegten Weberei Steg AG. Fabrikbau der Industriebaufirma Séquin & Knobel 1906, Flachdachbauten mit Oberlichtern, an einen Renaissancepavillon gemahnenden Fassaden und einem damals fortschrittlichen Eisenskelett im Innern. Sog. Weberinnensiedlung von Paul Senn 1912–20, Reihen- und Doppelwohnhäuser unter markanten Walmdächern. Renov. und Umnutzung 1995–96. ▪ Sog. Doktorhaus. Bohlenständerbau 1658d mit Reihenfenstern und Fallläden, giebelseitig Wetterdächer. Umbau 1979–80.

ROSWISLI ▪ Vielzweckbauernhaus. Kreuzfirsthof nach Toggenburger Typus; Bohlenständerbau um 1785, Renov. und Umbau 1952–54, 1995–99. Im Sockelgeschoss ehem. Webkeller. Dekoratives Fluggespärre, Zugläden in OG und DG erhalten.

HÖRNLI ▪ Berggasthaus Hörnli, 1929. Renov. 1990–91.

RÜTIWIES ▪ Doppelbauernhaus, Bohlenständerbau wohl 1682. Renov. 1995.

ENNERLENZEN ▪ Fünfteiliges Flarzhaus, im Kern Hochstudhaus in Bohlenständerbauweise, erb. zwischen 1649 und 1670.

WALD

Im 19. Jh. bedeutendes Zentrum der Textilindustrie («Manchester des Kantons Zürich»), geprägt durch Fabrikanlagen, Arbeiterwohnhäuser und Fabrikantenvillen, daneben Flarzbauten, welche auf die Tradition der Heimarbeit zurückgehen.

▪ **Reformierte Kirche, ehem. St. Margaretha**. Kirche 1217 erstmals indirekt erwähnt. Neubau des Langhauses 1757 von Hans Jakob Grubenmann unter Verwendung des Chores von 1508–10 und des älteren Turms; Neubau des Chores 1785–86; Turmaufbau mit Spitzhelm 1893; Renov. 1984–85. Rechtecksaal, auf der N-Seite des Chors Turm und Treppenhaus. Emporen an beiden Schmalseiten. Rokokostuckaturen im Schiff geschaffen wohl von Andreas Moosbrugger, im Chor von Peter Anton Moosbrugger. Dreiteilige Kanzel 1757, bestehend aus einer Haupt- und zwei Nebenkanzeln. Beidseits der Kanzel Epitaphe für Pfr. Hans Rudolf Thumeisen (1697–1751) und seinen Sohn Hans Peter Thumeisen (1729–46) sowie für Pfr. Johann Ulrich Esslinger (1657–1704).

116

116 Fischenthal Steg. Wohnfabrik Steg.

RÜTISTRASSE ▪ Nr. 31, Katholische Kirche St. Margarita, 1926–27 von Josef Steiner. Tiefgreifende Renov. 1972–73. Neuroman. Basilika mit Turm, Vorhalle und Pfarrhaus.

SCHULHAUSSTRASSE ▪ Nr. 6, Primarschulhaus Binzholz. Symmetrische, schlossartige Anlage mit zwei Seitenflügeln und verbindender Turnhalle in barockisierendem Heimatstil 1913–14 von Hermann und Franz Messmer; Skulpturenschmuck von Jakob Probst; Renov. 1984–86.

SCHLIPFSTRASSE ▪ Transformatorenhaus, 1924 von Johannes Meier. Schlanker Turm in Heimatstilformen mit Sgraffitodekor.

HÜEBLISTRASSE ▪ Nr. 37, **ehem. Weberei Kühweid** (später Elmer AG). Das Ortsbild dominierende Komplex aus Fabrikbauten, Wasseranlagen und Arbeiterwohnhäusern, gegr. 1856 durch die Industriellen Heinrich Spörri und Johannes Honegger sowie den Bauern und Fergger Jakob Fischer; erstes Webereigebäude 1856–57; Spinnerei 1863; zweites Webereigebäude 1901; Arbeiterwohnhäuser 1876, 1912.

LINDENHOFSTRASSE/JONASTRASSE ▪ **Ehem. Textilindustrieanlage Honegger**. Die den ganzen Talgrund prägende Industrieanlage geht auf die Tobelmühle aus dem 17. Jh. und eine Bleiche von 1710 zurück; 1813 Installation der ersten Spinnmaschine von Wald; 1824 Spinnerei Lindenhof für Johannes Wild, 1840 Ökonomie und Tröckneturm; 1873–75 Weberei Bleiche für Johannes Honegger, 1887–90 erweitert; 1906 Weberei Bleichewies. Renov. und Umnutzung 1998ff.

BACHTELSTRASSE ▪ Nrn. 46–53, acht Arbeiterwohnhäuser (sog. «Schiltenachti»), 1903–06 für die Textilfabrik Joh. Honegger & Söhne.

RÜTISTRASSE ▪ Nr. 13, Villa Friedau. 1834 erb. als klassiz. herschaftl. Wohnhaus, 1888ff. reiche Innendekoration, Renov. und Umbau für die Gemeindeverwaltung 1994–95. ▪ Nr. 14, Villa Sonnenhof, klassiz. Wohnhaus und Nebengebäude (ehem. Badehaus) 1851 für den Fabrikanten und Nationalrat Johannes Wild, Renov. 2004. ▪ Nr. 15, Villa Flora, 1869–71 für den Industriellen Johannes Honegger.

KANZLEIWEG ▪ Nr. 7, Villa Zelgli. Historisierender Bau von und für Baumeister Emil Strehler-Hess 1901–02, Renov. 1991–92.

WINDEGGSTRASSE ▪ Nr. 2, Hof Windegg. Herrschaftl. Wohnhaus 1709 für den Gerber Hans Krauer. Eines der frühesten Fachwerkgebäude der Region mit reicher Innenausstattung; Ökonomiegebäude auf winkelförmigem Grundriss; Renov. und Umbau des Ökonomiegebäudes zu ref. Gemeindezentrum 1977–78.

HASELSTUDSTRASSE ▪ Nr. 2, Villa Montana, Landhaus im Jugendstil 1906–07 von Johann Rudolf Streiff und Gottfried Schindler für den Fabrikanten Friedrich Elmer. Renov. 1995–96.

LAUPEN DIEZIKONERSTRASSE ▪ Nrn. 11–19 (ungerade Nrn.), Kosthaus mit markanter Laube, 1861–62 für die Textilfabrik Huebwies.

TONACHER ▪ Ehem. Doppelbauernwohnhaus 2. H. 18. Jh.; Renov. 1992–93. Stattlicher Fachwerkbau mit Klebdächern.

BLATTENBACH ▪ **Zum Roten Schwert** (bzw. Zum Alten Schwert). Erw. 1530, neu erb. 1621 als Pilgerherberge an der Strasse Bodensee–Einsiedeln, 1856 infolge neuer Strassenführung Verlust der urspr. Funktion. Renov. 1964, 1992, 1995–96. Bohlenständerbau mit flach geneigtem Dach und ländlich-barockem Dekor. ▪ Burgruine Ballikon. Fundamente eines fünfeckigen Turms, konserviert 1940.

HUEBHANSEN ▪ Vielzweckbauernhaus, Hochstud-Bohlenständerbau zwischen 1684 und 1688.

VORDER ERLI ▪ Vierteiliger Kleinflarz mit Sticklokal, Kern Hochstudkonstruktion 16./17. Jh., seitliche Anbauten 1818 und 1840.

RAAD ▪ Sog. Doktorhaus, repräsentativer Bohlenständerbau 1728d. Aussenrest. 1995–2000.

RIET ▪ Ehem. Gasthaus Kreuz. Erb. um 1765–70 als Pilgerherberge, Renov. 1989–91.

Museum:

– Heimatmuseum, Rütistrasse Nr. 2.

WINTERTHUR

Einzelne Funde aus der Jungsteinzeit zeigen, dass das Gebiet um Winterthur seit über sechs Jahrtausenden zeitweise besiedelt war. Auch die Bronze- und Eisenzeit sind durch archäologische Spuren belegt, besser bekannt sind allerdings erst die Siedlungen der römischen Zeit. Kurz vor Christi Geburt wurde in Oberwinterthur ein Vicus gegründet, der als Etappenort an der Strasse durch das schweizerische Mittelland, aber auch als Zentrum für die bald darauf in der Umgebung entstandenen Gutshöfe diente. In der Krisenzeit des späten 3. Jh. n. Chr. – inschriftlich datiert 294 – wurde der Oberwinterthurer Kirchhügel befestigt. Wohl im 7. Jh. wurde dort – an der Stelle der heutigen Dorfkirche – ein erstes Gotteshaus errichtet. Ins 7./8. Jh. zurück reichen auch die Vorgänger der Kirchen von Veltheim, Wülflingen und der Altstadt. Die Siedlung in der Altstadt ist spätestens im 6. Jh. entstanden und erlangte bis zum 10./11. Jh. Zentrumsfunktionen. Die Kirche diente einem Adelsgeschlecht als Grablege und besass eine Taufanlage. Entlang der heutigen Marktgasse entstand eine regelmässige Bebauung. Kurz vor oder um 1200 wurde auch der südlich angrenzende Siedlungsteil neu strukturiert. Mit dem Bau der Befestigung, der Anlage neuer Gassen und eines Stadtbachs entstand eine regelmässige, fast quadratische Stadtanlage. Gründer dieser Stadt war Graf Hartmann III. von Kyburg, der 1180 auch die Loslösung der nachmaligen Stadtkirche von der Pfarrkirche Oberwinterthur erwirkt hatte. Im 13. Jh. werden als weitere Kraft die städtische Bürgerschaft und ein Schultheiss in schriftlichen Quellen fassbar. Steinbauten der städtischen Oberschicht, die Anlage einer Trinkwasserversorgung, Um- und Erweiterungsbauten der Stadtkirche sowie Stadterweiterungen (Neustadt: Mitte 13. Jh., Untertor: spätestens um 1300) zeugen von der Prosperität der Stadt im 13. Jh.

Nach dem Tod des letzten Kyburgers kam Winterthur 1264 an Rudolf v. Habsburg und erhielt den Stadtrechtsbrief. Winterthur diente den Habsburgern als Stützpunkt gegen die Eidgenossenschaft, wurde 1467 an Zürich verpfändet und blieb bis 1798 zürcherische Untertanenstadt. Ab 1803 ist sie Bezirkshauptort.

117

117 Winterthur. Ref. Stadtkirche.

In der frühen Neuzeit war Winterthur Sitz von berühmten Keramikmanufakturen, Ofenbauern, Glasmalern und Uhrmachern. Im 19. Jh. rapider Aufschwung zur Handels- und Industriestadt, vorwiegend Maschinenbau und Textilproduktion. Berühmte private Kunstsammlungen.

Alle Stadttore wurden im 19. Jh. geschleift. An der Stelle der ehem. Stadtgräben Anlage einer teilw. parkartigen Ringzone mit öffentlichen Gebäuden. Bis zum 1. Weltkrieg lag die Hauptbautätigkeit in Winterthur in den altstadtnahen Gebieten Neuwiesen, Heiligberg, Inner Lind und Brühlberg. Durch eine mehrheitlich offene Bebauung mit Einzelkörpern wurde der Grundstein für die durchgrünte Stadt Winterthur gelegt. 1922 Eingemeindung der sechs Vororte Hegi, Oberwinterthur, Seen, Töss, Veltheim, Wülflingen. Nach dem 1. Weltkrieg entstanden zahlreiche Siedlungen für den Arbeiter- und Mittelstand (Siedlungen Stadtrain S. 207, Selbsthilfe S. 191, Schooren S. 207, Hegmatten S. 207 etc.) in den altstadtferneren Gebieten Grüze, Breite, Deutweg, Lindberg, Rosenberg und in der äusseren Neuwiese. 1988 verlegte die Firma Sulzer die Produktionstätigkeit vom Sulzerareal Stadtmitte ins Werk Oberwinterthur. Das zentrumsnahe Fabrikareal, welches annähernd die gleiche Grösse wie die Altstadt aufweist, wurde damit freigestellt. Es befindet sich heute in einem fortgeschrittenen, umfassenden Umnutzungsprozess zu einem durchmischten Arbeits- und Wohnquartier unter Erhaltung des Industriecharakters.

17 ▮ **Reformierte Stadtkirche** (Plan S. 174/75 ▶ **1**). Dreischiffige Basilika mit zwei Chorflankentürmen. Erstes Gotteshaus war ein Holzbau aus dem 7. oder 8. Jh. mit Begräbnisplatz. Ab dem 9. Jh. versch. Neu- und Umbauten in Stein, bis das Kirchenschiff 1501–18 seine heutige Gestalt erhielt. Aus der Zeit der Erhebung zur Pfarrkirche 1180 erhalten ist der untere Teil des N-Turms, der Mittelteil von 1362, Wächterstube und Helm 1794 von David Vogel dem S-Turm angeglichen. Ostseitig ablesbar vier Dachschrägen von früheren Anbauten, z. T. Beinhäusern, sowie Steinrötung von deren Brand. Chor Mitte 13. Jh. S-Turm 1486–90 von Hans Hettlinger, Conrad Gisler und Hans Weinmann, mit barocker Haube in Anlehnung an die Stadtkirche Zofingen, 1659 von Hans Conrad Frey: Drachenwasserspeier, vier rollwerkbesetzte Uhrgiebel und Laternenhaube. Die Haupt- und drei Seitenportale spitzbogig mit profilierten Gewänden, zwei davon dat. 1509. Über dem W-Portal ein 8 m hohes got. Fenster, daneben zwei neugot. Drillingsfenster der Renov. 1853–56 von Ferdinand Stadler. Renov. 1922–30 von Rittmeyer & Furrer. Renov. 1980–83, Rest. des Südturmes 1989–90. Das *Kircheninnere* zeigt ein fünfjochiges Langhaus mit kapitelllosen Pfeilerarkaden und spätgot. Masswerkfenstern. Gestühl, Bänke, Kanzel und Farbfenster entworfen von Ferdinand Stadler. Aus Renov. 1922–30 Kassettendecke sowie archaisierend-expressive Wandmalerei von Paul Zehnder. Hinter dem gedrungenen spitzbogigen Triumphbogen der zweijochige Chor mit Kreuzrippengewölben über Wanddiensten mit Kelchkapitellen. Im geraden O-Abschluss drei frühgot. Fenster mit Glasgemälden, 1923 von Augusto Giacometti, neugot. Seitenfenster 1853. W-Empore 1794, erweitert 1922. Reich reliefierter barocker Taufstein mit Engelsköpfen und Fruchtgehängen 1656 von Hans Conrad Frey. Spätbarock-Orgel, 1809 aus dem Kloster Salem angekauft, 1766–68 von Carl Jos. Riepp, Prospekt von Jos. Ant. Feuchtmayer. Sakristei im S-Turm mit Malerei im Kreuzgewölbe von 1490, zugeschr. Hans Haggenberg; Bauinschrift, in der Mittelrosette Stadtwappen, in den vier Gewölbekappen je ein adeliges und drei bürgerliche Wappen sowie die Kirchenpatrone Laurenz, Alban und Pankraz. Im 1. OG des S-Turmes ehem. Archivraum mit frühneuzeitlichen Archivschränken. Im N-Turm nach dem Turmbrand von 1361 errichtetes hölzernes Innengerüst. Im UG Mauerreste älterer Bauphasen sowie Fundgegenstände aus der Kirche (Besichtigung Sakristei, N-Turm, Ausgrabungen und Modell der Bauphasen mit Voranmeldung beim Sigrist, Kirchplatz Nr. 3).

ALTSTADT

MARKTGASSE. Teil der Römerstrasse von Vindonissa (Windisch AG), über Vitudurum (Oberwinterthur) nach Brigantium (Bregenz A), wenige Spuren einer röm. Siedlung (1.–3. Jh.) sowie längs der Nordseite der Marktgasse Bestattungsplatz, der im 6. und 7. Jh. benutzt wurde. Seit dem 10./11. Jh. rechtwinklig auf die Gasse ausgerichtete regelmässige Bebauung. Vom 13. Jh. bis 1871 war der Gassenraum (330 m Länge) von zwei Toren geschlossen. Der Standort des Oberen Bogens, an der Kreuzung zum Graben, ist auf dem Gehweg markiert. Bis 1827/41 floss ein Arm des Stadtbachs offen durch
die Marktgasse. ▮ Der Justitiabrunnen, urspr. von 119
1537, wurde mehrfach erneuert, heutiges Becken von 1748, Statue Kopie von Fritz Liechti 1931. Repräsentative Bürgerhäuser, in deren Front sich die öffentlichen Gebäude mit Zurückhaltung eingliedern.

118 Winterthur. Ortsplan 1:10 000.

1 Ref. Stadtkirche
2 Rathaus
3 Waaghaus
4 Altes Stadthaus
5 Unteres Spital
6 Hauptbahnhof
7 Verwaltungsgebäude
8 Stadthaus
9 Primarschulhaus Altstadt
10 Stiftung Oskar Reinhart am Stadtgarten
11 Zum Warteck
12 Zum Balustergarten
13 Verwaltungsgebäude der Winterthur Unfall
14 Museum Lindengut
15 Alte Kaserne
16 Kant. Technikum
17 Zum Hinteren Waldhorn
18 Sulzerareal
19 SLM-Areal
20 Kath. Kirche St. Peter und Paul
21 Verwaltungsgebäude Gebrüder Volkart
22 Theater am Stadtgarten
23 Kunstmuseum mit Stadtbibliothek und Naturwissenschaftliche Sammlung

24 Zur Pflanzschule
25 Villa Bühler
26 Bezirksgericht
27 Friedhof Rosenberg
28 Sammlung Oskar Reinhart «Am Römerholz»
29 Villa Tössertobel
30 Kantonsschule Rychenberg
31 Siedlung Leimenegg
32 Villa Jungheim
33 Wohnhaus Robert Rittmeyer
34 Bahnhof Grüze
35 Villa Flora
36 Adlergarten
37 «Selbsthilfekolonie»
38 Siedlung Bernoulli
39 Arbeitersiedlung Deutweg
40 Ref. Kirche Veltheim
41 Ref. Kirche Oberwinterthur
42 Hohlandhaus
43 Schulhaus Lindberg
44 Wohnkolonie Stadtrain

▪ Nr. 9, Zum Steinadler. Beachtliche Spätrokokofassade von 1765 und reiche Innenausstattung im Stil Louis XV. und Louis XVI. ▪ Nr. 13, Zur blauen Traube. Architekturimitationsmalereien und Gasthausszene aus dem 17. Jh. ▪ Nr. 15, hist. Gasthaus zur Sonne. Spätgot. Bau von 1557 mit got. Staffelfenstern und Wirtshausschild um 1800. Im 1. OG Saal mit leicht gewölbter Balkendecke und Fenstersäulen. ▪ Nr. 16, Berna. Spätbarockfassade um 1765. Rokokostuckdecken. ▪ Nr. 20, **Rathaus*** (Plan S. 174/75 ▶ **2**). *Eine der bedeutendsten Leistungen des schweizerischen Frühklassizismus.* Erb. 1782–84 nach Plänen von Joh. Ulrich Büchel, Erbauer des Kirschgartens in Basel. Gelungener Umbau 1872–74 durch Semper-
120 schüler Joseph Bösch: EG **Ladenpassage** mit pompejanischer Deckenmalerei und Hof mit Glasdach, verm. in Anlehnung an die wenig ältere Galleria Vittorio Emanuele in Mailand, **Sgraffiti** an der Fassade gegen die Stadthausstrasse; Rest. 1968–70. Frühklassiz., dreiachsige Fassade; die Mittelachse akzentuiert durch Balkon und Dreiecksgiebel. Das 2. OG mit dem steilen traufständigen Satteldach überragt die Nachbarhäuser. Im Eingang spätröm. Bauinschrift der 294 n. Chr. auf dem Oberwinterthurer Kirchhügel errichteten Befestigungsanlage «MVRVM VITVDVRENSEM» (Oberwinterthur). Der Inschriftstein war mindestens seit dem 10. Jh. im Konstanzer Münster eingemauert und wurde 1966 zurückgeführt. 1. OG: Altstadtmodell im Vorraum zum **Festsaal**, dem bedeutendsten Innenraum des Klassizismus in Winterthur, ehem. Ratssaal mit hervorragend stuckierter Decke des Augsburgers Lorenz Schmid, Eichentäfer und zwei weissen Turmöfen nach hist. Vorbild. Im Bereich des Hinterhauses Wohnung des ehem. Rathausmeisters mit Kachelofen, 1690 von David Pfau II. und Wandbildfragment mit den hll. Christophorus und Sebastian aus dem 14. Jh. Darin heute Museum Briner + Kern (s. Museum). ▪ Nr. 21, Zur Rose. Got. Fassade des 17. Jh. Ehem. Interieur mit gemalten Landschaften 1763. Heute im Schloss Wülflingen. ▪ Nr. 22, Zur Geduld. Vorderhaus erb. um 1690, Hinterhaus 1717; Oskar Reinhart veranlasste 1921–22 Umbau zum Klubhaus nach engl. Vorbild durch Rittmeyer & Furrer, renov. 1996. Harmonische Frühbarockfassade mit toskanischem Rundbogenportal und flachem Erker. Im Vorraum des Hinterhauses barocke Stuckbalkendecke; im Saal klassiz. Turmofen. Wandmalereien von Henry Bischoff und Karl Walser 1922–23. ▪ Nr. 24, Zur Hoffnung, Haus Peterhans, ehem. Ceder. Im DG Inschrift «1591», Rokoko-Interieurs um 1771. Im Hinterhaus Stadthausstrasse Nr. 61, Zimmer und Saal mit Getäfer und Kassettendecken um 1690, sehr schöne barocke Stuckdecken, dat. 1708, wahrscheinlich von Heinr. Bürkli. ▪ Nr. 25, erb. 1503 als **Waaghaus** und als Gesellschaftshaus für die Bür-

119

120

gerschaft (Plan S. 174/75 ▶ **3**). Die regelmässig gegliederte Fassade zeigt vier kielbogige, urspr. offene Arkaden im EG und über durchlaufendem Sims vier dreiteilige Staffelfenster sowie vier Kreuzstockfenster im 2. OG. Rest. und umgeb. 1865 von Carl Friedrich Wilhelm Bareiss: Treppenhaus, erste Kunsthalle, neugot. Zinnenkranz. Umgestaltung bzw. Umnutzung EG 1898–1900 zum Lesesaal durch Ernst Jung. Ab 1916 Musikkollegium und Stadtverwaltung im OG. Wappenscheibe des Musikkollegiums 1658 von Hans Jakob Nüscheler. Roter Fassadenanstrich seit 1930. Rest. 1978–79. ▮ Nr. 30, Zur Harfe. 1975 mit Nrn. 26/28 und den Hinterhäusern ausgehöhlt. Spätgot. Fassade 1. H. 16. Jh. Im 3. OG Rekonstr. der Rokokostuckdecke um 1740 aus dem 2. OG, ergänzt mit Kachelofen und Täfer aus Fremdliegenschaften. ▮ Nr. 36, Zum Sternen. Klassiz. Fassade um 1780; bis 1622 Zunfthaus der Weber. ▮ Nr. 37, Rothaus. Warenhaus erb. 1907–08 von Rittmeyer & Furrer als verkleidete Eisenbetonkonstruktion in einer Mischung von Jugendstil und Heimatstil; erweitert um 1930. ▮ Nr. 41, Zum Weissen Haus. 1966 mit Nr. 43 abgebrochen unter Erhalt der Fassaden. Im 1. OG spätgot. Balkendecke von 1506 wieder eingesetzt. Fragment eines Wandgemäldes und Allianzwappen dat. 1537, abgelöst an Ort. Im 3. OG Grisaillemalerei aus Nr. 43 von 1763 auf Wandtäfer: acht romantische Landschaften in ovalen, von Rocaillen gefassten Spiegeln, Hans Ulrich Studer zugeschr. ▮ Nr. 43, Zum Tiergarten. Ausgehölt. Verloren gingen seltene, schwarze und polychrome Rankenmalereien des 15. Jh., erhalten haben sich pietistische Wandsprüche und eine Fenstersäule des 17. Jh. ▮ Nr. 44, Zum Walfisch. Erb. 1337–38 als Massivbau mit saalartigen Raumstrukturen, urspr. Nutzung unbekannt. Fassadengestaltung und Innenausbau 19. Jh. Klassiz. Schild um 1820. ▮ Nr. 46, Zum Geist, um 1765. Qualitätvolle Fassade. Urspr. Innenausstattung des Spätrokokos, heute eingelagert. ▮ Nr. 48, Zur Ilie. Erb. um 1760 in Spätrokokoformen. 3. OG., ehem. Landschaftsmalereien von Johann Rudolf Schellenberg 1771, heute im Heimatmuseum. ▮ Nr. 49, Hotel zur Krone. Erstmals erwähnt 1434. Neurenaissancefassade von 1877; klassiz. Wirtshausschild um 1810. Marmoriertes Treppenhaus. Im Innenhof Wandbild um 1890, Hans Wildermuth zugeschr. ▮ Nr. 51, Zur Fortuna. Im 1. OG spätgot. Interieur mit Rankenmalerei oberhalb einer Quadermalerei, got. Balkendecke, Fragment einer Wirtshausszene aus dem 17. Jh. und Architekturimitationsmalerei mit Sinnspruch aus dem 18. Jh. Im Treppenhaus got. Türe mit Eselsrücken dat. 1593. ▮ Nr. 53, **Altes Stadthaus** (Plan S. 174/75 ▶ **4**). Erb. 1790 von Diethelm Schneider als Verwaltungsgebäude des Oberen Spitals, Renov. 1966–67. Frühklassiz. Bau mit Pilastergliederung und dreiachsigem Mittelrisalit unter Dreiecksgiebel. In der Hofdurchfahrt Gitterportal zum Treppenhaus von Jakob Strauss. Im 2. OG getäferter Saal, hinter dem Täfer zugänglich Rest einer Architekturmalerei um 1630, Kachelöfen.

NEUMARKT. Der Neumarkt entstand als öffentlicher Platz erst 1601, als der alte Westgraben, der die innere Stadt umgürtet hatte, zugeschüttet wurde. Bis ins 19. Jh. wurde hier der Rindermarkt abgehalten. ▮ Nrn. 6/8, ehem. **Unteres Spital** (Plan **121**
S. 174/75 ▶ **5**). Heute Seniorenheim am Neumarkt. Neu erb. 1806–14 von Salomon Sulzer d. J. Lang gestreckter klassiz. Bau unter Walmdach. Elfachsige lisenengegliederte Front mit flachem Mittelrisalit unter grossem Dreieckgiebel. N-Flügel erb. 1788–89 von Diethelm Schneider, als Verbindung zum

121

119 Winterthur. Marktgasse. Justitiabrunnen.
120 Winterthur. Rathauspassage.
121 Winterthur. Unteres Spital.

ehem. Oberen Spital. Schöner Hof gegen die Spitalgasse mit klassiz. Brunnen von 1812. Südl. Anbau 2002 von Peter Stutz und Markus Bolt. ▪ Nr. 4, Königshof. Kernsubstanz um 1200, diverse An- und Umbauten, heute mit barockem Gepräge. Bedeutende barocke Malereien.

KIRCHPLATZ ▪ Reformierte Stadtkirche, s. S. 173. ▪ Klassiz. Brunnen um 1830. ▪ Nr. 3, Sigristenhaus. 1864 erb. von K. F. W. Bareiss in den Formen der Neugotik.

PFARRGASSE ▪ Nr. 1, ref. Pfarrhaus. Erb. 1794–95 wahrscheinlich von Heinrich Keller. 1826 Umbau anlässlich der Verlegung des Friedhofes. Frei stehender, frühklassiz. Bau unter Walmdach.

OBERE KIRCHGASSE ▪ Nr. 4, Tösserhaus. Imposante Balkendecken, Stüde und Dachstuhl von 1607 mit Spannweite von 27 m. Teile eines Steinbaus 13. Jh., im 14. Jh. erweitert. 1. OG got. Fensterbänke und Türbogen zur Nachbarliegenschaft Nr. 6, Zum Blumengarten. Im Kern ebenfalls ein Steinbau um 1200, Im 1. OG Fragment einer Kaminanlage mit Säule, Würfelkapitell und Wandnische, Quadermalerei 14. Jh. 2001–03 Umbau zu Stadtbibliothek. ▪ Nr. 14, Gewerbemuseum. Als Mädchenschule erb. 1849–52 von Ferdinand Stadler. Dreigeschossiger spätklassiz. Kubus unter flachem Walmdach. Dreiteilige Portalarkade, dahinter Eingangshalle. Bedeutende Uhrensammlung Kellenberger (s. Museum). ▪ Nr. 18, Zur weissen Rose, Keller von 1311. Bedeutende, z. T. freigelegte Wandmalereien in den OG. Im 1. OG. Bohlenbalkendecke aus dem 17. Jh. sowie bemalte steinerne Fenstersäule.

METZGGASSE. Um 1200 angelegt. ▪ Nr. 8, Zur Zufriedenheit. Gut erhaltene Erschliessungslaube im Hof um 1844. Im 1. OG Fensterfront mit stichbogigen Fensternischen und Fenstersäule von 1697. Im 2. OG des Hinterhauses qualitätvolle Begleitmalereien der Fachwerkwände. ▪ Nr. 12, Zum Engel. Spätgot. Fassade um 1600. Turmofen 1686 von Hans Heinrich Pfau, steht heute im Schloss Wülflingen. ▪ Nr. 20, Zur Goldenen Traube. Bedeutendster Bürgerbau des Spätrokokos in Winterthur. Eckhaus von 1772 unter Mansardwalmdach, Eckpilaster und urnengekröntes Prunkportal, im Scheitel das Wappen des Bauherrn Hans Jakob Ernst; auf flachem Kastenerker Hauszeichen. 1959 im Innern total erneuert. ▪ Schöne Baugruppe Ecke Metzggasse/Steinberggasse: frühklassiz. Haus zum Maierisli um 1790. Riegelhaus zum Kirschbaum um 1810. Klassiz. Haus zum Silberberg um 1835. Pfarrhaus-Hauptfront (s. oben).

STEINBERGGASSE. Die ehem. Hintergasse wurde um 12
1200 angelegt. Die Überbreite unterstützt die Vermutung, dass hier urspr. der Viehmarkt abgehalten wurde. Vor der Liegenschaft Metzggasse Nr. 2 hat sich ein Sodbrunnen erhalten, der um 1500 als Notreservoir ausgehoben worden war. Brunnenbecken von 1861, 1930 in die Steinberggasse versetzt, mit Bronzeplastik 1938 Fischermädchen von Max Weber. Donald Judd reagierte 1995–97 mit seinem neuen Brunnenkonzept bewusst auf die vorhandene Situation. Drei ellipsenförmige Becken stehen mit dem bestehenden ovalen Fischermädchenbrunnen entlang dem ehem. Verlauf des Stadtbachs, der bis 1830 hier offen floss. Judds Wasserspiel mit ellipsenförmigen Innen- und Aussenbecken soll durch einen gemeinsamen Wasserspiegel das Gefälle in der Steinberggasse erlebbar machen. Im Vergleich zur Marktgasse kleinbürgerlichere Bauten, in den Parterres haben sich teilw. noch die Rundbogenöffnungen der urspr. Läden erhalten. Wohnsitz bedeutender Winterthurer Familien – Sulzer (Nr. 16), Ziegler (Nr. 29), Reinhart (Nr. 39), Imhoof-Hotze (Nr. 52) –, die im Verlauf des 19. Jh. die Entwicklung Winterthurs zur Industrie-, Handels- und Kulturstadt massgeblich beeinflussten, und Geburtshaus (Nr. 18) des ersten Bundespräsidenten Jonas Furrer (1805–61). ▪ Nr. 13, Alte Knabenschule. Fassade 1761 im Stil Louis XVI. Durch Portal Zugang zu Innenhof mit barockem Laubenaufgang. Im 1. OG des Hinterhauses Schulzimmer mit bemalter gotischer Balkendecke und Wandmalereien dat. 1587, mit lateinischen und deutschen Sinnsprüchen sowie Notenschriften. ▪ Nrn. 31–47 (ungerade Nrn.), geschlossene Häuserzeile 18. Jh. ▪ Nr. 33, Zum Tiger. Eines der urspr. Häuser der Gasse, am Torbogen dat. 1696.

OBERGASSE. Um 1200 angelegt. ▪ Nrn. 7/9, Zur Treue und Zum Ölberg. Spätgot. Doppelhaus von

122

122 Winterthur. Steinberggasse.

1622 mit gemeinsamem Aufzugserker. ▪ Nr. 8, Zum Jakobskampf. Verdeckte Renaissancemalerei. ▪ Nr. 10, Zum Bären. Reste eines Steinbaus von 1317. ▪ Nr. 11, Zum Pelikan und ▪ Nr. 13, Zum Rheinfall. Im Kern mind. dreigeschoss. Steinbau des 13. Jh. 1990/91 Um- und Neubau der Häuser Nrn. 7–13. Im 1. OG von Nr. 11 wurde eine got. Balkendecke um 1503 mit einer Spannweite von 9 m an Ort wieder eingebaut. Erhalten haben sich an den Brandmauern die Rötelzeichnung einer mittelalterl. Stadtansicht, graue Ritzzeichnung, polychrome Rankenmalereien und Allianzwappen dat. 1587 sowie rötliche Nischenrahmenmalerei und Wandrahmung mit Voluten dat. 1723. ▪ Nr. 16, Zur Reblaube. Malereien und Sinnsprüche in mehreren Schichten. Unterste Schicht im 1. OG um 1530 zeigt eine Jagdszene in Rankenmalerei über aufgemaltem Teppichbehang und von Bollenfries gerahmt. ▪ Nr. 27, Seidenhof, ehem. Zum Lämmli. Im 3. OG Architekturmalerei mit Fruchtgehänge rahmt Darstellung von altem Mann, der sich am Feuer die Füsse wärmt, um 1630, sign. CK vermutl. für Christoph Kaufmann; «Esther vor Ahasveros» sowie Rollwerk mit Fruchtgehänge um 1630, heute abgelöst im Korridor 3. OG Technikumstrasse Nr. 81. ▪ Nr. 29, Steinegg, Bernerhaus. Im Saal 2. OG Josephzyklus in gemalten Arkadenbögen um 1600. Ähnlicher Josephzyklus in der Vorderen Krone in Stein am Rhein um 1515. Im gleichen Raum Balkendecke mit Schablonenmalereien. ▪ Nr. 40, Zum Marktegg. Kernsubstanz vor 1648. Durch toskanische Kolossalpilaster gegliederte Fassade um 1800, städtebaulich interessante Stellung, schliesst Gassenraum der Marktgasse gegen O und markiert den Eingang in die Obergasse.

OBERTOR. Einst durch die Stadttore Oberer Bogen und Obertor geschlossener Gassenraum. ▪ Fortunabrunnen frühkassiz. um 1790, Statue Spätrokoko, Kopie von 1931. ▪ Nr. 3, urspr. zusammen mit Nr. 5, Zum Wilden Mann. Seit 1529 urkundlich erfasst. Erstes Wirtshaus im Obertor, einzige private Postablage und Pferdewechselstation der St. Galler und Zürcher Post bis 1785. ▪ Nrn. 6–14 (gerade Nrn.), mit Hinterhäusern an der Stadthausstrasse, Zentrum Obertor. Umbau unter Erhalt der Fassaden und der Innenhöfe. Versuch aus 1970er Jahren mit einem Dienstleistungszentrum sowie Wohnungen für Senioren und Behinderte architektonisch soziale Strukturen zu schaffen und der Entvölkerung der Altstadt entgegenzuwirken. ▪ Nr. 17, Zum Adler (heute Polizeiamt). Rokokobau von 1763–64 unter Mansarddach. Fassade von toskanischen Eckpilastern gerahmt, Mittelachse durch Portal, Hauszeichen Adlerplastik, Balkon- und Fenstergitter betont. ▪ Nrn. 27/29, Zum Oberen und Unteren Gängli. Spätgot. Doppelhaus um 1600 mit Rundbogenportal und Reihenfenstern. Ein schmaler Durchgang führt zu den Gärten am Rettenbachweg. ▪ Nr. 31, Zum Schwarzen Widder. Geburtshaus des Ästhetikers Joh. Georg Sulzer (1720–79).

NEUSTADTGASSE. Um M. 13. Jh. zusammen mit der Befestigung der Neustadt angelegter Gassenraum. Noch heute mit teilw. zweigeschossigen Handwerkerhäusern und grossen rückwärtigen Gärten, die über die Badgasse einsehbar sind. ▪ Nr. 1a, Magazingebäude. Urspr. für Baumwolle. Erb. 1845 nach Plänen von Ferdinand Stadler. Der die Strasse beherrschende Block ist ein spätes Beispiel des romantischen Münchner Rundbogenstils. ▪ Nr. 14, Neustadthuus. Zeugt von hist. Baustruktur mit Hof hinter der grossen ehem. Scheune. ▪ Nr. 18, 1863 als Werkstätte erb. Seit 1903 vermutlich kleinstes Wohnhaus der Stadt.

BADGASSE ▪ Nr. 3, Baronenscheune. Während des Dreissigjährigen Krieges erb. als Getreide- und Futterlager von Salzkommissar Baron Johann Heinrich v. Sulzer-Wart. Heute Bürohaus. ▪ Nr. 6, ehem. Bad- und Waschanstalt. Backsteinbau, erb. 1862–64 von K. F. W. Bareiss als «Türkisches Bad» mit minarettartigem Hochkamin (abgebr.), 1979/80 Totalumbau zu Verwaltungsgebäude (Stadtpolizei).

OBERER GRABEN. Der um 1200 als Teil der Kernstadtbefestigung angelegte Graben verlor mit dem Einbezug der Neustadt in die Stadtbefestigung um die M. 13. Jh. seine Befestigungsfunktion, spätestens im 14. Jh. durch das Holdertor und das Nägelitürli (1835/37 geschleift) gegen N und S gesichert. Der urspr. Graben folgte der westl. Häuserzeile und wurde erst 1794/1800 eingeebnet. 1809/10 wurde eine Promenade mit doppelter Baumreihe angelegt, 1872 erneuert. ▪ Liegende Holzfigur, 1986, Werner Ignaz Jans. ▪ Nr. 2, Zum Grabenfels. 1864, feingliedrige Neurenaissancefassade. ▪ Nr. 6, ehem. Freimaurerloge Akazia. Neu- und Umbau 1864 von K. F. W. Bareiss. Neugot. Fassade mit Kielbogenportal und Zinnenkranz. 1905 Umbau und leichte Erhöhung der Fassade durch Ernst Jung. 1988 Totalumbau des Innern. ▪ Nr. 12, Zum Baumwollbaum. Rokokobau um 1765 unter hohem Mansarddach. Bedeutende Innenausstattung: Stuckdecken und Empire-Öfen. ▪ Nr. 50, Zum Lindenhof. Im 18. Jh. Wohnsitz der Künstlerfamilie Schellenberg, 1888–1901 Wohnsitz von Bundesrat Ludwig Forrer.

RINGZONE

Bis ins 18. Jh. war ausserhalb der Stadtmauern einzig das Erstellen von landwirtschaftlichen Nutzbauten und Gewerbebauten, die auf das Wasser der Eulach angewiesen waren oder eine Feuergefahr in sich bargen, erlaubt. Erst mit abnehmender Kriegsgefahr und in der Folge der Aufklärung mit ihrem neuen Naturverständnis erbaute sich die obere Bürgerschicht zahlreiche Landhäuser mit herrschaftlichen Gartenanlagen vor den Toren.

Der Beseitigung der Schanzen 1763–1806 und Einebnung der Stadtgräben 1790–1800 sowie 1835–39 folgte die Anlage einer Ringstrasse mit Alleen und Parkanlagen, die die öffentlichen Bauten der modernen Gesellschaft des 19. Jh. aufnehmen sollten.

BAHNHOFPLATZ ▪ Nrn. 5/7/9, **Hauptbahnhof** 123
(Plan S. 174/75 ▶ 6). Erb. 1894–95 von Ernst Jung

123

und Otto Bridler, unter Verwendung des Altbaus 1859–60 von Jakob Friedrich Wanner und August Beckh, dieser anstelle des ersten Bahnhofs von 1854–55. ▮ Nr. 2, Ecke Untertor (Nr. 39), Adler-Apotheke, ehem. Haus zum Maulbeerbaum. Frühklassiz. Bau unter steilem Zeltdach um 1785, neuklassiz. Giebelaufbau und Portal von 1913. ▮ Nr. 4/6, Neurenaissance-Blockrandbebauung 1879–80 von Ernst Jung, anstelle des Zürcher Amtshauses von 1541. ▮ Ecke Stadthausstrasse (Nr. 24), Restaurant National. Als Neurenaissance-Villa erstellt 1861, 2000–02 Totalumbau im Innern und Anbau. ▮ Nr. 8, Hauptpost. 1896–99 von Otto Dorer und Adolf Füchslin. Reich gegliederter hist. Komplex unter steilen Walmdächern, Aussenrenov. 1981.

TURNERSTRASSE ▮ Nr. 1, **Verwaltungsgebäude** (heute Volkart) (Plan S. 174/75 ▶**7**). Erb. 1904/05 von Jung & Bridler, renov. 1994–95. Stark
124 gegliederter, gotisierender Hausteinbau. Lichthof mit Treppenanlage und Erschliessungsgalerie aus genieteten Eisenelementen mit Jugendstilornament.

LINDSTRASSE ▮ Nr 1, **Primarschulhaus Altstadt** (Plan S. 174/75 ▶**9**). Dreiflügelanlage in spätklassizist. Historismus, 1862–64 von Ferdinand Stadler. Wandmalerei, 1969 Heinrich Müller. ▮ Nr. 6, **Stiftung Oskar Reinhart am Stadtgarten*** (Plan S. 174/75 ▶**10**). Erster öffentl. Bau an der Stadthausstrasse, ehem. Knaben- und Gewerbeschule sowie Stadtbibliothek, 1838–42 von Leonhard Zeugheer. Vornehmer dreigeschossiger Block unter flachem Walmdach. Über den Arkaden der Vorhalle Kopien der Statuen von Huldrych Zwingli (Religion), Heinrich Pestalozzi (Erziehung), Conrad Gessner (Wissenschaft) und Johann Georg Sulzer (Ästhetik/Kunst). In den flachen Eckrisaliten Wandbrunnen mit Nischenfiguren der Kunst und der Wissenschaft 1859–60 von Joh. Leeb. Beim Umbau zur Gemäldegalerie 1941–50 wurde das Innere stark verändert, die Fenster des 2. OG geschlossen, die Fensterverdachungen des 1. OG verändert sowie Portal und Freitreppe der Parkseite hinzugefügt. Das Museum wurde 1998 von A. Gigon und M. Guyer renov. ▮ Nr. 14, Geschäftshaus. 1964–68 von Roland Rohn. ▮ Nr. 39, **Zum Warteck** (Plan S. 174/75 ▶**11**). 1859–60 von Leonhard Zeugheer für Textilfabrikant und Kaufmann Theodor Ziegler. In beherrschender Eckstellung schöner Neurenaissance-Stadtpalazzo. Rest. 1993–94. Marmoriertes Treppenhaus. Die urspr. Wohnräume der Beletage mit Stuckaturen, Öfen, Cheminees und teilw. textilen Wandbespannungen. ▮ Nr. 75, Zum Greifen, erb. 1648. Im 1. OG vielfiguriges frühbarockes Fresko M. 17. Jh., mit Szenen aus dem Leben König Davids. (Besichtigung während der Ladenöffnungszeiten möglich.) ▮ Nr. 85, Zur Toggenburg. Um- oder Neubau 1763. Im 2. und 3. OG bedeutende Rokoko-Ausstattungen. Moosbrugger-Decken mit floralen und landschaftlichen Motiven und Nussbaumgetäfer. ▮ Nr. 119, Casino. 1862 erb. von dem erst 20-jährigen Genfer Studenten Henri Kleffler, der als zweiter aus dem Wettbewerb hervorging. Konzertsaal mit Bühnenanbau, Lese- und Billardzimmer, Restauration und Ballsaal. 1934 nach Dachbrand renov. und aufgestockt durch Franz Scheibler. 2001 Renov. ▮ Nr. 135, Zur Gloria. Erb. 1868 von K. F. W. Bareiss, urspr. in Sichtbackstein. Stattliches neugot. Geschäftshaus mit Erker und Treppengiebel. In der Mittelachse Portal mit den Statuen von Hermes und Hephaistos. 1976 ausgehöhlt.

STADTHAUSSTRASSE ▮ Nr. 4a, **Stadthaus*** (Plan 125
S. 174/75 ▶**8**). *Eines der bedeutendsten Bauwerke*

124

123 Winterthur. Hauptbahnhof.
124 Winterthur. Handelshaus Volkart, Lichthof.

125

des europäischen Historismus. Verkörperung des Geltungswillens der Stadt Winterthur, die im 19. Jh. mit der Kantonshauptstadt wetteiferte. Erb. 1865–69 von Gottfried Semper; 1932–34 um zwei Achsen nach N erweitert durch Lebrecht Völki, gleichzeitig Umbau des Konzertsaales, Aussenrest. 2003–07. Die dreigeschossigen Seitentrakte mit differenzierter Geschossgliederung unter flachen, von einer Attika verdeckten Walmdächern werden überragt vom viergeschossigen vorspringenden Mittelteil unter Giebeldach, seit der jüngsten Rest. wieder mit Giebelskulpturen (Vitodura, Pallas Athene) geschmückt. Der Bau zeigt nach S eine gewaltige korinth. Tempelfront, zu der eine monumentale Freitreppe hinaufführt; in der Portikusrückwand kolossales, ins 2. OG reichendes Portal. Vestibül mit dorischen Säulen und zweiseitiger Treppenanlage. Dahinter der durch drei Geschosse reichende Grosse Saal mit Seitenemporen zwischen ion. Kolossalsäulen. ▪ Vor dem Stadthaus Brunnen mit Anklängen an röm. Vorbilder, 1870 von K. F. W. Bareiss.

STADTPARK ▪ **Zum Balustergarten** (Plan S. 174/75 ▶ **12**). Spätbarockes Lust- und Gartenhäuschen, um 1740. Im Innern Täfermalereien um 1763, Hans Conrad Kuster zugeschr. ▪ Bronzeplastiken von Hermann Haller (1880–1959) sowie Gerhard Markus (1889–1981).

GENERAL-GUISAN-STRASSE ▪ Nr. 40, **Verwaltungsgebäude der Winterthur-Unfall** (Plan S. 174/75 ▶ **13**). Anstelle der Villa Wehntal, 1857/60, von Leonhard Zeugheer. Erb. 1929–31 von Lebrecht Völki. Erweiterungsbau 1947–48 von Franz Scheibler. Grosse neuklassiz. Anlage mit markantem Turm.

RÖMERSTRASSE ▪ Nrn. 6/8, **Museum Lindengut** (Plan S. 174/75 ▶ **14**). Als Wohnhaus erb. 1787 für Joh. Seb. v. Clais. Frühklassiz. zweigeschossiger Bau unter Walmdach, Fronten durch toskanische Pilaster gegliedert. Gitter wahrscheinlich von Jakob Strauss. Zwei symmetrische Ökonomiegebäude. ▪ Nrn. 15/17, Verwaltungsgebäude der Winterthur-Leben. 1962–64 von Edwin Bosshardt; Eisenplastik 1967 von Silvio Mattioli, Skulptur 1998 Franz West, Stahlplastik Windspiel von Werner Paul Witschi.

ST. GALLERSTRASSE ▪ Nr. 1, Primarschulhaus Geiselweid. 1899–1901 von Walter Furrer.

CORRODISTRASSE ▪ Nr. 2, Wohn- und Geschäftshaus Scherrer. 1938–39 von Hermann Siegrist.
TECHNIKUMSTRASSE ▪ Nr. 8, **Alte Kaserne** (Plan S. 174/75 ▶ **15**). Ehem. Baumagazin. 1765 von Salomon Sulzer d. Ä. in beherrschender Stellung aussen an die alte Stadtmauer angebaut. 1846 Umbau zur Kavalleriekaserne. Lang gestreckter Riegelbau, gemauertes EG mit Barockportal. Die einmalige Konstruktion, bei der alle OG über Hängesäulen am Dachstuhl aufgehängt waren, wurde 1987 durch ein Feuer teilw. zerstört. Wiederherstellung 1989–92. ▪ Nr. 9, **Kant. Technikum** (Plan S. 174/75 ▶ **16**). Erb. 1877–78 von Theodor Gohl in schweren Neurenaissanceformen. Eingangshalle Wandmosaik 1949, Paul Bodmer. Freiplastik Werktätige 1953 von Otto Müller. 1907–08 Erweiterungsbau O von Kantonsbaumeister Hermann Fietz, 1937–40 umgebaut gegen S erweitert. ▪ Nrn. 18/20/22, Reste von Steinbauten des 13. Jh., im zur Technikumstrasse vorspringenden Teil Schalenturm der Stadtbefestigung 14. Jh. enthalten. ▪ Nr. 26, **Zum Hinteren Waldhorn** (Plan S. 174/75 ▶ **17**). Ehem. Wohnhaus des Malers Hans Haggenberg. Kern 15. Jh., Fassade 1864. Im Innern umfangreicher Bilderzyklus 1490–94 in Sgraffitotechnik. Die Bilder künden den Durchbruch der Frührenaissance an. ▪ Nr. 36, Zum Oberen Steinberg, Türmlihaus, um 1837. In das spätklassiz. Haus wurde wohl ein mittelalterl. Befestigungsturm einbezogen und mit einem Belvedere aus toskanischen Säulen abgeschlossen. 1977–79 Umbau. ▪ Nr. 78, Evang. Vereinshaus. Bethaus von 1871–72 in romantischem Spätklassizismus. ▪ Nrn. 81/83, ehem. Buchdruckerei Winterthur AG. 1916–17 von Otto Bridler und Lebrecht Völki.

AUSSENQUARTIERE

SULZERAREAL STADTMITTE *Zusammen mit dem Areal der Schweizerischen Lokomotiv- und Maschinenfabrik (SLM) ist das* **Sulzerareal*** (Plan S. 174/75 ▶ **18**) *einer der imposantesten Industriekomplexe Europas.*
ZÜRCHERSTRASSE ▪ Nr. 9, Neues Kesselhaus. Dominanter Kopfbau 1954–57 von Suter und Suter. ▪ Erste Giesserei- und Gründergebäude der Firma Sulzer. Erb. 1834 durch die Brüder Johann Jakob und Salomon Sulzer. ▪ Nr. 14, Verwaltungsgebäude Sulzer. 1928–29 von Lebrecht Völki. ▪ Nrn. 15/19, Bürogebäude. 1905–06 von Jung & Bridler. ▪ Nr. 25, Radiatorengiesserei. 1905 von Locher & Cie. Grosse Eisenskeletthalle. Backstein-Umfassungsmauern mit Stichbogenöffnungen.
KATHARINA-SULZER-PLATZ. Grösster Platz im Sul- **126**
zerareal und zukünftiges Zentrum des Entwicklungsgebietes. ▪ Nrn. 2–12 (gerade Nrn.), Überbauung «Kranbahn», 2004 von Kaufmann van der Meer + Partner AG.

126

125 Winterthur. Stadthaus.
126 Winterthur. Katharina-Sulzer-Platz.

127 PIONIERSTRASSE ▪ Nrn. 10/12, Hauptmagazin. 1912–13 vom Baubüro Sulzer. Sachlicher Rasterbau: Eisenfachwerk mit Sichtbackstein-Ausfachung. Umnutzung zu einem Wohn-Gewerbe-Bau. ▪ Werkstattgebäude, Rundbau an der Pionierstrasse Stahlskelettbau mit roter Eternitfassade, 1930–31 vom Baubüro Sulzer. Heute Musical-Halle.

TÖSSFELDSTRASSE ▪ Nr. 11, Alte Kesselschmiede. Abschluss des Areals gegen die Bahnfront in Richtung Zürich. Umnutzung zur Architekturabteilung des Technikums Winterthur 1992 von Hermann Eppler und Stephan Mäder unter Erhalt der hist. Baustruktur.

SLM-AREAL **Schweizerische Lokomotiv- und Motorenfabrik** SLM (Plan S. 174/75 ▶ **19**). 1871 Gründung durch den engl. Ingenieur Charles Brown.

ZÜRCHERSTRASSE ▪ Nr. 41, Verwaltungsgebäude. 1871 von Ernst Jung. 16-achsiger Bau zwischen zwei Kopfbauten. ▪ Gründerfabrik SLM. Hinter Verwaltungsgebäude weitgehend orig. erhaltene Parallelgiebelhallen mit Holzdachstühlen und Gusseisensäulen sowie Sichtbacksteinfassaden gegen die Zürcherstrasse Erb. 1871 von Ernst Jung. ▪ Zahnrad- und Kompressorenwerkstätte von 1893–95. Erb. von Locher & Cie. Shedhallen in Eisen-/Holzkonstruktion. Der N-Trakt an der Zürcherstrasse mit repräsentativer Backsteinfassade und tempelartigem Eingangsgebäude bildete die Portalsituation der

127

128

SLM gegen die Stadt. ▪ Motorenfabrik. Mischbau mit Backsteinfassade mit grossen Fenstern an der Zürcherstrasse und Holzsheddächern sowie Eisenbetongalerie-Konstruktion. Erb. 1904 und 1907.

BRÜHLBERG, NEUWIESEN

BRÜHLBERGSTRASSE ▪ Nrn. 29–53 (ungerade Nrn.), Heimatstil-Dörfli mit steilen Satteldächern. Erb. 1911–12 von Fritschi und Zangerl für die Baugenossenschaft Gartenstadt.

UNTERE SCHÖNTALSTRASSE ▪ Nr. 12, Betriebsgebäude Städtische Werke. 1994–96 von Theo Hotz. Pavillon-Skulptur 1997 von Max Bill. 128

WÖLFFLINWEG ▪ Nr. 9, Haus Saas. 1929–30 von Arthur Reinhart. Eines der ersten Landhäuser in Winterthur im Stil des Neuen Bauens.

NEUWIESENSTRASSE ▪ Nr. 11, Villa Brühlhof/Ninck. 1906–07 von Robert Rittmeyer für Pfr. Johannes Ninck. Intakter, qualitätvoller Innenausbau. ▪ Nr. 15, Verwaltungs- und Bürogebäude Gebr. Sulzer AG. Hochhaus mit 26 Stockwerken 1963–66 von Hans Rudolf und Peter Suter. ▪ Nr. 40, Église réformée française von 1927. Glasfenster 1958–60 von Robert Wehrlin.

SCHÜTZENSTRASSE ▪ Nrn. 8–14 (gerade Nrn.), Mietschloss aus Backstein von 1887–89.

WÜLFLINGERSTRASSE ▪ Nr. 15, Wohnhotel für alleinstehende berufstätige Frauen. 1931 von Paul Otto Walti. 1950 Ersatz Flachdach durch Walmdach.

127 Winterthur. Sulzer Hauptmagazin.
128 Winterthur. Betriebsgebäude Städtische Werke mit Pavillon-Skulptur.

WARTSTRASSE. Spätklassiz. Stadterweiterung. ▪ **Katholische Kirche St. Peter und Paul** (Plan S. 174/75 ▶ **20**). Neugot. Frontturmanlage, 1866–68 von K. F. W. Bareiss. Innenausgestaltung 1884–97 u.a. von Heinrich Viktor v. Segesser (Empore und Gewölbe); innen und aussen modernisiert 1940–46 bzw. 1957 und 1960, 1982–84 Rest., Teilrekonstruktion. Flügelaltäre 1888–91 nach Entwürfen von A. F. Martin; Wandbilder von August Frey und Glasgemälde im Chor 1940–46 von August Wanner. Sakristei: silberne, spätgot. Turmmonstranz von 1551 und getriebener Rokokokelch von 1741, beide aus dem Kloster Rheinau. ▪ Nrn. 13/15/17, kath. Vereinshaus mit Restaurant Neuwiesenhof 1864–66. 1897 Saalanbau von Hermann Siegrist-Allweyer. ▪ Nr. 46, Schulhaus Neuwiesen. 1875–76 von Joseph Bösch.

INNERES LIND

MERKURSTRASSE ▪ Denkmal für den ersten schweizerischen Bundespräsidenten Jonas Furrer (1805–61) 1893–94 von Gustav Sieber.

BANKSTRASSE ▪ Nr. 20, Hohes Haus. Jugendstilbau 1905–06. Teil des Talgartenkomplexes (zusammen mit Museumstrasse Nrn. 74/76, Merkurstrasse Nrn. 23/25 sowie Bahnhofplatz Nr. 14), der von Rittmeyer & Furrer zwischen 1906–27 erb. worden ist.

129

130

131

129 Winterthur. Verwaltungsgebäude Gebr. Volkart.
130 Winterthur. Theater am Stadtgarten.
131 Winterthur. Kunstmuseum, Erweiterungsbau.

ST.-GEORGEN-PLATZ ▪ Nr. 2, **Verwaltungsgebäude Gebr. Volkart** (Plan S. 174/75 ▶ **21**). 1927–28 von Rittmeyer & Furrer. 1994–96 Umbau und Erweitung HWV von Weber & Hofer. 129

THEATERSTRASSE ▪ Nr. 6, **Theater am Stadtgarten** (Plan S. 174/75 ▶ **22**). 1975–79 von Frank Krayenbühl. Objekt 1979 von Günther Uecker. ▪ Nr. 17, Hochhaus Telecom. 2001 von Burkard, Meyer, Steiger. Prägnanter städtebaulicher Akzent. Bar im Hochhaus mit grossartigem Ausblick auf die Stadt. 130

MUSEUMSTRASSE ▪ Nr. 52, **Kunstmuseum*** (Plan S. 174/75 ▶ **23**), mit Stadtbibliothek und Naturwissenschaftl. Sammlung. Erb. 1913–16 von Rittmeyer & Furrer für die Sammlungen des Kunstvereins und der Stadt Winterthur. Bronzeplastik, 2000, Thomas Schütte. Weites Treppenhaus mit Wandbildern 1916 von Kerr-Xavier Roussel. Beachtenswertes Sitzungszimmer des Kunstvereins von Robert Rittmeyer und vorbildliche Oberlichtsäle. 1995 Erweiterungsbau von Gigon & Guyer. ▪ Nr. 56, Zum Sulzberg. Spätbarockes Wohnhaus um 1785 für Tuchhändler Johannes Ernst-Sulzberger, renov. 2003–04. 131

Zürich. «Schiffbau», Kultur- und Werkzentrum des Schauspielhauses, 1997–2000 von Ortner & Ortner (s. Seite 73).

VON DER INDUSTRIEBRACHE ZUR GELEBTEN STADT

Wichtige städtebauliche Impulse gingen in Zürich in den 1980er Jahren vom Industriequartier rund um den Escher-Wyss-Platz aus. Damals sah sich die Industrie mit einem grundlegenden Strukturwechsel konfrontiert: Maschinen wurden stillgelegt, Fabrikhallen verwaisten. Zugleich beanspruchten Jugendliche die leere Substanz für sich und realisierten in den besetzten Häusern ihre Vorstellung von einer alternativen Kulturszene, während auf politischer Ebene heftige Diskussionen um die planerische Entwicklung des Quartiers entbrannten. Die Planungsbehörden der Stadt Zürich setzten auf Durchmischung und förderten eine Umnutzung mit hoher Dichte, festgelegtem Wohnanteil und öffentlichen Freiflächen. Von dieser Strategie zeugen zentrale Projekte wie der durch das Schauspielhaus bespielte «Schiffbau» oder etwa der weite Turbinenplatz, der ein neues Zentrum definiert.

Die Stadt wächst vor allem an den Rändern wie Zürich Nord weiter und verändert hier ihr Gesicht in rasantem Tempo. Das 55 Hektaren grosse Industrieareal nördlich des Bahnhofs Oerlikon, für das die Architekten Silva Ruoss, Cary Siress und Karen Schrader 1992 das Entwicklungsleitbild erarbeiteten, wandelte sich in nur fünfzehn Jahren in eine belebte Wohn- und Geschäftsstadt. Dazwischen sorgen Parkanlagen für gartenarchitektonische Akzente, wie auch die Schulanlage Im Birch von Peter Märkli mit ihrer ruhig gerasterten Betonfassade Öffentlichkeit markiert.

Ein weiterer Höhepunkt jüngster Stadtentwicklung stellt die «Sihlcity» dar. Auf dem Areal der Papierfabrik an der Sihl wurde noch bis 1977 Papier hergestellt, dreizehn weitere Jahre arbeiteten die Leute in der Ausrüsterei, dann folgte die Industriebrache.

Nachdem das erste Projekt «Utopark» an politischen und später wirtschaftlichen Hürden gescheitert war, wurde das Büro Theo Hotz Architekten + Planer aus Zürich 1999 mit einer weiteren Entwicklungsstudie beauftragt, die in die heutige Bebauung mündete. Im neuen Stück Stadt vor der Stadt haben die Architekten drei zentrale Altbauten wie auch den Kamin erhalten, die den Läden, Restaurants, dem Fitnesscenter und Multiplexkino wie auch den 2300 Arbeitsplätzen eine unverkennbare Adresse geben.

Zürich. Oerliker Park, 1999–2001 von Zulauf Seippel Schweingruber Landschaftsarchitekten, mit Haerle Hubacher Architekten (s. Seite 89).

Seit Beginn der 1990er Jahre arbeitet auch Winterthur an der nachhaltigen Planung und Entwicklung des zentral gelegenen Sulzerareals, das zu den grössten Industriebrachen der Schweiz gehört. 1992 schrieb die Firma Sulzer einen internationalen Studienwettbewerb aus, den das Büro von Jean Nouvel und Emanuel Cattani mit dem Projekt «Megalou» für sich entscheiden konnte. Rekursbedingte Verzögerungen wie auch eine anhaltende Rezession Ende der 1990er Jahre führten letztlich zur Absage an die Grossbebauung. Seither entstehen auf dem Areal Projekte unterschiedlichen Massstabs, neben Büro- und Dienstleistungsflächen wird auch Wohnraum realisiert.

Gemeinsam ist den skizzierten Entwicklungsgebieten der Versuch, die Industriebrache nicht nur als Landressource, sondern auch als ein Stück Geschichte und damit als Möglichkeit der städtebaulichen Anknüpfung und Identitätsstiftung zu begreifen.

Cordula Seger

Winterthur. Sulzerareal, Technopark Winterthur, 2002 von Dahinden + Heim (s. Seite 183f.).

LIEBESTRASSE ▪ Nr. 3, ref. Kirchgemeindehaus mit Konzertsaal. Neuklassiz. Bau 1912–13 von Bridler & Völki, renov. 1974–75 und 2003–05. Wandgemälde von Eugène Burnand.

ST.-GEORGEN-STRASSE ▪ Nr. 5, **Zur Pflanzschule*** (Plan S. 174/75 ▶ **24**). Als Landsitz erb. 1771–72 vermutl. von Heinrich Keller. 1952 Kauf durch die Stadt, heute ref. Pfarrhaus. Spätbarocker zweigeschossiger Bau unter Mansarddach, die Mitte der siebenachsigen Hauptfront in Sichtbackstein durch Freitreppe, Portal, Balkon und skulptierten Volutengiebel ausgezeichnet; im Hof Brunnen. Rest. 1962. Um 1860–70 Mittelpunkt schöngeistigen Lebens. Hier verkehrten die Schriftsteller Carl Spitteler und Josef Viktor Widmann, die Komponisten Theodor Kirchner und Hermann Goetz und der Malerpoet August Corrodi. ▪ Nr. 59 A, Kindergarten. Erb. 1876, Ernst Jung zugeschr. ▪ Nr. 69, Turnhalle Lind-N. Gilt als erste Turnhalle der Schweiz. 1845 an der Stadthausstrasse erstellt und 1867 an den heutigen Standort versetzt. 1889–90 Turnhalle Lind-S von Albert Pfister, als architektonisches Vis-à-Vis (Museumstrasse bei Nr. 46). ▪ Nr. 88, Sekundarschulhaus St. Georgen. 1894–95 von Jung & Bridler, renov. 1978–79.

132 LINDSTRASSE ▪ Nr. 8, **Villa Bühler** mit Münzkabinett und Antikensammlung (Plan S. 174/75 ▶ **25**). Franz. Neubarock. Erb. 1867–69 von Friedrich von Rütti für Textilfabrikant Eduard Bühler-Egg. Bauführer Ernst Jung. Ökonomiegebäude 1868 und Gärtnereigebäude 1873 von Ernst Jung. Gartenanlage von Conrad Löwe. Im Treppenhaus Fresken, 1918 von Karl Walser. ▪ Nr. 10, **Bezirksgericht** (Plan S. 174/75 ▶ **26**). Erb. als Verwaltungsgebäude der Schweiz. Lloyd 1876–79 von Ernst Jung. 1902–03 Aufstockung durch Jung & Bridler, renov. 1971–77, Rest. des Innenhofs 2000. Neurenaissancebau mit reicher Treppenanlage im zentralen Lichthof. 133

HERMANN-GOETZ-STRASSE ▪ Nr. 21, Villa Lindgüetli, 1873 von Ernst Jung für Bankier Conrad Keller-Egg.

SCHWALMENACKERSTRASSE ▪ Nr. 4, Villa Jakobsbrunnen. Herrschaftlicher Landsitz um 1790 für Stadtschreiber Jakob Troll. ▪ Nr. 7, Freimaurerloge Akazia. 1903–04 von Ernst Jung.

ÄUSSERES LIND, ROSENBERG, RYCHENBERG

BRAUERSTRASSE ▪ Nrn. 15/17, Kantonsspital. 1948–54 von Edwin Bosshardt. 1968 Hochhaus für die Frauen- und Kinderklinik anstelle des urspr. Einwohnerspitals 1874–76 von Emil Studer. In der Eingangshalle des Bettenhauses Wandbild 1959 von Henri Schmid und Keramikmosaik von Ernst Egli. ▪ Nrn. 30–38 (gerade Nrn.), Malzstrasse Nrn. 1–9 (ungerade Nrn.), Hopfenstrasse Nrn. 1/5, Siedlung

132

133

132 Winterthur. Villa Bühler.
133 Winterthur. Bezirksgericht, Treppenanlage.

Brauer 1899–1900. Arbeitersiedlung in Sichtbackstein, Arch. Gebr. Lerch. Bauherr alt Stadtrat Heinrich Blatter-Hofmann.

BETTENSTRASSE ▮ Reformierte Kirche Rosenberg. 1964–66 von Alfred Klaiber, Heinrich Affeltranger und Franz Zehnder. Glasfenster von Hans Affeltranger.

AM ROSENBERG ▮ Nr. 5, **Friedhof Rosenberg** (Plan S. 174/75 ▶ **27**). Krematorium, 1909–10 von Bridler & Völki. Friedhofanlage mit drei Hochbauten von Rittmeyer & Furrer 1913–14. Umbau des Krematoriums 1952 von Edwin Bosshardt. Fresko 1953 von Paul Bodmer (abgedeckt 2004). 2003 Anbau von Jedele und Kisdaroczi, im Hof Stahlplatten mit Text von Klaus Merz und Markus Jedele. Eingangshallen, Kapelle und Kolumbarium 1914 von Rittmeyer & Furrer. An der Kapelle Mosaik 1928 von Karl Otto Hügin. Plastiken: beim Bassin Grosse Ruhende 1948 von Franz Fischer; Engel auf hoher Stele 1932–35 von Karl Geiser. Zwei Figuren, Steinskulptur 1992 von Arnold D'Altri. 16 Steinreliefplatten, 1940 von Werner Müller. Bedeutende Gräber mit Figuren, u. a. von Eduard Zimmermann (1906), Hermann Haller (1917, 1930, 1941, 1950), Hermann Hubacher (1924, 1925, 1926), Max Weber (1936), Robert Lienhard (1947, 1950, 1960), Karl Geiser, Josef Maria Odermatt.

HALDENSTRASSE ▮ Nr. 74, Haus Kunz. 1996–97 von Peter Kunz. ▮ Nr. 95, **Sammlung Oskar Reinhart «Am Römerholz»*** (Plan S. 174/75 ▶ **28**). **134**
Ehem. Wohnhaus für Henri Sulzer-Ziegler in Anlehnung an das engl. Landhaus. Erb. 1915–17 von Guillaume Revilliod und Maurice Turrettini. 1924 an Oskar Reinhart und Anbau des Galerietrakts. 1996–98 Umbau und Erweiterungsbau von Gigon & Guyer. Bedeutende Sammlung europäischer Kunst von der Spätgotik bis zur klassischen Moderne. Garten 1916 von Evariste Mertens.

SCHICKSTRASSE ▮ Nr. 3, Haus Hedinger. 1961–63 von Rolf Georg Otto. Regional bedeutendes Beispiel der Nachkriegsmoderne, mit zeittypischem Materialwechsel Holz und Sichtbeton.

EICHWALDSTRASSE ▮ Nr. 3, **Villa Tössertobel** (Plan S. 174/75 ▶ **29**). 1908–10 von Rittmeyer & Furrer für Georg Reinhart. Terrassierte Gartenanlage und Solarium.

TÖSSERTOBELSTRASSE ▮ Nr. 1, Konservatorium. 1965–66 von Guhl, Lechner, Philipp.

RYCHENBERGSTRASSE ▮ Nr. 68, Brauerei Haldengut. Weitläufige Industrieanlage, urspr. Brauerei- und Mälzereigebäude, 1841–42 von Leonhard Zeugheer. Prägend heute insbesondere die um 1905 von Ernst Haggenmacher gestalteten Sichtbacksteinbauten mit blau-weissen Keramikkranzfriesen. ▮ Nr. 94, Villa Rychenberg (heute Musikschule und Konservatori-

134

135

134 Winterthur. Sammlung Oskar Reinhart «Am Römerholz».
135 Winterthur. Siedlung Leimenegg.

um). Erb. 1887–88 von Ernst Jung für Theodor Reinhart-Volkart in Formen der franz. Renaissance. ▪ Nr. 140, **Kantonsschule Rychenberg** (Plan S. 174/75 ▶ **30**). Grosse neuklassiz. Anlage, 1926–28 von Otto und Werner Pfister. Plastik von Otto Kappeler. Erweiterungsbauten 1959–63 von Erik Lanter, 1988–1990 von Peter Stutz und Markus Bolt, 2005–07 von Jost Haberland.

LEIMENEGGSTRASSE ▪ Nrn. 27–35 (ungerade
135 Nrn.) und 43/45, **Siedlung Leimenegg*** (Plan S. 174/75 ▶ **31**). Markantes Beispiel der schweizerischen Zwischenkriegsarchitektur, 1932–33 von Hermann Siegrist.

SCHAFFHAUSERSTRASSE ▪ Nr. 52, Villa Rosenberg. Erb. um 1802, Verandaanbau 1880.

GEISELWEID, DEUTWEG, MATTENBACH

RÖMERSTRASSE ▪ Nr. 36, **Villa Jungheim** (Plan S. 174/75 ▶ **32**). Eigenheim und Atelierhaus von Ernst Jung. Erb. 1895. Gilt in seiner Einfachheit als das erste moderne Wohnhaus in Winterthur.

SEIDENSTRASSE ▪ Nr. 2, Villa Bridler. Eigenheim des Arch. Otto Bridler, 1899–1900. ▪ Nr. 18, **Wohnhaus des Arch. Robert Rittmeyer** (Plan S. 174/75 ▶ **33**). Erb. 1908 im regionalist. Reformstil. ▪ Nr. 27, Villa Traubengut. In neubarockem Stil erb. 1902–03 von Jung & Bridler.

PFLANZSCHULSTRASSE ▪ Nr. 36, Tennisanlage mit Klubhaus. Erb. 1922–24 nach engl. Vorbild für Oskar Reinhart. Klubhaus von Rittmeyer & Furrer, Spielplätze und Grünanlagen nach Robert Froebel. Bronzeplastiken von Hermann Hubacher 1922 und Hermann Haller 1924.

ST.-GALLER-STRASSE ▪ Nr. 40, Mechanische Seidenstoffweberei Sidi. Spätklassiz. Dreiflügelanlage, westl. anschliessend Shedhallen-Komplex mit Kesselhaus. 1872–73 von Joseph Bösch. 1889 sowie 1897–99 Anbauten gegen S. Teilabbruch 2006. ▪ Nr. 138, Nagelfabrik. Erb. um 1885–95 für Heinrich Sulzer-Bühler. Die damals modernsten Maschinen mit zwei unabhängigen Transmissionssystemen können noch heute besichtigt werden (Voranmeldung). ▪ Nr. 143, Bahnhof Grüze (Plan S. 174/75 ▶ **34**). **Perrondächer**, 1954–55, von Hans Hilfiker.

136

136 Winterthur. Villa Flora.

GRÜZENSTRASSE ▪ Nrn. 28–42 (gerade Nrn.), Arbeiterhäuser von Ernst Jung 1874. Erb. für die Mechanische Seidenstoffweberei. ▪ Nr. 44/45, Fotomuseum im Gebäude der ehem. Elastiquefabrik, 1876–77 und Fotostiftung 2002/03 auf dem Industrieareal Schleife.

OBERMÜHLESTRASSE ▪ Nr. 2, Obermühle. Gebäude von 1745–1853 als Mühle genutzt.

TÖSSTALSTRASSE ▪ Nr. 19, Zur Platane. Spätklassiz. Fabrikantenvilla von 1846. ▪ Nr. 24, Gewerbeschule. 1948–49 von Kellermüller & Hofmann.
▪ Nr. 42, **Villa Flora** (Plan S. 174/75 ▶ **35**). Erb. 136
1846, erweitert 1862. Später Wohnsitz des Sammlerehepaars Dr. Arthur und Hedwig Hahnloser-Bühler. Durch Rittmeyer & Furrer 1908 Einbau eines Gesellschaftszimmers, welches zuvor an der 1. Zürcher Raumkunstausstellung ausgestellt war. 1916 Gartenanlage, 1927 Aufbau zu Oberlichtsaal (s. Museum). ▪ Nrn. 59/61, Industrieareal Obere Schleife. Ehem. Altes Wasserwerk, seit 1482 an der Eulach genutzt als Walke, Reibe, Tabak- und Lohstampfe, Sägerei, Öltrotte. Ab 1828 Entwicklung zur Textilveredelungsanstalt. Seit 1998 Umnutzung zu Künstler- und Gewerbeateliers.

ADLERSTRASSE ▪ Nr. 2, **Zum Adlergarten** (heute Seniorenheim) (Plan S. 174/75 ▶ **36**). Bedeutendes Ensemble des Spätklassizismus in engl. Landschaftsgarten von 1812–15. Hauptgebäude Hôtel de la Fortuna, 1834–35. Lang gestreckter dreigeschossiger Baukörper unter Walmdach. An der Hauptfront ist dem flachen, sechsachsigen Mittelrisalit mit Dreiecksgiebel ein von Säulen getragener Balkon vorgelagert. Gartenpavillon um 1820, Daniel Sulzer zugeschr., rest. 1965–66. Symmetrischer Flügelbau mit vorgelagertem Portikustempelchen, an der Rückseite erhöhter Rundbau; im Innern gemalte Scheinarchitektur und Kuppeldekorationen. Erweiterungsbauten des Altersheims 1965–68 von Edwin Bosshardt, Hans Bremi und Robert Steiner. Brunnenplastik 1968 von Franz Fischer.

ZWINGLIPLATZ ∎ Nr. 2, reformierte Zwinglikirche und Kirchgemeindezentrum. 1938–40, von Jakob Wildermuth. 1961 Erweiterung durch Edwin Bosshardt. Bronzetüre mit den Ev. Matthäus und Johannes, 1940 von Otto Charles Bänninger, Glasbilder 1943–44 von Louis Moilliet.

EIGENHEIMWEG ∎ Nrn. 1–5, **«Selbsthilfekolonie»** (Plan S. 174/75 ▶ **37**). Zeilenhäuser um zentralen Hof mit Kindergarten. 1925–29 von Franz Scheibler und Adolf Kellermüller. Erste Siedlung der Schweiz, bei der Gesellschafter durch Eigenleistungen am Bau ihrer Häuser mitwirkten.

SCHEIDEGGSTRASSE ∎ Nr. 1, Primarschulhaus Gutschick. 1964–67 von Ulrich Baumgartner. Betonrelief von Heinrich Eichmann, Freiplastiken von Paul Speck, Eichenrelief in der Eingangshalle von Karl Schmid.

STRAHLEGGWEG ∎ Nrn. 1–30, Überbauung Grüzefeld. 1965–67 von Fred Cramer, Werner Jaray, Claude Paillard und Peter Leemann. 1995 isoliert und mit Eternit verkleidet.

GRÜZEFELDSTRASSE ∎ Nr. 35, Busdepot Grüzefeld. 1964–67 von Kellermüller & Lanz.

WEBERSTRASSE ∎ Nrn. 12 – 42 (gerade Nrn.)/Unterer Deutweg, Nrn. 60–82 (gerade Nrn.), **Siedlung Bernoulli** (Plan S. 174/75 ▶ **38**). Erb. 1923–25 von Hans Bernoulli und Adolf Kellermüller für die Heimstättengenossenschaft Winterthur.

UNTERER DEUTWEG, FÄRBERSTRASSE, GERBERSTRASSE, SCHLEIFESTRASSE, WEBERSTRASSE ∎ **Arbeitersiedlung Deutweg** (Plan S. 174/75 ▶ **39**). Erb. 1872–77 von Ernst Jung für die GEbW.

UNTERER DEUTWEG ∎ Nrn. 87/89, katholische Herz-Jesu-Kirche. 1932–34 von Kasimir Kaczorowski. Glasfenster 1934–35 von Giuseppe Scartezzini und 1960 von August Wanner. Zwei Seitenaltarfiguren 1934 von Meinrad Burch, Kreuzwegstationen 1939 von Alfons Magg. Anbau und Umbau, 1979, von Guhl, Lechner und Philipp.

BREITE, HEILIGBERG

BREITESTRASSE ∎ Nr. 18, Seilerei von 1877 (Besichtigung mit Voranmeldung). ∎ Nr. 68, Wohnhaus von Arch. Emil Joseph Fritschi von 1916.

ZEUGHAUSSTRASSE ∎ Nrn. 65/67/69, Mehrzweckanlage, urspr. Kavalleriekaserne in neugot. Fachwerkkonstruktion. Erb. 1861–62 von K. F. W. Bareiss unter Verwendung einer kleineren Reithalle von 1848. 1982–84 Um- und Erweiterungsbauten. Ecke Reitweg ∎ Milchhäuschen 1914, von Fritschi & Zangerl. 1940 vom Stadtgarten hierher versetzt.

BÜELRAINSTRASSE ∎ Nrn. 14/16, Landhaus zum Bühl. Erb. 1849–50 von Joh. Jak. Breitinger für den Kaufmann und Mäzen Friedrich Imhoof-Hotze. Pächterhaus von 1846. Umbau und Erweiterung des Hauptbaus 1894 von Jung & Bridler. Der Garten geht zurück auf den franz. Botaniker und Arzt Philippe de Clairville, der hier seit 1785 exotische Gewächse ansiedelte. Park teilw. umgest. 1856 von Gillemann und 1862 von Conrad Loewe, teilw. erhalten. ∎ Nr. 15, Wohnhaus zum Schanzengarten. Spätbarocker Bau unter Walmdach, um 1740.

HEILIGBERGSTRASSE ∎ Nrn. 16–26 (gerade Nrn.), engl. anmutende Reiheneinfamilienhäuser, 1893–94, von Ernst Jung geplant. ∎ Nr. 50, Villa Frohberg. Grosse historistische Fabrikantenvilla mit engl. Garten. 1868–69 für Joh. Rudolf Ernst, erweitert 1886 durch Ernst Jung.

HOCHWACHTSTRASSE ∎ Nr. 9, Schulhaus Heiligberg. 1909–12 von Bridler & Völki. Markante Anlage mit Elementen des Jugendstils und des Heimatstils. ∎ Nr. 20, Villa Sonnenberg. 1901–02 von Gustav Gull. Umbau 1955.

VOGELSANGQUARTIER

JONAS-FURRER-STRASSE ∎ Nrn. 29/45–117 (ungerade Nrn.), Eisenbahnerwohnkolonie Vogelsang. Erb. 1912–13 von Fritschi & Zangerl für die Union des Vereins Schweiz. Post-, Tram- und Eisenbahnangestellten. ▪ Nrn. 40–82 (gerade Nrn.), Wohnkolonie Vogelsang. Erb. 1920–21 von Bridler & Völki für die Stadtgemeinde Winterthur. ▪ Nrn. 84–124 (gerade Nrn.), Wohnkolonie Vogelsang. Erb. als Gartenstadt-Kolonie 1920–21 von Rittmeyer & Furrer für die Stadtgemeinde Winterthur. ▪ Nrn. 126–148 (gerade Nrn.), Reiheneinfamilienhäuser, 1924–26 von Franz Scheibler.

UNTERE VOGELSANGSTRASSE ▪ Nrn. 2/4/6, Salz-, Korn- und Kaufhaus. 1861–63 von Joh. Caspar Wolff, K. F. W. Bareiss. ▪ Nrn. 133–161 (ungerade Nrn.), Reiheneinfamilienhäuser. 1891–92 von Ernst Jung.

SONNENBERGSTRASSE ▪ Nrn. 47–89 (ungerade Nrn.), Reiheneinfamilienhäuser. 1926–29 von Franz Scheibler.

VORORTE (eingemeindet 1922)

TÖSS

Haufenförmiger Dorfkern «Chrugeler» an der Gätzibrunnenstrasse und J. C. Heerstrasse.

KLOSTERSTRASSE ▪ Nr. 20, ehem. Dominikanerinnenkloster, seit 1833 Maschinenfabrik Rieter & Co. Kloster gegr. 1233 von den Grafen v. Kyburg, aufgehoben 1525; Sitz der Zürcher Amtmänner bis 1798. Die seit 1854 für Fabrikzwecke benützte Kirche 1916 abgebrochen. Dem Teilabbruch des Kreuzganges 1854 sind die Wandmalereien von 1487–91 zum Opfer gefallen, sie galten als Hauptwerk des Winterthurer Malers Hans Haggenberg. Berühmtestes Mitglied des Klosters war die Mystikerin Elsbeth Stagel (gest. 1360). Erhaltene Bauten: im Verwaltungsgebäude Teile des ehem. Priorats. Ehem. Klostermühle 16. Jh., mit Treppengiebeln, ab 1942 Lehrlings- und später Asylantenheim. ▪ Nr. 30, Personalrestaurant Rieter. 1949 von Adolf Kellermüller. ▪ Nr. 59, Schulhaus Eichliacker. Historistisches Schulschloss in Sichtbackstein, 1902 von Hermann Siegrist.

GUTENBERGSTRASSE ▪ Reformierte Kirche. Neugot. Anlage mit Frontturm, 1854–55 von Johann Caspar Wolff, renov. 1976–77. ▪ Nr. 11, Primarschulhaus Gutenberg von 1891.

OBERE SCHÖNTALSTRASSE ▪ Nrn. 21–27 (ungerade Nrn.), Zürcherstrasse Nrn. 63/65 und Untere

137

137 Winterthur. Töss. Jägerstrasse. Arbeitersiedlung.

Briggerstrasse Nrn. 60/62/64, Wohnkolonie Schöntal. 1929–34 von Lebrecht Völki.

JÄGERSTRASSE ▪ Nrn. 25–47 (ungerade Nrn.), 59–81 (ungerade Nrn.), Agnesstrasse Nrn. 2/4, Zürcherstrasse Nr. 47. Arbeitersiedlung. Erb. 1872–74 nach Plänen von Ernst Jung für die SLM (Schweizerische Lokomotiv- und Maschinenfabrik), renov. 1996–97. **137**

AGNESSTRASSE ▪ Nr. 15, Schulhaus und Kindergarten Tössfeld. 1891 von Emil Studer. Urspr. zweigeschossiger Bau wurde 1904 um ein Stockwerk erhöht.

NÄGELSEESTRASSE ▪ Katholische Kirche St. Joseph. Erb. 1913–14 von Adolf Gaudy in Verbindung von Neugotik und Jugendstil. Renov. 1976–77 von Tanner & Loetscher.

SCHLOSSTALSTRASSE ▪ Nrn. 45/47, Mechanische Feinspinnerei Rieter & Cie., 1824–25.

RIETERSTRASSE ▪ Nrn. 22–45, Rebwiesenstrasse Nrn. 4–10 (gerade Nrn.), **erste Arbeiterwohnsiedlung** in Winterthur, 1865/70.

EMIL-KLÖTI-STRASSE ▪ Nr. 18, Kindergarten Töss. 1929 von Wildermuth & Walti.

EICHLIACKERSTRASSE ▪ Nrn. 1–21, 8–16, Freiestrasse Nrn. 1–29 (ungerade Nrn.), Dammstrasse Nrn. 15/17, markante Sichtbackstein-Arbeiterhäuser zwischen 1897 und 1912 in Etappen von Ernst Jung sowie Bridler & Völki mehrheitlich für die GebW erbaut. 1913 kamen die Freiestrasse Nrn. 9/11/13 sowie

Kleinandelfingen. Wohnhaus zur Friedau, 1845 bzw. 1858–59, Dekorationsmalerei 1905 von Karl Keller (s. Seite 224).

Rheinau. Unterstadt mit paritätischer Kirche St. Nikolaus, 1578–80, Wiederaufbau nach Brand 2005–06 (s. Seite 234f.).

Rheinau. Ehem. Stiftskirche St. Maria, 1705–11 von Franz Beer, Mönchschor (s. Seite 230ff.).

Unterstammheim. Gemeindehaus, Gesellschaftsscheibe im Gemeindesaal, 1635 (s. Seite 239).

Oberstammheim. Ortsbild mit Fachwerkbauten (s. Seite 240).

Embrach. Ehem. Gemeinde- und Schulhaus, 1522, Detail der Holzdecke mit spätgotischen Flachschnitzereien im Obergeschoss (s. Seite 254).

Bülach. Kath. Dreifaltigkeitskirche, 1901–02 von August Hardegger, Blick gegen den Chor (s. Seite 247).

Glattfelden. NOK-Kraftwerk Eglisau, 1915–20 von den Gebr. Pfister (Hochbauten), Maschinensaal mit Generatoren und Turbinen-Regulatoren (s. Seite 249).

Schlieren. Ehem. Gaswerk der Stadt Zürich, 1897–98, Gasometer Nr. 1 (s. Seite 258).

Hausen a. A. Unterer Schweikhof, 1. Hälfte 18. Jahrhundert (s. Seite 268).

Kappel a. A. Ehem. Zisterzienserkloster, Inneres der Klosterkirche St. Maria (2. Hälfte 13. Jh.), Blick durch die beiden Durchgänge des Chorgestühls (s. Seite 268ff.).

Nr. 31 dazu. ▪ Nrn. 60/74, Klosterstrasse Nrn. 73–87 (ungerade Nrn.) und Bütziackerstrasse Nrn. 48–62 (gerade Nrn.). **Bernoulli-Siedlung Eichliacker** von Kellermüller und Bernoulli zwischen 1924–28 erb. für die Heilstättengenossenschaft Winterthur. Reiheneinfamilienhäuser um einen halböffentlichen, parkartigen Hof abgeordnet.

ENGELSTRASSE ▪ Nrn. 1, 5–11 (ungerade Nrn.), Sichtbacksteinhäuser mit Kehrfirstdach. Erb. 1893–1900 von Bauherr Heinrich Leemann.

ROSENAUSTRASSE ▪ Nrn. 11/13, Schulhaus Rosenau. 1963 von Sträuli & Rüegger. Wandmosaik 1963–65 von Hans Affeltranger.

NEUMÜHLESTRASSE ▪ Nrn. 38–42 (gerade Nrn.), Neumühle Töss. Gegr. 1841 von Joh. Heinrich Ernst. Industrieensemble, bestehend aus Mühlegebäude samt Siloturm (nach Brand erb. 1925), klassiz. Wohnhaus (1841) und Park an der Töss.

DÄTTNAUERSTRASSE ▪ Nrn. 13 und 26, Ziegelei Keller, erb. in Etappen ab 1895, Wiederaufbau nach Brand 1928.

WÜLFLINGEN

Erste Holzkirche im 7./8. Jh. am Ort der ref. Pfarrkirche. Der heutige Dorfkern hat sich im Wesentlichen seit dem 16./17. Jh. im Gebiet der Wülflinger-, Wieshof-, Oberfeld- und Riedhofstrasse gebildet.

138 WÜLFLINGERSTRASSE ▪ Nr. 214, **Schloss***. Frühbarocke Anlage mit vorzüglichen Interieurs des 17. und 18. Jh. Erb. 1644–47 für den Gerichtsherrn Hans Hartmann Escher vom Luchs; rückseitiger Anbau 1730d. Ab 1734 im Besitz von General Salomon Hirzel; Ausbau des DG und Errichtung einer Lukarne 1754d. 1767 Erwerb durch Schultheiss Johannes Sulzer von Winterthur und Veränderung der Fensteranordnung; seit 1832 Wirtschaft. 1906 Kauf durch die Genossenschaft Schloss Wülflingen und Rettung vor der Spekulation; Innenrest. 1907–08; Schenkung an die Stadt Winterthur 1911; Aussenrenov. 2002, Innenrenov. 2007–08. Zweigeschossiger Massivbau mit Treppengiebeln, durch Anbau von 1730d zu einem L-förmigen Grundriss erweitert. EG, untere Gaststube, ehemals Gerichtsstube: Wand- und Deckentäfer aus der Bauzeit, Buffet dat. 1646. Die Rokokobemalung 1767 von Christoph Kuhn schildert in witziger Weise die Streiche und den Auszug der drei Söhne von General Hirzel aus dem Schloss, das sie aus finanziellen Gründen veräussern mussten. Kachelofen aus Grüningen, 1776 von Matthias Nehracher, eingebaut 1908. Salomon-Landolt-Stube: Getäfer und Balkendecke aus der Bauzeit mit Malereien von Christoph Kuhn, um 1767; Kachelofen 1768 von Heinrich Bleuler mit Malereien von Christoph Kuhn, eingebaut 1916. OG, Herrenstube: Prunksaal aus der Bauzeit mit Kassettendecke, reich geschnitztem Wandtäfer und Buffet; achteckiger Turmofen 1647 mit Rückwand, verm. aus der Werkstatt Graf oder Erhart, grün glasierte Reliefkacheln mit biblischen und allegorischen Motiven. Obere Gaststube mit Kassettendecke aus der Bauzeit; Turmofen 1686 von Hans Heinrich Graf aus dem Haus zum Engel, Metzggasse 12, in Winterthur. Holzhalbzimmer, eingebaut 1925: reich geschnitztes Täfer 1615, Buffet 1616 und Kachelofen 1617 aus dem Haus zum Wilden Mann, Untere Zäune 17, in Zürich. Rosenzimmer, eingebaut 1920: Täfer aus dem Haus zur Rose, Marktgasse 21, in Winterthur mit Landschaftsmalereien in Architekturrahmen, 1763, Hans Conrad Kuster zugeschr.; Kachelofen aus dem Neuhaus, Niederdorfstrasse 24, in Zürich, 1757 von Hans Jacob Hoffmann. ▪ Nr. 250, Wirtschaft zur Alten Post. Rokoko-Wirtshausschild von 1752.

138

138 Winterthur. Wülflingen. Schloss.

Winterthur. Wülflingen. Schloss, Herrenstube mit reich geschnitztem Wandtäfer und Turmofen von 1647 (s. Seite 201).

OBRIGKEITLICHE HERRSCHAFTSBAUTEN IN DER LANDSCHAFT

Ab Mitte des 14. Jahrhunderts dehnte die im Jahr 1218 reichsunmittelbar gewordene Stadt Zürich ihren Herrschaftsbereich über die Stadtmauern aus. Vorerst erfolgte die Ausweitung durch eher zufällige Gelegenheitskäufe von Gerichtsherrschaften in der nahen Umgebung, dann, zur Sicherung der Handelswege über die Bündner Pässe, entlang der beiden Ufer des Zürichsees. Erst ab 1400 ist eine planmässige Entwicklung zum eigentlichen Territorialstaat zu beobachten. Die finanzstarke Stadt füllte so ein Vakuum, das durch den allmählichen Zerfall des mittelalterlichen Lehenswesens und den Rückzug der Habsburger als Schutzmacht aus den ostschweizerischen Gebieten entstand. Durch Kauf und Pfandnahme von Herrschaftsrechten und die Aufnahme von Landadligen und Klöstern, ja ganzen Städten wie Stein am Rhein in das Burgerrecht dehnte Zürich seine Herrschaft umsichtig und meist auf friedliche Weise aus; einzig Teile des Freiamtes und des Limmattales wurden 1415 gewaltsam angeeignet. Bis 1550 entstand so ein zusammenhängendes Gebiet unter Zürcher Landeshoheit, das in etwa das Gebiet des späteren Kantons umfasste.

Die zwanzig stadtnahen sog. Inneren Vogteien wurden von Mitgliedern des Kleinen Rates von Zürich aus verwaltet. Für die sieben Äusseren Vogteien bestellte der Rat aus seinen Reihen jeweils für sechs Jahre einen Vogt mit Residenzpflicht im entsprechenden Gebiet. Von den einstigen Feudalherren übernahm die Stadt auch die Festungen

Kyburg, Neu-Regensberg, Laufen und Grüningen, die zu repräsentativen, die Kontinuität des Herrschaftsanspruchs symbolisierenden Vogteisitzen um- und ausgebaut wurden. Wo Neubauten nötig waren, wie in Greifensee 1514 bis etwa 1530 nach Zerstörung im Alten Zürichkrieg, in Knonau 1525 und in Wädenswil 1552–55, entstanden Schlösser in wehrhafter Geschlossenheit. Mit mächtigen spätgotischen Treppengiebeln und Ringmauern oder Wassergräben täuschten sie einen fortifikatorischen Charakter vor, der zwar nicht militärischen, wohl aber repräsentativen Bedürfnissen entsprach. Während im Innern Renaissance und Barock den oft reichen Ausbau bestimmten, änderte sich der äussere Habitus erst bei den Neubauten aus der Spätzeit des Ancien Régime, als in *Andelfingen* (1780–82) und *Altikon* (1791–94) neue Vogteisitze entstanden, die als Landschlösser im Stil des Klassizismus gestaltet wurden.

Kyburg. Schloss, untere Ritterlaube mit manieristischer Architekturmalerei, 1609 von Christoph Murer (s. Seite 211).

Knonau. Schloss, erbaut 1525 als Landvogteisitz (s. Seite 272).

Ähnlich verhielten sich die privaten Gerichtsherren, meist reiche Stadtbürger, die sich durch den Kauf von niederen Gerichtsbarkeiten des verarmten Landadels gesellschaftliches Prestige versprachen. Wo sich nicht wie in Maur eine mittelalterliche Burg zum Landsitz ausbauen liess, errichtete man neue Schlösschen, die noch bis ins 17. Jahrhundert auf Versatzstücke mittelalterlicher Wehrbauten zurückgriffen und Treppengiebel oder Türmchen zur Schau trugen, so zu sehen an den Gerichtsherrenschlössern *Flaach* (1519, später mehrfach erweitert), *Weiningen* (16. Jh., erweitert im 17. und 18. Jh.), *Uitikon* (1586–um 1601/1624–26), *Berg am Irchel* (um 1642), *Wülflingen* (1644–47) und *Turbenthal* (1665). Spätere Bauten wie das spätbarocke Schloss *Nürensdorf* (1760) folgten den jeweils aktuellen Stilrichtungen.

Attilio D'Andrea

OBERDORFSTRASSE ▪ Bei Nr. 50, reformierte Kirche. Neu erb. 1681 unter Verwendung des Turmchors aus dem 13. Jh. Turmaufbau 1757, erhöht 1867–71 und 1929. Neugestaltung des Schiffs 1826. Emporeneinbau und Renov. 1913. Erneute Renov. 1972–73. Der leicht erhöhte Turmchor mit Kreuzgratgewölbe öffnet sich in einem Rundbogen gegen das Schiff. Dieses hat eine klassiz. Wand- und Deckengliederung von 1826 mit ion. Pilastern und Gebälk, Rosetten und Lorbeer. Barocke achteckige Holzkanzel auf gedrehter Säule und skulptierter Taufstein mit Nüscheler-Wappen, beide 1681. Fünf Wappenscheiben 17. Jh. Taufbaum 2003, Andreas Fritschi. Chorfenster 1975, Heinrich Bruppacher. ▪ Brunnen vor der Kirche, um 1960 von Charlotte Germann-Jahn.

LINDENPLATZ ▪ Nr. 2, Gasthof Hirschen. Klassiz. Wirtshausschild um 1830.

EULACHSTRASSE ▪ Nr. 6, klassiz. Bauernhaus unter Mansarddach vor 1825, renov. 2001.

RAPPSTRASSE ▪ Nr. 20, Kindergarten im Pavillonsystem. 1946 von Franz Scheibler, erweitert 1995. Gegenwindspiel 1994 von Bendicht Fivian.

WIESHOFSTRASSE ▪ Nr. 59, Schulhaus Ausserdorf. 1896–97 von Georg Schulthess. 1906 aufgestockt durch Hermann Siegrist. Turnhalle von Kasimir Kaczorowski 1924–25. ▪ Nr. 102, **ehem. Spinnerei Beugger** (heute Klinikgebäude), erb. 1818–20 für Johannes Beugger als mechanische Spinnerei. Erweitert zur hufeisenförmigen Anlage 1824–30, Umbau zur kant. Pflegeanstalt 1892–94. Grosszügiger klassiz. Dreiflügelbau mit Walmdächern und Türmchen auf dem Haupttrakt. Gegen den Hof Mittelrisalite unter Dreiecksgiebeln. ▪ Nrn. 103/104/105, Wespimühle. Bereits im 16. Jh. urkundlich erwähnt. Schöne Baugruppe: stattliches, dreigeschossiges Wohnhaus mit Ecklisenen unter Mansarddach zwischen 1780–82 erb., daneben Riegelhäuser 17. und 18. Jh.

WÜLFLINGERSTRASSE ▪ Nr. 181, katholische Kirche St. Laurentius. 1958–59 von Hermann Baur; Fenster und Keramikfriese 1958 von Ferdinand Gehr, plastische Ausstattung 1959 von Hans v. Matt, Albert Schilling und Albert Wider.

ECKWIESENSTRASSE ▪ Nr. 2, Schulhaus Hohfurri, 1955. Aluminiumplastik «Spiel mit dem Wind» von Robert Lienhard und Sgraffito Glücksrad von Robert Wehrlin 1956–58.

IM SCHLOSSTAL ▪ **Fussgängersteg** über die Töss. Elegante Betonkonstruktion 1934 von Robert Maillart und Walter Pfeiffer.

HARD ▪ Nrn. 1–20, **ehem. Spinnerei Hard**. Erste mechanische Grosspinnerei Europas, gegr. 1802. Als grosszügige klassiz. Anlage erb. ab 1802. Entlang der Töss lang gestreckte ehem. Spinnerei von 1811, ehem. Weberei von 1837 mit Fachwerkgiebel und ehem. Mühle von 1825. Schönes klassiz. Wohnhaus von 1802, dreigeschossiger Kubus mit Eckpilastern unter Walmdach. Seit 1986 im Besitz der Gemeinschaft Hard AG unter Umnutzung zu Wohn- und Gewerberaum.

HALTENREBENSTRASSE ▪ Nrn. 100–122 (gerade Nrn.), 1969–71 von Anton Brunold, eine der ersten Terrassensiedlungen im Kt. Zürich.

BURGSTRASSE ▪ Nrn. 16–24 (gerade Nrn.), Teppichsiedlung. 1958–61 von Ulrich Baumgartner.

BEERENBERG ▪ Ehem. Chorherrenstift Mariazell. Anstelle einer geistlichen Stätte des 13. Jh. erb. 1355–62 von Franziskanerpriester Heinrich v. Linz, in der Folge bekanntes Zentrum der Mystik; aufgehoben 1525, nachher Zerfall. Grundmauern und Informationstafel. ▪ Burgruine Alt-Wülflingen. Seit A. 13. Jh. im Besitz der Grafen v. Kyburg, später habsburgisch, ab 1407 Mittelpunkt der Herrschaft Wülflingen-Buch. Nach dem Bau des Schlosses Neu-Wülflingen verlassen. Erhalten: Turm mit Hocheingang der um 1240 neu erbauten Burganlage; Renov. 1936 und 1984.

RUMSTALSTRASSE ▪ Nrn. 10–28 (gerade Nrn.), 29, Kleinheimwesen-Siedlung Weihertal. Erb. 1921–22 von Rittmeyer & Furrer für die Vereinigung für Innenkolonisation.

VELTHEIM

Siedlung 774 erstmals urkundlich erwähnt. ▪ **Reformierte Kirche**. Hölzerner Pfostenbau im Bereich einer römischen Siedlung erb. im 7./8. Jh.; Ersatz durch einen grösseren Steinbau (Saalkirche) im fortgeschrittenen 8./9. Jh.; Anbau eines Rechteckchors und verm. einer Grabkapelle an der Nordseite 10./11. Jh.; Chorneubau wohl Mitte 13. Jh.; Anbau einer Marienkapelle an der Schiffsüdseite und Errichtung eines Glockenturms über dem Chor im 14. Jh.; um 1400 Verbreiterung des Schiffs nach S und W; 1482 Bau eines Polygonalchors neben dem bisherigen Chor, der als Sakristei weitergenutzt wird, anschliessend Ausbau und Erweiterung des Schiffs nach S und 1498 Bau des Westturms; 1864 Abbruch der Sakristei; 1893 Erhöhung und neugotische Überformung des Schiffs sowie Neubau der Nordmauer; 1931 Anbau der Westvorhalle; 1977–78 archäologische Untersuchungen und Restaurierung. Saalkirche mit Polygonalchor und Turm im W. Im Chor Wandmalereien von Hans Haggenberg: im Gewölbe Evangelistensymbole, Kluge und Törichte Jungfrauen, Engel mit Spruchbändern, Stifterfiguren mit Wappen, im Schiff an der S-Wand Passion Christi. ▪ Klassiz. Dorfbrunnen von 1831.

TROTTENSTRASSE ▪ Nr. 1, ehem. Schulhaus. Fachwerkbau um 1760, 1789–1827 erstes Schulhaus von Veltheim, renov. 1980. ▪ Nrn. 2/4, Tambürlihaus. Mehrreihenständerbau von 1563. ▪ Nr. 29, Villenartiges Einfamilienhaus. 1929–30 von Fritschi & Zangerl.

BACHTELSTRASSE ▪ Nr. 71, Haubendachhaus von 1818, Umbau zu Quartier- und Kulturzentrum 1997–98. Seltene, geschweifte Dachform, angeregt durch ein Traktat des franz. Bautheoretikers Philibert Dolorme. ▪ Nr. 76, Schulhaus von 1827, urspr. übereinanderliegend eine Schul- und Gemeindestube. Um 1840 gegen W um drei Fensterachsen erweitert. ▪ Nrn. 101–123 (ungerade Nrn.), Siedlung Bachtelstrasse 1924 von Hans Bernoulli und Adolf Kellermüller.

LÖWENSTRASSE ▪ Nrn. 5/7, Schulhaus Im Feld. 1952 von Germann & Rüegger. Wandbild 1952 von Hans Affeltranger. Mosaik 1953 von Eugen Eichenberger. Brunnen 1953 von Charlotte Germann-Jahn.

BUCHACKERSTRASSE ▪ Nr. 54, Schulhaus und Kindergarten Schachen, 1960. Granitplastik Konstruktion 1939 von Max Bill.

WÜLFLINGERSTRASSE ▪ Nr. 42, Schulhaus. 1905–06 von Rittmeyer & Furrer.

SOMMERHALDENSTRASSE ▪ Nrn. 2–32 (gerade Nrn.), Eisenbahnerwohnkolonie Sommerhalde. 1920 erb. von Rittmeyer & Furrer.

RÜTIHOFSTRASSE ▪ Nr. 15, Sonnenbad des Naturheilvereins Winterthur von 1910 mit Schrebergartenanlage, 1935–36 Bau des Schwimmbades Wolfensberg durch Furrer & Merkelbach.

WESTSTRASSE ▪ Nrn. 101–113, Siedlung Holzhaus von Franz Scheibler 1931–34.

OBERWINTERTHUR

Röm. Siedlung Vicus Vitudurum kurz vor Christi Geburt an der Strasse durch das schweizerische Mittelland angelegt.

▪ **Reformierte Kirche*** (Plan S. 174/75 ▶ **41**). Die romanische Pfeilerbasilika birgt einzigartige frühgotische Wandmalereien. Die Kirche mit dem Patrozinium des Strassburger Bischofs St. Arbogast erhebt sich auf beherrschendem Hügel inmitten des röm., im Jahre 294 n. Chr. erb. Kastells. Hier befand sich bereits im 1.–3. Jh. das Zentrum der röm. Siedlung mit Vierecktempel und vermutlich einer Badeanlage. Fundamente der Tempelanlage, Teile der Ringmauer und eines halbrunden Wehrturms sind auf dem Kirchhof, Teile der Badeanlage im UG der Kirche sichtbar (Informationstafel am Ende der Hohlandstrasse zu den teilw. am Boden angezeigten, archäologischen Funden). Erste Kirche des 7. Jh. aufgrund von Gräbern unter der heutigen Kirche anzunehmen. Vom steinernen Nachfolgebau des 10. Jh. noch Teile des aufgehenden Mauerwerks erhalten. Nachträglich gegen S und N durch Anbauten und N-Turm erweitert (12./13. Jh.). Die heutige Gestalt geht auf einen Ausbau des mittleren 13. Jh. zurück. Die Längsmauern des hochmittelalterl. Kirchenschiffs wurden aufgebrochen und zu offenen Arkadenreihen umgest. Gleichzeitig Erweiterung der nunmehr dreischiffigen Basilika gegen W um zwei Joche. Gegen O entstand der neue, gerade geschlossene Chor. Gleichzeitige Erneuerung der Turmobergeschosse, Spitzhelm 1715, erneuert 1910. Der sog. Hegemer Chor, eine 1494 geweihte Grabkapelle an der S-Seite des Langhauses sowie das Beinhaus des 15. Jh. wurden 1877 wieder abgebrochen. Einbau der Orgel. 1976–81 archäologische Grabungen und Rest. In der Chor-Ostwand über den Fenstern beim Bau des Chors um 1250 eingemauerte Schalltöpfe,

139

139 Winterthur. Oberwinterthur. Ref. Kirche, Wandmalereien.
140 Winterthur. Oberwinterthur. Hohlandhaus.

in deren Anordnung eine vielfältige Symbolik zu erkennen ist (Kreuz, Alpha und Omega, Zahlensymbolik). An der S-Seite des Turms Steinrelief mit Darstellung des Erlösers im Volto-Santo-Typ, 15. Jh. Got. Taufstein vor dem Chor (archäologische Befunde unter dem Chor sowie Mauerwerk und Fenster der Kirche aus dem 10. Jh. nach Voranmeldung beim
139 Sigrist). **Wandmalerei*** um 1320–30, stilistisch verwandt mit der höfischen Buchmalerei (Manesse-Handschrift). Dem Zyklus liegt kein strenges ikonografisches Gesamtprogramm zugrunde; er zeigt im Mittelstreifen der S-Wand Szenen aus dem Leben Christi von der Verkündigung an Maria bis zur Erscheinung Christi vor den drei Frauen. Die Szenen sind von Tabernakeln gerahmt, die ganze Folge durch waagrechte Rankenbänder begrenzt. Im entsprechenden Streifen der N-Wand von W nach O: Weihe Arbogasts zum Bischof von Strassburg; Siegbert, der Sohn König Dagoberts, wird auf der Eberjagd beim Sturz vom Pferd getötet, der herbeigerufene Bischof Arbogast erweckt ihn wieder zum Leben; als Dank stiftet der König dem Strassburger Münster, dargestellt durch die thronende Muttergottes, das Schloss Isenheim und die Stadt Ruffach; Beisetzung des Bischofs, mit dem Wappen derer v. Mörsburg und v. Hegi, die als Stifter der Malereien in Frage kommen; Schutzmantelmadonna, Anbetung der Könige. Zwischen den Fenstern weibliche und männliche Heilige sowie Christus mit der gekrönten Maria. In den Arkadenzwickeln die drei Zürcher Stadtpatrone Felix, Regula und Exuperantius sowie der hl. Gallus und Christus mit den Marterwerkzeugen. An der W-Wand grosses Christophorusbild, Kopf 1932 ergänzt. HOHLANDSTRASSE ∎ Nr. 10, ref. Pfarrhaus seit 1754. Riegelbau mit weit vorkragendem Dach; Renov. 1951. ∎ Nr. 11, **Hohlandhaus** (Plan S. 174/75 140
▶ **42**), südl. der Kirche, erb. auf der Kastellmauer (sichtbar in Kellerrückwand). Im Mittelalter möglicherweise Sitz der Konstanzer Meier. Im Kern turmartiger Bau (N/O-Ecke des heutigen Gebäudes), mit nahezu vollständig erhalten Umfassungsmauern, Toröffnungen und Luziden. 1313 erste Erweiterung gegen S, dazu Malerei einer Wappengruppe des Klosters Petershausen, welche auf die Nutzung als Amtshaus hinweist. 1530 neuer Innenausbau, got. Staffelfenster und Dachstuhl. 1545 Erweiterung gegen W. 1648–52 Fachwerk-Aufstockung der W-Erweiterung für schlichten Festsaal. Ornamentale Wandmalereien und Sinnsprüche erinnern an die seinerzeitige Nutzung als ref. Pfarrhaus. 1754 Anbau

der Scheune. 1898 Nutzung als Mehrfamilienhaus. 1985–87 Umbau mit grösstmöglicher Rückführung auf die Zeit vor 1754 und Freilegung der Malereien.

RÖMERSTRASSE. Im wesentlichen Verlauf der römischen Strasse. Weiter Strassenraum, teilw. verputzte Zeilenbebauung, Bauern- und Handwerkerhäuser. ▮ Nr. 103, katholische Kirche Maria Hilf. 1935 von Otto Linder. 1976 Umbau, neue Kanzel. ▮ Nr. 162, Wohnhaus, möglicherweise um 1750. ▮ Nr. 173, Restaurant zum Rössli. Tavernenrecht an Ort seit 1490 belegt. Kernsubstanz um 1600. ▮ Nr. 176, Wohnhaus zum Freieck. Ehem. Pfarr- und Schulhaus, 1580 erstmals erwähnt. Heutiges Fachwerk vermutlich aus dem 17. Jh. ▮ Nr. 180, Primarschulhaus von 1825.

UNTERE HOHLGASSE ▮ Nrn. 1–9 (ungerade Nrn.), Bauernhauszeile mit Kernsubstanz ab dem 16. Jh., im 19./20. Jh. überformt. ▮ Nrn. 15–19 (ungerade Nrn.), Bauernhauszeile, im ältesten Teil von 1474.

OBERE HOHLGASSE ▮ Nr. 4, sog. Spitäli, Bruderhaus oder Bettelherberge, 17./18. Jh.

ALTE RÖMERSTRASSE ▮ Nr. 1, Wohnhaus des Arch. Adolf Kellermüller. 1930, verändert 1949. ▮ Nr. 2, Schulhaus Ausserdorf. 1886 von Georg Schulthess, um ein Geschoss erhöht 1926. ▮ Nr. 30, Mehrfamilienhaus, 1993–95 von Dahinden & Heim. Familienwohnungen, teilw. Maisonetten, mit individuellen und gemeinsamen Aussenräumen.

TALACKERSTRASSE ▮ Nr. 17, Schulhaus Rychenberg. Erik Lanter 1957. Bronzeskulptur Stelzenläufer um 1955–62 von Emilio Stanzani.

BÄUMLISTRASSE ▮ Nr. 39, **Schulhaus Lindberg** (Plan S. 174/75 ▶ **43**). 1933–35 von Hans Hohloch. 1947 nach SW erweitert, Umbau 1974–75.

KURLISTRASSE ▮ Nr. 20, Haus Donati. 1932–33 von Julius Bühler. Wichtiger Vertreter des Neuen Bauens für Winterthur. ▮ Nr. 22, Haus Grimm. 1933 von Paul Otto Walti.

FRAUENFELDERSTRASSE ▮ Nr. 120, Wohnhaus Sichtbetonbau mit Dachgarten, 1964–66 von Hermann Siegrist. ▮ Nrn. 77–101 (ungerade Nrn.), Johannisstrasse u. a. **Wohnkolonie Stadtrain oder Birchermüesli** (Plan S. 174/75 ▶ **44**). 1928–34 von Hans Hofmann und Adolf Kellermüller. Zwei Wohnblöcke und zehn flach gedeckte Kreuzreihenhäuser.

140

STADLERSTRASSE ▮ Nr. 56, Schulhaus Guggenbühl. 1952 von Arch. W. A. Gürtler. Wandbild Frühling 1953 und Brunnenmosaik Fische 1956 von Bruno Bischofberger.

GUGGENBÜHLSTRASSE ▮ Nr. 140, Schulhaus und Kindergarten Wallrüti. 1973–74 von Heinrich Irion und Dieter Egli. Wand- und Deckenmalereien 1973–74 von Alfred Rainer Auer, Ulrich Elsener und Manfred Schoch.

SCHOORENSTRASSE ▮ Nrn. 3–33 (ungerade Nrn.) und Pfaffenwiesenstrasse, **Siedlung Schooren**. 1941–43 von Hans Ninck. ▮ Nrn. 30–51, Siedlung Hegmatten. 1939–40 von Hermann Siegrist. Die Stiftung für Kleinsiedlungen in Winterthur finanzierte das Projekt aus dem Reingewinn der Arba-Lotterie. Ziel war die Schaffung von Unterkünften für ältere arbeitsfähige Menschen. Die kleinen Pultdachbauten erhielten bald die Spitznahmen Tschibuti oder Storchentruckli.

HEGI

HEGIFELDSTRASSE ▮ Nrn. 2–6 (gerade Nrn.), Ensemble Mittlere Mühle. Ehem. Mühlegebäude, 1826, 1918–19 Umbau. Seit 1998 Umnutzung von Zehntenscheune und Rossstall zu christl. Wohn- und Gemeindezentrum sowie Neubau Kirche und Mehrfamilienhaus. ▮ Nr. 125, **Schloss Hegi**. Gut erhaltener mittelalterl. Baukomplex mit bemerkenswerter spätgot. Ausstattung. Sitz der 1225 erwähnten Herren v. Hegi, kyburgische und bischöflich-konstanzische Ministerialen. Im Besitz der Herren v. Hohenlandenberg 1460–1519, nachher bis 1587 der

Herren v. Hallwil (seit 1531 als Mittelpunkt einer Herrschaft und Vogtei), zürcherische Obervogtei von 1587–1798. Von Prof. Friedrich Hegi-Naef 1915 erworben, rest. und neu ausgestattet, seit 1947 im Besitz der Stadt Winterthur. Ehem. Weiherschloss mit quadratischem Wohnturm, um 1200. Ausbau der Schlossanlage 1459d sowie 1496 durch den hier geb. Bischof von Konstanz, Hugo v. Hohenlandenberg: Wohn- und Nebenbauten in viereckiger Ummauerung mit drei runden Ecktürmen, an der vierten Ecke die zweigeschossige Kapelle. Turm. Ende 12./A. 13. Jh. erb., 1442–43 ausgekernt und neu ausgebaut. Um 1707 Brand des ehem. vorkragenden, hölzernen Obergaden. Ersatz durch gemauertes 4. OG und Walmdach. Im 1. OG spätgot. Zimmer mit gewölbter Bohlenbalkendecke von 1491, zwei Wappenscheiben 16. und 17. Jh., Ofen 17. Jh. aus Wagenhausen; im 2. OG Rüstkammer mit Wappenfolge der Zürcher Obervögte 1588–1798, begonnen 1659; im 3. OG Reste eines roman. Kamins mit Würfelkapitell 1. H. 13. Jh. *Ritterhaus.* Dreigeschossiger Fachwerkbau unter Krüppelwalmdach, erb. 1458–59; in der Unteren Vogtstube dekorative Malereien an O-Wand und Fensterleibung 1496 wahrscheinlich von Hans Haggenberg und zehn Glasgemälde 16. und 17. Jh. In der Oberen Vogtstube (Rittersaal) Reste von Wandmalereien E. 15. Jh. aus der Kirche Turbenthal und Tafelbild mit Priesterweihe um 1500. Obere Kapelle mit spätgot. Netzgewölbe, zierlichem Erkerchörlein mit Rippengewölbe und Masswerkfenstern. Hist. Interieurs sowie Gegenstände bürgerlicher und bäuerlicher Kultur der Ostschweiz in der Sammlung Prof. Hegi.

REISMÜHLESTRASSE ▪ Nrn. 11/13, Mehrfamilienhaus der Genossenschaft für selbstverwaltetes Wohnen. 1991–93 von Fritz Schmocker.

REISMÜHLEWEG ▪ Nr. 37, Reismühle seit dem 15. Jh. Hauptgebäude im Kern 17. Jh., erneuert im 19. Jh., diente zum Mahlen von Getreide. Nebenmühle als Hanfreibe und interessante alte Klopfsäge, die zu Schauzwecken noch betrieben wird.

METTLENSTRASSE ▪ Nr. 28, Mühle Hegi, 18./19. Jh., Einrichtung einer Gaststätte, Umbau zu Wohnhaus 2003. Prägende Gesamtanlage mit markantem Walm über ehem. Sägereigebäude (Mühlenrad und Kanal mit Schleusen können hinter dem Gebäude besichtigt werden).

STADEL ▪ **Mörsburg**. *Bedeutende Burganlage des 12./13. Jh. In der frühgotischen Burgkapelle beachtliche Stuckaturen.* 1241 erstmals als Besitz des Grafen Hartmann IV. von Kyburg genannt, nach dessen Tod 1241 gelangte die Anlage an seine Gattin Margarete von Savoyen. Bei deren Tod 1273 Übergang an die Habsburger; vom Haus Habsburg-Österreich bis 1598 verliehen, seither im Besitz der Stadt **141**

141

141 Winterthur. Stadel. Mörsburg.

Winterthur. Von der ehem. bedeutend grösseren Burganlage ist nur der Wohnturm erhalten geblieben sowie bei Ausgrabungen 1978–79 freigelegte Mauerteile von Gebäuden des 12./13. Jh., bemerkenswert sind die Reste einer Kaminanlage (Ruinen können besichtigt werden). Wohl um 1250 wurde der nordwestl. Teil dieses Gebäudekomplexes, dessen Mauern im Inneren und an der SO-Seite des Wohnturms noch zu erkennen sind, auf drei Seiten mit einem Megalithmauerwerk aus mächtigen Findlingen ummantelt (EG–2. OG bis ca. 5 m starkes Mauerwerk). Gleichzeitig dürfte auch das 3. Turmgeschoss aufgebaut worden sein, wobei eine kleine zweijochige kreuzrippengewölbte **Kapelle** auf der verbreiterten N-Mauer Platz fand. Dieser 1259 bezeugte Sakralraum birgt stuckierte Säulen- und Pfeilerkapitelle mit lebensvoller Pflanzenornamentik, Vögeln, Engelsköpfen sowie auf den Schlusssteinen das Lamm Gottes und eine Teufelsfratze. In der Reformation beschädigt, renov. 1931. Rundbogige Sakramentsnische mit ornamentalen Medaillons. Der Wohnturm erhielt in der Zeit der Herren v. Goldenberg (1363–1569) ein 4. OG. 1735 mit einem Walmdach versehen und barocker Festsaal eingebaut.

SEEN

▮ Reformierte Kirche. Erb. 1648–49 von Balthasar Zölli, der Chor teilw. auf den Mauern der vorreformatorischen St. Urban-Kapelle. Um eine Achse nach W verlängert 1886, renov. 1935. Turm an der N-Seite des Chors mit Spitzhelm von 1893, Aussenrenov. 1975–76. Flach gedeckter Rechtecksaal, im polygonalen Chor Kreuzgratgewölbe. Gedenkstein für den Hauptförderer der Kirche, Landvogt Hans Heinrich Waser, Taufstein mit Stifterwappen 1649 bzw. 1652 von Hans Conrad Frey, Kanzel 1649. ▮ Denkstein für den Dichter des Sempacherliedes, Heinrich Bosshard (1811–77), in neuklassiz. Formen 1911 von Arnold Hünerwadel und Robert Rittmeyer.

BOLLSTRASSE ▮ Nrn. 40–60 (gerade Nrn.), bäuerliche Zeilenbebauung, teilw. mit Kernsubstanz aus dem 17. Jh., am ehem. Hauptverbindungsweg über den Boll ins Tösstal und nach Kyburg.

RÖSSLIGASSE. Spätmittelalterl. Siedlungskern des Oberdorfes. ▮ Nr. 7, Gasthof Rössli. Im Kern aus dem 16. Jh. ▮ Nrn. 9/11, ehem. Untervogtei. 16./17. Jh. ▮ Nrn. 8/10, Bauernhaus. Im Kern 16. Jh. 1995 nach einem Brand moderner Ersatzbau von Nr. 12 unter Erhalt des Volumens.

HINTERDORF-/WERD-/SCHWERZENBACHSTRASSE Mittelalterl./spätmittelalterl. Siedlungskern des Unter- oder Hinterdorfs.

SCHWERZENBACHSTRASSE ▮ Nrn. 17/19 sowie Hinterdorfstrasse Nrn. 25/29, repräsentative Fachwerkhäuser, erstellt nach Dorfbrand um 1830.

SÄGEWEG ▮ Nr. 3, Alte Schule. Bohlenständerbau von 1682 mit giebelseitiger Ausrichtung.

BÜELHOFSTRASSE ▮ Nr. 27, Kindergarten Seen. 1931–32 von Reinhart, Ninck & Landolt. ▮ Nr. 32, Schulhaus Büelwiesen. 1916, Heimatstilbau von Friedrich Schneebeli. 1957 Turnhallen- und Klassenzimmertrakt von Adolf Kellermüller. Wandbild «Wissen» 1960 von Walter Kerker.

TÖSSTALSTRASSE ▮ Nr. 255, Schulhaus Dorf. 1838 von Walter Hoffmann. Aufstockung 1889.

WURMBÜHLSTRASSE ▮ Nr. 9, Schulhaus Tägelmoos. 1971 von Gubelmann und Strohmeier. Wandmalerei 1971 und Collage (o. J.) von Ernst Egli.

Museen:

- Kunstmuseum, Museumstrasse Nr. 52.
- Stiftung Oskar Reinhart, Stadthausstrasse Nr. 6.
- Sammlung Oskar Reinhart «Am Römerholz», Haldenstrasse Nr. 95.
- Heimatmuseum Lindengut, Römerstrasse Nr. 8.
- Münzkabinett und Antikensammlung, Villa Bühler, Lindstrasse Nr. 8.
- Gewerbemuseum, Kirchplatz Nr. 14.
- Technorama, Technoramastrasse Nr. 1.
- Schloss Hegi, Hegifeldstrasse Nr. 125.
- Schloss Mörsburg, Stadel.
- Museum Briner + Kern, Rathaus, Stadthausstrasse Nr. 57/Marktgasse Nr. 20.
- Villa Flora, Sammlung Hahnloser, Tösstalstrasse Nr. 44.
- Fotomuseum Winterthur und Fotostiftung Schweiz, Grüzenstrasse Nr. 44.
- Kunsthalle Waaghaus, Marktgasse Nr. 25.

BRÜTTEN

▮ Reformierte Kirche. Erb. 1907–08 von Robert Rittmeyer und Walter Furrer in sachlich-bodenständigem Heimatstil anstelle eines Vorgängerbaus mit Kern aus dem 12./13. Jh. Breit proportionierter Längsbau mit seitlich angefügtem Zwischentrakt, der im EG einen Nebenraum und im OG die Empore aufnimmt und die Verbindung zum Turm herstellt. Fassadenverkleidung aus Lägernsandstein. Im Innern gebrochene Holzdecke; Kanzel von 1728 auf Sockel von 1908; Pfarrstuhl und Taufstein aus grünem Gotthardstein; Glasmalereien von Carl Montag.

PFARRGASSE ▮ Nr. 3, ref. Pfarrhaus. 1684–86 im Auftrag des Klosters Einsiedeln, Umbau 1834. Sichtfachwerkbau über gemauertem Erdgeschoss. Aussenrenov. 1987, Innenrenov. 1995–2000. ▮ Nr. 4, ehem. Zehntenscheune von 1616, Umbau zum Bauernhaus 1836–37.

SÄNTISSTRASSE ▮ Nr. 3, Mehrreihenständerbau aus dem 17. Jh., 1731 Scheunenanbau, 1837 Umbau und Teilung, Renov. 1992–93.

LINDAU

▮ Reformierte Kirche. Neugot. Bau mit Frontturm 1895–96 von Jacques Kehrer und Karl Knell d. Ä. anstelle eines got. Vorgängerbaus; Aussenrenov. 1990, Innenrenov. 1998–99.

LETTENSTRASSE ▮ Nr. 5, ref. Pfarrhaus. Stattlicher Massivbau 1774 von Jakob und Heinrich Teüber mit Eckpilastern und zwei grossen gerahmten Portalen.

BLÄSIHOF ▮ Ehem. Kapelle St. Blasius. Erwähnt 1223; säkularisiert 1525; Umbau zu Wohnhaus 1894.

TAGELSWANGEN ZÜRCHERSTRASSE ▮ Nr. 59, Gasthaus Landhus an der alten Überlandstrasse Zürich–Winterthur. Erb. 1842–43 von Wilhelm Waser als Gasthof Löwen, 1869–1947 Erziehungsheim Annagut, Aussenrenov. 1998. Auffallend lang gestreckter, spätklassiz. Bau.

HUEBSTRASSE ▮ Nr. 1, Mehrreihenständerbau von 1607–14 mit rückseitiger Bohlenständerfassade, Renov. 1991–92.

KEMPTTHAL

▮ **Nahrungsmittelfabrik Maggi**. Fabrikationsbeginn unter Julius Maggi 1882 in Mühle von 1846. 1885 Erweiterungsbau (sog. alte Fabrik). 1894 Gutsbetrieb in Form eines neugot. Backsteinschlosses und 1896 Magazinbau in Gusseisenkonstruktion und Arbeiterwohnhäuser sowie Fabrikantenvillen von August Dietz. 1910 Fabrikgebäude und Lagerhaus von Otto Pfleghard und Max Haefeli. 1926 ff. Silohochbau und Labor von August Helmar Rudolf von Tetmajer, Alfred Debrunner und Hans Blankart im Stil des Neuen Bauens. Produktionseinstellung 2002.

ILLNAU-EFFRETIKON

ILLNAU

▮ **Reformierte Kirche**. Eine der Urpfarreien der Zürcher Landschaft, erwähnt 745. Wohl seit dem 8. Jh. bestehende St. Martinskirche. Im ersten Drittel des 12. Jh. Neubau des Langhauses, wohl E. 12. Jh. roman. Chorturm. Dachkonstruktion des Schiffs 1402d, des Turms 1426d, Verlängerung des Schiffs gegen W 1571. 1719 Vergrösserung der Empore, 1851–52 Gipsplafond anstelle Chorgewölbe, 1887 neue W-Fassade von Ferdinand Kuhn; 1967 Rest., 1985–86 Innenrenov. Lang gestreckte Saalkirche mit fast quadratischem Turmchor. In der O-Hälfte des Langhauses zwei kleine Rundbogenfenster des karol. Vorgängerbaus, roman. Chorbogen, Spitzbo- **142**

142

genfenster wohl E. 15. Jh., Oculi 1719. Offener Umgang und Spitzhelm des Turms 1426d. Inneres weitgehend schmucklos; Kanzel 1551.

HÖRNLISTRASSE ▮ Nr. 1, ref. Pfarrhaus. Walmdachbau 1748–49 von Hans Conrad Stierli, Renov. 1975–76.

EFFRETIKON

▮ **Reformierte Kirche**. 1959–61 von Ernst Gisel; stark durchgestalteter Baukomplex in beherrschender Lage, Glasmosaik 1960–61 von Otto Staiger.

BIRCHSTRASSE ▮ Kath. Kirche St. Martin 1983.

MÄRTPLATZ ▮ Nr. 29, Stadthaus. Kubische Gliederung im Spiel von konkav und konvex, von Thomas Meyer-Wieser 1994–95; Platzgestaltung und Brunnen von Gervin Engel.

LINDENSTRASSE ▮ Nrn. 2–8 (gerade Nrn.), Schulanlage Watt. 1964–66 von Manuel Pauli.

RIKONERSTRASSE ▮ Nr. 52, ehem. Mühle Würglen. Erwähnt 1463, Um- oder Neubau 1682–86, Umbau 1814–19, Renov. 1991–92. Im Mühleraum Ausstattung aus der Bauzeit teilw. erhalten.

RIKON

143 ▮ Reformierte Kapelle, ehem. St. Stephan. Kern 12./13. Jh., 1647 Abbruch der roman. Apsis und Verlängerung des Schiffs gegen O und W, Rest. 1970–71. An der S-Wand roman. Rundbogenfenster mit nach Befund rekonstruiertem hölzernem Gitter sowie

143

142 Illnau-Effretikon. Illnau. Ref. Kirche.
143 Illnau-Effretikon. Rikon. Ref. Kapelle.

Reste eines Passionszyklus, 2. H. 14. Jh. Kanzel und Empore 1647.

HORBEN ▮ Nr. 11, ehem. **Bauernhaus** in Bohlenständerbauweise. 1676 von Heinrich Bury. Renov. 1987–89. Mehrreihenständerbau, urspr. mit zentraler Rauchküche. Eines der imposantesten Grossbauernhäuser des 17. Jh. im Zürcher Oberland mit einer Fülle von handwerklich und baukünstlerisch interessanten Details.

CHÄMLETEN ▮ Kornspeicher in verzinkter Blockbauweise, dat. 1606, Schmiedeanbau 1844, Rest. 1981–82.

MOOSBURG ▮ Burgruine. 1254 als Wasserschloss von Hartmann d. Ä. v. Kyburg erb., im Sempacherkrieg 1386 Beschädigung durch die Zürcher, 1424 Sitz der Zürcher Vögte der Grafschaft Kyburg, im Alten Zürichkrieg 1444 zerstört.

KYBURG

▮ **Schloss***. *Die historisch bedeutendste Burg zwi-* 144
schen Limmat und Bodensee hat im Wesentlichen ihren Baubestand aus dem Hoch- und Spätmittelalter bewahrt. Erste Nutzung des leicht zu sichernden Bergsporns in der jüngeren Eisenzeit (400–190 v. Chr.). Als Besitz des Grafen Wernher v. Winterthur, Verbündeter des geächteten Herzogs Ernst II. v. Schwaben, 1027 von König Konrad II. zerstört; nach Übergang an die Grafen v. Dillingen (fortan v. Kyburg) im Investiturstreit 1079 abermals zerstört durch Abt Ulrich von St. Gallen. Das Geschlecht der Kyburger, das im 12. Jh. zu grosser Macht gelangte, 1172 die Lenzburger und 1218 die Zähringer beerbte, starb 1264 aus. Nachfolger waren die Habsburger; 1424, definitiv 1452 Erwerb von Burg und Herrschaft durch die Stadt Zürich, die bis 1798 den Verwaltungssitz ihrer grössten Landvogtei auf dem Schloss unterhielt. Nach Plünderung und einer Zeit der Verwahrlosung 1816 als Sitz des Oberamtmanns wiederhergestellt. 1831–1917 in wechselndem Privatbesitz. Seit 1917 Eigentum des Kt. Zürich; teilw. rekonstruierende Rest. 1921–27 und Einrichtung als Museum (an der südl. Umfassungsmauer Gedenktafel für den Architekten Hermann Fietz d. Ä.). ▮ Anlage. Die Burg liegt auf einem dreiseitig steil abfallenden Felsvor-

sprung über dem Tösstal, die SO-Flanke ist gegen die Vorburg, das spätere Städtchen, durch zwei parallele Halsgräben geschützt; auf dem Wall zwischen den Gräben franz. Garten, angelegt 1700 von Caspar Schwarzenbach. Die bauliche Grundsubstanz stammt aus dem 12.–14. Jh. Entlang der unregelmässig viereckigen Burgmauer gruppieren sich die Bauten um einen Innenhof. Der Zugang führt über die Gräben zum äusseren Tor in der NO-Ecke, erneuert 1579–80 mit heraldischen Malereien von Christoph und Josias Murer, Inschrift 1737. Der anschliessende Zwinger führt zum innern Tor, über welchem ein Gang angelegt ist, der den Vorder- oder Willenturm an der N-Spitze mit dem Palas verbindet. Das Tor liegt im Schutz des Bergfrieds: untere Teile mit Buckelquadermauerwerk wohl 1. H. 13. Jh., oberer Teil und Zeltdach 1424–26d und 1780/1789d; an der W-Front Sonnenuhr 1527–28 von Hans Asper mit Wappen Zürich und Landvogt Rudolf Lavater. Sog. Palas oder Grafenhaus. Winkelförmig um den Bergfried angelegt im 13./14. Jh. in vermutlich drei Etappen; in der Landvogteizeit mehrmals stark umgebaut, u. a. 1527; 1926 Teilrekonstr.; Buckelquadermauerwerk; an der NO-Fassade drei vermauerte gekuppelte Rundbogenfenster; Sonnenuhr um 1530 von Hans Asper; im EG der 1683 unter Landvogt Beat Holzhalb eingerichtete und um 1890 stark rest. **Festsaal** mit spätgot. profilierter Holzsäule, in den Fensternischen Grisaillemalereien im Stil der Spätrenaissance, über dem Eingang Allianzwappen Holzhalb-Wolf mit Bauinschrift, Kaminaufsatz 1723 von Felix Däniker; im 1. OG Wohnung des Landvogts, Ausstattung 18.–19. Jh., frühklassiz. Winterthurer Turmofen um 1790 von Hans Rudolf Heller mit Aufsatz von 1818, über dem Archiveingang Wappen Zürich, Kyburg und Landvogt Waser 1647, im Schlafzimmer zwei Wappenscheiben 1570 und 1671. Über der aus dem 13./14. Jh. stammenden, aus Buckelquadern errichteten Schildmauer mit Schalenturm, dem sog. Taubentürmchen, führt ein 1786–87 aufgesetzter Gang zum Ritterhaus in der S-Ecke. Davor 1578 angelegter Säulenbrunnen, Stud mit Schild haltendem Löwen 1755 von Hans Sulzberger. Sog. Ritterhaus. Dreigeschossiges Gebäude aus dem 14. Jh.; 1472d, 1527 und 1786 umgest. (Walmdach mit Uhrtürmchen anstelle von Ecktürmen); an der südl. Aussenfront grosses Standeswappen mit Reichsschild. Im 1. OG **sog. untere Ritterlaube** mit aufwändiger manieristischer Architekturmalerei 1609 von Christoph Murer über einfacheren Tür- und Fensterumrahmungen von Caspar Reutlinger 1591; Audienzräume des Landvogts mit Kastenöfen 1793/1822. Im 2. OG sog. obere Ritterlaube mit fragment. Wappenfries der Landvögte aus dem 17. Jh. sowie Bildnissen von Landvögten, ergänzt und teilw. erneuert 1625 von Samuel Hofmann und 1666 von

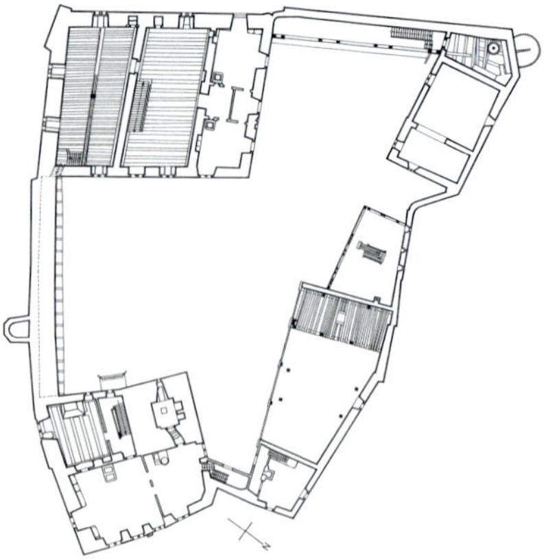

144

145

144 Kyburg. Schloss, Grundriss.
145 Kyburg. Burgkapelle, Wandmalerei. Anbetung der Könige.

Hans Jakob Ulrich; Historiengemälde 1878 von August Weckesser: Blutgericht der Königin Agnes gegen Rudolf v. Wart. In der 1786 anstelle einer Kornschütte eingerichteten Gerichtsstube Knietäfer und weisser Rokokoturmofen von Hans Rudolf Heller 1788. Im Verbindungsgang zum westlichen Wehrgang Tür- und Fensterumrahmungen 1609 von Christoph Murer. ▪ **Burgkapelle**. Erb. wohl A. 13. Jh., mehrfach umgeb., neue Dachkonstruktion 1424d, nach der Reformation profaniert und u. a. als Gefängnis und Zeughaus benutzt, rest. 1890, 1922/27, 1992–96. Fast quadratisches Schiff und Rechteckchor mit Nebenchor; darüber kurzer, um 1500 aufgesetzter und mit möglicherweise zweitverwendeten roman. Kuppelöffnungen versehener Zeltdachturm. Holzdecke mit 1923 hierher versetzten Schnitzfriesen aus der Kirche Erlenbach und aus dem
145 Zürcher Oetenbachkloster. Bedeutende got. **Wandmalereien**. Im Schiff und Chor um 1440 flächendeckendes, vor dem Hintergrund des Alten Zürichkrieges auf Reich und Zürich ausgerichtetes Bildprogramm: im Schiff an der S-Wand Passionsszenen und hl. Christophorus, gegenüber Jüngstes Gericht und Heilige, am Triumphbogen Christus und hl. Regula; im Chor an der S-Wand (sog. «Jungfrauenwand») Maria und die hll. Verena, Maria Magdalena, Katharina, darunter Klara von Assisi, Dorothea und Ursula, über dem Bogen zum Nebenchor Anbetung der Hll. Drei Könige und hl. Franziskus, an der O-Wand Wappen Zürich und Reich sowie Heilige, in der Fensterleibung die hll. Gallus und Leonhard von Noblac sowie Maria Verkündigung. Im Nebenchor Zyklus des Regulamartyriums, gestiftet um 1480 von Landvogt Felix Schwarzmurer.

▪ **STÄDTCHEN**. 1261 als Vorburg erwähnt, 1370 Markt-, aber kein Stadtrecht. Befestigungen nach der Zerstörung im Alten Zürichkrieg 1444 nicht wiederhergestellt, Dorfbrand 1819. ▪ Reformierte Kirche. Um 1370 erwähnte Katharinenkapelle, 1644 Rechteckchor. Rest. 1986–87. Schiff mit Walmdach, eingezogener, gedrungener Chor, Firstturm mit Spitzhelm 1797. Bestuhlung 17.–19. Jh., Taufstein 1644. Gipsdecken 1801, ebenso vermutlich Kanzel und Emporenbrüstung.

DORFSTRASSE ▪ Gasthof Hirschen 1819–20. Klassiz. Massivbau mit Walmdach. Tavernenrecht seit dem 15. Jh. belegt. ▪ Ref. Pfarrhaus 1820–23. Gleiche Bauform wie Hirschen. ▪ Alte Kanzlei. Bis 1831 Sitz des Landschreibers. Teilfachwerkbau, 1788–93 unter Einbezug eines Vorgängerbaus von 1671–72. LINSENTAL ▪ Tössbrücke. Gedeckte Sprengwerkbrücke 1845–46 von Heinrich Heider.

Museum:
– Museum Schloss Kyburg.

WEISSLINGEN

▪ **Reformierte Kirche**. Erb. 1500–09; Schiff verlängert und erhöht 1882; Renov. 1951–52. Spätgotische Saalkirche mit gedrungenem, von einem Käsbissendach abgeschlossenem Chorturm. Holzdecke mit Flachschnitzereien 1509 von Peter Kälin; Kanzel 1687 von Ulrich Temperli; Taufstein 1882.

ZELL

Aus verschiedenen Siedlungen zusammengesetzte Gemeinde, einerseits bäuerlich, andererseits durch frühe und intensive Industrialisierung geprägt. Erwähnt 741 als «cella».

▪ **Reformierte Kirche***, ehem. St. Johannes. Über röm. Siedlungsresten Bau einer Kirche vermutlich im 7. Jh. Ersatz des Chors durch einen Chorturm 1320d, Turmhelm 1471d. Neubau von Schiff und Chor

146

146 Zell. Ref. Kirche, Gewölbemalerei.

1512–13d südlich der alten Kirche, der ehem. Chorturm wird zum Chorflankenturm. Spätbarocke Umgestaltung des Innern 1789; tiefgreifende Modernisierung 1958–59; Renov. 2002–03. Spätgot. Saalkirche mit eingezogenem, rippengewölbtem Polygonalchor. Kanzel 1686; Taufstein 1789. Farbverglasung 1980 und 2002 von Hans Affeltranger mit Szenen aus der Offenbarung des Johannes u.a. Im
146 ehem. Turmchor bedeutende frühgotische **Wandmalereien** um 1320: am Kreuzrippengewölbe Evangelistensymbole; an der N-Wand Marientod; an der O-Wand Priester am Altar, hl. Martin, Christuskopf sowie Michael als Seelenwäger; in den Leibungen des O-Fensters die hll. Johannes Bapt. und Verena; an der S-Wand Jesus unter den Schriftgelehrten sowie Martyrium der hl. Ursula und ihrer Gefährtinnen. Reste einer spätgot. Malschicht um 1500 am ehem. Chorbogen (Rankenmalerei mit Wappen Kyburg und Schenken von Liebenberg) und über dem 1464 datierten Sakramentshäuschen (musizierende Engel).

LETTENBERG ▮ Haus zum Chloschter. Im S-Flügel die um 1370 erwähnte ehem. Kapelle St. Oswald mit spitzbogigem W-Portal und Polygonalchor, in der 2. H. 17. Jh. zum Bauernhaus umgebaut. Umbauten und Erweiterung zu einem mächtigen dreigeschossigen Gebäudekomplex bis ins frühe 19. Jh.

RIKON KAPELLENWEG ▮ Nr. 14, Methodistenkapelle, 1908 in schlichten historisierenden Formen; Renov. 1983.

SCHULSTRASSE ▮ Nr. 13, Sekundarschulhaus 147
Hirsgarten, 1932–33 von Hermann Fietz d. J.; Innenrenov. 1989. Winkelförmige Anlage in einer Mischung von Tendenzen des Neuen Bauens und regionaler Fabrikarchitektur.

AU ▮ Tössbrücke 1881. Eisenfachwerkbrücke mit Parabelträger.

KOLLBRUNN

▮ Reformierte Kirche 1949–50. Sgraffito Taufe Christi 1954 von Robert Wehrlin.

BAHNHOFSTRASSE ▮ Nr. 9, katholische Kirche St. Antonius mit angebautem Pfarrhaus, erb. 1897–98 von Hermann Siegrist; eingreifende Innenrenov. 1970.

DORFSTRASSE ▮ Nr. 4, Primarschulhaus 1951–52. Wandbild 1952 von Hans Fischer.

UNTERE BAHNHOFSTRASSE ▮ Nr. 15, Kapelle der freien Missionsgemeinde. Als Chrischonakapelle erb. 1900 in karger Neugotik.

TÖSSTALSTRASSE ▮ Nr. 23, ehem. Spinnerei E. Bühler & Co. Hauptgebäude 1837–38; Renov. und Umnutzung 1996–99. Fabrikantenwohnhaus 1839–40. ▮ Druckrohrleitung über die Töss auf Stelzen 1876–77.

147

148

147 Zell. Rikon. Schulhaus Hirsgarten.
148 Turbenthal. Hutzikon. Forstwerkhof.

SCHLATT

▮ Reformierte Kirche, ehem. St. Peter. Erwähnt 1241. Neubau 1525d; Chorneubau 1655; Rest. 1998. Saalkirche mit eingezogenem Polygonalchor; vor der W-Fassade gedrungener, von Käsbissendach abgeschlossener Turm. Deckenmalereien 1861 (Chor) und 1896 (Schiff), 1998 rekonstr. Kanzel und Taufstein 1655. ▮ Ref. Pfarrhaus. 1531 Umbau des aus dem 13. Jh. stammenden Wohnturms der Herren v. Schlatt, 1583 Erweiterung, 1748–49 und 1773 Umbauten. Renov. 1958 und 1982. Massiges Gebäude unter Krüppelwalmdach; im nordöstl. Viertel Mauerwerk des mittelalterl. Turms mit rundbogigem Hocheinstieg an der N-Seite.

TURBENTHAL

▮ **Reformierte Kirche**, ehem. St. Gallus. 858 erwähnt. Neubau 1510–17 unter Einbezug des roman. Turms. Emporeneinbau 1769; Neubau des Turms 1903 von Gustav Gull; Renov. und Umgestaltung des Innern 1928 durch Fritschi & Zangerl; Rest. 2002. Spätgot. Saalkirche mit eingezogenem Polygonalchor; W-Portal mit verflochtenen Rundstäben, rundbogiges N-Portal und spitzbogige Masswerkfenster aus der Bauzeit. S-Portal 1822, Vorhallen und Aufgänge 1924. Neugot. Chorflankenturm mit markantem Spitzhelm auf der Nordseite. Im Chor Sterngewölbe mit Rankenmalerei und Wappenschlusssteinen Hohenlandenberg, Breitenlandenberg sowie Bischof Hugo v. Hohenlandenberg. Im Schiff Holzdecke mit Flachschnitzereien 1928 als Ersatz für das damals beseitigte spätgotische Original. Beidseits des runden Chorbogens Wandbilder 1928 von Alfred Marxer anstelle von abgelösten spätgotischen Wandmalereien. Kanzel und Pfarrstuhl 1664 bzw. 1668; Chorfenster 1891 von Karl Wehrli. Unter dem Chor Gruft der Herren v. Breitenlandenberg, Kollatoren der Kirche.

SCHULSTRASSE ▮ Katholische Kirche Herz Jesu. Erb. 1934 von Otto Linder; Plastiken von Emil Suter. ▮ Burgruine Breitenlandenberg. Erb. A. 14. Jh. als Sitz der Herren v. Breitenlandenberg; Mittelpunkt der gleichnamigen Gerichtsherrschaft; A. 19. Jh. abgebr., 1924–25 Sicherung der Fundamente des allseits von einer Ringmauer umgebenen Bergfrieds und des südl. vorgelagerten Torturms. Erhalten ist nur das ehem. Gesindehaus (heute Försterhaus) aus dem 18. Jh.

ST. GALLERSTRASSE ▮ Nr. 8, Unteres Schloss. Erb. 1665 für Junker und Gerichtsherr Johann Christoph v. Breitenlandenberg. Herrschaftssitz, zur Taubstummenanstalt 1903–04 und Altersheim 1940–42 verändert; Aluminiumguss Windohren 1977 von Charlotte Germann-Jahn.

HUTZIKON TÖSSTALSTRASSE ▮ Nrn. 2–14 (gerade Nrn.), 13–21 (ungerade Nrn.), ehem. Weberei Boller, Winkler & Cie, Friedthal. Spinnereigebäude 1832–37; Umbau nach Brand 1919. Fabrikantenwohnhaus 1837. Maschinenhaus und Hochkamin 1886. Webereigebäude von Séquin & Knobel 1908; erweitert 1922 und 1937 von Fritschi & Zangerl sowie 1940–42 von Adolf Kellermüller. Arbeiterwohnhäuser 1907–08, 1914–15, 1920–23. ▮ Nr. 65, ehem. Gasthaus Hirschen. Erb. 1711; 1919 Umbau zum Wohlfahrtshaus der Weberei Boller, Winkler & Cie.; Aussenrenov. 1989. Fachwerkbau mit je einer grossen Lukarne an den Traufseiten.

RAMSBERGSTRASSE ▮ Forstwerkhof, 1991–92 **148**
von Marianne Burkhalter und Christian Sumi.

GYRENBAD ▮ **Gasthof und ehem. Kurhaus Gyrenbad**. Erwähnt 1464. Mitteltrakt 1622d erb. als Fachwerkbau, während der Blütezeit im 19. Jh. erweitert durch den Westtrakt von 1826d und den Osttrakt von 1843-45; Neubau des Badhauses 1851 (eingestürzt 1977); Aufgabe des Badebetriebs 1968; Gesamtrest. 1990–92. Lang gestreckter, unregelmässiger Gebäudekomplex, Interieurs um 1840–1900.

CHÄFER. 1374 genannte Gratsiedlung mit weitgehend intakten bäuerlichen Bauten des 17.–19. Jh.

TABLAT ▮ Nr. 3, sog. Schlössli. Barockes Wohnhaus, erb. 1785–90 für Gerichtsweibel Heinrich Hubmann, umgeb. 1976.

HOFSTETTEN

▮ **Sog. Doktorhaus**. Repräsentativer Fachwerkbau E. 17. Jh. über gewölbten Kellern; dreigeschossiger polygonaler Erkerturm mit Spitzhelm 1708, evtl. zeitgleich Malereien an Mauern, Läden, Dachuntersicht und Decke im EG; Renov. 1953–54.

SCHAUENBERG. ▮ Ruine Schauenberg. Sitz der 1242 erwähnten Herren v. Schauenberg; nach 1331 im Besitz Beringers v. Hohenlandenberg; 1344 geschleift. 1624–1812 Hochwacht. Mauerreste auf der durch einen Graben zweigeteilten Hügelkuppe.

ELSAU

▮ Reformierte Kirche, ehem. St. Georg. Heutiger Bau anstelle eines roman. und zweier frühmittelalterlicher Vorgänger erb. um 1522. Nach W verlängert 1787; tiefgreifende Modernisierung 1959–60; Renov. 2003. Spätgotische Saalkirche, der geplante Polygonalchor nie ausgeführt, auf der S-Seite wuchtiger Flankenturm von 1522d mit Käsbissendach. In der S-Wand gegen den Turm Sakristeitür mit 1960 rekonstr. Kielbogen und Läutertor. Taufstein 1722; Glasgemälde 1960 und 1963 von Robert Wehrlin.

WIESENDANGERSTRASSE ▮ Nr. 7, ref. Pfarrhaus 1741–42. Fachwerkbau.

RÄTERSCHEN ALTE ST. GALLERSTRASSE ▮ Pestalozziheim. Erb. 1790–95 als Gutshof von Landrichter Jakob Peter. Herrschaftliches klassiz. Wohnhaus und Fachwerkscheune mit 1820 angefügtem Bauernwohnhaus.

PESTALOZZISTRASSE ▮ Nr. 1, ehem. Baumwollspinnerei. Frühindustrieller Fabrikbau mit Mansarddach 1815–17 für Kantonsarzt Jakob Troll, 1831 Umnutzung zu Arbeiterwohnungen, 1892–94 Umbau.

ELGG

Landstädtchen in den erhaltenen Strukturen des Spätmittelalters. Frühgeschichtl. und röm. Besiedlung; im frühen und hohen Mittelalter Güterkomplex des Klosters St. Gallen. 1370–71 Verleihung des Markt- und Stadtrechts durch das Haus Habsburg-Österreich. 1452–1798 unter Zürcher Herrschaft. Im 17.–19. Jh. blühendes Kammmacher- und Hafnergewerbe. Um den frühmittelalterl. Kirchenbezirk legt sich die Gründungsstadt als rhomboides Geviert mit innerem und äusserem Ring; die Befestigung aus drei Toren, Graben und Wall mit Palisade wohl schon seit dem späten Mittelalter aufgelassen. Zerstörung der westl. Stadthälfte durch Brand 1876, planmässiger Wiederaufbau nach Musterplänen mit rechtwinkligem Strassennetz. Das Ortsbild wird geprägt durch die Mischung von städt. Bürgerhäusern und zu Zeilen gereihten Bauernhäusern.

▮ **Reformierte Kirche***, ehem. St. Georg. *Stattlichstes spätgotisches Gotteshaus der Zürcher Landschaft.* Erstmals erwähnt 2. H. 9. Jh. Apsidensaal um 1000 anstelle eines frühmittelalterlichen Vorgängers. E. 14. Jh. Anbau eines Quadratchors (anstelle der Apsis), eines Turms (1393d), einer Sakristei und einer Vorhalle; 1438d–43d Errichtung der oberen Turmteile nach Brand. 1508–16 Neubau der Kirche unter Beibehaltung des Turms. 1648 Abbruch des Lettners; 1824–25 Renov. des Schiffs in klassiz. Formen; 1896–97 neugot. Umgestaltung des Innern von Ernst Jung. 1962–65 Gesamtrest. mit Bau einer neuen Orgelempore und Freilegung der Wandmalereien; Rest. 2003–04. Spätgotische Saalkirche mit eingezogenem Polygonalchor und darunter angelegter Krypta, nördlich des Chors der vom Vorgängerbau übernommene Turm, südlich angebaut die Sakristei. An Schiff und Chor spitzbogige Masswerkfenster, am Chor und an der Sakristei Strebepfeiler. Im Innern des Chors Sterngewölbe auf Wappenkonsolen; kielbogige Sakristei- und Turmtür. An der N-Wand Sakramentshäuschen, an der S-Wand Sediliennische. Hervorragende **Chorausmalung** von 1514, stilistisch zwischen der Spätgotik und der Renaissance stehend: reiches Blüten- und Rankenwerk in den Fensterleibungen, um die Türöffnungen und den Chorbogen, die Sitznische und entlang den Gewölberippen. Auf den Schlusssteinen zwei Heilige, Christogramm, Jahreszahl 1514 und Maria mit Kind. In den Gewölbezwickeln Halbfiguren in Blütenkelchen: Kirchenlehrer, Heilige, Engel als Torwächter sowie die Klugen und Törichten Jungfrauen. An der Chorbogenwand die Heilige Sippe. Um das Sakramentshäuschen Scheinarchitektur und Heiliggeisttaube. An der N-Wand (Turmwand) Reste einer Ausmalung um 1400: Noli me tangere, Mahl der Jünger in Emmaus, darunter Georgslegende. In den Fenstern Glasgemälde E. 15. Jh. (Engel als Wappenhalter und Georg), um 1515 (Zürcher Stadtheilige) und 1896

149

149

149 Elgg. Ref. Kirche.

(Werdmüllerwappen). Im Schiff klassiz. Stuckdecke und Wandpilastergliederung 1824–25 von Gotthard Geisenhof. Wandtäfer und Gestühl 1648; reich geschnitzte Kanzel 1655; Emporenbrüstung 1824–25. In der ehem. Sakristei Kreuzgratgewölbe aus der Bauzeit. Dekorationsmalerei und Glasfenster 1896. Die dreischiffige, durch vier Pfeiler unterteilte Hallenkrypta diente vermutlich als Gruft der Gerichtsherren. An den Kreuzgratgewölben Reste von Rankenmalereien. An der S-Wand des tonnengewölbten ehem. Zugangs Inschrift: Caspar Fry de Frowenfeld 1517. An den Wänden abgelöste Malereireste um 1400 aus dem Chor (Heilung der Wehmutter Salome) und um 1515 aus dem Schiff (Schweisstuch, Weihnachtsbild, Martyrium des hl. Sebastian). Taufstein 1649. Bodenmosaik mit Darstellung der Baugeschichte der Kirche, 1960 von Emil Mehr.

WINTERTHURERSTRASSE ▪ Nr. 1, katholische Kirche St. Georg. Neu erb. 1981–82 anstelle einer Notkirche von 1963.

POSTSTRASSE ▪ Nr. 12, Gemeindehaus. 1888–90 erb. als Schulhaus von Julius Huber, Renov. 2006–07. Dominanter spätklassiz. Kubus.

LINDENPLATZ ▪ Nr. 1, ref. Kirchgemeindehaus, ehem. Schulhaus. Kernbau 1596; Umbau 1806 und 1852; Renov. 1992–93. ▪ Nr. 2, ref. Pfarrhaus. 1584 Neubau; Umbauten 1787, 1814–15. Fachwerkbau unter Krüppelwalmdach, angebaut an die SW-Ecke der Kirche; im Hausflur Holztafel mit den Wappen aller Elgger Pfarrer seit 1524.

VORDERGASSE ▪ Nr. 14, Zur Kleinen Meise. Kernbau 1691 (?), klassiz. Fassade von 1831. ▪ Nr. 16, **ehem. Gasthaus zur Meise**. Erb. 1643–45, Wirtshaus bis in die 1840er Jahre, renov. 1981–83. Grosser Fachwerkbau über gemauertem EG mit bedeutender Innenausstattung (reiche Täferung und Ornamentmalerei) des 17. und 18. Jh. Davor grosser Brunnen aus Steinplatten und klassiz. Stud von 1830. ▪ Nr. 21, ehem. Gasthaus Ochsen mit vergoldetem Wirtshausschild um 1800.

OBERGASSE ▪ Nr. 14, ehem. Bauernhaus von 1813 mit dekorativem Fachwerk.

HINTERGASSE ▪ Nr. 18, ehem. Bauernhaus mit reichen barocken Fachwerkfassaden 1803d. ▪ Nr. 19, ehem. Schützenhaus. Erb. 1638, Umbau zur Gemeindekanzlei 1908. Renov. 1972. Repräsentativer Treppengiebelbau, früher mit dem 1864 abgebr. Obertor zusammengebaut.

IM BRÜEL ▪ Turnhalle der Oberstufenschulanlage. In das Gelände eingebetteter Glaskubus 1994 von Habegger & Partner.

▪ **Schloss***. Im Kern mittelalterl. Burg. Bis 1285 Sitz der st.-gallisch-äbtischen Keller und Meier von Elgg. 1289 als ewiges Lehen der Abtei an die Habsburger. 1356 kam die Herrschaft an die Landenberger, dann über die Toggenburger und Habsburger an die Herren von Hinwil (1442–1576). 1452–1798 Lehensrecht über Elgg bei der Stadt Zürich. Ab 1576 sassen auf dem Schloss versch. ostschweizerisch-süddeutsche Adelige oder zürcherische Patrizierfamilien, so die Lochmann von Zürich, Heinzel von Tägerstein, von Bodeck, Sulzer von Winterthur, Salis-Marschlins und vor 1712 die Hirzel von Zürich. 1712 Erwerb durch Hans Felix Werdmüller (1658–1725) aus Zürich, Generalmajor in holländischen Diensten, der 1715 das Fideikommiss (unveräusserliches Familiengut) stiftete und um 1712–20 die reiche Innenausstattung erstellen liess; bis heute im Besitz der Familie Werdmüller v. Elgg. Der Bergfried als ältester Teil der Anlage stammt wohl aus dem 13. Jh.; Deckenbalken zweier Keller im N-Trakt von 1320d, 1578 ff. Ausbau zum repräsentativen Wohnschloss in heutigem Umfang unter Pannerherr und Financier Hans Heinrich Lochmann. 1666 Einsturz des Bergfrieds, anschliessend Reparatur der Schäden. 16.–18. Jh. Entstehung der bergseits vorgelagerten Wirtschaftsbauten: Trotte, Scheune, Wagenschuppen, Waschhaus. 1793 Abbruch des Turmoberbaus auf Höhe der Wohngebäude, Umbau des Schlosses zu heutiger Form; 1806 Abbruch der Schlossmauer; 1810 Auffüllung des Schlossgrabens. 1903 Rekonstruktion der Gerichtsstube von 1583. 1984–90 Aussenrest. *Anlage.* Auf einer Erhebung südl. des Städtchens. Der Zugang führt durch den südl. vorgelagerten, bis 1806 ummauerten äusseren Burghof mit den Wirtschaftsgebäuden: ehem. Wagenschopf, Fachwerkbau M. 17. Jh.; Waschhaus von 1793 mit Wandbrunnen; Pächterhaus erb. 1793; gegenüber Stallscheune von 1583 und Trotte des 16. Jh. Die 1995 neu gepflanzte Kastanienallee über dem 1810 aufgefüllten Graben führt zum Gitterportal von 1810 in der runden Ummauerung des Vorhofs.

Der vieleckige Schlossbau gruppiert sich um den markant hervortretenden Bergfried und umschliesst einen trapezförmigen Innenhof. Im Festsaal des EG Grabplatten der Gerichtsherren des 16.–18. Jh. und Kopie des Grabdenkmals für Generalmajor Hans Felix Werdmüller (in der St. Johannis-Kirche in Maastricht, Niederlande), alle urspr. in der Kirche Elgg. Innenausstattung des 17. und 18. Jh. in hervorragender Geschlossenheit erhalten. Im 1. OG: Untere Spionenstube mit Wandteppichen des 18. Jh.; in der Gerichtsstube von 1583 eingelegtes Renaissancetäfer und Felderdecke sowie weisser Ofen von Heinrich Michel 1793. Im 2. OG: Obere Spionenstube mit reicher Kassettendecke M. 17. Jh., Wollstickerei und Turmofen mit allegorischen Darstellungen 1668 von Hans Heinrich Graf; im Weissen Saal Stuckdecke um 1725–30; Rittersaal mit Vertäferung 1. V. 18. Jh., Turmofen 1607. Grosse Gemäldesammlung, vorwiegend Familienbildnisse, mit Werken von Hans Asper, Samuel Hofmann, Jan Hackaert, Conrad und Dietrich Meyer, Johann Melchior Füssli, Anton Graff und Johann Melchior Wyrsch.

Museum:

- Ortsmuseum in der Humbergtrotte, Humbergstrasse Nr. 17.

BERTSCHIKON

WIESENDANGERSTRASSE ▪ Nr. 11, ehem. Mühle. Nachgewiesen seit 1400, Fachwerkbau um 1770–80, Beimühle und Reibe 1838. Aussenrenov. 1990.

WIESENDANGEN

Lang gezogenes Strassendorf, dem der offene Bachlauf in der Strassenmitte eine ganz besondere Atmosphäre verleiht; als Wisuntwanga (Wisentweide) erwähnt 804.

▪ **Reformierte Kirche***, ehem. Heiligkreuz. Erwähnt 1155 als Besitz des Domstifts Konstanz. Chorneubau 1485d unter Bischof Hugo von Hohenlandenberg; Turm 1511–14; Schiff 1521d. Umbau 1829–30; Aufdeckung der Chorausmalung 1914 und rest. durch Christian Schmidt; Rest. 1967. Spätgot. Saalkirche mit eingezogenem Chor und von Käsbissendach abgeschlossenem Chorflankenturm. Vor der Kirche Glocke 1713 von Tobias und Johann Ulrich Schalch. Chor: Das sternförmige Rippengewölbe mit skulptierten und bemalten Schlusssteinen ruht auf schildchen- und maskenbesetzten Konsolen; an der N-Wand fragment. Sakramentshäuschen. Künstlerisch bedeutende und ikonografisch einzigartige **Wandmalereien*** E. 15. Jh., Hans Haggenberg zu- 150
geschrieben, gemäss Stifterbild mit Hohenlandenberger Wappen wohl von Ulrich von Hohenlandenberg zu Hegi in Auftrag gegeben. An den Wänden wird die Legende von der Auffindung des Hl. Kreuzes erzählt, beginnend mit dem Tempelbau Salomons im Bogenfeld über dem Kanzelaufgang und endend mit der Kreuzeserhöhung über dem Eingang zur Sakristei. Ferner Darstellung der hll. Oswald, Stephan und Antonius Ev.; in den Fensterleibungen Rankenwerk. Im O des Gewölbescheitels Halbfiguren Gottvater, Sohn und Heiliger Geist über der Gottesmutter Maria; aus Blütenkelchen wachsend oder auf Wolken ruhend im N Apostel mit dem Glaubensbekenntnis, im S Propheten mit Weissagungen, dazu Streumuster von Kornblumen und Nelken. Masswerk der Chorfenster 1914 ersetzt, Glasfenster von Heinrich Röttinger. Schiff: Felderdecke und Empore 1829; Rosettenmalerei 1914 von Christian Schmidt. Taufstein wohl E. 15. Jh., Deckel 1665; Kanzel und Wappentafel am

150

150 Wiesendangen. Ref. Kirche, Wandmalerei.

Chorbogen 1665; Krebsstühle 1829–30; Bänke im Schiff 1914.

WANNENSTRASSE ▪ Nr. 4, katholische Kirche St. Stefan 1980–81 von Tanner & Loetscher.

KIRCHSTRASSE ▪ Nr. 3, ref. Pfarrhaus 1853–54 von Johann Caspar Wolff. ▪ Nr. 7, Altes Pfarrhaus. 1766–67, umgeb. 1831, renov. 1972.

DORFSTRASSE ▪ Bei Nr. 28, Burg. Möglicherweise zur Zeit des Investiturstreits erb. um 1120 von Graf Berchtold v. Märstetten-Wiesendangen; seit dem 15. Jh. in bäuerlichen und bürgerlichen Händen; hölzerner Obergaden des Wohnturms im 18. Jh. durch barockes Mansardwalmdach ersetzt, rest. 1965–67 und für öffentliche Zwecke eingerichtet.

SCHULSTRASSE ▪ Nr. 23, Oberstufenschulhaus. 1955–56 von Willy Heusser, 1975 nördl. Erweiterung, ebenfalls von Heusser; in der Eingangshalle Wandbild 1957 von Hans Fischer.

Museum:

- Ortsmuseum im Schloss und in ehem. Speicher aus dem 17. Jh., Birchstrasse.

RICKENBACH

▪ Reformierte Kirche, ehem. St. Wendelin und Ulrich. Erb. 1695 von Diethelm Schneider unter Verwendung von Bauteilen des roman. Vorgängerbaus; tiefgreifende Renov., Kirchenzentrum und neuer Turm 1965–67 von Adolf Kellermüller und Hans Rudolf Lanz. Einfache Saalkirche mit Polygonalchor, an dessen Aussenwand fünf barocke Grabplatten des 18. Jh.; Kanzel 1695.

MÜLIHALDENSTRASSE ▪ Nr. 16, Oberstufenschulhaus 1916, erweitert 1955–56, 1961 von Hans Hohloch.

BÜEL ▪ Blockbauspeicher mit verzinkten Eckverbänden 1560d. Versetzung und Renov. 1994.

SULZ STATIONSSTRASSE ▪ Nr. 20, katholische Kirche St. Josef 1958, Renov. 1983.

Museum:

- Ortsmuseum, im Hanseli-Spycher von 1677, Dorfstrasse.

DINHARD

▪ **Reformierte Kirche**, mit dem Pfarrhaus in ummauertem Kirchenbezirk auf dem Hügel. Fränkische Gründung um 800; im 10. und 14. Jh. vergrössert; 1385 Patrozinium St. Petronella erwähnt; Neubau Chor und Turm 1511–15 von Stefan Rützistorffer; Umbau 1731–33; Grabungen und Rest. 1971–73. Spätgot. Saalkirche mit eingezogenem Polygonalchor, Chorflankenturm mit Käsbissen und Fachwerkvorhalle. An der S-Wand des Schiffs frühgot. Wandmalereifragmente 1. H. 14. Jh., Reste eines Wandbehangs und isolierter Ritterkopf. Im Chor Masswerkfenster und Sterngewölbe, auf den Schlusssteinen die hll. Petrus und Petronella; unvollendete spätgot. Ausmalung um 1515, eindrücklich die um die Tabernakelnische gemalte Scheinarchitektur mit Schmerzensmann. Chorgestühl mit gemalten Wappen, dreiteilige Gruppe datiert 1516/1545, fünfteilige 1. Drittel 17. Jh. Kanzel um 1730. Vor der Kirche Glocke 1490 von Ludwig Peiger, Gedenkstein für den Humanisten Jakob Wiesendanger, genannt Ceporinus (1499–1525).

CHILEWEG ▪ Nr. 1, ref. Pfarrhaus. Um- oder Neubau 1621–22 unter Einbezug des um 1200 errichteten Meierturms der Herren von Klingen (östl. Hälfte des heutigen Baus); 1828–29 Umbau von Johann Conrad Bluntschli zu schlichtem klassiz. Gebäude. Renov. 2006–07.

SEUZACH

▪ Reformierte Kirche in malerischer Hügellage, als Martinskirche 1131 geweiht. Schmales Schiff im Kern roman.; breiterer und höherer Polygonalchor E. 15. Jh.; Dachreiter 1626; Umbau und Vorhalle 1791, Rest. 1967. Im Chor farbig gefasstes Sterngewölbe auf skulptierten Konsolen. Taufstein mit Allianzwappenrelief 1672; Kanzel wahrscheinlich 1773.

REUTLINGERSTRASSE ▪ Katholische Kirche St. Martin 1971–72 von Robert Tanner und Felix Loetscher.

KIRCHGASSE ▪ Nr. 17, ref. Pfarrhaus. Erb. 1762–63 von Gebhard Hafner und Hans Ulrich Sulzer unter Verwendung von Teilen des Vorgängerbaus; Renov. 1979. Massivbau unter Krüppelwalmdach.

OBEROHRINGEN. TROTTENSTRASSE ▪ Nr. 6, **sog. Untervogtshaus**. Herrschaftliches Vielzweckbauernhaus 1692 für Hauptmann und Landrichter Hans Jakob Keller und seine Frau Barbara Steiner. Renov. 2006–07. Fachwerkbau, besonders reich die Giebelfassade SO mit Reihenfenstern, Fluggespärre und Fratzenschnitzereien an den Bügen. Schablonierter Kastenofen 1810 von Salomon Spiller, Eckkacheln mit Landschaftsveduten von Heinrich Egli.

UNTEROHRINGEN. OHRINGERSTRASSE ▪ Nr. 130, sog. Schlössli mit zugehörigem Ökonomiegebäude 1811–14 für Bezirksrichter Johann Heinrich Keller; 1897–1914 Exilsitz des preussischen Freiherrn Job v. Manteuffel und seiner Familie. Klassiz. Massivbau unter Mansarddach mit Teilwalm. Ökonomiegebäude in Fachwerk.

DÄGERLEN

▪ Reformierte Kirche in ummauertem Kirchhof. Roman. Kapellenbau 10./11. Jh., der hl. Ursula und den 10 000 Jungfrauen geweiht. Tiefgreifende Umbauten 1596 und 1851. Innenrenov. 1987–89. Saalkirche mit innen halbrundem, aussen viereckigem Chor. Dachreiter mit Spitzhelm, erneuert 1889. Taufstein 1599 von Philipp Eberhardt.

EICHMÜHLESTRASSE ▪ Nr. 7, ref. Pfarrhaus. 1870–71 von Johann Jakob Müller, Normpfarrhaus nach Johann Caspar Wolff. Sichtbacksteinbau mit Treppengiebeln.

HETTLINGEN

▪ Reformierte Kirche. Kapelle um 700 am Platz eines röm. Gutshofes. Um 1000 und 1522 Neubau; 1642 Einwölbung des Chors; 1848 Umgest.; 1982–83 Ausgrabung und Renov. Spätgot. Saalkirche mit eingezogenem Polygonalchor und hohem Chorflankenturm mit Käsbissendach; Taufstein 1620 auf Fuss von 1786. Kanzel und Bestuhlung 1867.

KIRCHSTEIG ▪ Nr. 7, ref. Pfarrhaus. Klassiz. Walmdachbau 1812–13.

BURGTROTTENWEG ▪ Trotte. Fachwerkbau 1752 an der Stelle des 1752 abgebr. Wasserschlosses der kyburgischen Ministerialen v. Hettlingen.

EICHMÜLI. Mühlenstandort seit dem Hochmittelalter. Hauptgebäude 1773, seit 1852 Gasthaus, Innenausbau 1937, Wasserrad 1958 rekonstr., Renov. 1977. Daneben Hanfreibe von 1822 mit orig. erhaltener Hanfquetsch- und Mahleinrichtung; Rest. 1990.

NEFTENBACH

▪ Reformierte Kirche. 1209 erwähnt, 1466–68 Neubau, 1842–43 klassiz.-neugot. Schiff und flacher Turmabschluss mit Balustrade von Gustav Albert Wegmann; Innenrenov. 1998. Saalkirche mit einge-

151

zogenem Polygonalchor und Chorflankenturm. Im rippengewölbten Chor Masswerkfenster mit Glasmalerei 1957 von Max Hunziker.

ZÜRICHSTRASSE ▮ Nr. 49, Herrenhaus. 1804–05 von Johannes Volkart d. Ä. als klassiz. Gerichtsherrensitz, 1873 Umbau zu Schulhaus, heute Bibliothek.

151 WARTGUTSTRASSE ▮ Nr. 80, **Schloss Wart**. Neugot. Herrschaftssitz mit überaus reicher historisierender Ausstattung 1889–93 von Ernst Jung für Baron Max Sulzer v. Wart.

TALGUT ▮ Nr. 1, Talgut. Landgut oberhalb der Burg Wart (welche 1309 als Sitz des Minnesängers Jakob v. Wart, Bruder des Königsmörders von Windisch, zerstört wurde). Wohnhaus um 1770, versch. Anbauten 19. Jh. Renov. 1999–2002.

152 **AESCH** FLAACHTALSTRASSE ▮ Nr. 2, **Schulanlage Heerenweg**. 1958–59 von Ulrich Baumgartner, 1991 Turnhalle und Verlängerung des Klassentrakts nach vorgegebenem Konzept, ebenfalls von Baumgartner. Lichte, an japanische Traditionen gemahnende Hofanlage, eng verwoben mit der naturnahen Umgebung.

Museum:
- Orts- und Weinbaumuseum in der ehem. Dorftrotte von 1626, Wartgutstrasse.

DÄTTLIKON

▮ **Reformierte Kirche**. 1275 erwähnt. 1522 Neuweihe, vermutlich im Anschluss an den Neubau des Chors. Renov. 1965–66. Saalkirche, bestehend aus dem romanischen Schiff und dem leicht aus der Achse nach Süden abweichenden Polygonalchor; beide Bauteile gehen ohne Chorbogen ineinander über; auf dem Schiff Dachreiter. An der S-Wand des Schiffs zwei roman. Rundbogenfensterchen sowie Wandgemälde eines Jüngsten Gerichts um 1320. 153
Taufstein 1921 als Kopie des Originals von 1641; Kanzel vermutlich 1842–43; neben dem Kanzelaufgang Wappenrelief des Pfarrers Caspar Schwerter 1600. Orgel mit figürlichen Intarsien, kurz nach 1700, ursprünglich eine Hausorgel; 1787–1809 und wieder seit 1835 in Dättlikon aufgestellt; Rest. 1977.

UNTERDORF ▮ Nr. 3, ref. Pfarrhaus. In den ummauerten Kirchenbezirk integrierter Fachwerkbau von 1726–27 mit mittelalterl. Kern.

Museum:
- Ortsmuseum in Kleinbauernhaus von 1727 im Unterdorf.

PFUNGEN

▮ Reformierte Kirche. 1649–50 als Ersatz für einen mittelalterlichen Vorgänger. Tiefgreifende Renov. und Anbau einer Vorhalle 1964–65; Aussenrenov. 1977; Innenrenov. 2006. Saalkirche mit Polygonalabschluss und Dachreiter. Taufstein 1649; Betonverglasungen 1965 von Johann Jakob Zemp.

DORFSTRASSE ▮ Nr. 4, katholische Kirche St. Pirminus 1900–01 von Joseph Meyer. 1960–61 tiefgreifende Renov.; Innenrenov. 1978; Aussenrenov. 1997. Lang gestreckte Saalkirche mit Dachreiter, an den Chor angebaut das quer dazu orientierte Pfarrhaus. ▮ Nr. 14, Villa Schlosshalde mit zugehörigem Ökonomiegebäude 1888 von Ernst Jung für Fabrikant Konrad Ferdinand Ernst; Innenrest. 1996–97. Historisierender Backsteinbau mit qualitätvoller Innenausstattung; bemerkenswerter Landschaftspark.

151 Neftenbach. Schloss Wart.
152 Neftenbach. Aesch. Schulanlage Heerenweg.
153 Dättlikon. Ref. Kirche, Wandmalerei.

152

153

ELLIKON AN DER THUR

▮ Reformierte Kirche, ehem. St. Quirinus an erhöhter Lage. Erb. um 1489–1510 anstelle einer E. 14. Jh. entstandenen Kapelle; umgeb. und erweitert 1658–59; 1865 Neugotisierung; 1919–22 teilw. Purifizierung; Renov. 1959–60; Aussenrenov. 1977. Saalkirche mit got. Käsbissenturm in der NW-Ecke; Vorhalle unter geschweiftem Dach 1734–36 bzw. 1807. Taufstein 1599 von Philipp Eberhardt, Kanzel und Bestuhlung 1865 von Rudolf Hermann Hofmann. Glasfenster 1967 von Hermann Alfred Sigg.

UESSLINGERSTRASSE ▮ Nr. 2, ehem. Gemeindehaus (heute Bibliothek). Kleines Fachwerkgebäude, EG wohl 16. Jh., OG 1807 und DG 1889. Renov. 1997. Daneben Platane, 1798 als Freiheitsbaum gepflanzt.

ALTIKON

▮ Reformierte Kirche. 1652–53 weitgehender Neubau anstelle einer Kapelle aus der Zeit um 1300. Bau des Frontturms 1895–96 als Ersatz für einen Dachreiter; tiefgreifende Innenrenov. 1956–57; Aussenrenov. 1998. Saalkirche mit polygonalem Abschluss. Taufstein und Wappenscheibe Altikon 1642; Kanzel 1856. ▮ Schloss. Im 12. Jh. verm. Sitz der kyburgischen Ministerialen v. Altikon, dann private Gerichtsherrschaft, 1699–1798 zürcherische Obervogtei. 1791–94 Neubau von Johannes Fehr in Form eines klassiz. Landhauses anstelle der mittelalterl. Wasserburg. Ab 1838 Schulhaus, seit 1964 Gemeindehaus. Eingreifender Umbau 1919–20, Renov. 1970–73, 2002–03.

THALHEIM AN DER THUR

▮ Reformierte Kirche, ehem. St. Martin. Erwähnt um 1370. Umbau 1489; Verlängerung nach O 1683–84; blechverkleideter Firstturm 1910–11 von Ulrich Landolt; Innenrenov. 2001. Saalkirche mit polygonalem Abschluss. Wappenscheiben 1684–85; Taufstein verm. 1764.

GÜTIGHAUSEN ▮ Ehem. Schulhaus 1879, durch Dachreiter von 1907 besonders ausgezeichnet. Renov. 1983.

HENGGART

▮ Reformierte Kirche in erhöhter Lage. Erwähnt 1275. Neu erb. 1820 von Johannes Volkart an der Stelle eines roman. und eines spätmittelalterlichen Vorgängerbaus; Renov. 1931, 1971–72. Klassiz. Saalkirche auf rechteckigem Grundriss, innenseitig mit polygonalem O-Abschluss; markanter Dachreiter mit geschweifter Haube. Stuckdecke 1931 von Otto Münch; Emporenbrüstung, Wandgestühl und Kanzel 1820; Taufsteinfuss 1830, das Becken älter; Kristallleuchter A. 19. Jh., ursprünglich im Fraumünster in Zürich.

KIRCHGASSE ▮ Nr. 15, ref. Pfarrhaus 1787. Frühklassiz. Massivbau unter Walmdach.

ANDELFINGEN

Malerischer Flecken über wichtigem Thurübergang. Alemannische Siedlung des 6./7. Jh., Marktrecht 2. H. 13. Jh., 1434–1798 Zürcher Landvogteisitz, seit 1831 Bezirkshauptort.

▮ **Reformierte Kirche**, ehem. St. Placidus und Sigisbert. Mehrere Vorgängerbauten seit dem 8. Jh. Bau eines Chorturms um 1500; Neubau des Schiffs 1666–67 von Hans Konrad Karrer und Ulrich Landolt; Verlängerung nach O und Bau des neugot. Turms 1861–62 von Johann Caspar Wolff; Ausgrabung und tiefgreifende Modernisierung 1969–70; Renov. 2004. Grosse Saalkirche unter mächtigem Satteldach; östlich schlanker neugot. Turm, Käsbissendach mit Fialen und glasierten Ziegeln. Taufstein 1773. Neben dem Turm Mammutbaum aus der Zeit des Turmbaus. ▮ Dorfbrunnen bei der Kirche 1791, Trog 1870.

SCHLOSSGASSE ▮ Nr. 10, **Schloss**. Die mittelal- 154
terl. Burg gelangte 1434 an Zürich und wurde 1482 Landvogteisitz. Neubau 1613–14 sowie 1780–82 wohl von Johann Caspar Vögeli-Wirz auf den Grundmauern des Vorgängerbaus; Landvogteisitz bis 1798; Oberamtssitz 1815–31. Umbau 1924–25 und Nutzung als Altersheim bis 1999. Frühklassiz. Herrschaftsgebäude unter Walmdach, vor dem Haupt-

portal toskan. Säulenportikus mit Balkon um 1815. Westl. anstossend Schlossscheune wohl von 1546 mit Treppengiebel. Pförtnerhaus aus dem 16. Jh. mit Treppengiebeln und 1834 aufgesetztem Dachreiter.
155 Hofbrunnen 1786. Ausgedehnter **Park** zwischen Schloss und Thur angelegt M. 19. Jh., Pavillon 1854. ▮ Nr. 26, Alte Kanzlei. Erb. wahrscheinlich 1697–98.
LANDSTRASSE ▮ Nr. 34, ehem. Zürcher Kantonalbank. 1915 von Heinrich Rosenstock. Plastisch reich durchbildetes Gebäude, Mischung von Neubarock und Heimatstil. ▮ Nr. 38, Gasthof Löwen (urspr. Bären). Die zusammengeb. Gasthäuser Bären und Löwen 1530 erwähnt; Bären 1838 neu erb.; 1866 Vereinigung unter dem Namen Löwen; 1881 Umbau des oberen Hauses mit strassenseitigen Neurenaissancefassaden, Schild um 1875. Aussenrenov. 1970. Hofseits beide Häuser mit Fachwerkfassaden, unteres Haus mit Holzlauben. ▮ Nr. 69, Primarschulhaus im Stil der Neurenaissance 1876–77 von Ernst Jung.

LANDSTRASSE ▮ Nr. 80, Haldenmühle. Erwähnt um 1306. Wohnhaus und Scheune neu erb. 1800, Waschhaus 1847, Mühlentrakt 1900–01; Renov. 1976–83. In Fachwerk konstruiertes Wohnhaus, quer dazu angebaut der in Sichtbackstein ausgeführte Mühlentrakt. Die Haldenmühle ist als einzige der ehemals sechs Mühlen am Abhang gegen die Thur bis heute in Betrieb. Das Wasser des Mühlebachs wurde über ein Kanalsystem zu den Mühlen geführt.
OBERMÜHLESTRASSE ▮ Nr. 11, ehem. Obermühle. Erwähnt um 1306. Kern 16./17. Jh.; Renov. 2001–02. Dreigeschossiger verputzter Teilfachwerkbau mit massiv gemauerter Treppengiebelfassade. Daneben Scheune 1830. Teilfachwerkbau.
FELSENHOFSTRASSE ▮ Nr. 10, ehem. Lindenmühle. Erwähnt um 1306. Weitgehender Neubau 1811d und 1844d. Verputzter Fachwerkbau; Wasserrad 1981 rekonstr.
SCHLOSSGASSE ▮ Nr. 33, ehem. Steinmühle. Erwähnt 1450. Erb. wohl 1549 (Jahreszahl an einem Bug der Giebelfassade); Umbauten 1723 und 1752; Renov. 1971–72. Fachwerkbau mit vorkragendem OG. ▮ Nr. 37, ehem. Untermühle. Erwähnt 1460. Wohnhaus 1613d. Dreigeschossiges, teilw. in Fachwerk erstelltes Wohnhaus mit angebauter ehem. Scheune. ▮ Gedeckte Holzbrücke über die Thur. 1324 erwähnt. Neubau 1507d. Heutige Brücke 1814–15 von Hans Conrad Stadler d. Ä. nach Zerstörung durch die Franzosen 1799. 1932 und 1955 verstärkt; 1979 Anbau eines Fussgängerstegs; Rest. 1995.
NEUGUETSTRASSE ▮ Nr. 1, ehem. Zollhaus 1817 von Hans Conrad Stadler d. Ä. anstelle eines Vorgängerbaus ▮ Nr. 2, ehem. Neumühle. Erb. nach 1799; 1849–96 Mühle; Aussenrenov. 1976. Verputzter Fachwerkbau. ▮ Nrn. 15/17, Turmuhrenfabrik Mäder AG. Werkstattgebäude und Wasserkraftanlagen 1874.

154

155

154 Andelfingen. Schloss und Pförtnerhaus.
155 Andelfingen. Schlosspark.

KLEINANDELFINGEN

Rechtsufriger Brückenkopf des Thurübergangs von Andelfingen.

SCHAFFHAUSERSTRASSE ▮ Katholische Kirche St. Sigisbert und Placidus. Anstelle eines Vorgängerbaus von 1939 neu erb. 1989–90 von Hermann Schmidt unter Beibehalt des Turms von 1963. ▮ Nr. 3, Wohnhaus zur Friedau. Erb. 1845, um strassenseitigen Kopfbau erweitert 1858–59; Originelle Dekorationsmalereien aussen und innen 1905 von Karl Keller; Rest. 1999–2004. ▮ Nr. 11, Gemeindehaus. Feingliedriger Walmdachbau von 1866–67 im Stil der Neurenaissance. Renov. 1985. ▮ Nr. 20, Rothus. Imposantes Doppelbauernhaus von 1685, renov. 1977.

SCHULSTRASSE ▮ Nrn. 16/18, Fachwerkreihenhäuser, im 17./18. Jh. durch Teilungen aus zwei Kernbauten entstanden.

ALTEN

WESPERSBÜHLSTRASSE ▮ Nr. 12, sog. Herrenhaus. Erb. 1553 für Matthäus Peyer als Ersatz für die Burg Wespersbühl; Umbau M. 18. Jh.; Aussenrenov. 1977. Im OG Täferstube mit aufgemaltem Allianzwappen und Jahreszahl 1718 an der Rippenfelderdecke sowie Rokokomalereien am Alkoven und am Wandschrank. Gegenüber Burgtrotte. Massivbau um 1600.

HUMLIKON

OBERES BÜEL ▮ Nr. 10, Atelier-Wohnhaus Schuppisser. Erb. 1964 von Otto Kolb im Geist der klassischen Moderne. Gartengestaltung von Willi Neukom.

DORF

▮ Reformierte Kirche. Erb. um 1500 anstelle einer roman. Kapelle, Erhebung zur Pfarrkirche 1658; Verlängerung des Schiffs wohl 1698. Renov. und Neuausstattung 1966–67. Spätgot. Saalkirche mit leicht eingezogenem Polygonalchor; Dachreiter mit Spitzhelm 1967 als Ersatz für den Firstturm von 1875. Wandepitaph 1673 für den Stifter der Pfarrei, Junker Caspar Schmid v. Goldenberg; das Allianzwappen seiner Eltern findet sich am barocken, mit derben, bemalten Reliefs verzierten Taufstein von 1662. Neun Glasgemälde 1967 von Heinrich Bruppacher.

KIRCHSTRASSE ▮ Nr. 6, ref. Pfarrhaus. Fachwerkbau um 1700.

▮ **Schloss Goldenberg**, nordöstl. über der Ortschaft. Bis M. 14. Jh. Sitz der 1248 erwähnten Herren v. Goldenberg; danach in wechselndem Privatbesitz. Brand 1559, den allein der mittelalterl. Wohnturm überstand; Neubau des Wohnhauses um 1580 unter Hans Jakob Holzhalb, Ausstattung um 1730 unter dem kaiserlichen Feldwachtmeister Junker Caspar Schmid v. Goldenberg, Erweiterung und

156

156 Berg am Irchel. Schloss und Orangerie.

Renov. 1773 unter Georg Ulrich Biedermann. An den quadratischen, A. 18. Jh. um ein Stockwerk gekürzten und mit Mansarddach und Dachreiter versehenen mittelalterl. Wohnturm schliessen sich nach N die beiden ungefähr rechtwinklig zueinander stehenden Wohngebäude an. Schmiedeeisernes Gittertor zum Hof um 1790. Südwestl. des Turms franz. Ziergarten wohl 1. H. 18. Jh.; nordwestl. des Schlosses grosse dreiteilige Gutshofanlage von 1894–97 für Arnold Vogel. Renov. 1980ff.; 1997–99 Anlage eines Golfplatzes und Umbau der Ökonomiegebäude. *Inneres*. Im Keller- und Erdgeschoss des Turms rippenlose Kreuzgewölbe; im 1. OG Wandmalereireste E. 16. Jh. und Historienmalerei 1917 von Otto Plattner. Im S-Teil des grossen Wohntrakts mehrere reich stuckierte Decken um 1730, wohl von Vorarlberger Meistern. Zwei Turmöfen aus dem Rechberg in Zürich, bemalt um 1760 von J. Rusterholz und 1766 von Johann Jakob Hofmann; zwei Turmöfen A. 18. Jh., bemalt von David Sulzer; weisser Polygonalofen um 1780; klassiz. Ofen um 1790.

BERG AM IRCHEL

▮ Reformierte Kirche, ehem. St. Maria. Erwähnt 1268. Neu erb. 1654 unter Beibehaltung des mittelalterl. Chorturms, Spitzhelm des Turms 1939–40; Innenrenov. 1989. Saalkirche mit schwach eingezogenem, quadratischem Turmchor unter gedrücktem Kreuzgratgewölbe. Barockkanzel E. 17. Jh., Taufstein 1654 mit dem Wappenrelief des Stifters Johann Riedtmann zu Eigenthal. Im Orgelprospekt Teile einer Orgel von 1755 aus dem Kloster Rheinau.

◂156 SCHLOSSGASSE ▮ Nr. 10, **Schloss Berg**. *Herrschaftssitz mit Wohnhaus, Ökonomiegebäude, Orangerie und Parkanlage*. Wohnhaus unter Benützung von Bauteilen des ehem. Meierhofs der Propstei Embrach neu erb. um 1642 für Hans Heinrich Escher vom Luchs und Anna Dorothea v. Meiss; Sitz der privaten Gerichtsherrschaft bis 1798 und bis 1867 im Besitz der Escher. Arbeitsaufenthalt des Dichters Rainer Maria Rilke im Winter 1920–21. Innenrenov. 1973–74. Spätgot. Treppengiebelbau über Rechteckgrundriss; über dem Rundbogenportal Allianzwappenrelief Escher-Meiss. Reiche **Innenausstattung**: Im EG zwei Fenstersäulen M. 17. Jh. mit Fruchtgehängen und vier barocke Kachelöfen, u. a. prächtig bemalter Pfauenofen 1661/1700 (1922 von auswärts hierher versetzt). Im OG Renaissanceausstattung des Saals aus der Bauzeit mit Täfer, Buffet und Kassettendecke; Fenstersäule mit maskengeschmücktem Sockel und Volutenkapitell; Turmofen mit Fabelszenen 1705 von Hans Heinrich Pfau (hierher versetzt 1922).

SCHLOSSGASSE ▮ Nrn. 4/8, lang gezogenes Wirtschaftsgebäude ehem. mit Stallungen, 1877 in Wohnhaus mit Scheune umgebaut. **Orangerie** um 1800, klassiz. Tempelfront durch toskan. Pilaster und Rundbogenfenster gegliedert; im Innern Ofen in Form eines kannelierten Säulenschaftes mit bekrönender Vase. Brunnen in Empireformen um 1800. Symmetrisch auf das Schloss bezogene **Gartenanlage** aus der Bauzeit mit grossem Teich. Eine Allee verbindet die Schlösser Berg und Eigental.

CHLOSTER ▮ Nrn. 3/5, Haus zum Kloster, evtl. ehem. Zehntengebäude des Klosters Rheinau. Kernbau 1551–58 mit spätgot. Staffelfenstern und Kielbogenportal, im 19. Jh. zum heutigen grossen Doppelhaus erweitert, 1946 Neubau der nördl. Giebelmauer nach Einsturz. ▮ Nr. 8, sog. Hohes Haus. Erb. um 1744 als Lusthaus der Gerichtsherren. Fachwerkbau unter Krüppelwalmdach; Treppenturm 1880 mit Spitzhelm.

EIGENTAL ▮ **Schloss Eigental**, am Hang über dem Tobel des Langwiesbachs. Das mittelalterl. Kerngebäude (O-Trakt) geht allenfalls auf eine kyburgische Ministerialenburg zurück. Heutige Anlage im Wesentlichen 1588 für Junker Georg Riedtmann aus Schaffhausen; Umbau 1667; bis 1714 im Besitz der Riedtmann, 1765–1885 der Escher von Schloss Berg. Substanzverlust durch versch. Umbauten im 20. Jh., zuletzt 1980–83. Der ältere obere Trakt und der schmalere untere Flügel an der S-Seite von Treppengiebeln bekrönt und im N durch einen Zwischentrakt miteinander verbunden; Allianzwappentafel 1588 mit Bauinschrift. Turmofen 1. H. 18. Jh. aus dem Haus zur Toggenburg, Stadthausstrasse Nr. 85 in Winterthur und zwei Öfen aus der 1. H. 19. Jh. Gitterportal um 1790 aus Schloss Kyburg; im Park

Grabdenkmal 1791 von Josef Maria Christen für Junker Hans Jakob Escher v. Berg.

GRÄSLIKON SCHULSTRASSE ▪ Nr. 18, Schulhaus 1913–14 von Kündig & Oetiker; Aussenrenov. 2003. Heimatstilbau.

BUCH AM IRCHEL

▪ Reformierte Kirche. Um- oder teilw. neu gebaut im 17. Jh. unter Beibehaltung des mittelalterlichen Chorturms, Jahreszahlen 1623 und 1661 an den Eingängen. Turmaufbau mit Uhrgiebeln und Spitzhelm 1824; Innenrenov. 1965–66; Aussenrenov. 2003. Saalkirche mit massigem Chorturm, im Turmchor ein Tonnengewölbe. Kanzel M. 17. Jh.; Taufstein 2. H. 17. Jh.; Glasgemälde 1966 von Jacques Schedler.
HAUPTSTRASSE ▪ Ehem. Chrischonakapelle. Historisierender kleiner Saalbau 1897 wohl von Karl Rackle. ▪ Nr. 25, Schulhaus. Neugot. Bau von 1907, Renov. 1996.

FLAACH

Lang gestrecktes typisches Strassendorf mit Fachwerkhäusern aus dem 15. bis 18. Jh. und auffälligen herrschaftlichen Treppengiebelbauten.

▪ **Reformierte Kirche**. Anstelle der beiden mittelalterl. Kirchen St. Niklaus im Moos und St. Georg neu erb. 1614–19; Renov. innen 1972, aussen 1981–82. Rechtecksaal und stark eingezogener Turmchor mit Kreuzgratgewölbe; kräftiger Chorturm mit Käsbissen, im Glockengeschoss zwei Masswerkfenster 1569 wahrscheinlich von der alten Georgskirche. In spätgot. Manier profilierte Portale im W und S. Barockkanzel 1647.
BERGSTRASSE ▪ Nr. 7, ref. Pfarrhaus. 1573–75; stark umgeb. 1839. Stattlicher Bau unter Krüppelwalmdach, Saal mit Deckenstuckaturen 17. Jh.
▪ **Schloss**. Ehem. Sitz der Schaffhauser Familien v. Fulach und Peyer, Inhaber der Gerichtsherrschaft Flaach-Volken, 1694 an Zürich verkauft, 1780 privatisiert. 1519d als Fachwerkbau wohl anstelle des 1264 erwähnten Kehlhofes erb., 1578d W-Trakt mit Treppengiebeln, 1612–13 Treppengiebelbau im O, 1661 Hofbrunnen mit Schild haltendem Löwen, 1671 Schlosstrotte, 1705–06 Neubau Schlossscheune, 1949 Umbau, 1985–86 Umbau der Schlosstrotte zu Wohnhaus, 1985–89 Renov. des Schlosses mit Rekonstr. des Zustands von 1612. Herrschaftl. Landsitz in spätgot. Formensprache. Dreiteilige Anlage mit Treppengiebeln an den Seitenflügeln und polygonalem Treppenturm an der Rückfassade. 157
PLATTE ▪ Nr. 11, Wohnhaus. Fachwerkbau unter Walmdach 1632d, renov. 1996–99.
ANDELFINGERSTRASSE ▪ Nrn. 5/7, Gasthof Alte Post. Erb. 1642; Renov. 1962–63. Teilw. in Fachwerk erstellter Vielzweckbau mit grossem Quergiebel am Wohnteil, der durch eine reich verzierte Flug-

157

158

sparrenkonstruktion, Lauben und Malereien an der Dachuntersicht ausgezeichnet ist.

OBERMÜHLEWEG ▮ Nr. 1, **Gasthof Obermühle**. Erb. um 1760. Vielzweckbau als Fachwerkkonstruktion unter Walmdach; an der Rückseite doppelgeschossige Laube.

UNTERMÜHLEWEG ▮ Nr. 11, ehem. **Untermühle**. Erwähnt um 1310 als Eigentum des Dominikanerinnenklosters St. Katharinental. Neu erb. 1593–98; Dachkonstruktion 1635d. Massiv gemauerte Giebelfassaden mit Treppengiebeln, die Trauffassaden in Fachwerk; Mühleeinrichtung und eisernes Wasserrad erhalten.

MARTHALEN

Eines der intaktesten Ortsbilder im Kanton und eindrückliches Ensemble von verschiedenartigen Fachwerkbauten des 15.–19. Jh.

Verm. fränkische Gründung am Zusammenfluss zweier Bachläufe, vom 9.–18. Jh. in Abhängigkeit des Klosters Rheinau. ▮ Reformierte Kirche. Eine roman. Saalkirche mit eingezogenem Rechteckchor, 1126 St. Gallus und Antonius geweiht. 1606 Neubau des Chors und 1660 des Schiffs. 1727 Anbau eines Emporenaufgangs; 1860–61 neugotischer Umbau; 1975–76 tiefgreifende Renov. und Ersatz des Dachreiters von 1747. Saalkirche mit leicht eingezogenem Polygonalchor und hoch aufragendem Dachreiter. Fragmentarische Dekorationsmalereien im Chor vermutlich 1606; an den Holzdecken Bildmotive von Steivan Liun Könz 1976. Taufstein 1606; Kanzel 1861.

MÜLIWEG ▮ Nr. 8, Obermühle. Erwähnt 14. Jh., heutiges Hauptgebäude aus dem 18. Jh.; Renov. 2001–02.

OBERDORF ▮ Nr 1, Gasthaus Rössli. Bau um 1723 und Übernahme der Tavernengerechtigkeit und des Namens vom gegenüberliegenden Alten Wirtshaus. 1980 Renov. und Neubau Gästetrakt. ▮ Dorfbrunnen mit Balustersäule von 1729 und vierpassförmigem Muschelkalktrog um 1880. ▮ Nr. 17, ehem. Kleinbauernhaus. Kernbau 1463d. Erweiterung zum heutigen Baukörper in mehreren Etappen: Scheunenanbau 1620d, Vergrösserungen des Wohnteils 1643d, des Scheunenteils 1736d und 1858d. Renov. und Ausbau der Scheune 2006–07. Vom zweigeschossigen, in Fachwerk ausgeführten Kernbau sind im Innern eine Fassade sowie die Dachkonstruktion weitgehend erhalten. ▮ Nr. 21, sog. Schloss. Kernbau 1492d; bauliche Veränderungen 1564d, 1777d; Aussenrenov. 2002. Teilfachwerkbau, die massiv gemauerte westliche Giebelwand mit Treppengiebel. Scheune 1557d/1592d.

SCHAFFHUSERSTRASS ▮ Nr. 3, **Altes Wirtshaus***. Eindrückliches Werk ländlich-herrschaftlicher Architektur, erb. 1660–64 als Taverne an der Strasse Winterthur–Schaffhausen für Gerichtsvogt Hans Toggenburger, Renov. 1999–2000. Lang gestreckter Fachwerkbau, rückwärtige Laube, reiche **158**
Stubentäferungen.

UNDERDORF ▮ Nr. 2, **Unterer Hirschen**. Erb. 1715 **159**
von Hans Jakob Schibli als Wohnhaus für Landrichter und Untervogt Hans Jakob Wipf und seine Frau Barbara Toggenburger, 1801–78 Gasthaus, 1975–76 Umbau zu Gemeindehaus, Aussenrenov. 1991. Barocker Fachwerkbau mit dekorativ gestaltetem Fachwerk. Reich ornamentierte Eingangstür über Freitreppe.

LINDENHOF ▮ Schützenhaus. Schmucker Kleinbau von 1781 mit Zeltdach und Türmchen. Renov. 1991.

159

157 Flaach. Schloss.
158 Marthalen. Altes Wirtshaus.
159 Marthalen. Unterer Hirschen.

Museum:
- Ortsmuseum in Ökonomietrakt hinter dem Gemeindehaus.

FACHWERKBAUTEN IM ZÜRCHER WEINLAND

Das Prinzip der Fachwerkkonstruktion geht auf den vorgeschichtlichen Pfostenbau zurück und wurde im Hochmittelalter zum vielseitigen Holzskelettbau weiterentwickelt. Dieser prägte ein weites Verbreitungsgebiet vom Hochrhein bis nach England, insbesondere dort, wo reicher Eichenbestand zur Verfügung stand. Auch das Zürcher Weinland mit seinen Eichenwäldern gehört zu diesen Gegenden. Bezüglich Bautechnik und Gestaltung stehen diese Häuser in der Tradition des schwäbischen Fachwerkbaus, der in ganz Südwestdeutschland und im Elsass beheimatet ist. Wandernde Handwerker scheinen dafür gesorgt zu haben, dass sich neue Entwicklungen und stilistische Merkmale jeweils über ein grösseres Gebiet verbreiteten.

Die ältesten bekannten Fachwerkbauten des Weinlandes gehen auf das Spätmittelalter zurück. Besondere Merkmale dieser Gebäude sind weit auseinanderstehende Ständer. Die dazwischen liegenden, durch Riegel horizontal geteilten Gefache sind mit lehmverputztem Flechtwerk gefüllt Die notwendige Aussteifung des Rahmengerüstes übernehmen kurze Streben, die so genannten Kopf- und Fusshölzer (zur technischen Konstruktion vgl. nebenstehende Zeichnung). Die wenigsten dieser Konstruktionen sind als Ganzes erhalten geblieben. Eine Ausnahme bilden das *Girsbergerhaus* von 1420 in Unterstammheim und die *Stantenwegtrotte* von 1436 in Flurlingen.

Im Laufe des 16. Jahrhunderts wichen Kopf- und Fusshölzer den verzapften Streben, die sich vorerst noch über beide Geschosse von Schwelle bis Pfette spannten. Zunehmender Mangel an alten Bäumen, die entsprechend langes Bauholz lieferten, führte

Marthalen. Altes Wirtshaus, erbaut 1660–64 als Gasthaus mit Gerichtsstube (s. Seite 227).

Geschossbau

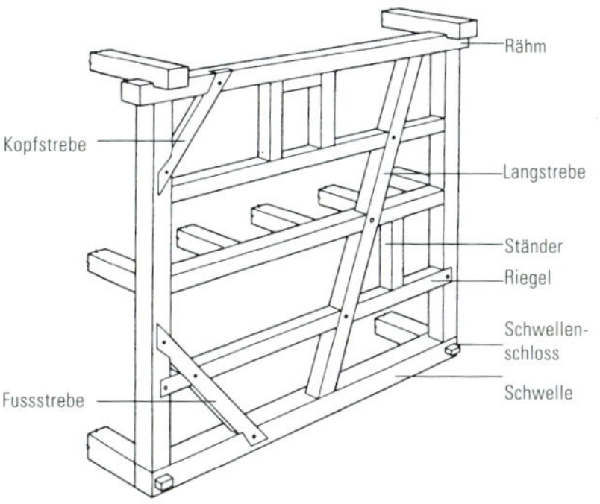

Stockwerkbau

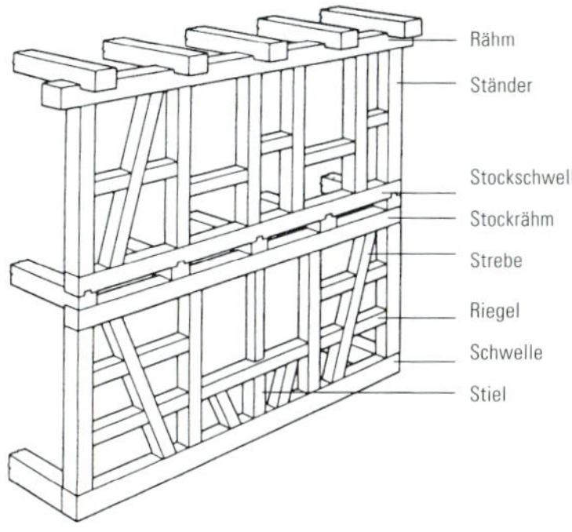

Schematische Zeichnung einer Fachwerkkonstruktion, Geschossbau und Stockwerkbau.

dazu, dass über zwei Geschosse reichende Ständer und Streben im 17. Jahrhundert verschwanden. Die Verwendung kürzerer Hölzer eröffnete neue Gestaltungsmöglichkeiten. Die engere Stützenstellung, die kleingliedrigere Unterteilung der Gefache mit meist V- oder A-förmig gespiegelten Wandstreben und die neu aufkommenden Kurzstreben unter den Fensterbrüstungen führten zu vorzugsweise symmetrisch angeordneten Mustern. Der Dreissigjährige Krieg und die damit verbundenen Getreideexporte aus dem Weinland in die versehrten Gebiete nördlich des Rheins hatte zudem einigen Bauern und Grundbesitzern zu Reichtum verholfen, was sich in zunehmender Stattlichkeit ihrer Häuser widerspiegelte. Im Innern, vor allem an Täfern und Türgerichten, finden sich gar Stilelemente der klassischen Architektur. Hervorragende Beispiele dieser Epoche sind das *Alte Wirtshaus* in Marthalen (1660–64) und das Gasthaus *Zum Hirschen* in Oberstammheim (1684).

Den gestalterischen Höhepunkt erlebte der Fachwerkbau im ländlichen Barock des 18. Jahrhunderts. Der schmuckfreudige Zeitgeschmack verwendete die natürliche Krummwüchsigkeit des Eichenholzes als Ornament, zum Beispiel in Form kelch- oder rautenförmiger Strebenmuster an den Fensterbrüstungen. Üblich wurde die Anordnung von Streben als Andreaskreuz, zuweilen in belebt geschwungener Form. Ein besonders reicher Vertreter dieser Gattung ist der *Untere Hirschen* in Marthalen (1715).

Der Klassizismus äusserte sich im Fachwerkbau durch eine Beschränkung auf einfache, regelmässige und etwas steife Formen, die im Laufe des 19. Jahrhunderts weitgehend zum rein funktionalen Konstruktionsfachwerk aus Nadelholz mutierten. Erst der Heimatstil des 20. Jahrhunderts erhob den «Riegelbau» erneut zum regionaltypischen Baustil und holte die zwischenzeitlich unter Verputz versteckten Holzskelette wieder ans Tageslicht.

Attilio D'Andrea

RHEINAU

160 ▪ **Ehem. Benediktinerstift***. *Landschaftlich reizvoll auf einer Rheininsel gelegenes, traditionsreiches Kloster mit Kirche in feierlichem Hochbarock.* Karolingische Gründung, erwähnt 844; der irische Mönch Findan († 878), späterer Schutzpatron des Klosters, 870 genannt. Seit E. 13. Jh. Vogteirechte bei den Habsburgern; während ihrer Auseinandersetzungen mit den Eidgenossen Niedergang des Klosters; Abt Eberhard Schwager stellt das freie Reichsstift 1455 unter den Schutz der eidg. Orte. Während der Reformation Bildersturm und Zerstörungen, Wiederaufbau nach dem 2. Kappeler Frieden 1531; zweite Verwüstung 1656 im Villmergerkrieg. Unter Abt Gerold II. Zurlauben (1697–1735) Blütezeit des Klosters mit reger Bautätigkeit. Vorübergehend 1799–1803 und endgültig 1862 aufgehoben; Umbau zur Kant. Heil- und Pflegeanstalt 1864–67 durch Johann Caspar Wolff; Schliessung 2000. ▪ **Ehem. Stiftskirche St. Maria**. Karol. Bauten nicht bekannt, roman. Pfeilerbasilika geweiht 1114, 1572–78 Umbau zur spätgot. Hallenkirche sowie Bau eines Eingangsturms (Südturm) von Hans Wellenberg, A. 18. Jh. abgetragen. Barocker Neubau 1705–11 von Franz Beer unter Beibehaltung des roman. Hauptportals, der westlichsten Pfeilerstellung (im Keller der ehem. Abtei) und des Turms. Gesamtrest. in Etappen 1973–91. *Äusseres.* Der N-Turm der Doppelturmfassade dem S-Turm angeglichen; auf den viergeschossigen, aus unregelmässigen Quadern geschichteten Turmschäften mit Masswerkfenstern von 1920–21 im Glockengeschoss sitzt je ein achteckiger Aufsatz, der von vier dreiseitigen Erkern, Drachenwasserspeiern und einer Zwiebelhaube belebt wird. Posaunen blasende Engel auf hohen, als Kreuz gebildeten Turmspitzen, der nördl. 1710 von Hans Jakob Läublin. Das zweigeschossige barocke Mittelstück der Fassade ist verputzt und leicht zurückgesetzt, architektonisch ohne Beziehung zu den übergewichtigen Türmen. Im gesprengten Giebel über dem Portal Wappenrelief des Bauherrn Gerold II. Zurlauben, darüber grosses Rundbogenfenster, flankiert von zwei halbrunden Nischen unter flachen Giebeln. Darin und in der von Querovalfenstern gerahmten Nische des Volutengiebels Statuen der Muttergottes sowie der Hll. Petrus und Blasius 1709 von Josef Anton Tschupp. Am S-Turm Relief des Abtes Theobald Wehrlin v. Greiffenberg 1572. Langhaus, Querschiff und Altarhaus unter Kreuzfirstdach; über den Querhausenden je ein achteckiger Dachreiter mit Zwiebelhaube. In den einfachen zweigeschossigen Längsfronten Rundbogen- über Stichbogenfenstern. In der ehem. Eingangshalle des S-Turms Sterngewölbe mit ornamentaler Renaissancebemalung; in der O-Wand das roman. **Hauptportal** des Münsters von 1114: Gestuftes 161

160

Rundbogenportal mit figürlichem Tympanon, das zu den interessantesten frühroman. Werkstücken der Schweiz zählt. Eingeflochten in eine Rebenranke (Christussymbol) ist die Verfolgung des Menschen (Adamsmaske) durch das Böse (Löwen, Seeungeheuer), die Errettung (Trauben fressende Hirsche) und die Seligkeit (Hase und Trauben pickende Vögel in der Nähe des Lamm Gottes (Christus) versinn-
162 bildlicht. *Innenraum.* Imposante Wandpfeilerhalle (wichtige Vorstufe für die Bauten von St. Urban und Weissenau bei Ravensburg). Die vierjochige Laienkirche ist durch das Chorgitter vom Mönchschor in der Vierung des wenig vortretenden Querhauses getrennt, dessen Arme die Bedeutung von Kapellen haben. Östl. folgt das leicht eingezogene zweijochige, gerade geschlossene Altarhaus. Das System der Wandpfeilerhalle, aus breitem Mittelraum, begleitet von Kapellen mit darüber eingespannten Emporen, ist mit Nuancen in allen Raumteilen durchgeführt. Im Langhaus sind die Emporen auf halbe Tiefe der Seitenräume zurückgesetzt und ruhen auf besonderen Pilasterstellungen, die Brüstungen verlaufen in gerader Flucht, die sich auch im Querhaus fortsetzt; nur in den beiden Altarhausjochen nehmen die Emporenbrücken die volle Tiefe der Seitenräume ein. Kannelierte Pilaster mit weit ausladenden Gebälkstücken umkleiden an drei Seiten die Stirnen der wie Zungenmauern vortretenden Wandpfeiler. Sie sind von je zwei kleinen übereinanderliegenden Öffnungen unterbrochen, durch welche die Kapellen und die Emporen untereinander verbunden sind; so entsteht eine trennende Raumschicht vor der Aussenmauer. Halbkreistonne mit Gurtbogen über dem Hauptraum, durch Stichkappen mit den Quertonnen über den Seitenräumen verbunden. Entschieden auf den Hochaltar ausgerichteter Longitudinalraum: In der axialen Blickrichtung sind weder Lichtquellen noch seitliche Raumgrenze sichtbar, die gestaffelt eingerückten Pfeiler von Vierung und Altarhaus verstärken optisch die Tiefenwirkung, die kulissenartig an den Wandpfeilermauern aufgestellten Seitenaltäre verdecken zwar teilw. den tektonischen Aufbau und greifen in den Hauptraum aus, geleiten aber feierlich den Blick zum krönenden Abschluss, dem Hochaltar. Im W dreiteilige Vorhalle mit Orgelempore. **Dekoration**: Auf die Gewölbe konzentrierte Stuckaturen 1708–10 von Franz Schmuzer mit Akanthus- und anderen Blattmotiven, Muscheln, Fruchtgehängen und geflügelten Engelsköpfen. Deckenfresken 1708–09 von Francesco Antonio Giorgioli mit Szenen aus dem Leben Mariens, der Hauptpatronin der Kirche: von W nach O Verheissung der unbefleckt Empfangenen, Geburt Mariä, Tempelgang, Verkündigung, Heimsuchung sowie im Altarhaus Darstellung im Tempel und Marienkrönung; in der Vierung Allerheiligenhimmel, in den Querhausarmen Anbetung der Hirten und der Könige; über den Emporen Zyklus aus dem Leben Christi; unter der Orgelempore Tempelreinigung, seitlich die Hll. Petrus und Maria Magdalena als Büsser. **Ausstattung**. Vortreffliches perspektivisches Chorgitter mit fantasievollem Aufbau 1731–32 von Hans Jörg Allweiler und Franz Scheuermann. Die Altäre, paarweise zwischen 1707 und 1750 gearbeitet, zeigen alle Stilstufen der 1. H. 18. Jh. Von W nach O: Josephs- und Schutzengelaltar 1722–25 von Johann Joseph Auer, Gemälde von Jakob Carl Stauder; Deodat- und Theodora-Altar 1750 von Br. Stefan Engist, Gemälde von Franz Ludwig Herrmann, sitzende Reliquienfiguren von 1690; Findan- und Basilius-Altar 1711–13 von Johann Joseph Auer, Gemälde von Franz Carl Stauder, Reliquienschrein des hl. Blasius 1652, des hl. Findan

161

160 Rheinau. Ehem. Benediktinerstift, Gesamtanlage.
161 Rheinau. Ehem. Stiftskirche St. Maria, Bogenfeld des Hauptportals von 1114.

1744 mit Zieraten vom Basiliusschrein; Muttergottesaltar 1707–09 von Franz Xaver Widerkehr, neu gefasst 1754, Gemälde von Franz Carl Stauder; Wappen des Klosters Muri; Kreuzaltar 1910–12 nach Brand 1908 rekonstruiert, Altarblätter von Georges Troxler, 1976 nach der Vorlage der Muttergottesaltars neu gefasst. Tabernakel auf dem Kreuzaltar von 1745; Blasius- und Benediktsaltar in den Querhausarmen, 1726–28 von Judas Thadäus Sichelbein, Gemälde von Joh. Georg Bergmüller. **Hochaltar***. *Grandiose Ausformung eines barocken Ädikularetabels mit Kolossalwirkung, erweitert um zwei vorangestellte, torartig wirkende Säulenpaare.* 1720–23 von Judas Thadäus Sichelbein. Gemälde der Himmelfahrt Mariä von Jakob Carl Stauder. Kupferne Wolken und mächtige Draperien bilden den Hintergrund, darüber eine 5 m weite Krone. Auf Postamenten und Gesimsen Heiligengestalten und Engel; am Unterbau des linken Säulenpaares Klosterwappen, darüber Maria auf dem Salm, zu der ein Putto mit der Krone herabsteigt. Drehtabernakel mit reichen Dekorationsmotiven 1728 von Sichelbein; davor Kruzifix von 1675, gestiftet vom Zisterzienserinnenkloster Eschenbach. Reich geschnitzte, mit Intarsien verzierte Levitensitze 1722–23 nach Entwurf von Hans Martin Lampardt, die Bildhauerarbeiten von Auer. Prächtiges **Chorgestühl** beidseits der Vierung 1707–10 von Br. Heinrich Fech, Urs Füeg, Jakob Kälin und Adam Bertschi. Die hinterste der drei Sitzreihen ist im Winkel um je drei Sitze hinter dem Chorgitter fortgesetzt, hier die privilegierten Plätze für Abt und Prior. Auf den architektonisch gegliederten Rückwänden, mit reich geschnitzten Hermenpilastern, die vierzehn Standbilder der Evangelisten mit Christus und Maria, von Josef Anton Tschupp aus Villingen. Zwischen dem Gestühl als Pendants das Grabmal des hl. Findan, anstelle der 1446 wieder aufgefundenen Tumba des Heiligen, und die Chororgel (rest. 1990–91), beide 1709–10 von Tschupp. Das Orgelgehäuse aus Holz, mit reich geschnitzten durchbrochenen Füllungen, und das Grabmal aus Kalkstein, mit Reliefs aus der Legende des hl. Findan, sind rechteckige Kästen mit polygonalem Schluss gegen O und Verdachung; über den Frontseiten die Standbilder der hll. Findan und Benedikt. Rokokokanzel 1756 von Johannes Reindl aus Konstanz. Geschwungene Beichtstühle mit Intarsien, den Seitenaltären gegenüber aufgestellt, 1755–59 von Br. Stefan Engist. Taufstein in der S-Kapelle des W-Jochs, gemeisselt 1715 von Auer. Die **Hauptorgel** von Johann Christoph Leu ist ein beachtliches Beispiel der Augsburger Orgelbaukunst des 18. Jh., Gehäuse 1711–15 von Judas Thadäus Sichelbein, rest. 1988–90. *Grabplatten.* Vor dem Chorgitter vier Sandsteinplatten mit Bronzegussplaketten: die älteste, das Grabmal für Abt Theobald

162

162 Rheinau. Ehem. Stiftskirche St. Maria, Innenraum gegen den Chor.

Werlin (1565–98), diente als Vorbild für die Grabmäler der Äbte Eberhard v. Bernhausen (1613–42), Bernhard I. v. Freyburg (1642–82), Romanus Effinger (1753–58) und für das Grabmal des Abtes Basilius Iten (1682–97) in der Vierung. An den Seitenwänden von Langhaus und Querschiff Epitaphien für einzelne frühere Äbte und jene nach 1700: grosse ovale Tafeln mit goldenen Inschriften auf schwarzem Grund, gearbeitet zwischen 1710 und 1753 von Franz Schmuzer, Pontian Gigl und Michael Schnell und Br. Sebastian Zureich. **Sakristei**. Im EG des hinter dem Altarhaus anschliessenden niedrigeren Verbindungsflügels von 1711–17. Dreischiffige, gewölbte Pfeilerhalle von sechs Achsen, nach tiefgreifenden Eingriffen 1864–67 wiederhergestellt 1958–59 bzw. 1976–77. Einfallsreiche Deckenstuckaturen verm. von Pontian Gigl und Michael Schnell, 1959 teilw. ergänzt. Hervorragende Kunstschreinerarbeiten: an der W-Wand Schrank und Altar 1721–23 von den Brüdern Balthasar und Moritz Schmid, die heute fehlenden Teile 1869 durch Brand zerstört, Zinnlavabo von Johann Jakob Colmar; an der S-Wand 16 m lange, reich eingelegte Paramentenschrankfront von 1734; an der O-Wand eingelegte und geätzte Schränke und Altar 1742 von Br. Stefan Engist; an der N-Wand eingelegte Vertäferung und Schränke 1751 von Engist. Zwei Altargemälde 1744 von Franz Anton Simon. Der hochbedeutende **Kirchenschatz** nach der Klosteraufhebung zerstreut, heute z.T. im Schweiz. Landesmuseum Zürich, z.T. an Ort und Stelle.

▪ Ehem. Klostergebäude. In versch. Bauperioden entstandener, aber einheitlich wirkender Komplex, der beim Umbau zur Pflegeanstalt 1864–67 v. a. im Innern stark verändert wurde; einzelne Teile abgebr. Den rechteckigen inneren Klosterhof mit Garten und spätgot. Kreuzgang (Masswerke 1864 entfernt) begrenzen im N Kirche und Sakristei, im W das Abteigebäude mit Front gegen den äusseren Klosterhof, im S der alte und im O der neue Konventbau. Der **alte Konventbau** unter Verwendung des südl. Kreuzgangarmes 1628–32 unter Abt Eberhard III. v. Bernhausen von Jakob Kürer, Balthasar Cavasi, Roman Hey und Jodokus Metzler erb. Im Innern Kassettendecken und Renaissancefenstersäulen sowie zwei Deckengemälde aus der Bauzeit, ferner eine Türarchitektur von 1722 und eine Stuckdecke mit Szenen aus der Vita des hl. Findan um 1760. In den Korridoren ornamentale und figürliche Deckenmalereien nach 1642 von Melchior Bürgisser; die Türumrahmungen im 1. OG 1628–32, im 2. OG 1711–17 aus dem neuen Konventbau. Der **neue Konventbau**, ein lang gestreckter symmetrischer Barockbau, 1711–17 von Franz Beer, legt sich zwischen Konventgarten und inneren Hof quer über die Insel. Die 25-achsige O-Front ist durch pavillonartige Eckrisalite gegliedert, die Mitte durch flachen Risalit mit Wappenrelief von 1716 akzentuiert. Zwei monumentale Treppenhäuser, das eine hinter dem Mittelrisalit, das andere im Zwischenbau der beiden Konventflügel. Im Innern Stuckdecken teils ähnlich derjenigen in der Sakristei; das Tonnengewölbe der Bibliothek im 2. OG des nördl. Eckrisalits zeigt ausgezeichnete Stuckornamentik vielleicht um 1730 von Jacopo Appiani. Türumrahmungen in den Korridoren 1628–32 aus dem alten Konventbau und 1711–17. Der Konventgarten nimmt den östl., 1602 ummauerten Teil der Insel ein. ▪ **Kapelle St. Magdalena**. Wegen ihrer malerischen Lage am östl. spitzen Ende der Rheininsel auch Spitzkirche genannt. Spätgot. Rechteckbau mit Dachreiter 1587–88 unter Abt Theobald Werlin v. Greifenberg von den «welschen maurer gebrueder» Max und Michel Lang; Gesamtrest. 1991–92. Im Innern, auch im halbrunden Chor Kreuzgewölbe; auf den Schlusssteinen Agnus Dei, Taube und Madonna. Die Ausmalung A. 17. Jh. zeigt Fensterumrahmungen mit Renaissance-Architekturen und die vierzehn Nothelfer sowie im Gewölbe die Evangelisten, die Leidenswerkzeuge und die Kirchenväter. Ehem. Grottenaltäre 1761–62 nach Vorbild von Zwiefalten bei Renov. 1930–31 zerstört. Der äussere Klosterhof auf dem westl. Drittel des Inselareals wird im O von den Schaufronten der Kirche und des Abteigebäudes beherrscht; am S-Rand liegen das ehem. Männergasthaus und das sog. Mühlesaalgebäude, während ein Anstaltsgebäude von 1867 (sog. Wolffscher Bau) den W-Abschluss bildet. Hofbrunnen mit Figur um 1935 von Walter Gygi.

Abteigebäude. Unter Einbeziehung des westl. Kreuzgangflügels neu erb. 1604–18. Satteldachbau mit nachgot. Kreuzstockfenstern; das von ion. Pilastern gerahmte Hauptportal von 1678 mit ädikulaförmigem Aufbau. In der alten Abtskapelle, urspr. mit Chörlein gegen den Innern Klosterhof, Kreuzgratgewölbe mit figürlichen Malereien 1612. Im Empfangszimmer eine Spätrokoko-Stuckdecke mit Wappen des Abtes Bonaventura Lacher (1775–89) und eine Kabinettscheibe von 1603. Im Audienzsaal reich eingelegte Täfer und Türen 1671–74 von Christoph Intrag; ausgezeichnete Stuckdecke eines Vorarlberger Meisters mit Fantasielandschaften, Veduten benachbarter Orte und einer Ansicht der Rheinau über dem Wappen des Abtes Januarius I. im Mittelspiegel, 1760–61. Im Arbeitszimmer Renaissancefenstersäule. Die Neue Abtskapelle zwischen Abtei und Kirche erb. 1709; Rundbogenportal mit Obelisk im gesprengten Giebel. Im Keller die westlichste Pfeilerstellung des roman. Münsters von 1114 erhalten. Männergasthaus. Lang gezogener Satteldachbau 1675–76, westl. Verlängerung 1726–34 von Johann Michael Beer; Wappentafel 1675 von Johann Jakob Heimlicher und Portal mit Wappentafel 1726. Anschliessendes Mühlesaalgebäude um 1550, erweitert und zum viergeschossigen Walmdachbau mit dekorativen Schornsteinen erhöht 1726–34 von Johann Michael Beer. Im 2. OG urspr. grosser Festsaal mit Stuckdecke 1729 von Jacopo Appiani und grossem Deckengemälde von Franz Carl Stauder, 1864 in zwei Stockwerke mit Zellen unterteilt. Gegenüber das Portierhaus, die ehem. Pfisterei, ein niedriger Walmdachbau von 1733 mit gleichzeitiger Wappentafel.

Eine neue Brücke von 1935, mit Statue des hl. Christophorus von Otto Münch, verbindet mit dem Wirtschaftshof auf dem N-Ufer. Bis 1864 gegen die Rheinauer Unterstadt durch das äussere Klostertor von 1698 abgeschlossen. An der N-Seite sog. Knechtehaus von 1619, rest. 1953, ein massiger Bau aus hohem gemauertem EG, Fachwerkgeschoss und Krüppelwalmdach; nördl. angeblich ehem. Wagenschopf 1. H. 18. Jh. An der W-Seite lang gestreckter Ökonomietrakt von 1588 und 1619, in den 1698–99 das symmetrische Stallgebäude mit drei Spitzgiebeln als Mittelakzent des ganzen Komplexes eingefügt wurde; Wappentafeln 1588 und 1699. An der O-Seite Kellerei und ehem. Frauengasthaus. Westl. Kopfbau mit Treppengiebel und polygonalem Vorbau erb. 1585–88 als Weinkeller; um 1600, 1631 und 1698–99 nach O verlängert; 1699 Einrichtung des Frauengasthauses im OG; im Winkel dazu O-Flügel mit Theatersaal 1740–44 von Johann Michael Beer von Bleichten; Ausmalung des Theatersaals mit Stifterzyklus um 1778 unter der Federführung von P. Moritz Hohenbaum van der Meer; Freilegung und Rest. 2002–03. Wappentafeln 1585, 1699 und 1741, Sonnenuhren an S- und O-Fassade um 1744. Eingreifender Innenumbau 1971, Aussenrest. 1995–96.

DAS STÄDTCHEN RHEINAU

Auf der Halbinsel einer engen Rheinschlaufe gelegene Siedlung an altem Flussübergang. Eine Wehranlage am S-Ende des Ortes sowie Siedlungsspuren belegen ein keltisches Oppidum (1. Jh. v. Chr.). Darauf mittelalterliche Stadtmauer, evtl. 1. H. 12. Jh. unter Schirmvogt Graf Rudolf v. Lenzburg. Ab 1290 unter Rudolf v. Habsburg-Laufenburg Anlage der Oberstadt. Trotz städt. Privilegien verharrt die Bebauung in der lockeren Struktur eines Strassendorfes. Ab 1455 unter der Schirmherrschaft der Eidgenossen, 1798 rechtliche Ablösung vom Kloster, seit 1803 zürcherisch. **Paritätische Bergkirche St. Nikolaus**. Nach Einsturz 1578–80 über den Fundamenten der Pfarrkirche aus dem 12. Jh. neu erbaut durch «welsche» Maurer; zunächst reformiert, seit 1609 auf Betreiben des Abtes paritätisch; Renov. 1924–25 und 1971, Brand von Turm und Dachstuhl 2004, Wiederaufbau 2005–06. Saalkirche mit drei Apsiden und Dachreiter. An der N-Seite Sakristeianbau von 1609 und Kruzifix von 1638. Spitzbogiges W-Portal mit Wappenrelief des Klosters und des Abtes. Dem flach gedeckten Schiff mit spätgot. Masswerkfenstern schliesst sich nach O ein querschiffartiger Raum an, der durch drei den Apsiden vorgelegte, kreuzgratgewölbte Joche auf zwei Sandsteinpfeilern gebildet wird. In der Mittelapsis spätgot. profilierte Sakramentsnische. Zwei barocke Statuen; Grabplatten 17.–19. Jh.

UNTERE STEIG ▪ Nr. 2, kath. Pfarrhaus. Stattlicher Massivbau A. 16. Jh. mit Treppengiebeln.

SCHULSTRASSE ▪ Nr. 6, ehem. Gesellschaftshaus zur Stube. Erb. um 1511 als Trinkstube unter Einbezug von Bauteilen eines turmartigen Steinbaus aus dem 12./13. Jh.; Rest. 1993–94. Spätgot. Bau unter mächtigem Krüppelwalmdach von 1511d; im OG zwei Stuben mit spätgotischen Bohlenbalkendecken, Reihenfenstern und Fenstersäulen. ▪ Nr. 13, Schulhaus. Repräsentativer, spätklassiz. Bau mit Renaissanceanklängen von Niklaus Erb 1893, Renov. 1993.

POSTSTRASSE ▪ Nr. 6, **Waldkirchsches Haus**, heute ref. Pfarrhaus. Erb. 1602 für Philipp Jakob v. Waldkirch, Herr zu Schollenberg und Obervogt zu St. Blasien; Renov. 1988–90. Dreigeschossiger Massivbau mit Treppengiebeln und rundem Treppenturm; über dem Portal Allianzwappen Waldkirch-Muntprat. ▪ Nr. 13, **Wellenbergsches Haus**. Spätgot. Massivbau 1551 mit Treppengiebeln und Kielbogenportal; im 1. OG Zimmer mit Kassettendecke und schraubenförmig gekehlter Fenstersäule von 1551. Renov. 1937–39, Aussenrenov. 1997–98.

BRÜCKENKOPF bei der unteren Rheinbrücke. Im 18. Jh. vielfrequentierter Kornmarkt und Werbeplatz für Söldner. ▪ Gedeckte **Holzbrücke**. Erwähnt 1355. Heutige Brücke 1804–06 von Blasius Baltenschwiler anstelle der 1799 abgetragenen Vorgängerbrücke; Renov. 1988. Bronzestatue des hl. Nepomuk 1961 von Emilio Stanzani als Ersatz für die 1872 zerstörte Nepomukfigur von 1732.

ZOLLSTRASSE ▪ Nr. 18, Gasthaus Salmen. Erb. 1691–92 von Franz Beer als klostereigenes Gast- und Kaufhaus. Aussenrenov. 1990–91. Dreigeschossiger Massivbau mit Dachtürmchen.

SANDACKERSTRASSE ▪ Nrn. 1/3, Gasthaus Hirschen. Erb. 1703–04 als klostereigenes Zoll- und Kornhaus. 1827–60 kantonales Salzhaus; nördliche Erweiterung 1876; Aussenrenov. 1985. ▪ Nr. 2, ehem. neues Kornhaus erb. 1710; 1827–60 kantonales Salzhaus; Aussenrenov. 1981–82.

SÜDLICHER ORTSRAND ▪ **Stadtbefestigung**. Gut erhaltene Wallanlage mit vorgelagertem Graben aus der Eisenzeit (1. Jh. v. Chr.), darüber mittelalterliche Stadtmauer; das Stadttor 1840 abgebr. In die alte Befestigungslinie integriert Bunkersystem des 2. Weltkrieges.

STRICKBODEN (an der Strasse nach Ellikon) ▪ Römischer Wachtturm. Erb. 2. H. 4. Jh. als Teil der Rheinbefestigung Basel–Stein am Rhein. Von Doppelgraben und Wall umgebener rechteckiger Turmsockel auf erhöhtem Platz unmittelbar über dem steilen Rheinbord. Ausgrabung und Sicherung 1953.

DACHSEN

Von Fachwerkbauten geprägtes Strassendorf über dem Rhein.

▪ Reformierte Kapelle. Erb. im 15. Jh. Im 19. Jh. profaniert; Rest. 1975–76, seither wieder als Sakralraum genutzt. Einfacher Rechteckbau, Dachreiter in Fachwerk; im Innern ins Dachgeschoss reichende gebrochene Holztonne.

DORFSTRASSE ▪ Bei Nr. 25, Gusseisenbrunnen 2. H. 19. Jh., Unikat im Kanton.

BENKENERSTRASSE ▪ Nr. 27, ehem. Untervogtshaus. Erb. 1706; Dachkonstruktion 1741d. Fachwerkbau mit umlaufender Laube am Ökonomieteil.

LAUFEN-UHWIESEN

LAUFEN

▪ Reformierte Kirche, ehem. St. Hilarius. Erwähnt 1155, erweitert 1493, Chorneubau 1516; Neugotisierung mit Erhöhung des Schiffs und des Dachreiters auf dem Chor 1895–96; purifizierender Umbau 1947–48, Renov. 2001. Saalkirche mit eingezogenem Polygonalchor. Im Chor spätgot. Masswerkfenster und Sterngewölbe auf Konsolen mit Tierfratzen. Chorgestühl um 1650; Kanzel 1712. ▪ Ref. Pfarrhaus. Fachwerkbau unter Walmdach 1603, mehrfach umgeb. und erweitert. ▪ **Schloss Laufen**. *Ensemble* 163 *mit bewegter Baugeschichte in grossartiger Lage über dem Rheinfall.* Erste Erwähnung um 1120; bis E. 13. Jh. freier Hochadelsbesitz der Freiherren v. Laufen, dann bis 1511 der Grafen v. Tengen. 1544 Kauf durch die Stadt Zürich, Einrichtung einer Obervogtei und Umbauten 1544–48 durch Jakob und Ludwig Nöggi (u. a. Neubau Ringmauer und Torturm).

Ab 1804 Verpachtung des Schlosses an Privatleute und Erschliessung für den aufkommenden Tourismus samt Gastbetrieb. Unter Pächter Johann Louis Bleuler 1832 Einrichtung einer Malschule und eines Kunstverlags für Rheinfallveduten, damit verbunden 1841–43 Bau eines neuen Haupttraktes gegen den Rheinfall in engl.-neugot. Stil durch Ferdinand Stadler und nach dem 1845 erfolgten Verkauf des Schlosses an Bleuler Neubau des S-Traktes als Hotel. Dem Rückkauf durch den Kt. Zürich 1941 folgten Renov. und Umbauten 1942–57 mit Einrichtung einer Jugendherberge 1946. 1961–62 Ersatz des Hotels durch neues Gasthaus mit versch. hist. Versatzstücken. Weitere Umbauten und Renov. 1970, 1983–84, 1988–90. Die an drei Seiten natürlich geschützte Burganlage wird landwärts durch Graben und Wehrbauten gesichert, von denen der östl. Rundturm auf die urspr. hochmittelalterl. Anlage zurückgeht. Torturm von 1546, hohes Pyramidendach, 1702 mit Wasserspeiern verziert. Hinter dem ehem. Zwinger Restauranttrakt 1960–61, in der Schlossstube Teile eines Barockraums A. 18. Jh. aus dem 1953 abgebr. Neuenhof am Talacker Nr. 6 in Zürich, in der Laufenstube wappengeschmückte Fenstersäule von 1580 aus Zürich, Turmofen 1680 von Hans Heinrich Pfau aus dem Haus Kuttelgasse Nr. 6 in Zürich. Jugendherberge im ehem. Palas: zweigeschossiger Bau mit meterdicken Mauern über trapezförmigem Grundriss, das vorkragende Fachwerkgeschoss wohl vom Umbau 1544–48. Am N-Rand des Plateaus, über der Treppenanlage zum Rheinfall, Aussichtspavillon von 1778.

163

164

163 Laufen-Uhwiesen. Schloss Laufen und Rheinfall.
164 Laufen-Uhwiesen. Uhwiesen. Ref. Kapelle, Wandmalereien.

UHWIESEN

Strassendorf mit reichem Bestand teils sehr alter Fachwerkbauten.

▮ Reformierte Kapelle, ehem. St. Sebastian und Rochus. Erwähnt 1458. Erb. im 13. Jh. Gesamtrest. 1972–74, seither wieder für kirchliche Zwecke benutzt. Einfacher Rechtecksaal mit sechsseitigem, verschindeltem Dachreiter. Rundbogiges Nebenportal mit ornamentalem Malereirest, spitzbogiges Hauptportal, in der Chorstirnwand spitzbogiges Doppelfenster. Im Innern Fragmente eines Bilderzyklus (Leben Christi) und Einzelbilder, 1. V. 16. Jh. 164

DORFSTRASSE ▮ Nr. 9, Zum Rebstock. Wohnhaus mit Trotte erb. 1577d unter Verwendung von älteren Bauteilen, u. a. aus der Zeit um 1420d. Anbau der Scheune 1705d; Aussenrenov. 1977. Lang gestreckter Baukörper, der gestelzte Wohnteil mit Ausnahme der S-Fassade in Massivbauweise, die Scheune in Fachwerk. ▮ Nr. 16, ehem. Gesellenhaus. Erb. 1437–43d als Trinkstube und Gemeindehaus, 1778 zu Bauernhaus umgeb., Renov. 1997. Im OG ehem. Trinkstube mit Bohlenwänden und gewölbter Bohlenbalkendecke. ▮ Nr. 30, Klösterli. Zweiteiliger Fachwerkbau mit spätmittelalterl. Kern, 1643 durch den bischöflich-konstanzischen Gerichtsuntervogt Hans Schenk talseitig erweitert; eingreifender Umbau zum Gemeindehaus 1967. Im DG Gerichtsstube von 1643 mit dekorativen Malereien und Sprüchen. ▮ Nr. 62, ehem. Amtsschreiberei. Erb. 1582d als Sitz der bischöfl. Amtsschreiber unter Verwendung von Teilen eines Vorgängerbaus; 1625–28 Trotthausanbau, 1699d neue Dachkonstruktion über dem Trotthaus; Renov. 2004–07. Massivbau mit spätgot. Staffelfenstern und Treppengiebeln, der Trotthausanbau in Fachwerk.

FLURLINGEN

Ehemaliges Weinbauerndorf am Rheinufer.
BRUNNEGÄSSLI ▮ Nrn. 6/8, Wohnhaus 1561d; Renov. 1995–96, 2004. Fachwerkbau unter Krüppelwalmdach. Von den 1812 verzeichneten achtzehn Dorf- und zwölf Flurtrotten sind einige erhalten geblieben:
DORFSTRASSE ▮ Hinter Nr. 14, Hirschentrotte 16. Jh.; Renov. 1981. Fachwerkbau mit erhaltener Baumtrotte von 1791.
ALTE STRASSE ▮ Nr. 18, Schiltlitrotte 18. Jh.; Renov. 1984–85. Massivbau.
STANTENWEG. ▮ Stantenwegtrotte 1436d; Renov. 2003. Fachwerkbau.

FEUERTHALEN

Rechtsufriger Brückenkopf des Schaffhauser Rheinübergangs.
▮ Reformierte Kirche, ehem. St. Leonhard. Erwähnt 1390. Vergrösserung einer bestehenden Kapelle 1628–30; Verlängerung nach W 1705; neugotischer Umbau 1862; Renov. 1978–79. Rechtecksaal mit Dachreiter. Stuckdecke 1862, Ornamentmalerei 1978–79 rekonstr.; Chorfenster von Friedrich Berbig 1885; Kanzel und Taufstein 1630; Chorgestühl 1926.
TRÜLLERGÄSSLI ▮ Nr. 6, Zum Fürstengut. Barockes Landgut, erb. um 1600 für den Schaffhauser Patrizier Hans Kaspar Oschwald, seit dem Dreissigjährigen Krieg bis zu den franz. Revolutionskriegen Refugium der Grafen von Fürstenberg; Neubau der S-Fassade 1763, 1982–84 Umbau zu Gemeindehaus. Mächtiger Teilfachwerkbau.
UNTERE RHEINGASSE ▮ Nrn. 1–9 (ungerade Nrn.) und ZÜRCHERSTRASSE ▮ Nr. 8, vom 13.–19. Jh. entstandene malerische Häuserzeile am Flussufer. Umbau und Renov. 1983–93.
KONSTANZERSTRASSE ▮ Nr. 29, ehem. Ostpreussische Kapelle. Erb. 1906 für die Evangelisch-Lutheranische Freikirche, 1912 Umwandlung in Magazingebäude.

BENKEN

Reb- und Ackerbauerndorf mit Fachwerkhäusern.
▮ Reformierte Kirche, ehem. St. Martin und Silvester. Erwähnt 1165; 1617 Neubau der Saalkirche mit Dachreiter unter Wiederverwendung des verm. vorref. Polygonalchors. 1868–70 nach Brand Bau des markanten neugot. Frontturms, wohl von Staatsbauinspektor Johann Jakob Müller. Renov. 1994–95. Kanzel 1617, skulptierter Taufstein 1618, Pfarrstuhl 1681.
LANDSTRASSE ▮ Nr. 1, Gemeindehaus. Erb. 1866–69 in spätklassiz. Manier. ▮ Nr. 2, ehem. Untervogtshaus zum Schlössli. Kernbau wohl A.16. Jh., später erweitert und mit Turmanbau versehen, renov. 1978, 2001. ▮ Nr. 18, Gasthaus zur Sonne. Komplex aus zwei mit Treppenhausvorbau (1768) verbundenen Bauten, Kern wohl mittelalterl., mehrfach erweitert; Tavernengerechtigkeit seit 1710 (ehem. Weisses Rössli); renov. 1996–98. Reiche Innenausstattung u. a. im

165

165 Trüllikon. Schloss, Stuckdecke.

EG got. Türgericht, im 1. OG getäferte Gaststube mit Allianzwappen von 1622 an der Felderdecke, im 2. OG Saal mit klassiz. Stuckdecke und vier Ölbildern 1874 von J. Brarch und 1904 von Karl Keller. Keller mit von Pfeilern getragenem Kreuzgratgewölbe. ▪ Nr. 23, ehem. ref. Pfarrhaus. Erb. wohl A.17. Jh., 1777 zu Pfarrhaus umgeb.; 1986 barocke Ausstattung teilw. entfernt bzw. zerstört. Stattlicher verputzter Fachwerkbau mit turmartigem Walmdachanbau, im Keller Kreuzgratgewölbe auf Rundpfeilern.

DORFPLATZ ▪ Dorfbrunnen. Sechseckiger Brunnentrog aus Sandstein mit Rokokorelief von 1773 und skulptierter Säule.

TRÜLLIKON

▪ Reformierte Kirche. Neu erb. 1966–67 von Adolf Kellermüller und Hans Rudolf Lanz.

SCHLOSSGASSE ▪ Nrn. 8/10, **sog. Schloss**. Erb. 1673d als herrschaftliches Wohnhaus für Hans Heinrich Bürkli (altes Schloss). 1695d Erweiterung nach W und reiche Innenausstattung für seinen Sohn Heinrich Bürkli-Escher, kaiserl. Feldmarschall (neues Schloss). Umbauten im östl. Teil 1762d und 19./20. Jh; Renov. 1988–92. Im OG des neuen Schlosses hervorragen-
165 de **Stuckdecke** 1695 von Samuel Höscheller mit Wappen und Kriegstrophäen im Mittelfeld.

DIESSENHOFERSTRASSE ▪ Nr. 37, Sommerau. Ehem. Bauernhaus aus dem 18. Jh., verm. 1869 aufgestockt. Dreigeschossiger, verputzter Teilfachwerkbau mit herrschaftlicher Ausstrahlung.

RUDOLFINGERSTRASSE ▪ Nr. 2, Gasthaus Ochsen. Massivbau 1755, Übernahme der Tavernenrechte 1763 von der benachbarten gemeindeeigenen Stube. Ausstattung, dat. 1755: in der Gaststube Felderdecke mit Intarsienmedaillon; im OG Saal mit barocker Täferung und Darstellung der vier Jahreszeiten sowie der Justitia an der Holzdecke.

WILDENSBUCH

DORFSTRASSE ▪ Nrn. 1/3, ehem. Schul- und Zivilgemeindehaus. Erb. 1836 als Schulhaus; 1874 Anbau des Gemeindehauses. Klassiz. Bau mit Dachreiter von 1901.

RUDOLFINGEN

Weitgehend authentisch erhaltenes Weinländer Bauerndorf am Übergang des Rebhanges in die flache Talsohle.

DORFSTRASSE ▪ **Hof Zuber**. Lang gestreckte Doppelscheune in Fachwerk unter mächtigem Walmdach, erb. 1807, erweitert 1839.

STEIG ▪ Nr. 1, zugehöriges **Wohnhaus** erb. 1853 für die durch Weinhandel reich gewordene Familie Zuber. Spätklassiz. Massivbau mit zwei Mittelrisaliten und Walmdach. ▪ Nr. 2, ehem. Bauernhaus. Wohnteil 1584d, Ökonomieteil 1592d; in den Bau integriert ein Trotthaus von 1522d. Voluminöser Fachwerkbau unter Krüppelwalmdach, die Giebelfassade des Wohnteils massiv gemauert.

DORFSTRASSE ▪ Nr. 26, ehem. Zivilgemeindehaus. Schmucker Fachwerkbau von 1795 mit Dachreiter von 1890, Umbau 1990.

SCHLOSSBUCK ▪ Höhensiedlung der Jungsteinzeit und Bronzezeit. Befestigungsanlage mit Abschnittsgraben und Wall aus der Bronzezeit.

TRUTTIKON

▪ Reformierte Kirche. Neu erb. 1959–60 von Adolf Kellermüller.

HAUPTSTRASSE ▪ Nr. 47, ehem. Gasthaus Rössli. Erb. 1742–53; gegen W erweitert 1776 und 1845; Renov. 1999. Lang gestrecktes, verputztes Gebäude mit spätklassiz. Gepräge.

UNTERSTAMMHEIM

Intakt erhaltenes, durch Fachwerkbauten geprägtes Weinbauerndorf. Der Grundbesitz bzw. die Zehntenrechte im Stammheimer Tal gehörten vom 8. Jh. bis 1806 dem Kloster St. Gallen.

▪ **Reformierte Kirche**, ehem. St. Maria, in erhöhter Lage. Neubau von Chor und Turm 1516–20d, gleichzeitig Verlängerung oder Neubau des Schiffs. Erneuerung der S-Mauer des Schiffs 1688–89; neues Schiff mit westlich angebautem Pfarrhaus 1779–80. Anlässlich der Innenrenov. 1923 Freilegung der spätgot. Chorgewölbemalerei, nach Beschädigung durch Vandalenakt wieder übertüncht. Chorrenov. 2002. Saalkirche mit eingezogenem Polygonalchor; Chorflankenturm mit Käsbissendach. Im Chor Masswerkfenster und Sterngewölbe auf skulptierten Konsolen. Von der Gewölbemalerei der Kirchenvater Augustinus und der Matthäusengel 2002 freigelegt. Im Schiff N- und S-Empore sowie frühklassiz. Stuckdecke. Renaissancekanzel 1611; Taufstein 1642; Chorgestühl um 1520, 1923 erweitert; Gestühl an der W-Wand 1773. Im Kirchhof Feuerglöcklein von 1497.

GEMEINDEHAUSPLATZ ▮ Nr. 2, Gemeindehaus. Kernbau 1531, erweitert und modernisiert 1960–61. In der Gemeindestube Rippenfelderdecke und weisser Turmofen mit grünen reliefierten Füllkacheln 1681 von Abraham Pfau. Folge von 24 Wappenscheiben, gestiftet 1531–1680, darunter vier Gesellschaftsscheiben, die Tafelrunden von Stammheimer Bürgern darstellen.

OBERDORF ▮ Trottgebäude von 1549. Fachwerkbau.

OBERDORF ▮ Nr. 1, Gasthof Adler 1877, spätklassiz. Massivbau mit intakter Gaststube. Davor Adlerbrunnen 1841.

KELLHOFSTRASSE ▮ Nr. 4, ehem. Kehlhof, repräsentativer Fachwerkbau auf gemauertem Kellergeschoss, 1796. ▮ Nrn. 6/8/10, **Hof Girsberger**. Baugruppe des 18./19. Jh.: Hauptgebäude grosser Fachwerkbau 1828 unter Einbezug älterer Bauteile, erweitert vermutlich 1841; rückseits Waschhausanbau; reiche Innenausstattung aus der Bauzeit. Ehem. Speicher um 1800, zu Wohnhaus umgeb. 1981–82; ehem. Trotte 18. Jh., zu Wohnhaus umgeb. 1997; Scheunen 18. Jh. und 1878. ▮ Nr. 23, stattliches Vielzweckbauernhaus um 1800, Anbau 1845, Scheunenerweiterung und Hocheinfahrt 1909, Rest. und Umbau des Ökonomieteils zu Wohnhaus 2002–03. ▮ Nr. 24, Hofgruppe von 1803 mit Vielzweckbauernhaus, Scheune und ehem. Waschhaus. Renov. des Wohnhauses 2003. Strenges, regelmässiges Fachwerkbild; reiche Innenausstattung aus der Bauzeit.

IN DER GASSE ▮ Nr. 2, Bauernhaus von 1822, repräsentativer Fachwerkbau.

SENNEGASSE ▮ Nr. 5, sog. Girsbergerhaus. *Ältestes in seinen wesentlichen Teilen erhaltenes Fachwerkhaus im ländlichen Raum der Schweiz.* Erb. 1420d; Anbau 1589d. Gestelzter Fachwerkbau mit Krüppelwalmdach, das OG bis 1676d auf der Strassenseite vorkragend. Im OG Rest einer Bohlenstube. ▮ Nr. 22, klassiz. Bauernwohnhaus mit Mansarddach, erb. 1808–20 für Gemeindeammann und Zunftgerichtspräsident Johann Langhard; Fachwerkscheune 1857 auf der anderen Strassenseite.

HÖHRAINWEG ▮ Nr. 2, ehem. Chrischonakapelle, mit Anleihen an den anglikanischen Historismus 1897–98 von Karl Rackle; 1975 Renov.; 1992 profaniert.

Museum:

– Ortsmuseum im Gemeindehaus, Gemeindehausplatz Nr. 2.

166

166 Oberstammheim. Ref. Galluskapelle, Wandmalereien.

OBERSTAMMHEIM

Auffallend viele besonders repräsentative und stattliche Fachwerkbauten. ∎ **Reformierte Galluskapelle**. *Mittelalterliche Kapelle in landschaftlich reizvoller Lage, die ikonografisch interessante, ausdrucksstarke frühgotische Wandmalereien bewahrt.* Kapelle erwähnt 879/97; roman. Neubau mit Rechteckchor und Vorhalle; got. Erweiterung um 1300 unter Einbezug der westl. Vorhalle, Bildschmuck um 1320–30; spätgot. Veränderungen 1481–1505, u. a. Fensterausbrüche und neue Ausmalung; 1695 Verbreiterung des Chors, seither stützt statt der Chorbogenwand ein Holzpfeiler den achteckigen Dachreiter; 1706 Neubau der W-Mauer; Grabungen und Rest. 1966–68, Aussenrenov. 1983–84. Einfacher rechteckiger Baukörper unter Satteldach mit hoch liegenden roman. Rundbogen- und masswerklosen Spitzbogenfenstern. Kanzel 17. Jh.; Vorsteherstühle 1814, übrige Ausstattung inkl. Chorscheibe von Hans Affeltranger und Holzdecke 1967.
166 Beachtliche **Wandmalereien*** um 1320–30 von einem Meister aus dem Umkreis der Manesse-Handschrift, im Sinn und Geist der Mystik und beeinflusst von der Buchmalerei: an der S-Wand über Scheindraperie drei Bildstreifen; im obersten die auf Wandmalereien der Zeit sehr selten dargestellte Schöpfungsgeschichte und der Sündenfall von Adam und Eva, im mittleren Streifen durch gemalte Architekturteile getrennte Szenen aus der Jugend und dem Wirken Christi und in den Rechteckfeldern des untersten Streifens die Passion. An der N-Wand Fragmente spätgot. Wandmalereien von 1504 mit der Darstellung des Drachenkampfs des hl. Georg und einer Szene aus dem Leben des hl. Eligius.

KIRCHWEG ∎ Katholische Kirche St. Marien. Erb. 1941–42 von Arnold Meyer; Renov. 1982–83.

CHILEBUCK ∎ Pavillon der ehem. Gesellschaft zur frohen Aussicht. Erb. 1842; Renov. 2002. Klassiz. Kleinbau unter Walmdach mit offener Vorhalle und Quergiebel; dazu engl. Parkanlage vom schaffhausischen Stadtgärtner Laurenz Schalch.

SAGIWEG ∎ Talmühle. 1821 Neubau auf alten Grundmauern. Fachwerkbau auf hohem Mauersockel; am Portal Jahreszahlen 1643 und 1821.

STEIGSTRASSE ∎ Nrn. 1/3/5, ehem. Bauernhaus. Kernbau 1551d (Fassade jünger), Speicher 1454d, Erweiterung 1585d, Renov. 1996–98. ∎ Nr. 4, **Gasthof Hirschen**. Erb. 1684 als Wohnhaus für den st.-gallischen Klosteramtmann Johannes Wehrli und seine Frau Maria Magdalena Etzwiler; seit 1786 Gasthaus. Herrschaftlicher Fachwerkbau mit dreigeschossigem Erker unter Zwiebeldach von 1730 vor der südl. Giebelfassade. Reiche **Innenausstattung**: farbliche Fassung der sechs Renaissancetüren im 1. OG, Türgerichte mit rot-weiss-marmorierten, geschuppten Hermenpilastern, Türfüllungen mit Darstellungen aus der Umgebung (Waltalingen-Schwandegg, Unterstammheim, Oberstammheim mit Hirschen und Galluskapelle) sowie Fantasielandschaften. Im Erkerzimmer 1. OG Renaissancebuffet E. 17. Jh. und Turmofen von Bernhard Zimmermann mit figürlichen Darstellungen 1761. Renov. 1932, u. a. Einbau eines Müllheimer Ofens von 1803 in die vordere und eines Ofens mit Manganmalerei und der Signatur C. K. 1813 in die hintere Gaststube. Aussenrenov. 1994, Innenrenov. 1996. ∎ Hirschentrotte. Zweigeschossiger Fachwerkbau von 1776 oder 1779 mit bemalten Fensterläden; urspr. Trotte im EG, Speicher im OG; 1891 Umbau zu Schmiede. ∎ Hirschenbrunnen. Oktogonaler Trog aus Muschelkalkstein 1763, 1872 vom urspr. Standort bei der alten Kanzlei hierher versetzt, Brunnenstock um 1940.

HAUPTSTRASSE ∎ Nr. 15, Schulhaus. Spätklassiz. Massivbau 1868, Anbau 1930, Renov. 1987. ∎ Nr. 46, Gemeindehaus. Fachwerkbau erb. vermutlich 1737 (Jahreszahl an der Haustür); Renov. 1960. Im OG Gemeindesaal mit Rippenfelderdecke und runder Zürcher Ämterscheibe von 1599. ∎ Lindenbrunnen. Oktogonaler Muschelkalktrog mit Gemeindewappen 1766, Nebentrog 1865, Brunnenstock aus Sandstein 1872. ∎ Nr. 76, **Alte Kanzlei**, vom 17.–19. Jh. Sitz der Landschreiberei. Fachwerkbau von 1630 mit zwei vorkragenden OG auf Mauersockel von 1582; turmartiger Abortanbau 18. Jh.; Aussenrenov. 1984. Renaissance-Ausstattung von 1630 im 2. OG teilw. erhalten.

HORNERWEG ∎ Nr. 1, Wohnhaus, erb. 1713 für Klosteramtmann Johann Wehrli, 1890 Umbau der Trotte zu Wohnteil, 1994–95 Aussenrenov. Teilfachwerkbau, Strassenfassade mit bemaltem Allianzwappenrelief über dem Portal. ▮ Nr. 3, Zum Irggel. 1741 für Untervogt Hans Peter Wehrli an das Haus seines Bruders angeb., 1794–1856 Gasthaus Ochsen. Fachwerkbau auf gemauertem EG; über dem Eingang barocker Holzerker mit farbig gefasstem Allianzwappenrelief des Erbauers und seiner Frau R. Meier.

WALTALINGEN

▮ **Reformierte Kapelle**, ehem. St. Antonius. Erb. im 12./13. Jh.; überbreite Verlängerung nach W im 14. Jh., Verbreiterung des alten Teils nach S im 16. oder 17. Jh., Rest. 1955–57, 1979–80. Auf dem überhöhten Rechteckchor achteckiger Dachreiter mit Spitzhelm; an der N-Seite geschlossene Aussentreppe zum Dachreiter, vor der W-Front hölzernes Vorzeichen mit Emporenaufgang. Im Schiff gedrückte, mit Sternen bemalte Holztonne, im Chor Kreuzgratgewölbe. Am runden Chorbogen Kanzel auf gemauertem Sockel 2. H. 17. Jh. An den Chorwänden Krebsgestühl, dasjenige an der N-Wand dat. 1673, Wandtäfer und eingebauter Archivschrank 17. Jh.; in der Raummitte archaisch wirkende, niedrige Sitzbalken ohne Lehnen. Spätgot., 1895 entdeckte und teilw. wieder übertünchte **Wandmalereien**. N-Wand, um 1400: Passionsszenen (Ölberg, Gefangennahme, Christus vor Herodes); S-Wand, um 1420: hl. Antonius, umringt von Hilfesuchenden; Chorbogenwand und -leibungen, um 1480: hl. Verena; der hl. Antonius bannt den Teufel und überwacht den Bau eines Klosters. Das letztgenannte Bild überdeckt eine ältere Schmerzensmanndarstellung mit zwei Stiftern.

▮ **Schloss Schwandegg**, auf einem Hügelrücken nördl. Waltalingen. Erb. wohl 13. Jh.; bis um 1419 Sitz der 1288 erwähnten kyburgischen Dienstleute v. Schwandegg, seither in wechselndem Privatbesitz. Mittelalterl. Turm mit jüngeren Treppengiebeln, rechtwinklig dazu langer Gebäudeflügel um 1617, der gebogene Trakt zwischen beiden steht evtl. auf den Fundamenten des mittelalterl. Palas. An der NW-Seite des Turms Wohngebäude mit Treppengiebeln, nach Brand neu erb. 1935. Seit 1974 Besitz des Kt. Zürich, 1974–80 purif. Renov. und Einrichtung von Restaurant und Jugendherberge. Im sog. Rittersaal des SO-Flügels Wandmalereien: Reihe von zwölf römischen Kaisern 1617, Girlanden- und Architekturmalerei 1650, Figuren- und Ornamentmalerei 1754–58.

167

167 Waltalingen. Guntalingen. Schloss Girsberg.

GUNTALINGEN

Sich über eine Hügelkuppe hinziehendes kleines Strassendorf mit Fachwerkbauten des 16. bis 19. Jh.

▮ **Schloss Girsberg**, auf Drumlin nördl. Guntalin- **167**
gen. Erwähnt 1253; vom 13.–15. Jh. Sitz der Ministerialen v. Girsberg; im 16.–18. Jh. Besitz schaffhausischer Patrizier. Wiederaufbau nach Brand 1756–59 für Johann Georg Friedrich Im Thurn; museal renov. 1920–21 für die Familie Bodmer. Rechteckiger, grossenteils mittelalterl. Turm, an den sich westl. niedrige Wirtschaftsgebäude anlehnen. Das östl. Wohngebäude von 1756–59 umsteht mit dem Turm und einem nördl. Verbindungstrakt einen etwa dreieckigen Hof. In der Vorhalle des Wohngebäudes Sakramentshäuschen, wohl aus der ehem. Schlosskapelle im Turm. In mehreren Räumen prachtvolle, zarte Rokokostuckaturen um 1760; Öfen 1742 von Johann Ruostaller, 1778 von Heinrich Bleuler mit Bemalung von Johann Kuhn und zwei Öfen 1760 von Daniel und Heinrich Meyer, einer mit Be-

malung von Christoph I. Kuhn. Am Verbindungstrakt Wappenrelief Stockar 16. Jh. und über dem Portal Allianzwappen Im Thurn-Waldkirch 1759. Neben dem Sodbrunnen im äussern Vorhof versetzter Empirebrunnen.

DORFSTRASSE ▪ Nrn. 35/37, Wohnhaus 18. Jh. Bedeutend erweitert 1812–13; Einbau eines Gemeindesaals wohl 1883; Renov. 1999–2000. Stattlicher, lang gestreckter Fachwerkbau. ▪ Nr. 50, Vielzweckbauernhaus 1600d. Renov. 1983–84. Fachwerkbau unter Krüppelwalmdach. ▪ Nr. 51, Vielzweckbauernhaus 17. Jh. Erweitert im 19. Jh.; Renov. 1977. Lang gestreckter Fachwerkbau. ▪ Bei Nr. 30, sog. Gemeindetrotte 1560d. Erweitert 1807d; Renov. 2002–03. Fachwerkbau, ursprünglich mit Krüppelwalmdach.

OSSINGEN

Geschlossenes, intaktes Dorf aus stattlichen Bauernhäusern (v. a. Fachwerkbauten) mit Nebengebäuden, Gärten und Baumgärten.

▪ Reformierte Kirche. Anstelle einer mittelalterlichen Kapelle (Filiale der Kirche in Hausen) erb. 1651; Turmaufbau über dem Rechteckchor 1662. 1858 Neugotisierung; 1922 Innenumbau. Saalkirche mit schlankem, von Käsbissendach abgeschlossenem Chorturm. Im Chor Kreuzgratgewölbe, im Schiff Holzdecke von 1922. Kanzel und Pfarrstuhl vermutlich 1651; Taufstein und Glasfenster 1876 von Johann Jakob Röttinger. Der übrige Innenausbau und die Dekorationsmalereien von 1922.

168

168 Ossingen. Eisenbahnbrücke über die Thur.

MITTELDORFSTRASSE ▪ Nr. 5, Wohnhaus mit angebauter Scheune. Wohnteil erb. 1734 für Untervogt Hans Jacob Waser, möglicherweise durch Jacob Schibli. Stattlicher Teilfachwerkbau mit Freitreppe; im Sprenggiebel über dem Portal Allianzwappen des Erbauers und Jahreszahl 1734. Gegenüber reizvolle Gruppe von in Fachwerk errichteten Ökonomiegebäuden, bestehend aus einer Stallscheune mit Trotte und zwei Trottgebäuden 16./17.–18. Jh. ▪ Nr. 16, kleiner Fachwerkspeicher mit Waschhaus von 1840–41. ▪ Nr. 32, sog. Doktorhaus 18. Jh. Eines der grössten Fachwerkhäuser des Weinlandes. 1981–82 Renov. und Umbau in Eigentumswohnungen.

ANDELFINGERSTRASSE ▪ Nr. 2, ehem. Schul- bzw. Gemeindehaus. 1864 von Ulrich Farner; Aussenrenov. 1975. Spätklassiz. Bau mit markantem Mittelrisalit.

NEUNFORNSTRASSE ▪ Schreinartiges Schieberhaus 1895–96.

▪ **Eisenbahnbrücke** über die Thur. 332 m lange und 42 m hohe Fachwerkträgerbrücke 1874–75 von den Gebr. Decker & Cie. **168**

GISENHARD ▪ Ehem. Gasthaus Sonne. Fachwerkhaus von 1735 auf Massivunterbau und verm. älteren Fundamenten von Jacob Schibli (?), an der Kreuzung der Strassen Schaffhausen–Frauenfeld und Stein a. Rh.–Andelfingen. Gasthaus von 1743–1962, Renov. 1981. Über dem Portal bemalte Allianzwappenkartusche der Erbauer, Quartiermeister Hans Peter Wehrli und Ehefrau Anna Kübler.

HAUSEN. Die Häuser des hoch über der Thur gelegenen Weilers bilden zusammen mit der Kirche eine markante Baugruppe. Diese beherrscht mit dem gegenüberliegenden Schloss Widen den Ausgang des Lattenbachtobels. ▪ **Reformierte Kirche**. 1112 erwähnte ehem. Pfarrkirche von Ossingen. Lang gestrecktes, teils roman., wahrscheinlich 1360 nach W verlängertes Schiff und eingezogener Polygonalchor um 1490 anstelle des roman. Rechteckchors. Umbau 1578 und 1585; Renov. 1957–59. Verschindelter Dachreiter; im Schiff flache Holzdecke, im Chor Putzdecke. Vom Innenausbau um 1580 stammen die 1578 datierte Empore mit hölzerner Rautengitterbrüstung und dekorativer Bemalung am Unterzug, die am runden Chorbogen auf eichener Säule ruhende Kanzel und der Pfarrstuhl. In der Mauernische der S-Wand (ehem. Tür) Grabplatte von 1482 für Junker Hans den Alten v. Griessen zu Widen. Wandgestühl 2. H. 16. Jh., vierplätziger Widener Herrschaftsstuhl mit Jahreszahlen 1550 und 1605 sowie niedrige Sitzbalken ohne Lehnen als Bestuhlung im Schiff; Taufstein um 1490. ▪ **Schloss Widen**. Im Kern mittelalterl., mehrmals umgebaute Anlage über dem Thurtal. Sitz des kyburgischen, dann habsburgischen Dienstmannengeschlechts v. Widen 1243–1325, danach im Besitz von Schaffhauser Patriziern; Winterthurer Amtmannssitz 1650–1798, bekanntester Amtmann war der Maler Felix I. Meyer (1653–1713). Seit 1903 im Besitz von Staatsrechtslehrer Max Huber (1874–1960) und seiner Nachkommen. Im Kern der Anlage Wohnturm des 13. Jh., Erweiterung M. 15. Jh. unter Hans dem Alten v. Griessen, umgest. 1546 unter Hans Casp. Stockar. Umbauten und Renov. 1890–99, 1913 Wohnhaus von Karl Moser anstelle des 1875 abgebrochenen Wohnhauses aus dem 15. Jh. Wiederaufbau in veränderter Form nach Zerstörung durch einen abgestürzten amerikanischen Bomber 1944 von Werner M. Moser. An das Zentrum der Anlage, den quadratischen Burgturm mit erneuertem Zeltdach des 18. Jh. und Treppentürmchen des 15.–16. Jh., schliessen nach drei Seiten strahlenförmig die Wohngebäude an. Nach S ehem. Hof mit Fachwerküberbau und ehem. Kapelle, nach NO Wohntrakt aus der 2. H. 15. Jh., erhöht 1894–95; nach W neuer Trakt von 1913. Östl. vorgelagert die ehemalige Vorburg, heute Wirtschaftshof mit Kern aus dem 14./15. Jh. und 1945 durch Werner M. Moser zum Gästehaus umgeb. Ökonomiegebäude von 1546. Schloss und Vorburg sind von einer Ringmauer umgeben. Am Fuss des Burghügels die 1361 erwähnte Mühle, Sägerei 1883.

ZÜRCHER UNTERLAND

DIELSDORF

Ehemaliges Bauerndorf mit teilw. intaktem Ortskern, seit 1871 Bezirkshauptort anstelle von Regensberg. ▪ Reformierte Kirche, ehem. St. Gallus. Erwähnt 861. Neugot. Schiff 1865–66 von Johann Caspar Wolff, Turmaufbau 1893 von Johann Rudolf Roth über roman. Unterbau, ehem. Turmchörlein im heutigen Kellergeschoss. Purifizierende Renov. 1955–56.

BUCHSERSTRASSE ▪ Katholische Kirche St. Paulus. 1960–62 von Justus Dahinden; plastische Ausstattung von Albert Wider. Unter vier grossen Giebeldächern sind Schiff, Chor, Kapelle und Pfarrhaus zusammengefasst.

BAHNHOFSTRASSE ▪ Bei Nr. 13, Speicher. Bohlenständerbau 1646d.

HINTERDORFSTRASSE ▪ Bei Nr. 25, ehem. Blaufärberei. 1842 Knochenstampfe, 1845 Anbau Indigofärberei mit Tröckneturm; Kern der Dr. R. Maag AG; Umbau 1980, Renov 1990–91.

SPITALSTRASSE ▪ Nr. 12, Heilpädagogische Schule. 1965–70 von Alfred Altherr.

SCHULSTRASSE ▪ Nr. 6, Gebäude der Lichtdruck AG. 1960–61 von Max Bill.

REGENSBERG

Schloss und vorzüglich erhaltenes mittelalterliches **169**
Städtchen, weithin sichtbar auf einem steil abfallenden Ausläufer der Lägernkette. Gegründet durch die Freiherren von Regensberg, erstmals erwähnt 1250 (über die Stammburg s. Regensdorf); 1302 Verkauf an Habsburg-Österreich; 1409 Verpfändung an Zürich, ab 1410 Obervogtei, dann bis 1798 Mittelpunkt der gleichnamigen Landvogtei. *Anlage.* Das Vorburgstädtchen, Oberburg genannt, nach Brand 1540 weitgehend neu aufgebaut. 120 m lange, platz-

169

169 Regensberg. Städtchen von Süden.

artige Strasse in der Längsachse des Plateaus, beidseits von geschlossenen Häuserzeilen gesäumt, deren Rückwände die Stadtmauer bilden; an der westl. Schmalseite die Burg, urspr. mit eigenem Hof und Toranlage; die östl. Plateauspitze bis 1866 vom Dielsdorfertor geschlossen. Die von einem Zwinger umgebene Stadtanlage wurde 1674–1689 durch Bastionen nach W, N und O verstärkt; ausserhalb des Befestigungssystems, am westl. Fuss des Burghügels, liegt die um 1400 als Stadterweiterung angelegte Unterburg mit dem Hauptzugang.

UNTERBURG ▪ Schulhausbrunnen. Wappenreliefs von 1689 (kopiert 1944) und Portalrahmung von den beiden 1866–67 abgebr. Stadttoren. An der Mauer nebenan Kopie der Grabtafel aus der Barfüsserkirche in Zürich für Freiherrn Ulrich I. v. Regensberg (um 1280).

OBERBURG ▪ Reformierte Kirche, ehem. St. Johannes d. T. Als Kapelle erwähnt 1255. Neu erb. nach Brand 1540; Zeltdach des Turms 1723 anstelle von Satteldach mit Treppengiebeln; Umgestaltung des Innern 1821 und 1953–54; Gesamtrenov. 1991–92. Klassiz. geprägter Rechtecksaal, mit der nördl. Schmalseite und dem anschliessenden Turm in die Stadtmauer einbezogen. An der Ostfassade Grabtafel für Amtsschreiber Johann Caspar Engelfrid (1633–1695). Klassiz. Stuckdecke verm. 1821; Chorfenster von Louis Hérion 1911. Im Chor an den Seitenwänden Grabtafeln für Landvogt Johann Heinrich Rahn (1716–85) und Landvogt Hans Meyer v. Knonau (1704–82). ▪ **Schloss**. Ersterwähnung 1250. Bau des runden Bergfrieds wohl in den 1240er Jahren. Zürcher Vogteisitz 1410–1798; Reparaturen am Palas 1541d nach Brandschaden; Umbauten und neue Dachkonstruktion des Palas 1583–85; Zerstörung des Turmhelms durch Blitzschlag 1766; Sitz des Oberamtmanns 1815–30; Bau eines Bezirksgefängnisses beim Schlossturm 1855; seit 1883 Erziehungsanstalt (heute Stiftung Schloss Regensberg); Um- und Erweiterungsbauten 1890–91, 1894–95, 1927–28 und 1953–54 (neuer Schulhaustrakt); Aussenrenov. 1989, Innenrenov. 1994–96. Vom urspr. Bau erhalten der Bergfried, urspr. mit Hocheingang. Am viergeschossigen, lang gestreckten Palas Barockportal von 1685 (Wappentafel Kopie von 1954). In der Eingangshalle Wappentafel der Landvögte und Oberamtmänner 1678–1828. ▪ Sodbrunnen. Mit 57 m einer der tiefsten der Schweiz. Angelegt wohl M. 13. Jh.; Kupferdeckel M. 18. Jh.; Wiederherstellung (Aushub auf die ursprüngliche Brunnentiefe) 1960. ▪ Stadtbrunnen 1632; erneuert 1743; nach Beschädigungen wiederhergestellt 1965 und 1980–81. Säule (Kopie von 1965) mit Kompositkapitell und sitzendem Löwen als Schildhalter. ▪ **Amtshaus**. Als Verwaltungsgebäude erb. 1665–66 unter Landvogt Johann Rudolf Grebel; Altersheim 1919–75; Rest. 1977–78. Dreigeschossiger Massivbau unter Satteldach. Im Innern bemerkenswerte Ausstattung vorwiegend aus der Bauzeit mit aufwändig gestalteten Türen, farbig gefassten Fachwerkwänden und

Balkendecken. Die wichtigsten drei Räume im 2. OG mit Wandtäfer und Rippenfelderdecken: in der Amtsstube Reihenfenster mit Fenstersäule, Turmofen 1704 von Hans Heinrich IV. Graf aus der Rietermühle, Archstrasse Nr. 1, in Winterthur; im Jagdzimmer und im Jägerstübli Täfermalereien um 1760–80, Christoph II. Kuhn zugeschrieben, die Malereien im Jagdzimmer ursprünglich in einem anderen Haus in Regensberg. Neben dem Amtshaus Aussichtsterrasse auf einem Teil der barocken Schanzenanlage. ▪ **Engelfridhaus**, in der Nordzeile. Kernbau von 1214d, in Etappen erweitert; nach dem Stadtbrand 1541 wiederhergestellt. Vom späten 16. Jh. bis M. 18. Jh. im Besitz der einflussreichen Landschreiberfamilie Engelfrid. Umbauten 1606d und 1629d; Vereinigung mit dem westlich anstossenden Nachbargebäude 1670; Umbau 1950; Renov. 2002. Im Korridor des EG Wappentafel 1598 von Landschreiber Mathis Engelfrid. Im 1. OG Kassettendecke 17. Jh. Im 2. OG 1606 eingerichteter Saal mit bemalter Balkendecke, Mittelsäule und grossem Wandbild mit Darstellung einer Hirschjagd. ▪ Burgruine Alt-Lägern, bei der Hochwacht. Erb. im 12. Jh.; ausgegraben 1902–04. Mauerreste einer längsrechteckigen Anlage.

Museum:

– Ortsmuseum im Amtshaus, Oberburg.

STEINMAUR

▪ Reformierte Kirche. Erwähnt 1274. Neubau des Chorturms 1488d; Umbau des Schiffs 1670–71; Verlängerung gegen W 1755 und 1820; tiefgreifender Umbau 1951–52; Aussenrenov. 1976; Innenrenov. 2004. Saalkirche; gedrungener Chorturm mit gekuppelten Schallöffnungen und Käsbissendach. An der S-Seite des Schiffs Sonnenuhr 18. Jh. (Kopie) sowie Grabtafeln 17.–20. Jh. von Geistlichen und ihren Angehörigen. Taufstein 1821.

PFLASTERBACH ▪ Ruine der Pilgerherberge der von ca. 1500–1524 betriebenen Wallfahrtsstätte Unserer Lieben Frau im Pflasterbach; als Taverne wohl bis um 1600 weitergenutzt. Ausgrabung und Konservierung 1962.

Museum:

– Ortsmuseum, Sünikon, Lindenstrasse Nr. 9.

SCHÖFFLISDORF

▪ Reformierte Kirche. Vorgängerbauten 14. Jh. und 1650–51; Neubau 1706 von Rudolf Wäber; Verlängerung nach W 1759; tiefgreifende Renov. und weitere Verlängerung 1963–65. Saalkirche mit eingezogenem Polygonalchor; Chorflankenturm mit Käsbissendach. Kanzel auf Steinsäule aus der Bauzeit; Taufstein 1711; Chorfenster 1965 von Paul Eichenberger. Vor der Kirche Glocke von 1744.

OBERWENINGEN

DORFSTRASSE ▪ Nr. 6, ehem. Untervogtshof. Hauptgebäude verm. um 1600 als Massivbau errichtet, östl. Fachwerkfassade 1753, 1972–73 tiefgreifender Umbau zu Gemeindehaus und Neubau des Ökonomieteils.

CHLUPFWISSTRASSE ▪ Nr. 1, Fachwerkscheune mit Waschhaus aus Kalksteinquadern 1797. Umbau zum Mehrzweckgebäude 1986. ▪ Nr. 3, Fachwerkspeicher 1753, 1936 Einrichtung des Ortsmuseums; Rest. 1985–87.

Museum:

– Ortsmuseum im Speicher des Untervogtshofes, Chlupfwisstrasse Nr. 3.

SCHLEINIKON

DORFSTRASSE ▪ Zythüsli, erb. wohl 1777; Renov. 1966–67, Innenausbau 1978, Aussenrenov. 2000. Fachwerkbau mit Dachreiter, vorreformatorischer Glocke und Uhr. Der kuriose Kleinbau gilt als Wahrzeichen des Ortes.

DACHSLEREN. STEGACHERSTRASSE ▪ Nr. 1, Doppelbauernhaus 1789, Fachwerkbau mit bemalten Fallläden von 1810.

NIEDERWENINGEN

▪ Reformierte Kirche. Erwähnt 1145. Neu erb. 1671 unter Beibehaltung des got. Chorturms; Turmneubau 1811–13 von Hans Caspar Stadler und Johannes Volkart; Umbau 1941–42; Innenrenov. 2003. Saalkirche mit Chorturm, dessen Spitzhelm geschweifte Uhrgiebel aufweist. Spitzer Chorbogen; Glasfenster von Konrad Grimmer.

BREITSTRASSE ▪ Nr. 2, ref. Pfarrhaus 1784; Renov. 1994. Massivbau mit Satteldach und Klebdächern. DORFSTRASSE ▪ Nr. 24, Schulhaus. Erb. 1840–44 nach den kantonalen Musterplänen. Lang gestreckter klassiz. Massivbau unter Satteldach mit Quergiebel. ALTE STATIONSSTRASSE ▪ Nr. 1, Schulhaus Schmittenwis A. Zeittypischer Schulbau 1954–56 von Hans v. Meyenburg; beim Eingang Wandbild von Hermann Alfred Sigg.
MURZLENSTRASSE ▪ Nr. 57, Villa Bucher-Guyer. Fabrikantenvilla 1906 von Rudolf Streiff und Gottfried Schindler mit Anklängen an den beginnenden Heimatstil. ▪ Nr. 74, Wirtschaft zur Mühle. Erb. wohl 1603 (Jahreszahl an der Haustür der N-Fassade); Umbauten im 18./19. Jh. sowie 1945. Behäbiger Fachwerkbau mit Klebdächern.

NIEDERHASLI

▪ Reformierte Kirche, ehem. St. Bartholomäus. Erwähnt 1188, im Alten Zürichkrieg 1443 niedergebrannt. Wiederaufbau nach 1462; Chor mit Dachreiter 1703; Rest. 1981–82. Saalkirche mit polygonalem Chorabschluss. Reste von Dekorationsmalereien und Kanzel 1703; Taufstein 1854; Chorfenster 1854 von Johann Jakob Röttinger.
DORFSTRASSE ▪ Nr. 25, katholische Kirche St. Christophorus. Erb. 1925 von Josef Steiner als Filiale von Bülach in einer Mischung von Späthistorismus und Heimatstil; Renov. 2003–04. Kleine Saalkirche mit eingezogenem Polygonalchor und massigem, von Spitzhelm abgeschlossenem Flankenturm.

OBERHASLI

▪ Reformierte Kirche. Erb. im 12./13. Jh.; 1619 Chorneubau anstelle der Apsis; Rest. 1981. Saalkirche mit polygonalem Abschluss und massigem Dachreiter. Vom roman. Bestand erhalten das N-Portal und zwei Rundbogenfenster in der S-Wand. Taufstein 1616; Kanzel 17. Jh.; Glasgemälde 1960 von Hermann Alfred Sigg.

NIEDERGLATT

GRAFSCHAFTSTRASSE ▪ Nr. 2, Gasthof zum Löwen. Im Kern Bohlenständerbau von 1637d, erweitert 1707d; Umbau Mitte 19. Jh.; tiefgreifende Renov. 1984–86. Im 2. OG mit Blattrankenornamenten und Tieren bemalte Balkendecke von 1698.

OBERGLATT

▪ Reformierte Kirche. Sichtbetonbau 1962–63 von Ernst Gisel. Emaillierte Kirchentüre von Max Hellstern, plastische Ausstattung von Piero Selmoni.

WINKEL

SEEB ▪ **Röm. Gutshof**. Begründet ca. 30 n. Chr., verlassen im 4. Jh. n. Chr.; Ausgrabung und Konservierung 1958–69. Umfriedetes Areal von mind. 88 000 m^2, mit Mosaikböden ausgestattetes Herrenhaus und Bäder auf der Kuppe des Römerwäldli, am Hangfuss gegen NW Wirtschaftsteil mit Wohn- und Gewerbebauten, u. a. axial auf die Villa bezogenes Brunnenhaus und vier symmetrisch die Anlage abschliessende Ökonomiegebäude.
RÖMERWEG ▪ Nr. 1, Villa Tusculum. 1899–1900 von Eduard Hafner für Seidenkaufmann Johannes Meyer-Rusca. Rest. 1994. Zweigeschossiger, reich gegliederter Massivbau mit Turmrisalit und vollständig erhaltener Ausstattung.

Museum:

– Der röm. Gutshof ist als Freilichtmuseum mit römischem Garten zugänglich.

BÜLACH

Landstädtchen in der Talsohle der Glattebene. Spätestens seit der Bronzezeit besiedelt. Als Pulacha (vom Landgut des Römers Pullius abzuleiten) erwähnt 811; seit E. 12. Jh. unter vögtlicher Herrschaft der Freiherren v. Tengen, 1384 Erwerb durch Herzog Leopold III. v. Österreich und Verleihung des Stadtrechts. Verpfändung an Zürich 1409; zürcherische Obervogtei 1412–1798. In der Folge des Sempacherkrieges 1386 und im Alten Zürichkrieg 1444 von den Eidgenossen in Brand gesteckt, dritter Stadtbrand 1506. Seit 1831 Bezirkshauptort. *Anlage.* Im südl. Teil der oval ummauerten Stadtanlage mit ihrem irregulären Gassennetz liegt der runde Kirchhügel, der in N-S-Richtung von der Haupt- und Marktstrasse und in O-W-Richtung vom Stadtbach tangiert wird. Das Obertor (gegen Eglisau) 1838 und das Untertor (gegen Zürich) 1840 abgebr., während die Ringmauer in Teilen erhalten oder in ihrem urspr. Verlauf erkennbar ist. Die Bebauung der Altstadt und deren Vorstadt ist geprägt durch bäuerliche und kleinbürgerliche Fachwerkhäuser des 16.–18. Jh. und biedermeierlich-klassiz. Gebäude des 19. Jh., zunehmend aber auch durch angepasste Ersatzbauten der jüngeren Zeit.

▪ **Reformierte Kirche**. Eine der Mutterkirchen des Kantons, frühmittelalterl. Gründung des 7. Jh., 811 als St. Laurentiuskirche genannt. Nach dem Brand von 1506 neu erb. 1508–17; Turmaufsatz 1838–39 von Heinrich Bräm; Verlängerung des Schiffs 1870–71; Grabungen und radikaler Innenumbau 1968–70 von Fritz Schwarz. Spätgot. Saalkirche mit Polygonalchor; die vier Portale in den Längsseiten mit neugot. Vorzeichen 1870–71. Turm im nördl. Choreinzug mit hohem neugot.-klassiz. Aufbau mit einspringendem Uhrgeschoss, Galerie und Spitzhelm. Die fünf Chor- und die Turmfenster mit Fischblasenmasswerk des 17. Jh. Betonemporen und Orgel 1969, Glasgemälde 1969–70 von Hans Affeltranger. Hinter profiliertem Spitzbogen Chor mit Stuckdecke von 1871. Taufstein 1678. Konserviertes alemannisches Frauengrab 7. Jh. mit reichen Schmuckbeigaben.

SPITALSTRASSE ▪ Nr. 16, **katholische Dreifaltigkeitskirche**. Erb. 1901–02 von August Hardegger; Rest. 1988–89. Stattliche neugot. Saalkirche mit eingezogenem Polygonalchor, Chorflankenturm und Sakristei, die Fassaden in Haustein. Im gewölbten Innern reiche Dekorationsmalerei 1906. Ausstattung von 1902: Fenster der Firma Wehrli bzw. von Friedrich Berbig (Chorfenster), Taufstein von R. Haug und Sitzbänke. Hochaltar 1909 von Carl Glauner; übrige Ausstattung 1922 aus der Werkstatt von Adolf Vogl.

RATHAUSGASSE ▪ Nr. 1, sog. Schirmmacherhaus. Erb. 1681 als Schulhaus mit Sigristenwohnung; Umbau 1818; Dachausbau und Quergiebel 1936–37; tiefgreifende Renov. 2006–08. Barocker, dekorativ gestalteter Fachwerkbau.

MARKTGASSE ▪ Nr. 28, **Rathaus**. *Ältestes erhaltenes städtisches Ratshaus des Kantons.* Erb.

170

170 Bülach. Rathaus, Kachelofen im Ratsaal.

1672–73 von Heinrich Gassmann über zweischiffigem Gewölbekeller von 1646 und unter Einbezug der massiven und mit Treppengiebel bekrönten W-Wand des Vorgängerbaus; Renov. und tiefgreifender Umbau 1959–60; Aussenrenov. 1998. Im EG originale Arkadenöffnungen gegen die Kirche, Laubengang an der Hauptfassade 1959. OG mit traufseitig leicht auskragendem Fachwerk, nördl. Giebelfassade dekorativ als Schaufront betont. Im EG mächtige Tragjochkonstruktion. Im 1. OG 15 m langer **Ratssaal** im Übergangsstil Renaissance-Barock: kräftige Kassettendecke, reiche Portalrahmung 1673 und Einbaubuffet 1676, prachtvoller polygonaler Turmofen 1673 **170** von Hans Heinrich Graf mit Fayencemalereien (biblische Szenen, allegorische Figuren und Wappen) von Hans Heinrich III. Pfau. ▪ Stadtbrunnen. In frühklassiz. Formen 1797 von Hans Jakob Mathis. ▪ Nr. 9, Gasthaus Goldener Kopf. Erwähnt 1491; Brand 1962; Neubau 1965–66 mit vorgeblendetem Fachwerk. In den Bau integriert ein Stück der mittelalterl. Stadtmauer mit Halbrundturm. Im rekonstr. Goethestübli (Rast Goethes 1797) mythologische Deckenmalerei 1762 von Christoph (Stöffi) Kuhn, an den Wänden vierzehn Panneaux mit heroischen Landschaften E. 18. Jh. ▪ Nr. 2, Zum Neuhof. Als Arzthaus erb. 1839–40 verm. von Heinrich Bräm im Stil des akademischen Weinbrenner-Klassizismus. Aussenrenov. 1989.

KASERNENSTRASSE ▪ Nrn. 2/4, ehem. Gasthof Kreuz. Erb. 1820 von Salomon Sulzer d. J. als Landgasthof mit angebautem Ökonomieteil. Dreigeschossiger Massivbau mit Ecklisenen und Krüppelwalmdach; bedeutendes Beispiel des ländlichen Klassizismus mit barocken Ausklängen.

SPITALSTRASSE ▪ Nr. 13, Bezirksgebäude. Erb. 1924–25 von Fritz Weidmann in neuklassiz. Formen; Aussenrenov. 2003.

SCHULHAUSSTRASSE ▪ Nr. 1, Schulhaus. Palastartiger Bau des Historismus 1896, Erweiterungsbauten 1929 und 1935 in sachlichem Heimatstil.

Museum:

– Ortsmuseum, Wohnhaus von 1826, Brunngasse Nr. 1.

NEERACH

Locker bebauter, von Gärten durchsetzter Dorfkern, der durch das Zusammenwachsen von vier Mühleweilern entlang des Mühlebaches entstanden ist.

VOGTMÜHLESTRASSE ▪ Nr. 3, Ober- oder Vogtmühle. Im Habsburger Urbar erwähnt 1305; heutiger Bau wohl 17. Jh., 1966 umgeb.

GEIGENMÜHLESTRASSE ▪ Geigenmühle. Erb. wohl 1663 (Jahreszahl an einem Fenstersturz); tiefgreifende Renov. 1942 mit Abbruch der Nebengebäude; 1981 Wiederherstellung der Mühlenmechanik (Wasserrad und Hauptantrieb original, übrige Teile aus verschiedenen Orten der Deutschschweiz zusammengetragen). Stattlicher Teilfachwerkbau, massiv gemauerte S-Fassade mit Treppengiebel. In der Stube Rippenfelderdecke mit Initialen des Bauherrn Hans Heinrich Albrecht und seiner Frau Anna Weidmann.

STEINMAURSTRASSE ▪ Nr. 16, Altes Schulhaus. Fachwerkbau 1816–17, hoher Dachreiter 1840/97.

STADEL

▪ Reformierte Kirche. Erwähnt 1173. Neu erb. 1736–38; Innenumbau 1953–54; Innenrenov. 1988, Aussenrenov. 2000. Saalkirche mit polygonalem Chorabschluss; Flankenturm mit Käsbissendach. Taufstein und Kanzel aus der Bauzeit.

ZÜRCHERSTRASSE ▪ Nrn. 9/9a, sog. Maaghaus 1688; Renov. und Umnutzung des Ökonomieteils 1981–82; Aussenrenov. 1999. Stattliches Vielzweckbauernhaus in Fachwerkbauweise.

KAISERSTUHLSTRASSE ▪ Speicher, Massivbau 1561. ▪ **Leuenbrunnen.** Bedeutendster Brunnen 171
der Zürcher Landschaft, erstellt 1636 in Formen der Spätrenaissance. Stark erneuert 1948–49; Rest. 1986 und 2002. Achteckiges Becken mit Jahreszahl in Kartusche und Doppelwappen; die Säule mit Löwenmasken, Akanthusblättern, bemalten Familienwappen und Kompositkapitell, das von einem sitzenden, Schild haltenden Löwen bekrönt ist.

SCHÜPFHEIM KAISERSTUHLSTRASSE ▪ Nr. 54, Schulhauserweiterung. 1992 von Müller & Nietlisbach. Backstein-/Betonbau in Form eines Bogensegmentes.

WINDLACH DORFSTRASSE ▪ Sog. Zehntenspeicher 1655. Fachwerkbau mit aufgemalter Bauinschrift und Kellerhals.

BACHS

▪ Reformierte Kirche. Erb. 1713–14; Dachreiter 1761–62; Renov. 1963–64. Saalkirche mit polygonalem Chorabschluss. Kanzel 1714; Taufstein Kopie des Originals von 1714. Im Chor Farbverglasung nach Entwurf von Robert Wehrlin 1964. An der S-Fassade und an der Kirchhofmauer drei Grabplatten für Jo-

171

171 Stadel. Leuenbrunnen.

hann Caspar Schweizer (1690–1762), erster Pfarrer von Bachs, seine Frau und seine Tochter.
CHILEGASS ▮ Nr. 4, ref. Pfarrhaus 1730. Teilfachwerkbau.
BACHSERTALSTRASSE ▮ Neumühle. Mächtiger Fachwerkbau 1874–75, Renov. 1983–84.

WEIACH

▮ Reformierte Kirche. Erb. 1706 von Hans Caspar Werdmüller; zusammen mit der Pfarrscheune, dem Pfarrhaus und der Friedhofsmauer als militärischer Stützpunkt gegen die katholische Grafschaft Baden konzipiert. Rest. 1967–68; Aussenrenov. 1997. Saalkirche mit polygonalem Chorabschluss und Dachreiter. Taufstein, Kanzel und Chorgestühl aus der Bauzeit. ▮ Ehem. Pfarrscheune 1707d; Umbau 2000–01 in Kirchgemeindehaus.
BÜHLSTRASSE ▮ Nr. 17, ref. Pfarrhaus. Erb. 1564d als Wohnhaus, seit 1594 Pfarrhaus; Umbauten 18./19. Jh.; Aussenrenov. 1997.
HARDWALD. ▮ Ruine eines röm. Wachtturms, um 370 n. Chr.

Museum:
– Ortsmuseum im Liebert-Haus aus dem 18. Jh., Müliweg Nr. 1.

GLATTFELDEN

Heimatort des Dichters Gottfried Keller (1819–90). ▮ **Reformierte Kirche**. Erwähnt 1275. Heutiger Bau an der Stelle von zwei Vorgängerkirchen erb. wohl im 15. Jh.; Renov. 1701; Turmerhöhung 1863; Verlängerung nach W 1894–96; Renov. 1974–75. Saalkirche mit Chorturm. Stuckdecke 1896; Kanzel 1745; Taufstein 1931. An der S-Wand Grabplatten für Pfr. Johann Caspar Huber (1691–1753) und Pfr. Hartmann Escher (1720–87).
BERGHALDENSTRASSE ▮ Katholische Kirche 1950–51 von Josef Steiner.
PFARRGASSE ▮ Nr. 4, ref. Pfarrhaus. Neu erb. 1541; Umbau 1821; Renov. 1965.
GOTTFRIED-KELLER-STRASSE ▮ Nr. 8, Gottfried-Keller-Zentrum, sog. Klingelehaus, 1523–28d, 1983–85 rest. bzw. rekonstr. Gestelzter Fachwerkbau mit Krüppelwalmdach, im OG Bohlenstube.
SCHULHAUSPLATZ ▮ Gottfried-Keller-Brunnen. 1940 von Ernst Heller mit sitzender Figur des «Grünen Heinrich» und Reliefköpfen von vier weiblichen Gestalten aus dem Grünen Heinrich.
RHEINSFELDEN ▮ NOK-Kraftwerk Eglisau. 1915–20 nach Projekt von Locher & Co., Walter Wyssling und Gabriel Narutowicz; architektonische Gestaltung von Otto und Werner Pfister, eindrücklicher Zweckbau zwischen Tradition und Moderne. Wohnkolonie 1918 und 1920 von Robert Rittmeyer und Walter Furrer.

Museum:
– Gottfried-Keller-Zentrum, Gottfried-Keller-Strasse Nr. 8.

EGLISAU

Malerisches Brückenstädtchen am Rhein; bis ins 172
19. Jh. wichtige Zollstation und Umladeplatz als Endpunkt der sog. Salzstrasse aus Bayern und Tirol. Bau eines Turms an der schon von den Römern benützten Furt verm. E. des 12. Jh., Brückenschlag und Anlage des befestigten Städtchens auf dem gegenüberliegenden rechten Ufer M. 13. Jh. durch die Freiherren v. Tengen, die 1268 Sitz auf der Burg am linken Ufer nahmen. Verkauf 1463 an den aus der Steiermark stammenden, in Zürich ansässigen Freiherrn Bernhard Gradner; 1496 Kauf durch Zürich, in der Folge bis 1798 Landvogteisitz. Rechteckige Anlage am N-Ufer des Flusses, bestehend aus drei parallel verlaufenden, geschlossenen Häuserzeilen, deren verstärkte Aussenseiten zusammen mit einem 1729 aufgelassenen Graben die Befestigung bildeten. Die beiden Tore an den Schmalseiten, das Brückentor und das gegenüberliegende Schlosstor verschwanden aus verkehrstechnischen Gründen bereits im 19. Jh. Der Bau des Kraftwerks Rheinsfelden 1915–20 führte zum Abbruch der gedeckten Brücke von 1810 sowie des Salzhaus-Quartiers südöstl. der Kirche, und die Rheinfront des Städtchens kam unmittelbar über den erhöhten Wasserspiegel zu liegen; neue Brücke westl. der Altstadt (steinverkleidete Betonbogenbrücke von Otto und Werner Pfister 1919).
▮ **Reformierte Kirche**. *Barockkirche mit bedeutenden spätgotischen Malereien im Chor.* Roman.

172

Kirche Unserer Lieben Frau 1. H. 13. Jh.; um 1337 got. Nachfolgebau; Chordachstuhl 1507d; 1716–17 barocker Neubau von Heinrich Vogel unter Wiederverwendung des got. Chores; Ausgrabungen und Rest. 1960–61. Dreischiffige Emporenkirche (Vorbild St. Peterskirche Zürich 1705–06) mit stark eingezogenem, schiefwinkligem Polygonalchor. Im nördl. Choreinzug kraftvoller Turm aus unverputzten Tuffsteinquadern, über dem Glockengeschoss mit Doppelarkaden rundbogige Uhrgiebel und Zwiebelhaube. Kunstvolles W-Portal aus Sandstein (Kopie 1960); an der N-Front und im Hof dreizehn barocke Grabplatten und Glocke von 1576. Im Inneren Seitenemporen auf toskan. Holzsäulen mit stichbogigen Arkaden; alle drei Schiffe von Tonnen überwölbt und wie die Chordecke mit profilierten Stuckspiegeln besetzt. Beidseitig des im Halbkreis geschlossenen Chorbogens Rokoko-Epitaphe für die Landvögte Johann Heinrich Escher von Berg (1713–62) und Hartmann Friedrich Escher (1734–71). Taufstein, Kanzel am Chorbogen und Pfarrstuhl aus der Bauzeit. Im Chor bedeutende spätgotische **Wandmalereien** um 1490, vielleicht von Hans Fischer und Hans Ott aus Schwaben: Marienleben, die hll. Katharina und Ursula, Stifterfiguren des Freiherrn Bernhard Gradner und seiner Frau Veronika v. Starkenberg. Im Chor aufgestellt die Grabplatte des Freiherrn Bernhard Gradner (gest. 1489), stark plastisch gearbeitete Relieffigur des Ritters in got. Rüstung.

EIGENACKERSTRASSE ▪ Nr. 35, kath. Kirche 1949.

CHILENGASS ▪ Nr. 10, ref. Pfarrhaus. Mittelalterl. Massivbau mit aufgesetzten Fachwerkgeschossen von 1542. Renov. 1973–74.

UNTERGASS ▪ Nr. 4, **Gasthof zur Krone**. Im Mittelalter Taverne des Klosters Wettingen, der Name Krone seit 1554 belegt. Spätmittelalterlicher Kernbau; Umbauten vor 1642 und 1658 (Jahreszahl am Rundbogenportal); Aufstockung und Erneuerung der Innenausstattung 1703; Aussenrenov. 1969. Massiv gemauerte Hauptfassade mit neunteiligen Reihenfenstern in den beiden Hauptgeschossen und Fachwerkgeschoss von 1703; klassiz. Wirtshausschild. Im Innern skulptierte Fenstersäulen 17. Jh. sowie Täfer des frühen 18. Jh. ▪ Nr. 24, Wohnhaus. Westliche Brandmauer um 1360d und 1446d; 1645 Um- oder weitgehender Neubau des ursprünglich aus zwei Hausteilen bestehenden Gebäudes (Jahreszahlen am Portal); Wiederaufbau 1974 nach Brand. Massiv gemauerte Hauptfassade mit Rundbogenportal, darüber Allianzwappentafel des Hans Heinrich Lauffer und der Anna Barbara v. Waldkirch, die Fassade gegen den Rhein in Fachwerk. ▪ Nr. 28, **Gasthof zum Hirschen**, bestehend aus zwei ehemals selbständigen Gebäuden. Ostteil erb. 1662d, verm. unter Ver-

wendung von älteren Bauteilen; aufgestockt 1695d; Umbau 2. H. 18. Jh. 1843 bzw. 1845 Kauf der beiden Häuser durch den Wirt des benachbarten Gasthofs Hirschen (Untergass 26), 1847 Neubau des Westteils und anschliessend Verlegung des Gasthofs an die Untergass 28. Freilegung und Rest. der Fassadenmalerei 1974; Gesamtrenov. 2001–07, gleichzeitig Einbau von historischen Ausstattungsteilen aus diversen Abbruchliegenschaften. Ostteil: mächtiger Massivbau, das oberste Geschoss auf der Rheinseite in Fachwerk
173 (verputzt). Gegen die Untergass Fassadenmalerei wohl von 1662, ergänzt 1695. Im Innern Reste der einst reichen Ausstattung erhalten (bemalte Balkendecken, Täfer).

OBERGASS ▮ Nr. 21, sog. Alte Helferei. 1682 neu erb. von Hans Wirth d. J.; bis 1876 Schulhaus; Renov. 1993 (aussen), 2001 (innen). Massivbau mit Wappentafel und Bauinschrift über dem Eingang. Im 1. OG ehem. Schulstube mit Reihenfenstern, Fensterpfeilern und Wandsprüchen aus der Bauzeit. ▮ Nr. 32, sog. Blaues Haus. Ganz oder teilw. neu erb. 1693; Aussenrest. 1981. Massiv gemauerte Hauptfassade gegen die Untergass, die aufgemalten Eckquader nach Befund rekonstr. Im 1. OG Relief mit geviertetem Allianzwappen Wirth-Heuslin und Schmid-Wirth sowie Jahreszahl 1693. Im Innern Fenstersäulen aus der Bauzeit. ▮ Nr. 48, Wohnhaus 1707. Feingliedriger Fachwerkbau mit Giebellaube.

WEIERBACHSTRASSE ▮ Nr. 6, sog. Weiherbachhaus 1670; Renov. und Umbau in Ortsmuseum 1976–77. Herrschaftliches Vielzweckbauernhaus mit Trotte, die beiden unteren Geschosse des Wohnteils massiv gemauert, die übrigen Bauteile in dekorativ gestaltetem Fachwerk; Giebellaube als regionale Besonderheit. 174

SEGLINGEN ▮ Ehem. linker Brückenkopf, Schloss. Von der 1841 abgebr. Anlage sind die Schlossscheune von 1630 (1984–85 umgeb. zu Wohnhaus) und die Steinbogenbrücke von 1671 über den einstigen äussern Burggraben erhalten.

LOCHMÜHLEPLATZ ▮ Bronzefigur Schwimmer, 1938 von Ernst Heller. ▮ Eisenbahnbrücke, 1895–97 von Robert Moser. Lang gestreckte hohe Steinbogenbrücke mit mittlerem Eisenfachwerkträger.

RHINSBERG Mit mächtigem Wall befestigte ehem. Siedlung der Bronzezeit (ca. 1000–800 v. Chr.). ▮ Fundamente der Hochwacht 1624.

Museum:

– Ortsmuseum, Weierbachstrasse Nr. 6.

WASTERKINGEN

▮ Reformierte Kirche. Neu erb. 1852 von Heinrich Bräm anstelle einer roman. Kapelle, Renov. 1979–80. Schlichte Saalkirche mit Dachreiter.

OBERDORFSTRASSE ▮ Schul- und Gemeindehaus, erb. 1877 in spätklassiz. Formen. Renov. 1992.

173

174

172 Eglisau. Städtchen.
173 Eglisau. Gasthaus Hirschen, Fassadenausschnitt.
174 Eglisau. Weiherbachhaus, Aufriss.

WIL

Geschlossener Dorfkern mit zahlreichen Fachwerkbauten.

▮ Reformierte Kirche, auf einer das ganze Rafzerfeld beherrschenden Anhöhe. Erb. 1973–75 von Oskar Bitterli anstelle einer neugotischen Kirche von 1856–59.

OBERDORFSTRASSE ▮ Nr. 9, ref. Pfarrhaus 1561; Renov. 1998. Waschhaus 1818.

RAFZ

Zahlreiche Fachwerkbauten des 17.–19. Jh. ▮ Reformierte Kirche. Anstelle einer ehem. St. Nikolauskapelle neu erb. 1585; nebst Rorbas erster nachreformatorischer Zürcher Kirchenbau; Verlängerung des Schiffs nach W 1708; Turm anstelle eines Dachreiters und Westvorbau 1910–11 von Johann Jakob Graf; Innenumgestaltung durch Haefeli, Moser, Steiger 1954; Renov. 1984–85. Lang gestreckte Saalkirche mit dreiseitigem Chorabschluss auf trapezförmigem Grundriss; an der Nordseite hoher, von achtseitigem Spitzhelm abgeschlossener Turm, im W polygonaler Vorbau. An den Bauteilen von 1585 Spitzbogenfenster mit Fischblasenmasswerk. Taufstein 1536.

DORFSTRASSE ▮ Nr. 7, Gemeindehaus. Erb. 1811–12 als Gemeinde- und Schulhaus; 1827–28 Zukauf und Aufstockung des Nachbargebäudes; Umbau 1970; Aussenrenov. 2001. Fachwerkbau in der Tradition des 18. Jh., bestehend aus zwei durch einen Zwischenbau verbundenen Baukörpern. ▮ Nr. 10, ref. Pfarrhaus 1824; Aussenrenov. 2002. Klassiz. Bau unter Walmdach.

LANDSTRASSE ▮ Nr. 15, **Gasthaus Goldenes Kreuz** 1748; Dachstuhlbrand 1947, Renov. 1979–80. Lang gestreckter prächtiger Fachwerkbau; Portalrahmung mit figürlichen Schnitzereien und Wap- **175**
pen des Bauherren Untervogt Hans Jakob Sigrist und seiner Frau Margareta Müller, Wirtshausschild in Rokokoformen.

TANNEWÄG ▮ Nr. 12, Schulhaus Schalmenacher. Hofanlage aus Betonbauten und vorgehängten Metallfassaden, 1975 von Ulrich Baumgartner.

Museum:

– Ortsmuseum, Oberdorf Nr. 2.

175

FREIENSTEIN-TEUFEN

TEUFEN

▮ Burgstelle Altenteufen. Bis 1321 Sitz der 1116 erwähnten Freiherren v. Teufen, Lehensträger des Klosters Reichenau; berühmtestes Mitglied der Familie war der Minnesänger Wernher v. Teufen, bezeugt um 1220. Burg vermutlich noch im Spätmittelalter aufgegeben. ▮ **Altes Schloss**, unterhalb der Burgstelle. Über den Kellerräumen des Gerichtsherrensitzes von 1638 neu erb. 1850–52 für Eduard Merian als Wohnung für den Pächter und die Angestellen; Renov. 1989–95. Baugruppe im engl.-neugot. Stil; der grosse Hof bergwärts abgeschlossen von der 1815 erb. Scheune. Gartenhaus 1848 mit Festsaal (Ausmalung wohl 1879). Orangerie 1851. ▮ **Neues Schloss**, erb. 1850–53 als herrschaftlicher Wohnsitz für Eduard Merian, jedoch nur der Rohbau vollendet; Fertigstellung erst 1975–83, dabei Integration von Bauteilen aus dem Schloss Buonas ZG (1873–77, abgebrochen 1970) und aus dem Haus zur Gloria, Stadthausstrasse Nr. 135, in Winterthur (1865); Renov. 2007. Aus mehreren Trakten bestehender neugot. Schlossbau in der Art engl. Landhäuser; zentraler Lichthof mit umlaufender Galerie.

TÖSSEGG ▮ Spätröm. Wachtturm, erb. um 370 als Teil der Rheinbefestigung. Mauern konserviert 1980.

176

FREIENSTEIN

176 **Sog. Römerbrücke**. 1806–08 von Johannes Volkart; verstärkt 1961. Dreibogige Tuffsteinbrücke, Fahrbahn gegen die Flussmitte ansteigend.
STRICKGASSE ▪ Ehem. Baumwollspinnerei Blumer, Söhne & Cie. Hauptgebäude 1836–37. ▪ Burgruine Freienstein, nördl. über dem Dorf. Erwähnt 1254, Sitz der Freiherren v. Freienstein bis 1330; vor 1474 durch Brand zerstört. 13 m hoher Turmstumpf 1977 konserviert.

RORBAS

177 **Reformierte Kirche**, ehem. St. Johannes d. T., in Hanglage über dem Dorf. 1188 Erwähnung eines Leutpriesters. 1585–86 Neubau anstelle einer romanischen, später vergrösserten Saalkirche; 1685–86 Verlängerung des Schiffs nach W; Renov. 1973–74 (innen) und 1990 (aussen). Saalkirche mit Spitzbogenfenstern und wuchtigem, von Käsbissendach abgeschlossenem Chorturm. Der nebst Rafz erste nachreformatorische Kirchenbau der Zürcher Landschaft steht noch in der spätgotischen Bautradition. Eckquadrierungs- und Fenstereinfassungsmalerei 1686, teilw. rekonstr. 1990. An der W-Fassade Epitaph für den Gerichtsherrn Hans v. Meiss (1585–1688). Kanzel auf achteckigem Pfosten 1677; Taufstein 1905; Verglasung des östlichen Chorfensters 1883 von Karl I. Wehrli.
KIRCHWEG ▪ Nr. 1, ref. Pfarhaus. Erb. 1773–76 von 177
David Vogel. Frühklassiz. Massivbau unter Walmdach; über dem Eingang Inschrifttafel von 1752.
POSTGASSE ▪ Nr. 19, Gasthof Adler. Erb. wohl um 1730; 1810 klassiz. Umbau; Rest. 1966. Lang gestreckter Teilfachwerkbau unter Satteldach.
TÖSSSTRASSE ▪ Nr. 39, ehem. Baumwollspinnerei. Erb. 1840, ab 1841 im Besitz von «Spinnerkönig» Heinrich Kunz; Wiederherstellung nach Brand 1996.

177

175 Rafz. Gasthaus Goldenes Kreuz, Eingangstür.
176 Freienstein-Teufen. Freienstein. Sog. Römerbrücke.
177 Rorbas. Ref. Kirche und Pfarrhaus.

EMBRACH

Das im 11. Jh. gegründete Chorherrenstift St. Peter wurde 1524 aufgehoben. Bis heute prägen die ehem. Chorherrenhäuser den Ortskern um die Kirche.
▪ **Reformierte Kirche***. Nachfolgerin der im 11. Jh. 178
gegr., 1778 teilw. eingestürzten Kollegiatskirche St. Peter und Paul; Neubau an anderer Stelle 1779–80 von David Vogel, Renov. 1976–78. Frühklassiz. Predigtkirche auf kleiner Erhebung, zu der von drei Seiten Freitreppen emporführen. Die im Kern quadratische Anlage ist seitlich durch halbrunde Ausbuchtungen zum Querbau erweitert; geböschte Aussenmauern nach antikem Vorbild, an der Rückfront ein leicht vortretender Risalit und an der Hauptfront ein giebelbesetzter dreiachsiger Portalvorbau, aus dem sich zwischen Treppenhäusern ein massiger Fassadenturm mit vierseitiger Kuppelhaube erhebt. Im Innern nimmt der streng wirkende Kirchenraum mit Spiegelgewölbe in den halbrunden Seiten tiefe, frei schwebende und durch eine schmale Galerie miteinander verbundene Emporen auf. Breitgelagerte Holzkanzel auf Steinkonsole.
RHEINSTRASSE ▪ Katholische Kapelle St. Petrus. Erb. 1924 von Josef Steiner.

STEINACKERWEG ▮ Nr. 22, katholisches Kirchenzentrum St. Petrus. Erb. 1978–80 von Tanner & Loetscher.

OBERDORFSTRASSE ▮ Nr. 2, ehem. Gemeinde- und Schulhaus. Erb. 1522d als Gemeindehaus und Trinkstube. Renov. 1994. Zweigeschossiger Massivbau, Saal im OG mit spätgot., farbig gefassten **Flachschnitzereien** von Ulrich Schmid. ▮ Nr. 11, **Altes Pfarrhaus**. Als Chorherrenhaus erb. 1522d, von 1530–1831 ref. Pfarrhaus; Umbau 2005–08. Gestelzter Fachwerkbau, ehemals mit Krüppelwalmdach, Pultdachanbau 1757 mit ehem. Studierstube des Pfarrers im OG. ▮ Nr. 16, **ehem. Amtshaus**. Als Schaffnerei des Chorherrenstifts erb. 1500d, nach der Stiftsaufhebung bis 1831 Amtshaus; Erweiterungen 1559–61, 1569 und 1709; klassiz. Umgestaltung 1816–18; Innenrenov. 2003. Ursprünglich ein gestelzter Fachwerkbau, der durch die Erweiterungen zu einem winkelförmigen Baukomplex mit gegen 50 Räumen wurde.

DORFSTRASSE ▮ Nr. 18, Villenanlage Ganz. Von den Gebr. Fritz und Adolf Brunner 1870–71 für Fabrikant Hans Ulrich Ganz erb. Aus Villa, Stallscheune und Waschhaus bestehendes Ensemble. Zeitgemässe Ausstattung mit bemalten Stuckdecken, Täfern, vier weissen Kachelöfen, Deckenbild mit Berglandschaft von Karl Oetiker im Treppenhaus. Rest. 1987–97.

178

PFARRHAUSGASSE ▮ Nr. 2, ehem. Vielzweckbauernhaus 1552d und 1666d; Umbau zum ref. Kirchgemeindezentrum 1992–93. Imposanter Teilfachwerkbau.

LUFINGEN

▮ Reformierte Kirche, ehem. St. Margaretha. 1157 erwähnt. 1842 Neubau des Schiffs durch Jonas Kronauer; 1872 zusätzliche Uhrgiebel mit Zifferblättern; prägende Innenrenov. 1916–17; Gesamtrenov. 1992–93. Saalkirche mit spätmittelalterlichem Chorturm. Im Turmchor spätgot. Sakramentsnische und Wandgemälde 2. H. 15. Jh.: Maria mit Kind, hll. Erasmus und Christophorus. Stuckdecken, Taufstein, Fenster, Emporen sowie Teile des Schiffsgestühls 1842; seitlich der Kanzel Orgel mit Freipfeilerprospekt 1936–37 von Max Maag; übrige Ausstattung 1916–17.

PFARRHAUSSTRASSE ▮ Nr. 12, ref. Pfarrhaus. Das sog. Schloss als massives Wohnhaus erb. 1663 für Landvogt Johann Heinr. Waser, Sitz der bis 1765 bestehenden Gerichtsherrschaft Lufingen; zum Pfarrhaus umgeb. 1812–15. Renov. 1968–69, 1985. Im Studierzimmer Täfer und Stuckdecke aus der Bauzeit.

OBEREMBRACH

EMBRACHERSTRASSE ▮ Nr. 10, **sog. Rothus**, 1797 von Zimmermeister Abraham Krebser für Landrichter Jakob Bänninger. Renov. 1921, 1991. Vielzweckbau in Fachwerkbauweise mit Klebdach, Reihenfenstern und bemalten Fallläden.

STÜRZIKON Heimatort und Grabstätte des Dichters Jakob Bosshart (1862–1924). ▮ Dekorativ gestalteter Fachwerkspeicher 1672.

UNTERWAGENBURG ▮ Ruine Wagenburg. Erb. wahrscheinlich im 13. Jh. als Mittelpunkt der Herrschaft Wagenburg; M. 13.–M. 15. Jh. Sitz kyburgischer und habsburgischer Ministerialen; nach Brand 1556 zerfallen.

178 Embrach. Ref. Kirche.

REGENSDORF

▮ Reformierte Kirche, ehem. St. Nikolaus. Erwähnt 1280. Neu erb. 1704–05 unter Einbezug des Turms der 1558–59 von Jakob Nöggi erbauten Vorgängerkirche; Renov. 1964–65 (innen), 2001 (aussen). Saalkirche mit polygonalem Chorabschluss. Über dem Haupteingang Wappentafel und Bauinschrift 1705. In der Vorhalle spätgot. Sakramentsnische, 1926 versetzt; Taufstein und Kanzel 1705; Chorfenster 1875 im Stil der Nazarener von Johann Jakob Röttinger.

OBERDORF ▮ Obere Kirche. Roman. Kapelle, wohl Stiftung der Herren von Regensberg, erste Erwähnung 1375; 1543 zu Speicher umgeb.; rekonstruierende Rest. 1953–55. Schiff mit Flachdecke, stark eingezogener, quadratischer Chor mit Tonnengewölbe. Fragmente von romanischen Wandmalereien, A. 13. Jh.: im Chor Reise der Hll. Drei Könige sowie die Hll. Drei Könige vor Herodes; an der Chorbogenwand des Schiffs Kreuzigung mit Stifterpaar und unbekannte Stifterfamilie vor der Muttergottes.

SCHULSTRASSE ▮ Nr. 112, katholisches Kirchenzentrum St. Mauritius. Erb. 1959–60 von Richard P. Krieg.

MÜHLESTRASSE ▮ Nr. 22, ehem. Zehntenspeicher. Erb. wohl 1722; Rest. und Umbau in Ortsmuseum 1971–76. Massivbau mit aufgemalten Eckquadern. ▮ Nr. 24, ehem. ref. Pfarrhaus. Erb. 1761, Renov. 1959; Umbau zum Kirchgemeindehaus 1971. Teilfachwerkbau. ▮ Nr. 43, ehem Mühle. Erwähnt 1280, heutiger Bau 1. H. 17. Jh., 1741 umgeb. Teilfachwerkbau.

DÄLLIKERSTRASSE ▮ Nrn. 16/18/20, ehem. Vielzweckbauernhaus Fröschgrueb. Bohlenständerbau von 1559d, erweitert 1671d.

SCHULSTRASSE ▮ Nrn. 73/75, Schulhaus Ruggenacher und Kindergarten 1955–57. Wandbilder von Hermann Alfred Sigg.

ALTBURG ▮ Burgruine Alt-Regensberg. Erb. um 1040 als Stammsitz der Freiherren v. Regensberg, Nachkommen der Grafen v. Mâcon-Montbéliard; seit ca. 1340 im Besitz der Herren v. Landenberg-Greifensee, von den Eidgenossen im Alten Zürichkrieg 1444 zerstört; um 1460 vom Grosskaufmann Rudolf Mötteli neu ausgebaut, nach dem Übergang an Zürich 1468 zerfallen; Rest. 1956–57, 1987–94. Bergfried 11./12. Jh. auf hohem massivem Unterbau; grosse Zahl von Mauern versch. Bauetappen; Ringmauer wohl 14. Jh.

WATT IM SAND ▮ Ehem. Zehntenspeicher 1626; aufgestockt 1636d; Aussenrenov. 1979–80. Massivbau mit Kellerhals sowie aufgemalten Eckquadern und Sonnenuhr von 1626.

UNTERDORFSTRASSE ▮ Nr. 19, Bauernhaus zum Spital 1538d; Renov. und Umnutzung der Scheune 1991–93. Ständergerüst und einige Wandfüllungen des urspr. Bohlenständerbaus erhalten.

Museum:

– Ortsmuseum im ehem. Zehntenspeicher, Mühlestrasse Nr. 22.

BUCHS

▮ Reformierte Kirche. Erwähnt 1250. Neu- oder Umbau des Schiffs 1631 unter Beibehaltung des got. Chorturms; Erneuerung 1713; Aussenrenov. 1966–67, Innenrenov. 1976, 1997. Saalkirche, der kreuzgratgewölbte Turmchor durch einen niedrigen Spitzbogen vom Schiff geschieden. An der S-Wand des Chors Grabplatte des Johanniters Michael Aeppli (gest. 1481); Kanzel 18. Jh.; Taufstein um 1850; Chorfenster mit Darstellung des Guten Hirten 1903 von Jakob Georg Röttinger.

OBERDORFSTRASSE ▮ Nr. 16, ehem. ref. Pfarrhaus, heute Kirchgemeindehaus. Erb. 1859–60 von Johann Caspar Wolff. Spätklassiz. Normpfarrhaus.

MÜHLEBERG ▮ **Römischer Gutshof**. Angelegt kurz nach 20 n. Chr., verlassen im 4. Jh., seit dem 18. Jh. ergraben. Hauptgebäude mit luxuriöser Ausstattung, ein mit Wandmalereien geschmückter Raum erhalten und öffentlich zugänglich.

CHRÄSTEL ▮ Ehem. Quarzsandwerk. Stollenanlage 1894–um 1930 mit Skulpturengalerie von Arbeiterkünstlern.

OTELFINGEN

Ehemaliges Acker- und Weinbauerndorf am Südfuss der Lägern. Bemerkenswerter Dorfkern mit grossvolumigen Bauernhäusern beidseits des offen fliessenden Mühlebachs.

▮ Reformierte Kirche, ehem. St. Otmar. Im Mittelalter Filiale der Kirche Würenlos AG, erwähnt 1289. Neu erb. ab 1515; Verlängerung 1666–67; 1842 Erneuerung, u. a. Erhöhung des Schiffs und neugot. Turmaufsatz nach dem Vorbild des Zürcher Grossmünsters; 1947 tiefgreifende Innenrenov.; 1969 Renov. nach Brand; Aussenrenov. 1998. Saalkirche mit spätmittelalterlichem Chorturm. Chorfenster 1957 von Robert Brunner.

MÜHLEGASSE ▮ Nr. 2, **Unter- oder Klostermühle**. Spätgot. Massivbau von 1598 mit Treppengiebeln, Fachwerkanbau 1810. Mühle in Betrieb bis 1963, im Besitz der Gründerfamilie Schlatter (Wappen von 1755 am Tor) bis 1968. Umfassende Renov. 1968–69, unter anderem der Einbau eines Mehrzweckraums in den urspr. Mühleraum. Fenstersäule 1598 im EG.

HINTERDORFSTRASSE ▮ Nr. 9, sog. Raubenhaus. Erb. 1691d als Vielzweckbauernhaus; Renov. 1966. Fachwerkbau mit Giebellaube. ▮ Nr. 17, Vielzweckbauernhaus mit Wohnteil 1676d und Scheunenteil 1789d; Renov. 1996–98. Eindrücklich die aus einheimischen Kalksteinblöcken gefügte westl. Giebelseite der Scheune. Wohnhaus des philosophischen Bauern und Gewährsmanns der Ökonomischen Gesellschaft, Hans Jakob Schibli (1742–1807). ▮ Nr. 28, ehem. Amtshaus mit ehem. Wirtschaft zur Herrenstube. Erb. 1796; Aussenrenov. 2001. Fachwerkbau mit z. T. säulenartig ausgebildeten Eckständern; Fassadengemälde Wirt mit Weinkanne, Hund und Inschrift «Bien Venus Messieurs».

BÜHLSTRASSE ▮ Nr. 11, Primarschulhaus. 1991 von Ueli Marbach und Arthur Rüegg; transparenter Bauköper mit starkem Aussenbezug.

HÜTTIKON

OETWILERSTRASSE ▮ Nr. 12, ehem. Vielzweckbauernhaus, sog. Strohdachhaus. Erb. 1683d; Renov. 1929–30, 1985–88. Hochstudbau in Fachwerkbauweise mit abgewalmtem Dach; ursprünglich Stroh-, seit 1970 Schilfeindeckung.

Museum:

– Ortsmuseum im Strohdachhaus, Oetwilerstrasse Nr. 12.

DÄLLIKON

▮ Reformierte Kirche, ehem. St. Medardus. 1228 indirekt erwähnt. Verlängerung des mittelalterlichen Schiffs nach W 1602d; Chorneubau und Aufstockung des Turms 1708d; Innenrenov. 1951–52, Gesamtrenov. 1999–2000. Lang gestreckte Saalkirche mit polygonalem Chorabschluss; Flankenturm mit Käsbissendach. Im Innern Tonnengewölbe aus Holz. Im Chor acht Wappenscheiben von 1602, 1673, 1708 sowie Toggenburger Hausorgel 1768 von Wendelin Looser. Taufstein A. 16. Jh.; Kanzel und Vogtsstühle 1708.

OBERENGSTRINGEN

▮ Reformierte Kirche. Erb. 1982–84 von Heinz Hess. Holzdecke von Joseph Carisch.

DORFSTRASSE ▮ Nr. 59, katholische Kirche St. Mauritius. 1963–64 von Fritz Metzger. Erster Einheitsraum ohne Fenster. Altarzone gestaltet von Albert Schilling, Glasfenster und Wandteppich von Paul Stöckli, Kreuz und Tabernakel von Godi Hirschi. In der Marienkapelle Pietà 17. Jh.

ANKENHOFSTRASSE ▮ Nr. 12, Ankenhof. 1526 erstmals erwähnt. Neubau verm. um 1660; Umbau zum heutigen Landhaus 1933/35. Nebengebäude E. 18. Jh.

GOLDSCHMIEDWEG ▮ Nrn. 109/111, sog. Schlössli. Erb. 1899–1900 von Hans Stotz im Stil der Burgenromantik. Stark gegliederter Bau mit Bruchsteinfassaden, zwei Türmen, Treppengiebeln und Erker.

KIRCHWEG ▮ Nr. 111, Turn- und Sportanlage Brunnewiis. Plastisch durchgeformter Betonbau 1963–64 von Heinz und Walter Hertig und Robert Schoch; Plastik von Silvio Mattioli.

UNTERENGSTRINGEN

SONNENBERGSTRASSE ▮ Nrn. 1/3, Landgut Sonnenberg um 1720/25; Turmanbau wohl 1860; Umbauten 1920 und 1981. Scheune 1834, Pächterhaus 1836, Gärtnerhaus 1841.

179

179 Unterengstringen.
Landgut Sparrenberg. Herrenhaus, Aufriss.

179 SPARRENBERGSTRASSE ▮ **Landgut Sparrenberg**. Herrenhaus 1758–60 anstelle eines Vorgängerbaus für Anna und Hans Heinrich Landolt-Hottinger, Stadtschreiber. Ehem. Trotte aus der gleichen Zeit. Ökonomiegebäude mit Kern 17. Jh., 1777 umgebaut, Verlängerung im 19. Jh. Renov. des Herrenhauses und teilw. Umnutzung der Nebengebäude 1986–92. Stattlicher Massivbau mit aufgemalten Eckpilastern und Walmdach. Herrschaftl. Ausstattung, u. a. drei grosse Turmöfen des 18. Jh. von Hans Heinrich Bachofen, z. T. mit Bildkacheln von Johann Jakob Hofmann.

WEIDSTRASSE ▮ Nr. 13, Landhaus zur Weid. Erb. zwischen 1711 und 1732 für Barbara Werdmüller; Renov. 1977–78. Dreigeschossiger Fachwerkbau unter Satteldach. Im 2. OG Saal um 1790, ehemals Atelier von Max Gubler und Otto Baumberger.

CHLOSTERWEG ▮ Nr. 16, Ateliergebäude Max Gubler. 1936–37 von Werner M. Moser im Stil des Neuen Bauens.

Museum:

– Ortsmuseum, Weidstrasse Nr. 13.

WEININGEN

Durch die Südlage am Hangfuss des Gubrist für den Weinbau prädestiniertes ehemaliges Bauerndorf, dessen Besiedlungsstruktur durch eine Strassengabelung bestimmt ist.

▮ Reformierte Kirche, ehem. St. Peter. 1219 erwähnt. A. 16. Jh. Neubau; Barockisierung 1688; Verlängerung gegen W 1705 und gegen N verm. 1738; klassiz. Umgestaltung 1792; Renov. und N-Anbau 1926; Renov. 1988–89; Turmrenov. 2000. Spätgotische Saalkirche mit flach gedecktem Polygonalchor und von Käsbissendach abgeschlossenem Chorflankenturm sowie jüngeren nordseitigen Anbauten. Im Chor spätgotisches Sakramentshäuschen; Taufstein 1706. Im Schiff dreifach gebrochene Stuckdecke und Empore 1792; Kanzel, Bänke und Brusttäfer 1926.

REGENSDORFERSTRASSE ▮ Nr. 12, ref. Pfarrhaus. Prägender Umbau 1761; Renov. 1977. ▮ Nr. 9, **ehem. Gerichtsherrenschloss**. Sitz der Meyer v. Knonau, Inhaber der Gerichtsherrschaft Weiningen 1435–1798. Kern 16. Jh.; Erweiterungen 1. H. 17. Jh. und 1736; 1838–39 tiefgreifender Umbau zum Schulhaus; 1981–82 Rest. Herrschaftlicher Massivbau, die jüngeren Erweiterungen zum Teil in Fachwerkbauweise, asymmetrisches Satteldach. Die aufgemalten Eckquader, die Lukarne, der Dacherker und der Abortanbau 1981–82 rekonstr. Im Keller Sala terrena mit Stuckdecke. Bekanntester Bewohner des Hauses war der mit Wieland befreundete Fabeldichter und Maler Johann Ludwig Meyer v. Knonau (1705–85), dessen satyrische Täfermalereien z. T. freigelegt sind.

KIRCHSTRASSE ▮ Nr. 7, Landhaus Güetli, ehem. Sitz der Meyer von Knonau. Erb. wohl 1637; Umbauten um 1840 und ab 1903.

OBERDORFSTRASSE ▮ Nr. 8, ehem. Zehntenscheune, seit 1920 Wohnhaus. Fachwerkbau um 1720.

ZÜRCHERSTRASSE ▮ Nr. 1, Gasthof Löwen. 1432 erwähnt als Taverne des Klosters Fahr. Neubau 1678; Aussenrenov. 1982. Lang gestreckter Massivbau mit in Fachwerk konstruierten Giebelfeldern, über dem Eingangsportal als Besonderheit ein polygonaler Dacherker mit hölzernen Brüstungsreliefs; Wirtshausschild 18. Jh.

BADENERSTRASSE ▮ Nr. 9, Bauernhaus 1745. Umbau 2001–03. ▮ Drei Dorfbrunnen in Rokokoformen 1755–56 und 1797.

GEROLDSWIL

▮ Reformierte Kirche. Erb. 1975–77 von Robert Briner.

▮ Katholische Kirche St. Johannes. Erb. 1971–72 von Walter Moser.

SCHLIEREN

▮ Alte reformierte Kirche, ehem. St. Agatha. Erwähnt 1245; verm. im 15. Jh. neu erb., 1713 gegen W erweitert; Umbau und Verbindung mit der neuen Kirche 1936–37, Renov. 1991–92. Saalkirche mit Chorturm unter hohem Spitzhelm. Vier Grisaillewappenscheiben 1713, Christusfenster im Chor 1854 von Johann Jakob Röttinger. Neben der Kirche zwei reich verzierte Glocken 1628 von Peter Füssli und 1677 von Heinrich Füssli. ▮ Neue reformierte Kirche. 1936–37 von Walter Henauer und Ernst Witschi; Wandbild in der Vorhalle von Karla Götz und vier Apostelfenster von Marcel Poncet. Renov. 1995. ▮ Als Kirchenannex getarnter Bunker erb. 1940.

UITIKONERSTRASSE ▮ Nr. 37, katholische Kirche St. Joseph. 1959–60 von Karl Higi. Plastischer Bau mit abgerundeter Dachschale; schlanker Glockenturm. Verglasung von Ferdinand Gehr.

FREIE STRASSE ▮ Nr. 14, sog. Stürmeierhuus. Bohlenständer-, Fachwerk-, Massivbau mit Kern aus dem 16. Jh.; 1984 Umbau zum ref. Kirchgemeindezentrum. ▮ Drei Dorfbrunnen 1768, 1779, 1782.

HOFACKERSTRASSE ▮ Nr. 2, Primarschulhaus Hofacker. 1955–56 von Hans Hubacher; Renov. 1998. Schlichtes, feingliedriges Pavillonschulhaus.

BERNSTRASSE ▮ **Ehem. Gaswerk der Stadt Zürich**. Erb. 1897–98 von Arnold Geiser und Albert Weiss; 1904–09 Erweiterung; 1928–33 Modernisierung; 1974 Stillegung; 2000–01 Abbruch der Gasometer Nrn. 2–4; 2001–04 Restaurierung des Gaso-
180 meters Nr. 1. Museal erhalten sind die Kraftzentrale samt Wasserturm und einer von einst vier Gasometern (Teleskopbehälter).

181 BADENERSTRASSE ▮ Nr. 161, Briefzentrum Mülligen. 1981–85 von Theo Hotz. Augenfälliges Beispiel der High-Tech-Architektur.

Museen:
- Ortsmuseum, Badenerstrasse Nr. 15.
- Gaswerkmuseum, Bernstrasse.

DIETIKON

▮ Katholische Kirche St. Agatha. 1926–27 von Adolf Gaudy anstelle der spätgot. parität. Kirche. 1975–77 Rest. Stilistisch dem Neuklassizismus, konstruktiv (Eisenbeton) der Moderne verpflichtete Saalkirche mit halbrund geschlossenem Chor, Frontturm und barock anmutender Innenausstattung: Kreuzwegbilder 1927 von Josef Heimgartner, Altarbilder von Martin Feuerstein, Apostelreihe im Schiff und am Chorbogen von Augustin Müller.

SONNEGGSTRASSE ▮ Reformierte Kirche. 1924–25 von Emil Schäfer in neuklassiz. Form, 1969–70 tiefgreifende Renov. Lebensbaum an der Kanzel von Otto Münch, Holzarbeiten an Kanzel und Empore von Karl Fischer, Skulptur über dem Hauptportal von Ernst Kissling.

BAHNHOFSTRASSE ▮ Nr. 4, katholisches Pfarrhaus. 1833 neu erb. im Auftrag des Klosters Wettingen; Renov. 1977–78.

KRONENPLATZ ▮ Nr. 1, Gasthaus zur Krone. Erwähnt 1259; zeitweise Taverne des Klosters Wettingen. Neu erb. 1703; Renov. 1945, 1954 sowie ab 2008. Stattlicher dreigeschossiger Massivbau unter Satteldach, zwei Portale mit Wappentafeln und gesprengten Dreieckgiebeln.

180

181

180 Schlieren. Ehem. Gaswerk, Dampfmaschine.
181 Schlieren. Briefzentrum Mülligen.

BOHNACKERSTRASSE ▮ Nr. 5, Schulhaus Fondli. 1964–67 von Rudolf u. Esther Guyer/Conradin Alder; Renov. 1992–93. Aussenwandbilder von Eva Pauli. SCHÄCHLISTRASSE ▮ Nrn. 1/3, ehem. Stationsgebäude. Erb. 1847 von Franz Meyer; 1915 Abbruch und Wiederaufbau in leicht veränderter Form am heutigen Standort; Renov. 1979–80. Ältester Bahnhof des Kantons und neben demjenigen in Baden der einzige erhaltene aus der «Spanischbrötlibahnzeit». ÜBERLANDSTRASSE ▮ Nr. 2, Kraftwerk Dietikon der EKZ. 1857–60, verändert 1888/94, 1931–33 und 1962 tiefgreifend umgebaut. ▮ Burgruine Schönenwerd. Ältestes Fundmaterial 11. Jh., erwähnt 1240, Sitz der Herren v. Schönenwerd. Ehem. auf einer natürlichen Limmatinsel gelegen; 1334 und 1371 von den Zürchern zerstört.

GLANZENBERG Ehem. Städtchen und Burg im Wald am rechten Limmatufer, gegr. 1. H. 13. Jh. verm. von Freiherr Lüthold V. v. Regensberg. Angeblich 1267 von den Zürchern unter Rudolf v. Habsburg zerstört; teilw. ausgegraben 1937–40.

Museum:
- Ortsmuseum, Schöneggstrasse Nr. 20.

URDORF

▮ **Alte reformierte Kirche**, ehem. St. Nikolaus. Roman. Bau des 11./12. Jh., erwähnt 1184. Nach der Reformation zunächst nur beschränkt kirchlich genutzt; Renov. 1647–1650; neuer Dachreiter 1820; Treppenhausanbau 1923; Renov. 1948 und 1981. Saalkirche mit leicht eingezogenem Chor auf quadratischem Grundriss, dessen Achse von derjenigen des Schiffs abweicht. An der S-Fassade des Chors Grabplatten der Junker Gerold Escher (1670–1736) und von Junker Hans Escher (1672–1748). Im Chor um 1500 eingezogenes Kreuzrippengewölbe mit skulptiertem Schlussstein und gemalten Evangelistensymbolen. Kanzel 1680.
WEIHERMATTSTRASSE ▮ Nr. 40, neue reformierte Kirche. Erb. 1970–71 von Felix Schwarz und Rolf Gutmann; Renov. 1997, 2000.
IM BAURENACKER ▮ Nr. 28, katholische Kirche Bruder Klaus. Erb. 1962–64 von Otto Sperisen. Farbverglasungen von Piero Travaglini.
KIRCHGASSE ▮ Nr. 15, ref. Pfarrhaus 1768; Aussenrenov. 1971.
BIRMENSDORFERSTRASSE ▮ Nr. 122, Gasthaus Sonne. Als Badgebäude erb. 1526 anstelle eines 1476 erwähnten Bades; erneuert 1578–83; Badebetrieb aufgegeben vor 1739; Wiederherstellung nach Brand 1986–89. Mächtiger Kubus unter Krüppelwalmdach; im EG skulptierte spätgot. Fenstersäulen. ▮ Nr. 149, ehem. oberes Bad. 1792 im ehem. Meierhof eingerichtet; Rest. 1977–80. Massivbau unter Satteldach mit aufgemalten Eckquadern. Im Innern bemalte Balkendecken.
BAHNHOFSTRASSE ▮ Nr. 52, Schulanlage. Erb. 1952 von Theo Schmid. Bronzeplastik Stier 1952 von Hans Jakob Meyer, Brunnen 1960 von Joseph Wyss. ▮ Hof Unter-Reppischtal, ehem. St. Georgs-Kapelle. Erwähnt 1173, nach der Reformation zu Bauernhaus umgebaut. Ehem. Chor und Sakristei 1936 abgebrochen. Ehem. Schiff ins heutige Bauernhaus integriert, im W Rundbogenportal, im O vermauerter Chorbogen, im S Portal mit horizontalem Sturz.

Museum:
- Ortsmuseum, Birmensdorferstrasse Nr. 102.

UITIKON

Intakter kleiner Dorfkern mit stattlichen, teils ins Mittelalter zurückreichenden Bauernhäusern, die sich um den einstigen Dorfplatz an der Zürcherstrasse gruppieren.

▮ **Reformierte Kirche**. Erb. 1626 als Stiftung der Gerichtsherren Hans Peter und Hans Jakob Steiner; Renov. 1960–61 mit Rekonstr. des 1933 entfernten Portals. Saalkirche mit eingezogenem Polygonalchor und Dachreiter. Beidseits des Hauptportals Grabplatten für Gerichtsherr Johann Jacob Steiner (1616–75) und Anna Dorothea Meiss (1622–49). Kanzel aus der Bauzeit. In den S-Fenstern zwei Wappenscheiben aus der Werkstatt von Josias Murer, gestiftet 1625 von Hans Jacob Steiner bzw. Elsbeth Steiner. Kanzel aus der Bauzeit; Taufstein von Ernst Heller und Glasfenster von Heinrich Müller 1961.
SURENACHERSTRASSE ▮ Katholisches Kirchenzentrum St. Michael. Erb. 1970 von Deszo Ercsi.

ZÜRCHERSTRASSE ▮ Nr. 61, Gemeindezentrum. 1976–78 von Esther und Rudolf Guyer. Im Hof Brunnenanlage von Josef Wyss. ▮ Nr. 120, ehem. Gerichtsherrenschloss. Als Sitz der Gerichtsherren von Uitikon-Niederurdorf erb. 1586–um 1601; Umgestaltung und Turmerker 1624–26. Seit 1873 Arbeitserziehungsanstalt. Umbauten 1874, 1924–26 und 1936–37; Rest. 1979–82. Massivbau mit Krüppelwalmdach und rekonstr. Turmerker. Im OG ehem.
182 **Gerichtssaal** mit Ausmalung um 1630.

HOFFNUNGSPLATZ ▮ Präsentation einer in der Nähe geborgenen Badeanlage eines röm. Gutshofes.

BIRMENSDORF

183 ▮ Reformierte Kirche. 1659 neu erb. unter Verwendung des roman., 1571 aufgestockten Turms; 1900/08 tiefgreifende Umgestaltung des Innern durch Friedrich Wehrli; Renov. 1977 (aussen), 1983–84 (innen). Dreischiffige Halle mit Kreuzgratgewölben von 1900, Rundstützen und polygonalem Chorabschluss; gedrungener Flankenturm mit Blendbogenfriesen und gekoppelten Rundbogenfenstern im 2. und 3. OG. Chorgestühl und wohl auch Pfarrstuhl 1659; Kanzel 1667; Chorempore 1908; Farbverglasung 1892, diejenige an der Westwand 1984 von Hans Affeltranger.

SENNHÜTTENSTRASSE ▮ Nr. 6, katholische Kirche St. Martin. Erb. 1976–77 von Walter Moser.

KIRCHGASSE ▮ Nr. 7, Vielzweckbauernhaus 1688. ▮ Nr. 22, ref. Pfarrhaus. Kern 17. Jh.; Umbau 1785; Renov. 1977–78.

SCHULHAUSSTRASSE ▮ Nr. 1, Primarschulhaus Reppisch mit Turnhalle, 1959/64 von Rudolf Küenzi. Brunnen 1965 von Josef Wyss.

STUDENMÄTTELISTRASSE ▮ Nrn. 17/19, Oberstufenschulhaus Brüelmatt 1977–78 (südl. Teil) von Ulrich Baumgartner und 1996 (nördl. Teil) von Müller und Zimmermann.

Museum:

– Dorfmuseum, mit ehem. Reibe und Stampfe 1. H. 18. Jh., Mühlemattstrasse Nr. 7.

AESCH

DORFSTRASSE ▮ Nr. 8, Türmlihaus. Erb. 1809 anstelle des Schul- und Gemeindehauses von 1709, renov. 1967; Aussenrenov. 1995. Fachwerkbau mit Dachreiter.

FELDSTRASSE ▮ Nrn. 5/7, in spätbarocker Tradition stehender mächtiger Massivbau von 1811; Rest. 1998–99.

WOLFGRUEB ▮ Grabhügelgruppe aus der älteren Eisenzeit(?).

Museum:

– Dorfmuseum in ehem. Schmiede von 1836, Museumstrasse.

182

183

182 Uitikon. Ehem. Gerichtsherrenschloss, Gerichtssaal.
183 Birmensdorf. Ref. Kirche.

STALLIKON

▮ **Reformierte Kirche**, ehem. St. Stephan. 1439 geweiht; im Alten Zürichkrieg 1444 niedergebrannt. 1448 Neuweihe; 1482 Chorneubau; 1515 möglicherweise Neubau des Schiffs und datierte Holzdecke; 1846 Umbau mit Ausbruch des Chorbogens und Gipsplafond anstelle der spätgotischen Decke; Aussenrenov. 1935–36, prägende Innenrenov. mit Rekonstruktion des Chorbogens 1946. Saalkirche mit eingezogenem, flach gedecktem Polygonalchor, beide mit Masswerkfenstern; Chorflankenturm mit Käsbissendach und Spitzbogen- bzw. gekuppelten Rundbogenöffnungen.

DORFSTRASSE ▮ Nr. 5, ref. Pfarrhaus. 1721–23, Massivbau mit Walmdach, an der Hauptfassade rekonstr. Tafel mit Konventswappen des Klosters St. Blasien und Familienwappen von Abt Blasius III.

HÜTTENRAIN ▮ Nr. 19, Wohnhaus, 1982 von Manuel Pauli.

SELLENBÜREN ▮ Burg Sellenbüren. Wohl hölzerne Wehranlage am Ort einer spätbronzezeitlichen Siedlung (1. Jahrtausend v. Chr.). Im 11./12. Jh. Stammsitz der Herren v. Sellenbüren, Gründer des Klosters Engelberg.

UETLIBERG UTO-KULM ▮ Siedlungsreste vom Neolithikum bis zur Neuzeit. Zwischen Bahnhof und Fernmeldeturm sog. Hauptwall, wohl eisenzeitlich, 2./1. Jh. v. Chr. Unmittelbar nördlich des Kulms Wallgrabenanlage der Uetliburg, 11.–13. Jh.

BALDERN ▮ Burgstelle Baldern. Nach der Sage erb. im 9. Jh. für König Rudolf den Deutschen (Stifter der Fraumünsterabtei Zürich). ▮ Berghaus Baldern. 1929–30 von Otto Honegger im Heimatstil.

FELSENEGG ▮ Richtstrahlzentrum der PTT. 1961–63 von Edwin Schoch; 50 m hoher Betonturm.

WETTSWIL AM ALBIS

▮ Reformierte Kirche. Erb. 1991–92 von Felix Loetscher.

SCHULSTRASSE ▮ Nr. 10, Primarschulanlage Mettlen. Erb. 1961–65 von Rudolf Küenzi. Architektonisch, konzeptionell und materialmässig interessante Anlage mit weiten Treppenhallen, von denen aus die beidseits angeordneten Schulzimmer erreichbar sind.

BONSTETTEN

▮ Reformierte Kirche, ehem. St. Mauritius. Neu erb. wahrscheinlich 1510 (Turm 1510d) anstelle einer Kapelle wohl des 12./13. Jh.; Renov. und neue Dachkonstruktion über Schiff und Chor 1820d; prägende Gesamtrenov. 1954; Renov. 1984 (aussen) und 2003 (innen). Saalkirche mit eingezogenem, flach gedecktem Polygonalchor und von Käsbissendach abgeschlossenem Chorflankenturm; an Schiff und Chor Masswerkfenster. Taufstein und Sakramentsnische aus der Bauzeit; Chorfenster 2003 von Veronika Indergand.

STATIONSSTRASSE ▮ Nr. 2, katholische Kirche St. Mauritius. 1965 Umgestaltung des ehem. Gasthauses Bahnhof mit Saalbau für kirchliche Zwecke; Umbau 1982; Glockenturm 2005 von Thomas Twerenbold.

DORFSTRASSE ▮ Nr. 41, Gasthaus zum Löwen 1813; Aussenrenov. und Umbau 1987. Frühklassiz. Bau mit Mansard-Giebeldach und beachtenswertem Wirtshausschild.

AM RAINLI ▮ Nr. 3, einer der jüngsten Bohlenständerbauten des Kantons, erb. 1805 unter Einbezug von Teilen des Vorgängerbaus; Renov. 1995–96.

Museum:
- Turbinenmuseum, Vorderdorf, Dorfstrasse Nr. 3b.

HEDINGEN

▮ Reformierte Kirche, ehem. St. Michael. Erwähnt 1116. Neu erb. um 1511/13; 1811 Ausbruch des Chorbogens und der Masswerkfenster im Chor; 1853 Zerstörung der geschnitzten Holzdecke; prägender Innenumbau 1937; Renov. 1990–91 mit Rekonstr. des Chorbogens. Saalkirche mit eingezogenem, flach gedecktem Polygonalchor und von Käsbissendach abgeschlossenem Chorflankenturm.

RAINSTRASSE ▪ Säge wohl 18. Jh., 1899 Wasserrad durch Turbine ersetzt.

ISMATT ▪ Stattlicher Bohlenständerbau mit Klebdächern aus dem 18. Jh.; Aussenrenov. 1994–95.

AFFOLTERN AM ALBIS

Ursprünglich bäuerliches Dorf entlang des Jonenbaches, im 19. Jh. Aufkommen der Seidenindustrie und Kneippkurort, seit 1837 Bezirkshauptort, Wachstum Richtung Bahnhof (1864). Heute Entwicklung zum regionalen Zentrum. ▪ **Reformierte Kirche**. Ältester fassbarer Bau eine Wegkapelle; später Errichtung einer roman. Kirche, erwähnt 1213; wohl um 1500 spätgot. Neubau; Teilneubau als barocke Predigtkirche 1645–47 unter Verwendung von Teilen des Langhauses und des Turms; 1785–87 Umbau; 1861 neugotischer Turmaufbau mit Treppengiebeln von Gottfried Semper; O-Erweiterung für die Orgel 1901; Renov. 1975–77. Lang gestreckte Saalkirche mit Turm an der Nordseite. Fenster, stuckierte Wandpilaster und Muldendecke mit Girlanden 1787, ebenso Empore, Kanzel und Pfarrstuhl. An der Nordwand abgelöster Wandmalereirest eines spätgotischen Würfelmusters.

184 SEEWADELSTRASSE ▪ Nr. 13, **katholisches Kirchenzentrum** St. Josef. 1981–83 von Willi Egli. Moderne Hofanlage in der Typologie kath. Klöster.

BAHNHOFPLATZ ▪ Märtyrer-Denkmal. Einfacher Obelisk von 1876 für die im Bockenkrieg 1804 hingerichteten Volksführer.

ZÜRICHSTRASSE ▪ Nrn. 78/80/82, Wohn- und Geschäftshaus 1899–1900. Sichtbacksteinbau mit steilem Mansarddach und Zinne im Stil der Gründerzeit. ▪ Nr. 84, Bohlenständerbau 1674, Renov. 1996–97. ▪ Nr. 136, ehem. Bezirks- und Gerichtsgebäude 1838–39; Aussenrenov. 1988–89, Innenrenov. 2002–03. Klassiz. Massivbau mit Fachwerkgiebeln und Klebdächern. Rückseitig ehem. Gefängnis, erb. 1854–56 im Auftrag des späteren Bundesrats Jakob Dubs; Aussenrenov. 2003.

OBERE BAHNHOFSTRASSE ▪ Nr. 5, Buchdruckerei Weiss 1903; Renov. 1986. Gewerblicher Jugendstilbau. ▪ Nr. 20, Wohnhaus Friedheim 1905; Aussenrenov. 1992.

OBERE KIRCHFELDSTRASSE ▪ Nr. 10, Villa Alpina 1907. Landhaus in Heimatstilformen.

KIRCHGASSE ▪ Nr. 4, altes Primarschulhaus. Erb. 1878–79 nach den kantonalen Musterplänen; 1981–82 Renov. und Wiederherstellung der 1947–48 vereinfachten Fassaden.

BUTZENSTRASSE ▪ Nr. 2, altes Sekundarschulhaus. Erb. 1899–1900 von Friedrich Zuppinger; erweitert 1954–55; Renov. 1994. ▪ Nr. 8, Schulanlage Butzen. 1965 von Rudolf Küenzi; Plastik 1966 von Josef Wyss.

ZWILLIKON

WEIHERMATTSTRASSE ▪ Nr. 10, Doppelbauernhaus Im Loo, 1741d. Charakteristisches Ämtler Doppelhaus in Bohlenständerbauweise, im 18. und 19. Jh. durch Fachwerk ersetzt; Abbruch und Neubau des Scheunenteils 1983–84; Renov. 1989–90. Zugehöriges Waschhaus 1797d.

ALTE AFFOLTERSTRASSE ▪ Nrn. 1/3, ehem. Spinnerei und Weberei, 1826. Fabrikgebäude, versch. Annexbauten und Fabrikantenvilla an Weiher.

WEIDSTRASSE ▪ Nrn. 4/6, ehem. Kapelle mit Polygonalabschluss, integriert in Wohnhaus.

OTTENBACH

▪ Reformierte Kirche. Erb. 1485 von Christian Brabander; Verlängerung des Schiffs vermutlich 1748

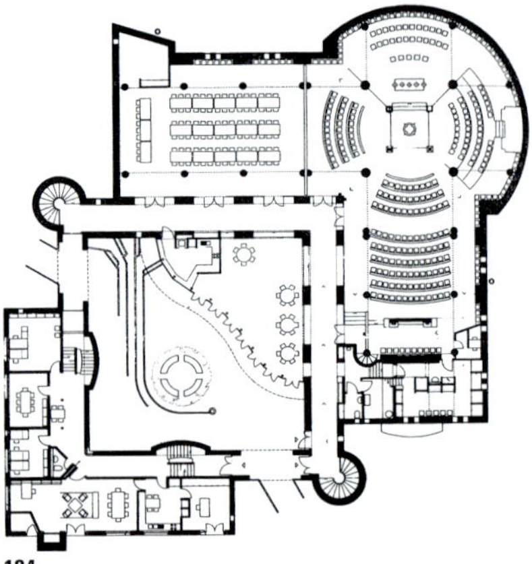

184

184 Affoltern am Albis. Kath. Kirchenzentrum St. Josef, Grundriss.

und 1830; Neugestaltung des Innern 1953–54; Aussenrenov. 1984. Lang gezogene Saalkirche, eingezogener Polygonalchor mit Strebepfeilern und Chorflankenturm mit Käsbissendach. An Schiff und Chor Spitzbogenfenster mit spätgotischem Masswerk. Im Chor Kreuzrippengewölbe.

DORFPLATZ ▮ Nr. 1, ehem. Gasthof zum Engel 1753d; erweitert 1802d. Stattlicher Fachwerkbau.

MURISTRASSE ▮ Nr. 31, ehem. Seidenstoffweberei Haas, Turbinenhaus und Kleinwasserkraftwerk. 1871 durch Umbau der einstigen Mühle; Rest. des Kleinwasserkraftwerks 1981–83.

Museum:

- Kleinwasserkraftwerk, Muristrasse Nr. 31.

185

OBFELDEN

▮ Reformierte Kirche. Erb. 1847–48 von Ferdinand Stadler; Neugest. des Innern 1932–33 von Albert Heinrich Steiner; Aussenrenov. 1988. Neugot. Bau mit Frontturm.

OBERLUNNERN FABRIKSTRASSE ▮ Nrn. 4/6/8, ehem. Seidenfabrik Stehli. Hauptbau 1880–81.

VILLAWEG ▮ Nr. 5, Villa Stehli. Erb. 1875–76 von Adolf Brunner für Fabrikant Emil Stehli-Hirt; Renov. 2003–04. Verschiedene Nebenbauten und grosszügige Parkanlage.

MASCHWANDEN

Geschlossenes, von stattlichen Fachwerkbauten geprägtes Dorfbild. ▮ **Reformierte Kirche**. *Typische Zürcher Landkirche der Spätgotik.* 1505 Neubau von Hans Felder d. Ä. (?) anstelle eines um 1370 erwähnten Vorgängerbaus; Renov. innen 1969–70, aussen 1985. Saalkirche, eingezogener Polygonalchor mit gestuften Strebepfeilern und Chorflankenturm mit Käsbissendach. Spitzbogenfenster mit Masswerk. Im Schiff Holzdecke von 1918 mit geschnitzten Friesen nach Muster der orig. Decke im Schweiz. Landesmuseum Zürich; im Chor reiches Netzgewölbe mit ornamentalen Malereien von 1918. Acht Glasfenster nach den Orig. im Landesmuseum von Oswald Göschel und Lukas Zeiner 1506 (Leodegar, Mauritius, Christus und Felix, Regula und Exuperantius, Wappen des Bischofs Hugo von Hohenlandenberg, Konrad und Pelagius, Standesscheibe von Uri, Martin von Tours). Spätklassiz. Kanzel und Taufstein in Stuckmarmor 1834.

185

DORFSTRASSE ▮ Nr. 54, Gemeindehaus. Als Untervogtshaus erb. 1759; tiefgreifender Umbau 1965–66, Renov. 1992–93. Stattlicher Fachwerkbau mit Klebdächern, Kachelofen mit Allianzkachel 1759.

CHILERAIN ▮ Nr. 1, ehem. Doppelwohnhaus E. 18. Jh.; Renov. 1987–88. Verputztes Ämtlerhaus mit betonter Giebelfassade und Klebdächern, rückseitig angebaut ein als Fachwerkkonstruktion erstelltes Trotthaus.

186

185 Maschwanden. Ref. Kirche.
186 Mettmenstetten. Ref. Kirche, Holzdecke.

SCHULHAUS-TYPEN DES 19. JAHRHUNDERTS

Die frühesten Volksschullokale im Kanton Zürich befanden sich in den privaten Stuben des Schulmeisters, allenfalls in Pfarrhäusern. Es existierte keine Schulpflicht, vermittelt wurden elementare Kenntnisse in Lesen, Schreiben und Rechnen sowie der christlichen Glaubenslehre. Bessere Bildung war unerwünscht, da sie die ständische Ordnung gefährdete.

Eine erste Schulordnung von 1637 motivierte zwar einzelne Gemeinden zum Bau eigentlicher Schulhäuser, wobei man sich an die regionalen Wohnbautraditionen hielt. Die Zustände blieben aber mehr oder weniger unverändert, bis 1832 die neue liberal-radikale Regierung des Kantons Zürich das für europäische Verhältnisse revolutionäre Volksschulgesetz mit obligatorischem Schulbesuch schuf. Ebenfalls 1832 wurde in Küsnacht das erste Lehrerseminar des Kantons gegründet. Die liberalen Kräfte sorgten für die Erziehung der Kinder aus allen sozialen Schichten zu «geistig tätigen, bürgerlich brauchbaren und sittlich religiösen Menschen», mit denen die demokratische Ordnung gesichert werden sollte. Das Schulwesen wurde zur Aufgabe des Staates und der Bau von Volksschulhäusern zu einer wichtigen Aufgabe der Öffentlichkeit. 1835 gab der Erziehungsrat eine verbindliche Anleitung zum Bau von Schulhäusern heraus, 1836 ergänzt mit Musterplänen des Architekten Heinrich Bräm für zwölf Schulhäuser unterschiedlicher Grösse mit Unterrichtszimmern für 50 bis 150 Kinder, meist kombiniert mit einer oder mehreren Lehrerwohnungen. Die einfachsten Schulhäuser sind

Affoltern am Albis. Primarschulhaus Chilefeld, 1878–79 (s. Seite 262).

schlichte, zweigeschossige Gebäude mit längsrechteckigem Grundriss und Satteldach, regelmässiger Fassadenordnung und einem Flur an der einen Schmalseite zur Erschliessung der Klassenzimmer im Erd- und der Lehrerwohnung im Obergeschoss. Als Schmuck kann ein Rillenputz im Erdgeschoss dazukommen. Die aufwändigeren Bauten präsentieren sich mit Walmdach, Ecklisenen in den Obergeschossen, Geschossgurten, Fensterverdachungen und klassizistischer Fassadengliederung. Von einem Mittelrisalit aus werden die quer durch das Gebäude führenden Gänge betreten, welche in die seitlich angeordneten Schulzimmer, bzw. Lehrerwohnungen führen.

Musterplan von Heinrich Bräm für ein «Dreifaches Schulhaus mit Lehrzimmer für 120 bis 150 Kinder und einer Lehrerwohnung auf jedem Stockwerk», 1836.

Von 1836 bis gegen Ende des 19. Jahrhunderts wurden unzählige Schulhäuser nach Vorbild der Musterpläne Bräms gebaut, die noch heute Stadt und Landschaft Zürich prägen. Das ehemalige Schulhaus in (Zürich-)*Hottingen* (1820) und das alte *Eidmattschulhaus in Wädenswil* (1834–35) nahmen die Musterpläne vorweg. Noch im Jahr ihrer Veröffentlichung entstand das exemplarische Primarschulhaus in *Bonstetten* (1855 abgebrannt und neu aufgebaut). Bis gegen Ende des 19. Jahrhunderts hielt man sich grundsätzlich an das klassizistische Vorbild, wobei verschiedene Varianten und Abwandlungen zu beobachten sind, wie etwa bei den ehemaligen Schulhäusern *Uerikon* (1846) und *Ellikon an der Thur* (1856–57). Besonders repräsentative Beispiele sind das ehemalige Schulhaus von *Ossingen* (1864) und das *Schulhaus Chilefeld in Affoltern a. A.* (1878–79). Einige Architekten gestalteten die Musterpläne in eigener Sprache um, so Ernst Georg Jung beim Neurenaissance-Schulhaus von *Andelfingen* (1876–77) und Julius Huber bei jenem von *Elgg* (1888–90).

Attilio D'Andrea
und Annegret Diethelm

Bonstetten. Ehem. Primarschulhaus von 1836, 1855 abgebrannt und neu aufgebaut.

STAD ▪ Ehem. Standort einer wahrscheinlich von den Freiherren v. Eschenbach im 12. Jh. gegründeten befestigten Siedlung mit Burg und Vorburg, wohl ohne Stadtrecht. Zerstörung 1308 beim Rachefeldzug der Habsburger nach der Ermordung von König Albrecht. Zerstörung der Ruinen durch Abtragung der Mauersteine (u. a. für Kirchenbau um 1505) und Kiesabbau seit 1854.

Museum:
- Ortsmuseum, Unterdorfstrasse Nr. 28.

METTMENSTETTEN

Stattliches Dorf mit lang gezogenem, historischem Ortskern. ▪ **Reformierte Kirche**, ehem. St. Peter und Paul. 998 erwähnt. Vier Bauetappen 8.–14. Jh., Baureste unter dem heutigen Chor konserviert. Neubau 1520–21 unter Verwendung des wohl 1473 errichteten Turms; Dachkonstruktion über dem Chor 1703d; Neugotisierung 1869 von Johann Caspar Wolff; neugot. Turmhelm und Schallöffnungen 1898 von Friedrich Kronauer; Freilegung und Rest. der Gewölbemalerei im Chor 1912; Innenrenov. 1961–62; Aussenrenov. 1984. Saalkirche mit eingezogenem Polygonalchor und Flankenturm an der Nahtstelle von Schiff und Chor. An Schiff und Chor Spitzbogen-
186 fenster mit Masswerk. Im Schiff prächtige **Holzdecke** mit Flachschnitzereien, gemäss Inschriften an den Friesen 1521 von Jakob Winkler. An den Kreuzungsstellen der Friese drei Medaillons mit Darstellungen der Kirchenpatrone Petrus und Paulus, der Muttergottes sowie dem Wappen Zürich-Reich. Im aussenseitig von Streben widerlagerten Chor Rippengewölbe mit dekorativen Malereien aus der Bauzeit, auf den drei Schlusssteinen Petrus, Paulus sowie Zürcher- und Reichswappen. An der Nordwand Turmpforte mit Jahreszahl 1521, Sakristeitür, Läuterfenster und Sakramentsnische. Im Chor Reste von Dekorationsmalereien des 17. Jh. An der Südwand Grabplatte mit Standbild des 1499 verstorbenen Dekans und Leutpriesters Johann Keller von Felben (Kopie, Original im Schweiz. Landesmuseum). Kanzel und Taufstein 1962 von Otto Münch.

RÜTELIWEG ▪ Kath. Kirche St. Burkard. Erb. 1967–68 von Ernst und Gottlieb Studer und Joachim Naef.

ALBISSTRASSE ▪ Nr. 1, Gasthaus zum Weissen Rössli. Erb. 1815; Umbau zum Wohn- und Wirtshaus mit Saalanbau 1842; Renov. 1960. ▪ Bei Nr. 21, Bohlenständerspeicher wohl 17. Jh.

SCHULHAUSSTRASSE ▪ Nr. 23, Schulhaus Wygarten II. 1994–95 von Willi Egli. Schulhaus mit eindrücklicher Treppenanlage.

GRÜT Intakter Weiler. Doppelwohnhaus, stattlicher Bohlenständerbau mit Klebdächern 1797–99.

ROSSAU ROSSAUERSTRASSE ▪ Hof Buchmann, intakte Hofanlage, Wohnhaus von 1741d, Trottgebäude 1791d.

187

188

187 Rifferswil. Oberrifferswil. Doppelwohnhaus.
188 Rifferswil. Unterrifferswil. Doppelwohnhaus.

BUCHSTOCK ▮ Doppelwohnhaus. Erb. 1785 für Fergger Hans Conrad Weiss; Rest. 1983–84. Repräsentativer Massivbau mit aufgemalten Eckquadern.

RIFFERSWIL

Lang gestreckte, von stattlichen Bauernhäusern des 17.–19. Jh. und ihren Nebengebäuden geprägte Siedlung am Jonenbach mit zwei weitgehend intakten Ortskernen.

OBERRIFFERSWIL ▮ Reformierte Kirche, ehem. St. Martin, in ummauertem Friedhof in leicht erhöhter Lage. Schiff wohl 14. Jh., ergänzt im 15. Jh. durch einen Turm und 1720 durch einen Chor; Renov. 1973–75. Saalkirche mit Polygonalchor, der eine grössere Breite als das Schiff aufweist; auf der N-Seite Flankenturm mit Käsbissendach. Gebrochene Holzdecke 1720; barocke Emporenbrüstung; einfacher, wohl spätgotischer Taufstein; Kanzel auf Steinsäule 1668.

187 HAUPTIKERSTRASSE ▮ Nr. 6, **Doppelwohnhaus** 1827–28; Renov. 1983–85. Eindrücklicher Fachwerkbau mit engmaschigem, symmetrisch gestaltetem Fachwerkbild.

UNTERRIFFERSWIL JONENBACHSTRASSE ▮ Nr. 16, Schulhaus. Erb. 1912–13 von Franz Frisch;
188 Renov. 1970. Heimatstilbau. ▮ Nrn. 42/44, **Doppelwohnhaus** 1679. Stattlicher giebelbetonter Bohlenständerbau mit Klebdächern und Freitreppe.

AEUGST AM ALBIS

▮ Reformierte Kirche. Erb 1667; Umbau 1818; Rest. und Verlängerung 1966–67; Renov. 1997–98. Saalkirche mit eingezogenem, quadratischem Chor; verschindelter Dachreiter von 1821; an Schiff und Chor Spitzbogenfenster. Im Chor Kreuzgratgewölbe mit Wappenstein im Scheitel; Umschrift: «Hans Caspar Landolt Amtman zu Capel Bauw Herr diser Kirchen 1667». Ornamentale Wandmalereien an Chorbogen und in den Fensterleibungen, Kanzel auf Steinsäule sowie Taufstein aus der Bauzeit.

CHILEWEG ▮ Nr. 2, ref. Pfarrhaus. Erb. 1668; Innenrenov. 1973–74; Aussenrenov. 2005. Fachwerkbau.

SPITZENSTRASSE ▮ Nr. 10, Schulanlage Gallenbüel. Gruppe von Zeltdachkuben 1982–83 von Hans Howald.

AEUGSTERTAL REPPISCHTALSTRASSE ▮ Nr. 31, ehem. Spinnerei 1854–60. ▮ Chloster. Gemäss Überlieferung einstiges Beginenhaus oder Franziskanerinnenkloster; Um- oder Neubau 1561–62, diverse spätere Erweiterungen zum heutigen mächtigen Baukörper.

HABERSAAT ▮ Blockbauspeicher 1598d.

HAUSEN AM ALBIS

▮ Reformierte Kirche, ehem. St. Ulrich. Ersterwähnung 1250. 1491–94 Neubau anstelle einer roman. Kapelle; 1751 Neubau von David Morf unter Beibehaltung des Turms; 1905 spitzer Turmhelm mit Wimpergen von Paul Kuder; 1925 Renov. nach Brand; 1968–69 tiefgreifende Modernisierung, u. a. Zerstörung des spätgotischen Hauptportals. Saalkirche ohne ausgeschiedenen Chor; Flankenturm. Sakramentshäuschen um 1494, 1968–69 versetzt.

BIFANGSTRASSE ▮ Nr. 4, katholische Kirche Herz Jesu. Erb. 1976–77 von Albert Müller.

ZUGERSTRASSE ▮ Nr. 13, Wohnhaus Wiesental 1841. Ländlich-klassiz. verputzter Teilfachwerkbau mit Klebdächern. Zugehörige Scheune 1858, umgest. 1894. ▮ Nr. 5, Wohnhaus Blumenau 1854–58; Aussenrenov 1983–84, Innenrenov. 2003. Klassiz. Massivbau mit aufgemalten Fensterverdachungen. ▮ Nr. 10, Gemeindehaus. Erb. 1912 von Franz Frisch; Aussenrenov. 1983–84. Heimatstilbau mit Fassadenverzierungen in Kunststein von Wilhelm Schwerzmann. ▮ Nr. 14, Mühlehof 1790; Aussenrenov. 1988–89. Stattlicher Fachwerkbau. ▮ Nr. 18, ehem. Ferggerei und Wohnhaus Zürrer. 1840–41 von Leonhard Zeugheer und Wilhelm Waser für den Seidenindustriellen Jakob Zürrer; Renov. 1980–93. Typologisch interessanter, repräsentativer Mehrzweckbau mit Wohnräumen, Scheune, Stallungen, Kontor, Lager, Blattmacherstube, Knechtsstube. ▮ Nr. 21, Gewerbehaus. 1850–51 von Ferdinand Stadler für Jakob Zürrer; Aussenrenov. 1978, Innenrenov. 1986.

SCHULHAUSSTRASSE ▮ Nr. 7, Oberstufenschulhaus, 1996 von B. Roos, P. Roos, A. Schmid.

HEISCH ALBISSTRASSE ▪ Nr. 23, Wohnhaus Brunnental 1868; Verandaanbau mit Jugendstilverglasung 1902.

HEISCHERSTRASSE ▪ Nr. 10, ehem. Untervogtshaus wohl 16. Jh.; Aussenrenov. 1986. Bohlenständer- und Fachwerkbau, nachträglich seitlich erweitert. Am Kniestock der Trauffassade und in der Bohlenstube im OG ornamentale Malereien M. 18. Jh.

TÜFENBACH ▪ Zwei stattliche Doppelwohnhäuser, das eine dat. 1715; Renov. 1992 bzw. 1985–86. Fachwerkbauten mit Klebdächern.

VOLLENWEID ▪ Reihenwohnhaus 16. od. 17. Jh.; Teilabbruch 1937; Aussenrenov. 1978. Bohlenständerbau. Imposante Doppelscheune 1839; Umbau 1990–91. Doppelwohnhaus 1843; Renov. 1993–95.

TÜRLEN ▪ Doppelwohnhaus 1780; Aussenrenov. 1991. Stattlicher Fachwerkbau.

ALBISBRUNN ▪ Jugendheim. Als Wasserheilanstalt erb. 1838–42 von Leonhard Zeugheer und Wilhelm Waser; seit 1925 Erziehungsheim; 1934–35 Renov. und Neubau des Mitteltraktes von Johannes Meier. Lang gestrecktes klassiz. Gebäude unter Walmdach mit Mittel- und Seitenrisaliten.

HUSERTAL ▪ Doppelwohnhaus 18. Jh.; Aussenrenov. 1971–77, 2000. Fachwerkbau mit Klebdächern.

UNTERER SCHWEIKHOF ▪ Aussiedlerhof, 1. H. 18. Jh.; Aussenrenov. 1990–92. Fachwerkbau mit Klebdächern. Waschhaus 1841.

HIRZWANGEN ▪ Hof Unterhirzwangen 18. Jh. Fachwerkbau mit Klebdächern.

SCHNABELBURG. Erb. im 13. Jh. für Walter v. Eschenbach (Schnabelburg-Schwarzenberg), Inhaber der Reichsvogtei Zürich als Untervogt der Zähringer. Die Burg zerstört 1309 im Blutrachefeldzug der Habsburger gegen Freiherr Walter IV. v. Eschenbach, Mitverschworener beim Königsmord von Windisch. Ausgrabung und Konserv. 1953–55. Nördl. Wohnturm, südl. Gesinde- und Ökonomiegebäude, Ringmauer.

KAPPEL AM ALBIS

190 ▪ **Ehem. Zisterzienserabtei***. *Die jüngste der schweizerischen Zisterzienserkirchen ist einer der bedeutendsten gotischen Sakralbauten des Landes, ausgezeichnet durch Klarheit und Konsequenz in Grundrissgestaltung und Aufbau, ausgestattet mit bemerkenswertem Zelebrantensitz und hervorragenden Glasgemälden.* Gestiftet 1185 durch die Freiherren v. Eschenbach-Schnabelburg als Tochterkloster des Klosters Hauterive. Vom roman. Kloster Baureste der ehem. Infirmerie (1210d) im späteren Amtshaus, in der S-Mauer des Südquerschiffs sowie im O- und S-Flügel. Got. Neubau der Kirche (von O nach W) um 1250 bis ins 14. Jh. (Weihe des Hochaltars 1283, Dachstuhl 1304d, Weihe von drei Altären 1349). Neubau des W-Trakts 1. H. 14. Jh. Renov. des Klosters nach Verwüstung im Alten Zürichkrieg 1443 und nach Brand 1493. Reformation 1527 unter dem letzten Abt Wolfgang Joner, der das Kloster der Stadt Zürich übergab und 1531 an der Seite Zwinglis in der Schlacht bei Kappel fiel. 1527 Umwandlung der Kloster- zur Pfarrkirche und Einrichtung eines Knabeninstituts in den ehem. Konventbauten. 1547 Einrichtung eines Klosteramts durch die Stadt Zürich (bis 1803). 1660–61 Erweiterung und Umbau des Amtshauses. 1706 Bau der engeren Umfassungsmauer (heute Gartenbegrenzung). 1736 weitgehender Neubau des Pfarrhauses. Vor 1738 Pfisterei (heute Haus am See). 1791 Abbruch Kreuzgang. 1821 Neubau Schulhaus. 1836 Umbau des W-Traktes zu Armenanstalt. 1841 Umbau des Hauses am See in Waisenhaus und 1878 in Kor-

189

rektionsanstalt, 1895 des S-Flügels in Krankenhaus. Im 19. Jh. Abbruch des Eingangstors zwischen Gasthaus Post und Schulhaus. Landwirtschaftl. Bauten im W aus der Anstaltszeit. Gesamtrenov. 1920–27, 1935. 1956–59 Innenrest. Kirche. 1979–83 tiefgreifender Umbau der ehem. Konventsbauten und des Amtshauses zu Haus der Stille und Besinnung.
189 2000–01 Aussenrest. Kirche. ▮ Ehem. Klosterkirche St. Maria. *Äusseres.* Kreuzförmige Anlage, bestehend aus basilikalem Langhaus, Querhaus und annähernd quadratischem Altarhaus, seitlich je zwei niedrigere Chorkapellen, im Schnittpunkt der steilen Satteldächer (südl. Dachfläche des Mittelschiffs mit Ziegeln aus dem 14. Jh.), Dachreiter 1640. Gegensatz von gekalkten, verputzten Fassaden (Seitenschiffe, Seitenfassaden der O-Teile) und aus bräunlichen Sandsteinquadern gefügten Fassaden. An der O-Partie teilw. Lisenengliederung und Spitzbogenfriese, welche den urspr. Dachansatz bezeichnen (Planänderung während des Baus); einzelne Konsolen des Bogenfrieses des nördl. Querschiffarms mit skulptierten Tier- und Menschenköpfen. Den Strebepfeilern der Seitenschiffe entsprechen an den Hochwänden flache Lisenen; die Ecken zur W-Front durch je zwei rechtwinklig zueinander gestellte Streben verstärkt. Von den Masswerkfenstern bezeichnen das dreiteilige O-Fenster des Altarhauses und das kompliziert aufgeteilte jüngere W-Fenster die Stilentwicklung von der Früh- zur Hochgotik. Heutiger Eingang durch das Seitenportal im nördl. Querschiff; Kämpfer, Pfeiler und Kragsteine mit derben Knospenkapitellen, eines mit bärtigem Kopf eines Gekrönten. An der W-Front das spitzbogige Hauptportal, an der S-Seite zwei Türen vom ehem. Kreuzgang. *Innenraum* von ausgewogenen Proportionen und Einheitlichkeit, nur die unterschiedliche Gestaltung einzelner Bauglieder weist auf die lange Bauzeit hin. Kreuzrippengewölbe mit Schlusssteinen in allen Raumteilen, mit Ausnahme der spitztonnengewölbten Chorkapellen. In der O-Partie sitzen die Rippen, Schildbogen und Vierungsbogen auf Kapitellen mit einfachen oder doppelten frühgot. Blattreihen, während im Langhaus die Wandvorlagen ohne Unterbruch bis zum Gewölbeansatz in die Höhe streben. Die rechteckigen Arkadenpfeiler sind nach dem Mittelschiff durch rechteckige Vorlagen verstärkt, die auf unterer Kämpferhöhe den Querschnitt von halben Sechsecken annehmen; nach den Seitenschiffen halb sechseckige Vorlagen. An der W-Wand und den Aussenwänden der Chorkapellen enden die Gewölbe auf verschieden geformten Konsolen. Auf der Höhe der Rippenanfänge des Hauptgewölbes spannt sich ein kräftiges Gesims zwischen die Wanddienste, auf dem die dreiteiligen Spitzbogenfenster sitzen; ihr Masswerk zeigt die reichsten und fortgeschrittensten Formen, teilw. schon Fisch-

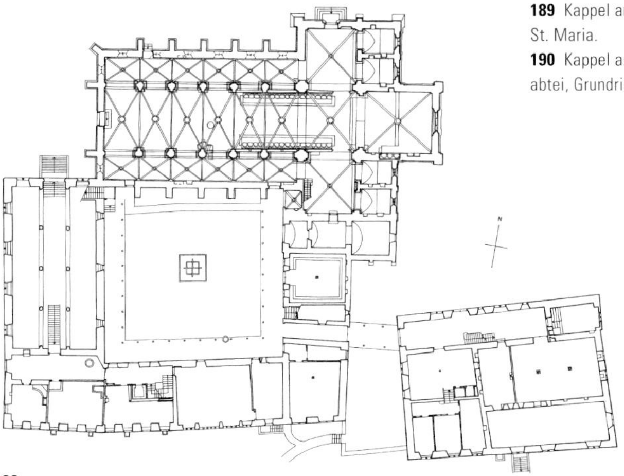

190

189 Kappel am Albis. Ehem. Klosterkirche St. Maria.
190 Kappel am Albis. Ehem. Zisterzienserabtei, Grundriss der Anlage.

blasen. Im nördl. Querhausgiebel Rundfenster mit Masswerkrosette. Die über eine Treppe zugängliche Tür oben im südl. Querhausarm führte urspr. zu den Mönchszellen. Die Schlusssteine zeigen im Altarhaus ein archaisch wirkendes Agnus Dei, im nördl. Querhaus den Löwen des Evangelisten Markus, im S-Flügel den Adler des Johannes, in der Vierung und den Mittelschiffjochen reiche, urspr. polychrome Blattmasken, im W einen Löwen, der seine Jungen durch Belecken zum Leben erweckt, ein Hinweis auf die Auferstehung Christi; in den Seitenschiffen einfachere Rosetten- und Blattwerkschlusssteine. Im Mauerverband mit der S-Wand des Altarhauses befindet sich der **Zelebrantensitz***, *wohl die formvollendetste frühgotische Steinmetzarbeit dieser Art in der Schweiz.* In eine spitzbogige, von Birnstabprofilen gerahmte Nische eingestellt drei zierliche Arkaden mit Kleeblattbogen. Die Kapitelle der schlanken Säulen mit reichen Blattschmuck, dieser setzt sich auf den Gesimsstücken über den durchbrochenen Trennungswänden bis zur Nischenrückfront und auf den seitlich ausgreifenden Kämpfern fort. Im Bogenfeld zwei Dreipässe, begleitet von kerbschnittartigen Ornamenten, im Scheitel ein Vierpass. Daneben Piscina in Form von zwei in Kleeblattbogen geschlossenen Nischen, die unter einem Spitzbogen zusammengefasst sind. Wandmalerei im Altarhaus und den vier als Grablegen der Wohltäter des Klosters dienenden Kapellen. Im 2. Drittel 14. Jh. nach einheitlichem System ausgemalt: an den Seitenwänden Bilderfriese über Teppichbehang, an der O-Wand zwei grosse Heiligenfiguren, die Tonnen der innern Kapellen gestirnt, der äussern mit Rautenmuster. Von N nach S: Nikolauskapelle der Edlen v. Baldegg. Johanneskapelle der Freiherren v. Bonstetten: an der N-Wand Szenen aus dem Leben der beiden Johannes, an der S-Wand Christus mit den Klugen und Törichten Jungfrauen, an der O-Wand die hll. Johannes d. Ev. und d. T. Peter- und Paulskapelle der Ministerialen v. Uerzlikon: an den Seitenwänden Medaillons mit Evangelistensymbolen und Propheten, an der O-Wand die hll. Petrus und Paulus. Stephanskapelle der Familie Gessler v. Brunegg: an der N-Wand Kreuzigung mit Aposteln, an

191

191 Kappel am Albis. Ehem. Klosterkirche St. Maria, Glasmalerei.

der S-Wand zehn Heilige und auf die O-Wand übergreifend Anbetung der Hll. Drei Könige, an der O-Wand links vom Fenster hl. Christophorus, an der W-Wand zwei Leuchter tragende Engel. Querhaus: an der N-Wand hl. Martin und über der Spitzbogennische neben der Nikolauskapelle das Allianzwappen des Hans v. Baldegg (gest. 1474) und seiner Frau Verena v. Aarburg (gest. 1451). Altarhaus: an der N-Wand grosse Muttergottes, 14. Jh., an den östlichen Vierungspfeilern zwei Teppich haltende Engel. Heraldische Malereien an den Eingängen der Kapellen und des Altarhauses 17. Jh. **Glasmalerei***. *Nach Königsfelden die reichste gotische Glasgemäldefolge des 14. Jh. in der Schweiz.* Von dem einst umfangreicheren, anfangs des 14. Jh. entstandenen Zyklus sind die Füllungen der fünf Fenster von drei versch. Künstlern in der nördl. Hochschiffwand erhalten. Sie zeigen in jeder Lanzette eine stehende Heiligenfigur unter Tabernakel vor abwechselnd blauem und rotem Grund. Von O nach W: der Ge-

kreuzigte zwischen Maria und Johannes, darunter
191 Verkündigung und der Stifter Walter v. Eschenbach; Madonna zwischen Apostel Andreas (oder Philippus) und Evangelist Johannes; Johannes d. T. zwischen Apostel Jakobus Major und hl. Oswald; Bernhard v. Clairvaux (oder Benedikt von Nursia) und zwei hll. Bischöfe; Jesus, der ungläubige Thomas und Johannes Evangelist. Ornamentale Farbfenster im Langhaus, westlichstes Fenster 1931, wohl von Hermann Röttinger, Fenster des südl. Obergadens und W-Fenster 1985–2001 nach Entwürfen von Spirig & Kask Architekten. Das Glasgemälde im Altarhaus 1965 von Max Hunziker. Das eichene Chorgestühl aus der 1. H. des 14. Jh. gehört zu den ältesten in der Schweiz. Erhalten sind die Rücksitze mit je siebzehn Plätzen, aufgestellt in der Vierung und den zwei östl. Mittelschiffsjochen; Wangen mit Voluten, Knospen, Tier- oder Menschenköpfen. Die von Wimpergen bekrönten Durchgänge nach den Querhausflügeln und besonders die östl. Abschlusswangen sind reich geschnitzt (u. a. Trägerfiguren); Ergänzungen 1896 von Joseph Regl. Kanzel: Unterbau mit Steintreppe und spiralig gedrehter Säule 1527, Kanzelkorb und Schalldeckel mit Spätrenaissance-Ornamentik 1664. Achteckiger Taufstein mit Zisterzienserwappen 1528. Chroniktafel im nördl. Seitenschiff verfasst 1633 von Amtmann Rudolf Schwytzer. Grabplatten des Konstanzer Chorherrn Hartmann v. Baldegg (gest.1462) in der Nikolauskapelle, des Gottfried IV. v. Hünenberg (gest. 1383) und seiner Gattin Margarethe v. Friedingen (gest. 1371) im südl. Seitenschiff. Die übrigen im Boden von Altarhaus, Querhaus und Kapellen eingelassenen Grabplatten stammen von den Familien der zürcherischen Amtmänner. Die Grabkapelle der Edlen v. Hallwyl in der Ecke zwischen südl. Querhaus und Seitenschiff, vom ehem. Kreuzgang aus zugänglich, Altar gestiftet 1306, geweiht 1345; Kreuzrippengewölbe, Fragmente der Ausmalung 14. Jh. ▮ Klostergebäude. Ehemalige, später stark veränderte Konventbauten umschliessen im Viereck den Innenhof, in der Mitte Raumplastik Alba von Florin Granwehr 1983. O-Flügel: Kapitelsaal, 1919–83 wiederhergestellt, u.a. Rückführung der bemalten spätgot. Decke aus dem Landesmuseum. Im Durchgang zum Amtshaus spätgot. Decke mit Flachschnitzerei, dat. 1497, ebenfalls aus dem Landesmuseum zurückgeführt. W-Flügel: imposanter dreischiffiger Keller mit sechs achteckigen Pfeilern und Flachtonnen, heute Speisesaal. Ehem. Amtshaus. Kern Infirmitorium 1210d; im 13. Jh. nordseits Anbau der Krankenkapelle St. Simon und Judas; im 14. Jh. winkelförmige Erweiterung gegen W; vor der Reformation Abtei und Priorat; 1660–61 Umbau zum repräsentativen Sitz des Kappeler Amtmanns und Erweiterung des unregelmässigen Grundrisses zum Rechteck. Im OG Halle mit rot gefasstem Fachwerk, getäferte Stube und Schlafzimmer des Amtmanns von 1661. In der Halle zwei Wappentafeln der Kappeler Amtmänner (1527–1822). ▮ Ref. Pfarrhaus südlich der Kirche. Im Kern wohl 16. Jh.; Umbau 1736. Massivbau mit Fachwerkgiebel.

LIERENHOF ▮ Nrn. 3/5, ehem. Lehenshof des Amtshofs Kappel, 1550 gegründet. Neubau des Wohnhauses 1728–29; Erweiterung und Anbau der Scheune 1740d; Renov. 2006–08. Voluminöses Vielzweckbauernhaus in Bohlenständer- und Fachwerkbauweise, ursprünglich mit drei Wohnteilen.

NÄFENHÜSER ▮ Nrn. 11/13, sog. Näfenhaus, ehem. Lehenshof des Amtshofs Kappel, 1550 gegründet und Adam Näf, dem Retter des Zürcher Banners in der Schlacht bei Kappel, verliehen. Um- oder teilw. Neubau 1727; Aussenrenov. 1985. Stattlicher Bohlenständer- und Fachwerkbau, bestehend aus einem Vielzweckbauernhaus und einem angebauten, breiteren Doppelwohnhaus, möglicherweise von 1727 (Jahreszahl an Lukarne). Im Wohnteil des älteren Teils sog. Näfenstube 1889–90 als Gedenkstätte für Adam Näf.

ALBISSTRASSE ▮ Zwinglidenkmal. Granitblock mit Schrifttafeln, errichtet 1838 am angeblichen Sterbeort Zwinglis in der Schlacht bei Kappel 1531.

UERZLIKON Geschlossener Weiler. WEIERMATTSTRASSE ▮ Nr. 5, Bohlenständerspeicher 17. Jh.; Umbau in Wohnhaus 1977–78. ▮ Nr. 10, Doppelwohnhaus, erb. wahrscheinlich 1733; Aussenrenov. 1985. Stattlicher Fachwerkbau mit Klebdächern.

LEEMATT ▮ Ehem. Lehenhof des Amtshofs Kappel 2. H. 18. Jh.; Innenrenov. 1985–86. Bohlenständer- und Fachwerkbau.

KNONAU

192 ▮ **Reformierte Kirche**, ehem. St. Sebastian und Gertrud. Erwähnt 1045. Spätgot. Neubau vollendet 1519; Umbau zum spätbarocken Predigtsaal 1769–70; Renov. 1960–61 und 2004. Saalkirche mit eingezogenem Polygonalchor; Chorflankenturm mit Käsbissendach. Im Innern über beiden Raumteilen Flachtonnen mit hervorragenden Stuckaturen in Grün- und Rottönen sowie Stuckmarmorkanzel von Lucius Gambs 1769.

193 CHAMSTRASSE ▮ **Schloss**. Um- oder Neubau 1525d als Landvogteisitz. 1534/40 wurde der palasartige Bau durch Anlage eines ummauerten Wassergrabens mit Toranlage und Fallbrücke zum Wasserschloss (Graben 1740 eingeebnet); 18. Jh. Bau der Trotte und der Schlossscheune; 1786 Pflanzung der beiden den Eingang flankierenden Platanen; 1789 Umbau und Anbau eines Treppenhauses, Gartenanlage mit Portal, Wasch- und Badehaus und Gefängnis; 1854–55 und 1879–80 Neubau von Gerichtshaus und Schlossscheune nach Brand; 1986–95 Rest. der Gesamtanlage. Sitz der Zürcher Landvögte bis 1798 und des Oberamtmannes 1816–32. Spätgot. Kubus mit Treppengiebeln, markantes Beispiel dieses Typus zürcherischer Schlösser im 16. Jh. Im Innern zwei barock bemalte Balkendecken und Ausstattung von 1789 (Täfer, Stuckdecken, Kachelöfen). ▮ Haus zur Farb. Erb. im 18. Jh., 1828–87 Blaufärberei. Innenrenov. 1974–75, Aussenrenov. 1983–84. Verschindelter Bohlenständerbau mit Lauben an den Traufseiten.

OBERDORFSTRASSE ▮ Nr. 2, ref. Pfarrhaus. Um- oder Neubau 1669; Renov. 1967 (innen) und 1985 (aussen). Mächtiger dreigeschossiger Fachwerkbau über gemauertem Erdgeschoss. Geschnitzte Eckständer und ornamental gestaltete Fensterbrüstungsfelder.

SCHMIEDGASSE ▮ Nr. 2, sog. Meyerhaus. Älteste Teile 1450d (Kellerdeckenbalken); 1578d Umbau und heutige Dachkonstruktion; Aussenrenov. 1992–93. Vielzweckbauernhaus, der Wohnteil grösstenteils in Massivbauweise erstellt. An der O-Fassade aufgemalte Diamantquaderung 1580 oder später.

BAAREGG ▮ Doppelwohnhaus 17./18. Jh.; Rest. 1991. Bohlenständerbau.

BUCHHOF ▮ Einzelhof mit Wohnteil in Bohlenständerbauweise, 17./18. Jh.; der langgestreckte Ökonomieteil quer dazu angebaut.

HINTERUTTENBERG ▮ Doppelwohnhaus erb. um 1680–89 (Jahreszahl an einem Eckständer). Bohlenständerbau, Fassade teilw. in Fachwerk erneuert.

192

193

192 Knonau. Ref. Kirche.
193 Knonau. Schloss.

GLOSSAR

Ädikula (lat.: kleines Haus, Tempelchen). Ziergehäuse in der Art einer antiken Tempelfront.

Ämterscheibe. Herrschaftsscheibe eines Standes der Alten Eidgenossenschaft mit den Wappen seiner Vogteien bzw. Ämter.

Apsis (gr.: Rundung). Im Grundriss halbkreisförmiger oder vieleckiger, meist von einer Halbkuppel überwölbter Raum; er öffnet sich zu einem Hauptraum, dem er an- oder eingebaut ist.

Baluster (ital. balaustro). Untersetztes Stützelement als Träger eines Geländers oder einer Brüstung (Balustrade).

Basilika (lat. und gr.: Königshalle). Drei- oder mehrschiffige Kirche mit befenstertem Mittelschiff.

Beginen. Religiöse Gemeinschaft von Schwestern ohne Bindung an ein Ordensgelübde.

Beinhaus (lat. ossarium). Gebäude oder Raum zur Aufbewahrung der Gebeine aus wiederbelegten Gräbern, oft mit einer Kapelle verbunden.

Beletage (frz.). Hauptgeschoss mit repräsentativer Zimmerflucht, s. auch Piano nobile.

Belvedere (ital.: schöner Ausblick). Lustschloss in Aussichtslage oder Dachgeschoss mit Aussichtsterrasse.

Bergfried. Hauptturm der mittelalterl. Burg, der zur Beobachtung und Verteidigung diente und bewohnbar war..

Blockbau. Holzbau aus waagrecht übereinandergeschichteten Stämmen oder Balken, die an den Ecken verzahnt sind, so dass die rechtwinklig aneinanderstossenden Wände verfugt werden.

Bohlen. Dicke Bretter, Füllungselemente bei der Ständerbauweise.

Bohlenständerbau. Ständerbau mit eingenuteter Bohlenwandung.

Bug, Büge. Schräge Vordachstrebe, Fuss- und Kopfverstrebung des Senkrechtskelettes von Ständerbauten oder Dachstühlen.

Campagne. Landhaus im französischen Stil.

Dachreiter. Leichtes, meist gezimmertes Glocken-, Uhr- oder Ziertürmchen, das auf das Dachgebälk abgestützt wird.

Dienst. Säulenartige Wand- oder Pfeilervorlage, welche die Gurten oder Rippen got. Gewölbe aufnimmt.

Dorische Säulenordnung. Sich nach oben verjüngender, kannelierter Säulenschaft ohne speziell ausgebildete Basis. Wulstförmiges Kapitell mit quadratischer Deckplatte.

Dreipass. Drei Dreiviertelkreise, die dem Rund in Form eines Kleeblattes eingeschrieben sind.

Epitaph (gr.). An Wand oder Pfeiler angebrachtes Denkmal zum Gedächtnis eines Verstorbenen.

Fachwerkbau Im Prinzip eine weiterentwickelte Ständerbauweise mit diagonalen und waagrechten Verspannungen (Windstreben bzw. Riegel oder Brustriegel), die gelegentlich dekorative Wirkung besitzen. Füllungen meist gemauert, oft auch bemalt.

Fensterband. In der modernen Architektur Reihe mehrerer unmittelbar nebeneinanderliegender Fenster.

Flamboyant (frz.). «Flammenstil», letzte Phase der Gotik, so benannt nach geflammten oder blasenförmigen Motiven im spätgot. Masswerk.

Flarz. Heimarbeiter- und Kleinbauernhaus im Zürcher Oberland.

Flugsparrendreieck, Freibund. Am Vordachfuss von Giebelfronten bilden Flugsparren oder Flugpfette (vgl. Pfette, Sparren), Stichbalken und ein kurzes hängendes Element (Hangbug, Abhängling) unverschalte dreieckige Konstruktionen. Besonders der Abhängling ist oft geschnitzt (Stern, Zwiebel). In der Ostschweiz spricht man vom «Züri-Vieri».

Freskomalerei (ital. affresco, al fresco). Wandmalerei, die «auf den frischen», noch feuchten Kalkputz aufgetragen wird.

Frontispiz. Giebeldreieck über einem formal ausgeschiedenen Gebäudeteil oder einem Altarretabel, in Anlehnung an den Tempelgiebel.

Grisaille (frz.). Malerei in Grautönen.

Gurt. Bandartiger Verstärkungsbogen des Gewölbes zwischen zwei Stützen.

Hallenkirche. Mehrschiffige, nur durch die Aussenwände belichtete Kirche. Die Schiffe mit gleicher oder annähernd gleicher Höhe (Staffelhalle)und meist unter gemeinsamem Dach.

Herme. Plastisches Bildwerk, bei dem nur der Kopf ausgearbeitet ist, während der Körper durch einen kantigen, meist nach unten verjüngten Schaft vertreten wird.

Hochstud. Vom Boden aufsteigende, mächtige Holzstütze, die die Firstpfette trägt.

Hochstudhaus. Ständerbau mit zwei oder mehreren Hochstüden als Träger des steilen Walmdaches, früher mit Stroh oder Schindeln gedeckt.

Intarsie. Einlegearbeit in Holz aus andersfarbigem Holz, Elfenbein, Metall usw.

Kabinettscheibe (auch Schweizerscheibe). Kleinformatiges Glasgemälde des 15.–18. Jh. zum Schmuck von Klarverglasungen.

Kalotte (frz.). Gewölbeform: Teil einer Kugelfläche.

Kämpfer. Deckplatte über Pfeiler oder Säule, über welcher der Bogen ansetzt.

Kapitell (lat. capitulum: Köpfchen). Der ausladende obere Abschluss von Säulen, Pfeilern und Pilastern.

Kapitelsaal. Häufig am Ostflügel des Kreuzgangs angeordneter Versammlungsraum des Klosterkonvents.

Kartusche (frz.). Schildförmige Fläche mit Zierrahmen.

Käsbissen. In der Schweiz gebräuchlicher Ausdruck für ein steiles Satteldach als Turmabschluss.

Klebdach. Fensterdächlein mit leichter Stützkonstruktion.

Knorpelwerk. Abstraktes plastisches Ornament in höckerigen Formen, in der Schweiz um 1630–1680.

Konsekrationskreuz. Meist als Wandmalerei angebrachtes Kreuzzeichen aus Anlass einer Neuweihe der betreffenden Kirche.

Krabbe. Kriechblume in Form von Blattornamenten als Zierat got. Bekrönungsarchitektur.

Kreuzfirst. Kreuzförmig sich durchdringende Satteldächer.

Kreuzstock. Fensterstock mit Pfosten und waagrechter Unterteilung, insbesondere das got. Fensterkreuz.

Krüppelwalm. Über dem Giebel abgewalmtes, geknicktes Walmdach. Das Bedachungsdreieck über der Giebelfront heisst Gerschild.

Lapidarium (lat.). Archäologische Sammlung geformter Architekturfragmente.

Laterne. Befensterte Kuppel- oder Turmbekrönung.

Leibung. Wandung von Maueröffnungen.

Leistendecke. Bretterdecke, deren Nuten durch profilierte Schmalhölzer (Deckleisten) verdeckt sind.

Lettner (lat. lectionarium: Lesebühne). Brückenartige Trennwand in mittelalterl. Kathedral- uind Klosterkirchen, die den Chor (Klerikerraum) vom Schiff (Laienraum) abtrennt, mit Tribüne im Obergeschoss.

Lisene. Flache, schwach vortretende Wandvorlage ohne Kapitell und Basis.

Lukarne. Dachausbau zur Aufnahme eines Fensters, vor allem in Giebelform.

Lünette (frz.). Halbmondförmiges Fenster, auch Bogenfeld.

Luzide. Schmales Fenster, Lichtschlitz.

Mansarddach. Dach mit gebrochener Dachfläche, wodurch im unteren, steileren Teil ein Dachgeschoss mit nur schwach abgeschrägten Zimmern gewonnen wird; benannt nach dem französischen Architekten François Mansart (1598–1666).

Mansardwalmdach. Mansarddach mit vier Schilden von gleicher Traufhöhe.

Mezzanin (ital.). «Halbgeschoss», d.h. ein in der Höhe reduziertes Zwischen- oder Abschlussgeschoss in der herrschaftlichen Profanarchitektur.

Obergaden. Fensterzone im Mittelschiff einer Basilika.

Oculus, Oculi (lat.: Auge). Gerundete Fensteröffnung.

Opus sectile (lat.: geschnittene Arbeit). Mosaik aus zugeschnittenen Marmorplättchen.

Opus spicatum (lat.). Röm. und mittelalterl. Mauerwerk mit schräg gestellten Steinlagern im Ähren- oder Fischgratverband.

Palas (lat. palatium). Herrenhaus der mittelalterl. Burg.

Palladiomotiv. Ein nach Andrea Palladio (1508–1580) benanntes, aber auf Sebastiano Serlio (1475–1554) zurückgehendes Architekturmotiv der Spätrenaissance: dreiachsige Öffnung mit betonter, von Bogen überhöhter Mitte. Vgl. Serliana.

Paramente (mittellat.). Liturgische Gewänder, ferner alle Textilien zu sakralem Gebrauch.

Pfette. Parallel zum First verlaufender Dachbalken, der mit den Sparren zusammen die Dachhaut trägt.

Piano nobile (ital.). Hauptgeschoss mit repräsentativer Zimmerflucht, s. auch Beletage.

Pietà (ital.) s. Vesperbild.

Pilaster (lat.). Flach aus der Wand hervortretender, in Fuss, Schaft und Kapitell gegliederter Wandpfeiler.

Piscina (lat.: Fischteich). Beckenförmige Mauernische mit Wasserablauf für die liturgische Händewaschung, meist rechts vom Altar.

Portikus (lat.). Von Säulen getragene Vorhalle.

Prospekt. Schauseite des Orgelgehäuses.

Purifizieren. Das Bestreben, ein Kunstwerk stilrein zu machen, d.h. spätere Stilzutaten zu entfernen.

Rafen. Dachbalken, der vom First bis zur Traufe reicht und die Dachhaut trägt. Das Rafenpaar ist über der Firstpfette aufgehängt und steht nicht wie die Sparren auf Fusspfette oder Binderbalken, sondern reicht über diese hinaus. Vgl. Sparren.

Rähm, Rähmbalken s. Ständerbauweise.

Rasterfassade. Fassade mit Netz aus senk- und waagrechten Linien als Ordnungs- und Gestaltungsprinzip.

Restaurierung. Wiederherstellungsmassnahmen an beschädigtem oder verfallenem Kunst- und Kulturgut mit dem Ziel, die ästhetischen, künstlerischen und historischen Werte zu bewahren und lesbar zu machen.

Retabel. Altaraufbau.

Riegelwerkbau s. Fachwerkbau

Risalit (ital.). In ganzer Fassadenhöhe vorspringender Gebäudeteil.

Rocaille (frz.). Asymmetrische Muschelform, dekoratives Leitmotiv des Rokokos. Verbindet sich spielerisch auch mit Blumen, Zweigen, Bäumen, ganzen ländlichen Szenen oder mit chinesischen Motiven.

Roll- und Beschlägwerk. Zusammenfassende Bezeichnung für Ornamente der deutschen Renaissance, die sich an ihren Rändern einrollen oder die wie geschmiedete Gebilde aus flachen Bandeisen erscheinen; die beiden Typen durchdringen sich häufig.

Saalkirche. Einschiffiger, ungeteilter Kirchenraum.

Sakramentshaus, Sakramentshäuschen. Wandnische oder schreinartig aus der Wand vortretender, oft durch reiche Bekrönung überhöhter Zierbau zur Aufbewahrung der Hostien; selten frei stehend.

Sala terrena (ital.). Gartensaal, Festsaal im Erdgeschoss eines Palastes.

Schalldeckel. Deckel über der Kanzel, der nebst der akustischen bisweilen auch eine künstlerische Funktion besitzt.

Schalltöpfe. Rundliche, in die Wand oder ins Gewölbe eingelassene Tontöpfe, welche angeblich die Akustik verbessern oder vielleicht nur Feuchtigkeitsregulatoren des Mauerwerks sind.

Schildbogen. Das Joch an der Wand begrenzender Gewölbebogen.

Schweizer Holzstil («Schweizerhausstil»). Von den Landesausstellungen des 19. Jh. beeinflusste, historisierende Chaletbauweise mit reicher ausgeschnittener und gesägter Holzornamentik.

Serliana. Vorzugsweise von der italienischen Kunstliteratur verwendete Synonymbezeichnung für das Palladiomotiv: Je zwei Stützen mit geradem Gebälk tragen einen verbindenden Rundbogen (vgl. Palladiomotiv).

Sgraffito (ital.: «Kratzputz»). Verschiedenfarbige Putzschichten werden unterschiedlich tief ausgekratzt, sodass ein polychromes Bild entsteht. Als schwarz-weisses Dekorationssystem namentlich im Kt. Graubünden zum Schmuck von Fassaden verwendet.

Sichtbeton. Beton brut. Unbearbeitet und unverputzt bleibender Beton, der je nach Art der Schalung verschiedenartige Oberflächenstruktur zeigt.

Skelettbau. Gerippe- oder Gerüstbau, bei dem alle tragenden Funktionen von einem Gerippe aus Holz, Stein, Eisen oder Stahlbeton übernommen werden.

Sparren. Dachbalken, der vom First bis zur Fusspfette reicht und – meist in Verbindung mit den Pfetten – die Dachhaut trägt. Im Gegensatz zu den Rafen steht das Sparrenpaar auf dem Binderbalken und bildet mit diesem einen festen Dreiecksverband. Unter dem giebelseitigen Dachvorsprung sichtbare Sparren heissen Flugsparren. Vgl. Flugsparrendreieck; Rafen.

Staffelfenster. Abgetreppte Fenster von drei oder mehr gekoppelten Öffnungen.

Ständerbauweise. Oberbegriff für alle Gebäudekonstruktionen, bei denen Schwelle, senkrechte Ständer und Rähmbalken das konstruktive Gerüst bilden. Je nach Wandfüllungen wird zwischen Bohlenständer- und Riegel- bzw. Fachwerkbau unterschieden (vgl. Bohlenständerbau, Riegelwerkbau).

Standesscheibe, Standeswappen. Heraldisches Emblem eines eidgenössischen Ortes, oft überhöht von Reichswappen und Krone.

Stichkappe. Rechtwinklig zur Gewölbeachse einschneidender Zwickel.

Supraporte. Schmuckfeld über dem Türsturz.

Tabernakel. Gehäuse zur Aufbewahrung der Hostie (seit dem 16. Jh.), in der Regel in Verbindung mit einem Altar. Vgl. Sakramentshaus.

Tartsche. Spielform des Wappenschildes, charakteristisch vor allem die seitliche Einbuchtung.

Thermenfenster. Dreiteiliges Fenster in Form eines halben Bogens oder eines Bogenabschnittes, aus der röm. Thermenarchitektur in den barocken Sakralbau übernommen.

Toskanische Ordnung. vgl. Dorische Säulenordnung, jedoch mit Basis und unkanneliertem Säulenschaft.

Triumphbogen (kirchlich). Trennbogen zwischen Schiff und Chor, auch Chorbogen genannt.

Tumba (lat.). Kastenförmiges Grab bzw. Grabdenkmal mit Deckplatte.

Vesperbild. Figurengruppe der über dem Leichnam Christi trauernden Muttergottes; ital. Pietà.

Vierpass. Vier der Rundform eingeschriebene, kleeblattartig geordnete Kreisteile.

Vierung. Raumteil, wo sich Langhaus und Querschiff durchdringen.

Volute (frz.). Architektonisches Zierglied mit spiraliger oder schneckenartiger Einrollung.

Vorzeichen. Schweizerische Bezeichnung für kleine Vorhalle vor dem Kirchenportal.

Walmdach. Vierseitig abfallendes Satteldach, das anstelle der Giebel zwei Schrägflächen aufweist.

Wanddienst s. Dienst.

Wendeltreppe. Spiralige, in der Regel um einen Mittelpfosten führende Treppe, besonders häufig in Burg- und Kirchtürmen des Spätmittelalters.

Zentralbau. Bauwerk ohne Richtungszwang mit architektonisch betonter Mitte, im Unterschied zum Längsbau.

Ziborium (lat.). 1. Zeltförmige Überdachung eines Altars, einer Statue oder eines Sarkophags. 2. Speisekelch zur Aufnahme der Hostien.

ABKÜRZUNGEN

A.	Anfang
abgebr.	abgebrochen
angeb.	angebaut
d	dendrodatiert
D.	Drittel
E.	Ende
erb.	erbaut
erw.	erwähnt
got.	gotisch
H.	Hälfte
klassiz.	klassizistisch
konserv.	konserviert
M.	Mitte
orig.	original
Rekonstr.	Rekonstruktion
Renov.	Renovation
Rest.	Restauration
röm.	römisch
roman.	romanisch
tosk.	toskanisch
umgeb.	umgebaut
umgest.	umgestaltet
V.	Viertel
verm.	vermutlich

ORTS- UND KÜNSTLERREGISTER

Abkürzungen

A Architekt, Baumeister, Festungs- und Brückenbaumeister, Ingenieur, Gartenarchitekt, Denkmalpfleger, bauberatende Berufe
Al Altarbauer
B Bildhauer, Bildschnitzer, Plastiker
G Goldschmied
Gg Glockengiesser
H Hafner, Ofenbauer, Ofenmaler
K Kunsthandwerker, Kunstgewerbler
M Maler, Fass- und Flachmaler, Glasmaler, Mosaizist, Grafiker
O Orgelbauer
R Restaurator
Sch Schmied, Kunstschlosser, Erzgiesser
St Steinmetz, Maurer
Stu Stuckateur, Marmorierer
U Uhrmacher
Z Zimmermann, Schreiner, Tischmacher, Ebenist

C

D

E

F

G

H

I

J

K

L

M

N

T

U

Z

HERKUNFT DER ABBILDUNGEN

Die Reproduktionsrechte für die Abbildungen und Pläne liegen bei folgenden Institutionen und Personen.

Fotografien

– *Archiv Hochbauamt der Stadt Winterthur:* Abb.-Nr. 121, 128.
– *Denkmalpflege der Stadt Winterthur:* Abb.-Nr. 122, 138.
– *Baugeschichtliches Archiv der Stadt Zürich:*
Abb.-Nrn.: 33, 63;
Seiten: 25 oben, 44, 45, 49, 50 oben, 53.
– *Grün Stadt Zürich:* (G. von Arb) Seite 187.
– *Kantonale Denkmalpflege Zürich, Dübendorf:*
Abb.-Nrn.: 3, 5, 8, 9, 12, 13, 14, 15, 17, 19, 23, 25, 29, 36, 41, 48, 51, 64, 66, 68, 69, 72, 74, 75, 77, 78, 79, 81, 83, 85, 87, 89, 90, 91, 92, 97, 101, 102, 105, 106, 108, 109, 110, 113, 115, 117, 132, 133, 139, 146, 150, 151, 153, 156, 157, 158, 159, 164, 165, 166, 167, 168, 170, 175, 180, 183, 185, 186, 187, 189, 192;
Seiten: 24 rechts, 25 unten, 50 unten, 51, 52, 56 unten, 82, 83 oben links, 83 oben rechts, 97, 98, 99, 100, 101, 102, 103, 104, 112, 113, 134, 135, 145, 147, 148 unten, 150, 151 unten, 152, 168, 169, 193, 194, 195, 196, 197, 198, 199, 200, 202, 203, 228, 264, 265 unten.
– *Staatsarchiv des Kantons Zürich, Zürich:* Seite 265.
– *Fotostudio Burkard, Winterthur:* Abb.-Nr. 140.
– *Cronica:* (P. Werner) Seite 83 unten.
– *Karin Gasser, Effretikon:* Seite 149.
– *Heinrich Helfenstein, Zürich:*
Abb.-Nrn.: 20, 24, 27, 31, 34, 47, 52, 56, 67, 96, 148;
Seiten: 54 oben, 56 oben.
– *Kunsthaus Zürich, Zürich:* (A. Affentranger) Abb.-Nr. 54.
– *Kunstmuseum Winterthur, Winterthur:* (Th. Cugini) Abb.-Nr. 131.
– *Georg Aerni, Zürich:* Seite 55.
– *Attilio d'Andrea/Annegret Diethelm, Cevio:*
Seiten 24 links, 106, 107.
– *Thomas Grünert, Zollikon:* Seite 54 unten.
– *Lindt & Sprüngli, Kilchberg:* Abb.-Nr. 65.
– *Ortner & Ortner Baukunst, Wien:* (Margherita Spiluttini) Seite 186.
– *Picswiss.ch:* Seite 151 oben.
– *Pius Räber, Othmarsingen:* Abb.-Nr. 141.
– *Sammlung Oskar Reinhart «Am Römerholz», Winterthur:* Abb.-Nr. 134; Seite 148 oben.
– *Christian Schwager, Winterthur:* Seite 146.
– *Rolf A. Stähli, Winterthur:*
Abb.-Nrn.: 1, 28, 30, 32, 37, 38, 39, 42, 45, 46, 49, 50, 53, 55, 57, 59, 60, 62, 73, 84, 88, 93, 94, 95, 98, 99, 100, 104, 107, 114, 116, 123, 125, 126, 127, 129, 135, 137, 142, 143, 147, 149, 152, 160, 163, 169, 171, 172, 173, 176, 177, 178, 181, 188, 193.
– *Stephan Steger, Zürich:* Seiten: 62, 63.
– *Robert Steiner, Winterthur:* Abb.-Nr. 136.
– *TECHNOPARK® Winterthur AG:* Seite 187 unten.
– *Tatjana Wegmann, Zürich:* Abb.-Nr. 130.

Reproduziert aus Publikationen

– *Thomas Bitterli, Daniel Grütter. Alt-Wädenswil. Vom Freiherrenturm zur Ordensburg. Schweizer Beiträge zur Kulturgeschichte und Archäologie des Mittelalters, Bd. 27:* Abb.-Nr. 80.
– *Die Bauernhäuser der Schweiz: ZH 1:* Abb.-Nr. 76; *ZH 2:* Abb.-Nr. 112; *ZH 3:* Abb.-Nr. 174; Seite 229.
– *Die Kunstdenkmäler der Schweiz. KdmZH III:* (Hochbauamt des Kantons Zürich) Abb.-Nr. 111; 144. – *KdmZH IX:* Abb.-Nr. 179; (Hochbauamt des Kantons Zürich) Abb.-Nr. 182. – *KdmZH Neue Ausgabe II.I, Stadt Zürich II.I:* (Baugeschichtliches Archiv der Stadt Zürich) Abb.-Nr. 6; (Hochbauamt des Kantons Zürich) Abb.-Nr. 7; (A. Melchior) Abb.-Nr. 26. – *KdmZH Neue Ausgabe II.II, Stadt Zürich II.II:* (Archiv Zunfthaus zur Meise) Abb.-Nr. 22.
– Schweizerischer Architekturführer 1, 1992:
Abb.-Nrn.: 40, 44, 184.
– *Schweizerische Kunstführer GSK: Nr. 304:* Abb.-Nr. 70; *Nr. 326:* Abb.-Nr. 4; *Nr. 378:* Abb.-Nr. 86; *Nr. 563–565:* (Archiv Kreditanstalt) Abb.-Nr. 71; *Nr. 606/607:* (Kantonale Denkmalpflege Zürich) Abb.-Nr. 82; *Nr. 612/613:* (N. Brändli) Abb.-Nr. 61; *Nr. 616:* (Beunat-Katalog) Abb.-Nr. 18; *Nr. 631/632:* (E. Angstmann) Abb.-Nr. 58; *Nr. 637/638:* (Baugeschichtliches Archiv der Stadt Zürich) Abb.-Nr. 11; *Nr. 641:* (N. Brändli) Abb.-Nr. 154, 155; *Nr. 663:* (Hochbauamt des Kantons Zürich) Abb.-Nr. 161, 162; *Nr. 664:* (Hochbauamt des Kantons Zürich) Abb.-Nr. 145; *Nr. 712/713:* (F. Gut) Abb.-Nr. 119; (Ch. Schwager) Abb.-Nr. 120, 124; *Nr. 728:* (Hochbauamt des Kantons Zürich) Abb.-Nr. 190; 191; *Nr. 764/765:* (Ch. Schumacher) Abb.-Nr. 16.
– *Zürcher Denkmalpflege, Stadt Zürich, Bericht 1991/92:* Abb.-Nr. 21.

Ortspläne und Landeskarten

Reproduziert mit Bewilligung von swisstopo (Eidg. Vermessungsdirektion) (VA082253): 2, 10, 35, 43, 103, 118. – Reproduziert mit Bewilligung von Orell Füssli Kartografie AG, Zürich vom 18.3.2005: 2 (Übersichtsplan).